행정법 방법론

문병효

Administrative Law Methodology

박영사

머 리 말

우리 법학교육 시스템이 법학전문대학원(로스쿨) 체제로 변화된 이후 법률지식을 습득하여 변호사가 되려고 하는 학생들이 절대다수를 차지하게 되었다. 전문법조인을 양성하여 양질의 법률서비스를 제공하고자 하는 것이 법학전문대학원 도입의 본래 의도이기는 하나 로스쿨체제로 바뀐 지 10년이 지난 지금, 법학전문대학원의 설립 취지가 제대로 발현되고 있는지 되돌아볼 필요가 있는 것 같다.

로스쿨 체제의 구조적인 문제에 대하여는 출범당시부터 많은 논란이 있었다. 최근에는 변호사시험 합격률마저 공개되면서 대학별 경쟁이 치열해지고 각 로스쿨들은 순위다툼에서 밀리지 않기 위해 사력을 다하고 있다. 그러나 로스쿨체제의 근본적인 개혁이 없이 그 구조적인 결함을 극복하기는 쉽지 않을 것으로 보인다. 이에 따라 로스쿨에서 가르치는 교수들뿐만 아니라 배우는 학생들도 그에 따른 대가를 치르고 있다. 학생들은 짧은 시간에 방대한 내용을 공부해야 하는 압박감 때문에 수험비법이나 엑기스와 같은 요약·정리된 수험서들의 유혹에서 벗어나지 못하고 있다. 또한 교수들도 그러한 처지에 있는 학생들에게 진지한 문제의식을 가지고 법학공부를 하라고 늘상 요구할 수도 없는 노릇이니 그러한 공부방법에 대하여 눈감아줄 수밖에 없는 것이 작금의 현실이다. 이렇게 학원으로 전락해가고 있는 로스쿨에 대하여 진정한 아카데미(Academy, 학원)로 남아 있기를 바라는 것은 현실과 동떨어진 지나친 이상일까. 인간과 사회에 대한 깊은 이해를 바탕으로 한 전문법조인의 양성이라는 법전원의 교육이념은 구조적으로 실현불가능해지고 있는 것이 아닌지 우려하지 않을 수 없다.

법학은 인간과 사회 현실을 반영할 수밖에 없는 학문이다. 법학교육방법이나 법학의 해석방법론은, 법학전문대학원의 교육이념이 지향하는 바와 같이, 인간과 사회에 대한 깊이 있는 이해와 자유·평등·정의에 대한 고민을 바탕으로 전문적인 지식 및 능력을 갖춘 법조인을 양성하는 교육 및 해석·적용의 방법론이 되어야 한다. 근본적인 사유에서 출발하지 않고 문제유형과 풀이방법만을 얼른 습득하여 기계적인 답을 도출해내는 방식의 지식전달체계와 피상적인 법해석·적용 방법론이 주류 방법론이 되는 것은 한국의 법학과 법조실무의 지속가능한 발전을 위해서도 바람직하지 않을 것이다.

국내에서 행정법방법론에 관하여 본격적으로 서술하고 있는 서적은 많지 않다. 물론 이 책도 행정법 방법론에 대한 시도에 불과하고 본격적인 방법론에 대한 글들은 아직 구상 중에 있다. 그럼에도 '방법론'이란 제목을 사용한 것은 행정법을 바라보는 필자 개인의 시각과 방법을 그 내용에 담으려고 노력하였기 때문이다. 이 책을 시작으로 향후 기회가 주어진다면 지속적으로 행정법의 방법론에 대하여 고민해볼 생각이다. 그런 의미에서 이 책은 필자 개인의 행정법 방법론 제1편에 해당하는 셈이다.

이 책은 지면관계상 9개의 주제만을 다루고 있다. 행정법 도그마틱의 변화에 관한 시론, 보장국가를 둘러싼 현대 행정법의 변화와 지배이념, 국가의 존재의미와 행정법, 경제적 패러다임과 공법, 비례원칙의 의미와 공공정책, 규제재량과 행정법원의 통제, 국가책임과 국가배상, 행정소송의 패러다임과 제도개혁 등의 테마를 통하여 필자는 앞서 언급한 바와 같은 문제의식을 담아내려고 노력하였다. 물론 완벽하지 못하고 많이 부끄러운 글들이지만 이를 통하여 행정법학의 변화와 발전방향에 대하여 독자들과 대화하고 소통하는 계기가 되었으면 하는 바람을 가져본다. 그리고 무엇보다도 법학을 전공하는 학생들이나 수험생들이 이 책을 계기로 행정법을 바라보는 시야가 확장되어 행정법을 보다 쉽게 접근하는 데 조금이라도 도움이 되었으면 한다.

필자가 학문의 길로 들어서고 연구과정을 거쳐 이 책이 나오기까지 도움을 주신 많은 분들을 잊을 수 없다. 무엇보다도 이 책의 출판을 적극 권유하고 격려해주신 김남진 선생님께 우선 감사드리고 싶다. 고령임에도 여전히 후학들에게 학자로서의 깨우침을 주시는 데 대하여 감사드리고 늘 건강하시길 기원한다. 이 책에는 특히 학문적인 절정기에 안타깝게 타계하신 고 류지태 교수님을 추모하는 두 편의 글이 실려 있다. 류 교수님은 필자의 학문적인 자양분이 되었던 독일유학생활의 토대를 마련해주셨다. 다시 한번 깊이 감사드린다. 그리고 유학시절 학문연구의 엄정한 태도를 가르쳐주신 박사학위 지도교수인 독일 튀빙엔대학의 키르히호프(Ferdnand Kirchhof) 교수님과 2019년 여름부터 1년간의 국외파견 도중 영국 에딘버러대학 로스쿨에서 연구할 수 있도록 도와주신 티어니(Stephen Tierney) 교수님께도 이 자리를 빌려 감사의 마음을 전한다. 그 밖에도 강원대학의 이일세 교수님과 평소 필자에게 학문적인 아이디어를 주신 여러 동료 및 선후배 교수님들께도 감사드리고 선뜻 출판을 주선해 주신 박영사의 임재무 상무님과 편집하느라 고생하신 심성보 편집위원님께도 감사드린다. 마지막으로 학위취득 및 연구과정뿐만 아니라 이 책이 나오기까지 불평 한마디 없이 필자를 믿어주고 힘이 되어주신 부모님과 가족들, 미진, 채원에게 감사의 마음을 전하고 싶다.

2020년 2월 영국 에딘버러대학 Old College에서

문 병 효

차 례

1. 행정법 도그마틱의 변화에 관한 시론(試論)

2. 현대 행정법의 변화와 지배이념
─ 이른바 '보장국가'의 가능성과 한계를 중심으로 ─

3. 최근 독일행정법의 변화와 시사점

― 유럽화, 민영화, 규제완화를 중심으로 ―

4. 국가의 존재의미와 행정법
— 한국사회의 빈곤과 행정법적 과제 —

5. 경제적 패러다임과 공법
—독일에서의 논의를 중심으로—

6. 공공정책과 비례원칙의 의미
— 대형마트 영업시간제한 등 처분에 관한 판례 평석 —
(서울고법 2014. 12. 12. 선고 2013누29294 판결을 중심으로)

7. 규제재량과 행정법원의 통제

8. 국가책임과 국가배상
— 대법원의 긴급조치 및 국가배상 관련 판결들에 대한 비판적 고찰—

1. 행정법 도그마틱의 변화에 관한 시론(試論)[*]

I. 서론

행정법은 지금 변화의 요구에 직면해 있다. 내부관계와 외부관계, 공법과 사법, 행위형식론, 주관적 공권, 양극적 이해관계 등의 틀을 가지고 유지되어 왔던 기존 행정법은 상당한 변화를 겪고 있다. 이러한 변화요구는 행정법 내부로부터 뿐만 아니라 외부로부터도 기인하고 있다. 세계화의 영향은 행정법에도 미치고 있고, 이해관계가 다원화되고 있으며, 기본권의 영향으로 국가와 시민의 관계가 수직적 관계에서 수평적 관계로 변하고 있다. 이러한 내용은 주로 독일 행정법에서 발생하고 있기는 하지만 그 영향을 지대하게 받은 우리 행정법에 대해서도 많은 부분 적용될 수 있을 것이다.

이 글의 주제와 관련하여, 법도그마틱의 개념은 우리에게 아직은 생소하고 불명확한 개념이다. 우리의 경우에도 법학문헌에서 도그마틱이란 개념을 사용하는 예가 더러 발견되기는 하지만[1] 그 의미내용이나 개념의 의도는 명료하지 않다. 흔히 도그마틱이란 개념은 알고 있는 것으로 전제되지만 대부분 불충분하게 정의되어 있다.

---

* 이 글은 경원법학 제3권 제3호(2010. 11), 139-158면에 실은 글을 수정, 보완한 것임.

1) 김중권, 정부투자기관의 입찰참가제한행위의 법적 성질에 관한 소고, 인터넷 법률신문 2006년 8월 31일자(제3486호); 박정훈, 행정법의 체계와 방법론, 박영사 2005; 정호경, 독일 행정소송의 체계와 유형, 법학논총 제23집 제2호(특별호), 12면.

따라서 이 글에서는 무엇보다도 법 도그마틱의 개념을 명확히 하는 시도를 먼저 한 다음 행정법 도그마틱의 변화 요인과 그 필요성 및 변화의 내용을 검토하면서 새로운 행정법에 대해서 고민해 보기로 한다. 다만 이러한 시도는 앞으로 계속적인 연구를 위한 하나의 시론에 불과하다는 점을 미리 밝혀두기로 한다.

Ⅱ. 법도그마틱의 의의

1. 법도그마틱의 개념

도그마틱은 도그마에 관한 이론(Lehre von Dogma)이다. 그리스어로 "도그마(Dogma)"란 개념은 원래 몇 가지 의미를 갖는다. 즉, 도그마는 확립된 견해(festgelegte Meinung)나 권위있는 기관에 의한 처분(지시나 규정, Verfügung), 구속적인 명제(정리, Lehrsatz) 등을 말한다. 도그마란 개념은 처음에는 철학에서 사용되었고 나중에 신학에서 사용된다. 도그마는 근본적인 확신(Grundüberzeugung), 교조(敎條, Glaubensatz)의 의미를 가지는데, 이는 어떤 의심에 대해서 합리적인 입증가능성을 통해서가 아니라 권위있는 선언(Deklaration)과 신앙에 기초한 수용(Akzeptanz)을 통해서 확보된다. 이런 의미에서 도그마는 유효성 및 승인에 대한 요구(Anspruch auf Gültigkeit und Anerkennung)를 제기한다. 도그마틱은 이러한 도그마에 관한 이론이다. 도그마는 각 학문분야에서 상이한 의미와 기능을 갖는다. 그 공통의 의미는 도그마가 구속력이 있는 것으로 승인되거나 유효한 것으로 승인된 각 영역의 기본인식이라는 점에 그 본질이 있다. 법에 적용하면 도그마틱은 현행법에 대해 기준이 되는 근거제시(Begründungen) 및 모범이 되는 해결책(Lösungsmuster)에 대한 해명(Erläuterung)을 의미한다.[2]

법제사를 보면 어떤 시대이건 일반적으로 승인된 법원칙을 형성할 필요가 있었다. 이 경우 합리적으로 입증가능한 언명(Aussage)이 문제되는 것이 아니라 유효한 것으로 전제되는 기본전제들, "공리들(Axiome)"이 문제된다. 그러나 이것은 경험상 법적 세계관이 바뀔 때는 언제든지 변경될 수 있다. 사실 가치판단은 이성적으로 논의될 수 있지만 그것을 논리적으로 입증할 수는 없다. 그래서 법질서에서 가치판단을 확정하고 이를 관철하는 것은 입법자의 포기할 수 없는 불가

---

2) Bernd Rüthers, Rechtstheorie, 2. Aufl., Rdn. 310 f.

피한 과제이다.[3])

이를 현행법에 적용하면 앞에서 보았듯이 도그마틱은 현행법에 대해 기준을 제시하는 기본가치와 근거제시(Begründungen) 및 문제에 대한 해결책들의 설명(해명, Erläuterung)을 의미한다. 그로부터 비로소 개별적인 문제들에 대한 해결책이 유용하면서도 가능한 한 모순되지 않게 도출될 수 있다. 도그마틱은 모든 원칙들과 명제(정리, 교의, 교조, Lehrsätze), 법질서의 기본규율과 원리들을 포괄한다. 그것은 법률에 확정적으로 기술되어 있고 해석으로 획득된 것들이지만 또한 법률가나 법학이 일반적인 승인에 의하여 법률적인 규칙을 추가한 것들이기도 하다(예컨대 정보의 자기결정권, 일반적 인격권). 도그마틱은 합리적인 설득력을 가지고 일반적으로 승인된 기본가치(가치확신)에 호소하여 현행법을 설명한다. 그것은 상이한 발전단계로 성장되고 이해하기 어려우며 보통 모순이 있기도 하는 법질서의 내적인 체계이다.[4])

도그마틱이란 개념을 많은 사람들이 보수적인 고수(konservative Erstarrung)로서, 즉, 도그마티즘으로서 생활현실에 대한 법의 이질성 내지는 현재와 미래의 필요성에 대한 법의 이질성(Fremdheit)으로 간주한다. 도그마틱은 전통적인 법규(또는 법리, Rechtssätze)를 의문시하거나 변경할 가능성이 있는 새로운 가치관념이나 새로운 통찰에 대하여 법률가들이 방어하는 수단으로 등장하기도 한다.

다른 정치시스템이 등장할 때마다 법도그마틱이 동일한 이해갈등에 대해 동일한 법규로부터 매우 다른 결정을 하거나 그러한 결정의 근거를 제공하도록 도왔던 사실에 의해서도 많은 사람들은 법도그마틱을 의문시한다. 법도그마틱은 그러므로 변화하는 정치적 조건 및 가치기준에 적응능력(anpassungsfähig)이 있는 것 같다. 다른 한편 법도그마틱은 새로운 법정책적인 발전을 위한 동인이 될 수도 있다. 드물지 않게 법원이나 입법자가 전문적인 학자들의 입법 방안을 따르고 있으니 말이다.[5]) 결과적으로 법도그마틱은 보수적인 요소뿐만 아니라 역동적인 요소도 가지고 있다.

---

3) Bernd Rüthers, Rechtsdogmatik und Rechtspolitik unter dem Einfluß des Richterrechts, IRP-Rechtspolitisches Forum, Nr. 15, S. 9.

4) Bernd Rüthers, Rechtsdogmatik und Rechtspolitik, S. 9 f.

5) Bernd Rüthers, Rechtstheorie, 2. Aufl., Rdn. 309.

2. 법도그마틱의 발생

뤼터스(Rüthers)에 의하면 법도그마틱은 신속한 결정의 강제와 오류의 위험 (Irrtumsrisiko) 때문에 발생한다고 한다. 이하에서는 그의 생각들을 정리해 본다.

발전된 사회에서는 그 생활관계와 조직형태, 조정수단(Steuerungsmittel)의 역동성과 복잡성이 특징이다. 법원의 시각에서 이는 아직 법률에서 생각되지 않았던 예견할 수 없었던 사례들도 결정되어야 한다는 결론에 이른다. 법질서는 생각할 수 있는 모든 이해갈등과 분쟁사례들에 대해 현행 법질서와 모순없이 체계적 합한 해결책을 준비해 놓고 있다가 제공해야 한다.[6] 이는 법률 및 법이 흠결된 곳에서 법의 과제이다. 법원은 그 권한 범위 내에서 그에게 제기된 모든 분쟁사례들을 결정해야 한다. 그러한 한에서 권리거부금지(Rechtsverweigerungsverbot)가 적용된다. 개개의 법적 문제는 소송법에 규정된 기한 내에 관할 법원에 의해 해결되어야 한다. 이러한 시간적 강제 때문에 법학은 다른 많은 학문과 구별된다.[7]

다른 한편 법원이나 법도그마틱은 전지전능하지 않지만 그럼에도 불구하고 그들에게 새롭고 알려져 있지 않은 분쟁사례나 법적 문제에 대해서 결정해야 할 의무가 있다. 결정해야할 불가피성은 인식가능성보다 훨씬 더 나아간다는 말은 법도그마틱의 문제해결이 임시적이며 오류에 포위되어 있을 가능성을 표현하고 있다. 법률가들은 미룰 수 없는 결정의 강제하에 사례별로 새로운 문제들에 대하여 사안에 적합한 해답을 더듬어 나간다. 법도그마틱은 지금까지 사용된 해결모델들의 경험과 결과를 저장, 분석하고 평가한다. 발전된 사회의 복잡성 및 입법의 제한된 능력, 권리거부금지는 각각의 발전상황에 상응한 법도그마틱을 만들어내는 데 어려움을 가중시킨다.[8]

불명확한 법적인 문제에서 진실하고 올바른 유일한 해결책이란 없다. 법적인 문제에 있어서는 다양한 해결가능성이 있고 이러한 해결가능성은 그 대변자들에 의해서 특히 적합한 것으로 추천된 것들이다. 이 경우 결국 법과 정의의 문제에 의해 좌우된다. 법 문헌에 나타난 법적 견해의 다툼이나 의회에서 정당의 다툼,

---

6) Bernd Rüthers, Rechtstheorie, Rdn. 313.
7) Bernd Rüthers, Rechtsdogmatik und Rechtspolitik unter dem Einfluß des Richterrechts, IRP-Rechtspolitisches Forum, Nr. 15, S. 14.
8) Bernd Rüthers, Rechtsdogmatik und Rechtspolitik, S. 15.

법원의 다양한 결정들은 법적인 해결방안들의 상대성을 입증한다. 이러한 견해다툼에 있어서 법실무는 그 직업적 행위에 대해 일정한 방향을 필요로 한다. 그러한 방향을 법도그마틱이 제공하게 된다. 법도그마틱은 어떤 법적 문제에 대한 해결을 위하여 어떠한 의미있고 체계적합한 해결책 및 근거들이 있는지를 보여줄 수 있고 경합하는 여러 방안들 가운데 어떤 것이 우월한지를 보여줄 수 있다. 물론 해결방안이나 도그마틱 명제의 진실(Wahrheit)은 있을 수 없다. 법적인 규율문제는 늘 가치와 관련되어 있기 때문이다. 법도그마틱이 속하는 모든 법규범 및 규범적 문장들은 진실(wahr)하거나 올바른(richtig) 것으로 입증될 수 없다. 그것들은 다만 적절하고 의미있으며 체계적합한 것으로서 논의되고 근거 제시될 수 있을 뿐이다. 따라서 그 절대적 정당성은 배제된다.9)

3. 법도그마틱의 기능

알렉시(Alexy)는 도그마틱의 기능을 안정화 기능, 진보기능(Fortschritt), 부담경감기능, 기술적 기능, 통제기능,10) 발견적 방법의 기능(heuristische Funktion)11) 등으로 분류하고 있다. 이에 대하여 Rüthers는 법도그마틱의 기능으로서 질서 및 체계화기능, 안정화 기능(Stabilisierungsfunktion), 실무에 대한 부담경감기능, 법적용에 대한 구속 및 혁신기능(Bindungs- und Innovationsfunktion), 비판기능 및 계속형성기능(Kritik- und Fortbildungsfunktion) 등을 들고 있다.

도그마틱은 포괄적이고 개관할 수 없는 법소재에 질서를 부여하고 체계화한다. 따라서 체제 안정화의 기능을 가지며 실무에 대한 부담경감기능을 갖고 법적용에 대한 구속 및 혁신기능을 가진다. 반면에 도그마틱은 비판기능 및 계속형성기능도 가진다. 도그마틱은 전통적인 해결책을 고정시켜서는 안 된다. 현행법의 체계적

---

9) Bernd Rüthers, Rechtsdogmatik und Rechtspolitik, S. 15 f.

10) 통제기능에서는 두가지 유형의 일관성통제(Konsistenzkontrolle)를 구분하는데, 좁은 의미에서의 체계적 검토에서는 도그마틱 명제들(dogmatische Sätze) 상호간에 논리적 합치성이 심사되고, 넓은 의미의 체계적 검토에서는 다양한 도그마틱 명제들의 도움으로 이유가 제시되는 판결들의 일반적, 실천적 합치성이 심사된다. vgl. Robert Alexy, Theorie der juristischen Argumentation, 1983, S. 332.

11) 이러한 기능과 관련하여 도그마틱은 신참자들에게는 떠오르지 않는 수많은 해결모델들과 차이점, 관점들을 포함하고 있기 때문에 도그마틱 없이는 불가능했을 수 있거나 시야 밖에 머무르는 문제와 해답이 명확해지며 새로운 고찰 및 연관성을 위한 유익한 출발점이 된다. Robert Alexy, a.a.O., S. 332.

인 질서를 가지고 도그마틱은 차별화되고 심오한 비판의 전제조건을 창조한다. 그렇게 함으로써 비로소 모순이 있음(Widersprüchlichkeit)을 볼 수 있으며 모순을 밝히고 제거할 수 있다. 새로운 해결책이 체계에 적합하게 발견될 수 있다. 도그마틱에 의해 보급된 법적인 평가관점(Wertunsgesichtspunkte)의 세분화가 비로소 도그마틱으로 얻고자 하는 결과 및 결정의 통제(Kontrolle)를 허용한다. 그러므로 도그마틱은 모든 법비판(Rechtskritik)과 법형성(Rechtsfortbildung), 법개조(Rechtserneuerung)의 필수불가결한 토대이다. 인식의 진보는, 비록 도그마틱에 대항하여 관철되어야 할지라도, 학문적인 토대 위에서 도그마틱 없이는 가능하지 않다.[12]

도그마틱은 학문적으로 숙고되고 통제된 법실무에 대한 개념적 도구를 제공한다. 도그마틱은 축적된 토론(논쟁, gespeicherten Diskussion)과 함께 동시에 새로운 해결책의 개발을 위한 방안 및 자극을 포함하고 있다. 규범정립기관은 이러한 방책들 가운데 그에게 적합한 것으로 보이는 해결책을 선택해서 그것을 현행법으로 전환한다.

이러한 비판적 과제가 법학에 있어 연구 및 학설의 자유에 대한 정당성(Rechtfertigung)이다. 도그마틱은 외관상의 논거를 인식해서 드러내고 제거해야 한다. 그것은 법정책으로 은폐된 가치기준(Wertmaßstäbe) 및 형성목표(Gestaltungsziele)를 드러내도록 강제하여야 한다. 법학을 단지 현재의 법정책이나 법실무에만 방향을 맞춘다든지 법학강의를 법실무에 맞추는 것은 여기서 그 한계를 가지게 된다. 그러한 실무에 대한 비판 및 개정이 법학의 도그마틱 작업의 필수적인 요소이다.[13]

III. 행정법 도그마틱과 그 변화

1. 행정법 도그마틱

앞에서 언급한 내용을 바탕으로 하여 법도그마틱을 행정법에 적용하면 행정법 도그마틱은 현행 행정법에 대해 기준을 제시하는 기본가치와 근거제시(Begründungen) 및 문제에 대한 해결책들을 설명(해명)해주는 것을 의미하게 될 것이다. 그러므로 그로부터 비로소 개별적인 문제들에 대한 해결책이 유용하면서도

---

12) Bernd Rüthers, Rechtstheorie, Rdn. 326.
13) Bernd Rüthers, Rechtstheorie, Rdn. 327.

가능한 한 모순되지 않게 도출될 수 있다. 행정법 도그마틱은 행정법에 관한 모든 원칙들과 명제(정리, Lehrsätze), 법질서의 기본규율과 원리들을 포괄한다. 행정법 도그마틱은 합리적인 설득력을 가지고 일반적으로 승인된 기본가치(가치확신)에 호소하여 현행 행정법을 설명한다. 우리 행정법에서 행정법의 도그마틱으로 기능하는 것들은 대표적으로 공법과 사법의 구별, 국가법인설에 기반한 내부법과 외부법의 구별, 행정의 행위형식론, 주관적 공권이론 등이 있다. 이 글에서는 지면관계상 이러한 대표적인 행정법 도그마틱을 중심으로 간략히 개관하는 데 만족하기로 하고 상세한 내용에 대해서는 다음 기회에 다루기로 한다.

2. 행정법 도그마틱의 변화의 요인 및 변화필요성

(1) 행정법 도그마틱의 변화요인

지배적인 이론틀로서 역할을 하였던 행정법 도그마틱이 변화하는 것은 그동안 기초가 되었던 상황이 시간의 흐름에 따라 더 이상 유지될 수 없게 된 데 기인한다고 볼 수 있다. 국가와 사회 구별의 이원론이 해체되고 세계화, 독일 행정법의 유럽화로 인해 국내 공법으로서만 행정법이 유지될 수 없게 되었으며, 규제완화와 민영화 등으로 행정조직의 변화가 불가피해졌고 정보화 사회의 등장으로 일반 시민들이 광범위한 정보를 보유하게 됨에 따라 국가와 시민의 관계가 종속적인 관계에서 점차 대등한 관계로 변하고 있다. 특히 대기업의 힘은 막강해지고 있고, 경우에 따라서는 정부보다 더 정확하고 광범위한 정보능력을 가지고 있다. 그 밖에 이해관계가 다양화해지고 양극적 이해관계에만 머물 수 없게 되었다. 위험행정법(Risikoverwaltungsrecht) 등 새로운 분야가 등장하고 환경분야에서도 협력의 원칙, 사전배려의 원칙 등이 강조되고 있으며 Mediation 등 새로운 수단들이 등장하고 있다.

특히 기본권의 영향으로 시민은 단순한 행정객체가 아니라 직접 행정에 참여하고 협력하는 주체로 변화되고 있다. 행정법 일반이론의 도그마틱적 기능을 기본권이론이 상당부분 떠맡게 되었던 것도[14] 행정법 도그마틱에 영향을 끼쳤다.

---

14) 이계수, 행정법해석과 기본권론, 고시계 1999. 11, 20면 이하.

(2) 변화의 필요성

독일에서는 일반 행정법의 원칙적인 개혁에 관한 생각이 다시 강해지고 있다. 합리적인, 이성적인 입법은 학문적인 사전작업을 전제하기 때문에 행정법을 원칙적으로 변형하는 것은 행정법 도그마틱도 변해야만 관철될 수 있을 것이다. 행정법 도그마틱은 여전히 침해행정과 양극적인 이해관계, 결정의 결과와 법원의 통제에 관심을 두고 있고 명령이 아닌 행위형식(nicht-imperativen Handlungsformen)이나 다극적 이해관계(multipolaren Rechtsverhältnisse), 결정의 과정 내지는 행정의 형성과제(Gestaltungsaufgaben) 등은 소홀히 한다는 점에서 비판받고 있다. 그리고 국가와 사회의 변천과정과 행정법각론에 있는 다양한 분야에서의 법발전 내지는 국제화경향(Internationalisierung, 독일의 경우 유럽화경향 포함)이 전래의 행정법 도그마틱에서는 충분히 고려되지 않고 있다.[15] 최근의 민영화나 규제완화의 영향도 행정법 도그마틱에 대한 도전이 되고 있다. 엘러스(Ehlers)에 의하면 행정법에 완전히 새로운 질서를 부여하거나 행정법 도그마틱에 완전히 새로운 방향을 정하는 것은 현실적이지도 않고 바람직하지도 않으며 '온고이지신(das Neue mit dem Bewährten zu Verbinden)'이 중요하다고 한다. 그런 의미에서 행정법 도그마틱과 일반 행정법이 꾸준히 변해야 함을 강조하고 있다.[16]

3. 고전적인 자유주의 법치국가의 행정법 도그마틱과 그 한계

법도그마틱은 시대상황에 적응하여 그것을 반영하기도 하고 시대상황을 선도하기도 한다. 독일 행정법의 아버지인 오토 마이어(Otto Mayer)가 체계화한 행정법은 고전적인 자유주의 법치국가의 이념에 토대한 것이었다. 그에 의해 침해행정중심, 법률유보, 자유권 중심의 기본권보장, 내부관계와 외부관계, 특별권력관계, 행정행위 중심의 행정법 체계가 구축된다. 고전적인 의미에서 자유주의적 법치국가의 틀에서 성립된 행정법 도그마틱이 일정한 성과를 거둔 것은 사실이지만

---

15) Dirk Ehlers, Verwaltung und Verwaltungsrecht im demokratischen und sozialen Rechtsstaat, in: Erichsen/Ehlers(Hrsg.), Allgemeines Verwaltungsrecht, Berlin 2006, S. 161, Rdn. 93.

16) Dirk Ehlers, a.a.O., Rdn. 93. 그러면서 Ehlers는 다음과 같은 8가지 점에 특히 주목할 것을 주문하고 있다. 행정의 효율성과 시민의 권리보호 간의 균형, 행정절차에 주목, 행정절차법의 포괄기능, 일반화가 가능한 새로운 유형의 법제도 도입, 사인과의 협력 및 보장행정에 대한 법적 구조화, 공공복리와 다수의 다양한 이해관계 간의 균형, 법질서의 국제화 및 유럽화, 독일법학의 시스템사고의 유지 및 EU에 전파 등.

사회의 갈등을 제대로 반영하지 못하고 국가의 역할을 시민과의 대립관계로 보는 등 한계가 있었다. 이에 대하여 포르스트호프(E. Forsthoff)는 생존배려 개념을 토대로 하여 사회적 법치국가의 행정법 도그마틱을 세우려 한다. 그러나 이 역시 사회국가에 대한 통일적이지 못한 다양한 이해 때문에 일정한 한계를 갖는다.

4. 공법과 사법 구별의 상대화

(1) 신칸트주의 방법이원론의 극복

공법과 사법의 구별은 발생사적으로 볼 때 로마법에도 이미 있었다. 로마에서는 일찍부터 공법(ius publicum)과 사법(ius privatum)이란 표현이 사용되었다. 이 표현은 처음부터 법소재를 두 개의 큰 영역으로 구분하려는 데서 이루어진 것은 아니었으나 이미 Cicero 및 고전기의 법학자들은 대상영역을 나누어 공법과 사법으로 구별하고 공법은 로마국의 지위에 관한 법이며 사법은 개인의 지위에 관한 법이라고 설명하였다.[17]

그러나 오늘날과 같은 공법과 사법의 구별은 법사상사적으로 서구 근대법에서 고전적인 자유주의(Liberalismus)와 그에 의해 주장된 국가와 사회의 분리라는 이원적 사고에서 출발한다.[18]

독일 행정법의 아버지인 오토 마이어(Otto Mayer)도 일정한 목적 실현을 위한 인적·물적 결합체로서 영조물(Anstalt)인 국가를 시민사회와 대비하여 양자의 차이점을 강조함으로써 독일입헌군주제하에서의 국가·사회의 이분법에 충실하였다. 오토 마이어는 공법의 특징적 징표를 국가와 국민 간의 비대등성(非對等性)에서 찾으면서도 공법의 영역을 국민에 대하여 일방적 명령과 강제를 부과하는 데 한정하지 않고 널리 '일반이익(allgemeine Interesse)의 충족' 내지 공익실현을 위한 국가작용을 모두 공법의 영역으로 파악하였다.[19]

---

17) 로마법학자들은 공법의 분야는 국가의 문제이고 정치적 세력의 영향을 받기 때문에 법적 기준으로는 예측할 수 없는 것으로 생각하여 공법에 대한 학문적 고찰을 하지 않고 전적으로 사법연구에 몰두하였다. 로마의 고전기 말기 이후에 이르러 법문헌에서 제한된 범위 내이기는 하지만 형법과 행정법을 다루고 있을 뿐이다. 이상의 내용은 현승종, 로마법, 일조각 1982, 42면 이하 참조.

18) Michael Stolleis, Öffentliches Recht und Privatrecht im Prozeß des Entstehung des modernen Staates, in: Wolfgang Hoffmann-Riem/Eberhard Schmidt-Aßmann(Hrsg.), Öffentliches Recht und Privatrecht als wechselseitige Affangordnungen, Baden-Baden 1996, S. 41 ff.

19) 박정훈, 오토마이어(1846-1924)의 삶과 학문, 행정법연구 제18호, 210면과 216면 참조.

(2) 민영화 및 규제완화와 공·사법구별의 상대화

특히 민영화논의, 규제완화의 논의는 공법과 사법의 관계에 새로운 조정의 필요성을 일깨운다. 민영화, 규제완화의 경향은 행정법의 공법적 성격에 대하여 원칙적인 문제를 제기한다. 우연치 않게 행정법 논의의 일부는 이러한 현상들을 — 국제화(Internationalisierung)와 민영화(Privatisierung)를 통해서 촉진된 — 국가행정의 조직적 네트워크 또는 거버넌스 구조(Governance-Struktur)로의 해체 징후로서 이해하는 경향이 있다. 최후까지 생각한다면 이로 인해 행정법의 고권적 주체에 대한 귀속뿐만 아니라 공법과 사법의 구별도 무력해질 것이다. 사실상 타당하다고 볼 수 없는 이러한 진단과 그 사이 이미 200년 넘게 오래된 국가소멸에 대한 기대에 동의하지 않는다면 우리는 행정법학의 전망확대 불가피성을 위하여 그것을 이용할 수 있다. 국가작용과 사적인 행위 간의 관계에서 일정한 변화는 행정법이란 수단을 가지고 특히 명확히 서술될 수 있다. 예컨대 행정조직법 모델과 회사법 모델과의 구조비교(Strukturvergleich)는 그러나 특히 공법으로서 행정법의 축소된 관념 때문에 결여된다. 방법론의 논의에 비추어 이것은 민법적 논증기술을 행정법에 도입하고, 반대로 문제해결을 위해 행정법적 논거를 민법에 제공할 필요성에 대해 좋은 근거가 된다(예, 소비자보호법이나 자본시장법).[20]

규제완화의 문제는 특히 법치국가원리에 비추어 볼 때 위험성도 내포하고 있다. 독일에서 1990년대 행해졌던 절차의 신속을 위한 수많은 입법, 즉 허가절차의 신속 및 간소화를 위한 법률이나 행정절차법의 개정, 행정법원법의 개정 등 사전 및 사후 권리구제절차의 생략으로 인해 법적 안정성을 침해할 가능성이 있는 것으로 판단된다. 특히, 법치국가원리나 독일기본법(GG) 제19조 제4항이 권리구제를 위한 심급을 요구하는 것은 아니지만 소송질서는 법적안정성의 창출이 법치국가의 기능을 확보하기 위한 본질적인 요소라는 점을 고려하는 것이어야 한다. 그런 의미에서 경제적 이익을 사고의 중점에 두는 입법자의 동기는 비판받아야 할 것이다.

민영화와 관련해서도, 종래 국가와 국민의 관계로서 국가에 의한 기본권침해로부터 보호받을 수 있었던 것이 민영화가 됨으로써 사인 상호간의 관계로 전환되어 기본권보호에 있어서의 허점이 발생하게 된다. 따라서 법치국가원리에 근거하여 국가는 민영화로 인해 국민의 기본권이 약화되지 않도록 법제도를 정비할

---

20) Christoph Möllers, Methoden, in: Wolfgang Hoffmann-Riem/Eberhard Schmidt-Aßmann/Andreas Voßkuhle(Hrsg.), Grundlagen des Verwaltungsrechts, Bd. I, München 2006, §3, Rdn. 10.

책무가 있다.21) 민영화와 결부된 국가의 조정 및 통제상실도 문제라고 할 수 있다. 당연히 그에 대한 대안이 마련되어야 할 것이다. 하지만 그것은 사인에게 공적 과제수행을 그의 행위논리에 따라 가능한 한 포괄적으로 부여하면서 동시에 사회적으로 적정한 최저수준을 위태롭게 하는 것은 저지하는 것이어야 하는데, 그러한 대안마련은 현실적으로 쉬운 일이 아닐 것이다.

5. 내부법과 외부법 구별의 상대화

독일 공법에서는 오랫동안 법을 외부법률관계(Außenrechtsverhältnisse)의 개념으로 제한하였고 법을 실체적 법률개념(materieller Gesetzesbegriff)과 동일시하였다. 칸트의 법개념으로부터 오토 마이어에 이르는, 외부법(Außenrecht)으로서의 법에 관한 이러한 이해는 오늘날 극복된 것으로 생각되지만 행정법학의 논의의 일부에서 은둔한 채 삶을 이어가고 있다. 이러한 논의는 그 주된 관심을 법원에 의해 적용되거나 심사될 수 있는 규범으로 광범위하게 제한한다. 이로써 행정의 법구속의 대부분이 사라지거나 단지 권리보호측면에서만 간접적으로 인식된다. 이러한 제한이 대부분 내부법에 해당되는 행정의 법적용을 지나쳐 가게 된다. 이는 행정작용에 관한 법학의 기술대상을 축소한다. 따라서 Möllers는 법이론적으로 권리보호(Rechtsschutz)에 고정시킴으로써 정당화되는, 일정한 법규(bestimmte Rechtssätze)로 축소하는 것을 멈추어야 한다고 주장한다.22)

외부법관계와 내부법관계를 구분하는 것은 국가법을 지배자와 피지배자의 규율에 관한 법으로 보고 국가 자체를 권리주체로 이해하지 않던 18세기에 그 뿌리를 가지고 있다. 내부관계와 외부관계를 구분하고 국가 내부관계를 법적인 것으로 이해하지 않음으로써 조직 내부에서는 어떠한 권리형태의 관계가 존재할 수 없다고 보는 이른바 '불침투성이론'은 1837년 Albrecht가 국가를 법인격이 있는 것으로 이해한 이후 Gerber와 Lababand의 국가고찰에 관한 형식적 방법인식을

---

21) 이원우, 공기업 민영화와 공공성확보를 위한 제도개혁의 과제, 공법연구 제31집 제1호, 42면. 그 밖에 오건호, 공공부문 사유화에 대한 투쟁 : 기간산업 사유화론의 문제점과 공공성 대안모색, 2002년도 민주주의법학연구회 심포지움, 193면 이하; 이계수, 신자유주의 세계화와 법치국가의 위기, 2002; 이원우, 지정토론문, 2001; 박병섭, 공공부문에 대한 규범적 접근, 2002년도 민주주의법학연구회 심포지움, 5면 이하 참조.

22) Möllers, Methoden, in: Wolfgang Hoffmann-Riem/Eberhard Schmidt-Aßmann/Andreas Voßkuhle(Hrsg.), Grundlagen des Verwaltungsrechts, Bd. I, München 2006, § 3, Rdn. 7.

통해 지배적인 견해로 정착된다.[23]

　　이러한 지배적인 견해에는 그 전제로서 국가법인설에 의거한 행정의 내부관계와 외부관계를 준별하는 사고방식이 존재하고 있다. 이 때문에 행정의 내부관계는 권력문제이지 법률문제가 아니라고 보았다. 그러나 이러한 원칙에 대해서는 초기단계부터 판례 및 학설에서 예외가 나타났고 그 당시부터 이미 수정의 필요성이 제기되었다. 행정규칙에 의해 정해진 직무의무의 위반에 대해서도 독일 민법 제839조의 직무책임을 인정한 사례[24]와 권한없는 행정청의 행위는 그 권한이 행정규칙에 근거한 것이라고 하더라도 하자가 있는 것으로 취급한 사례[25]에서 보듯이 적어도 직무책임의 영역과 행정의 권한규정에 대해서는 행정규칙이 규율하는 관계를 법적인 관계로 받아들이는 견해가 학설과 판례에 의해 이전부터 인정되어 오고 있었다.[26]

　　내부관계와 외부관계의 구별론은 2차 세계대전 후 행정규칙의 준수를 요구하는 판례가 등장하면서 더욱 상대화되는데, 그 중심에 있는 것이 행정의 자기구속(Selbstbindung)의 사고방식이다. 행정이 자기를 구속한다는 것은 2차 세계대전 전에도 행정재량의 통제수단으로 생각되었고 자의금지원칙에 의하여 인정되었다. 자기구속의 사고방식은 전후가 되자 재량영역은 물론이고 법률이 존재하지 않는 영역에서도 국민의 권리구제를 위한 근거가 되었고[27] 초기에는 행정관행의 존재가 요건이었으나 1960년대 이후에는 행정관행이 존재하지 않더라도 행정규칙 그 자체를 중시하여 행정규칙에 기초한 자기구속의 효력을 인정하게 되고 관련된 판례도 등장하게 된다.[28]

　　불침투설은 특히 특별권력관계이론의 중요한 근거가 되기도 하는데 오늘날 특별권력관계이론을 전면적으로 인정하는 견해는 보이지 않고 다만 제한적으로 인정하는 견해가 있을 뿐 점차 그 토대를 잃어가고 있다. 특별권력관계이론이 이

---

23) 자세한 것은 정탁교, 행정법상 내부관계에 관한 법적 고찰, 고려대학교 박사학위논문, 2004. 12, 13면 이하 참조.
24) BGHZ 10, 389(390).
25) DVBl. 1968, S. 259.
26) 정탁교, 앞의 논문, 27면 이하 참조.
27) 독일공법학은 60년대 전반 이후 전부유보설의 대두로 인해 한편으로는 법률유보영역의 확대를 논의하면서 다른 한편으로는 자기구속론에 근거한 행정규칙의 법적 재평가를 통해 국민의 권리구제를 발전시키게 된다. 정탁교, 앞의 논문, 38면 참조.
28) 자세한 것은 정탁교, 앞의 논문, 30면 이하 참조.

렇게 최후를 마치고 있는 것은 앞에서 보았듯이 무엇보다도 기본권이론의 영향이
컸다고 할 수 있다.

6. 주관적 공권의 문제

행정소송법 제12조의 원고적격은 '법률상 보호이익'을 요건으로 하고 있다.
이는 주관소송으로서의 항고소송을 제기하기 위해서는 '법률상 보호되는 이익'
또는 '법률상 보호가치 있는 이익' 등이 있어야 한다는 것을 전제하고 있는 것이
다. 행정소송법의 이러한 구조는 다분히 독일식의 주관적 권리보호의 관념에 토
대를 두고 있다. 독일 기본법 제19조 제4항에 헌법상 보장된 포괄적인 개인의 권
리보호는 나치의 불법국가에 대한 반작용에 따른 것이었다. 독일에서의 이러한
발전은, 특히 프랑스와 같이 법원에 의한 보호의 중점을 행정작용의 객관적인 통
제에 두고 행정에 의한 작용의 기능확보를 규정하는 유럽의 행정법질서와는 다른
결과를 초래하게 된다. 독일의 경우 주관적 권리보호를 매개로 법원의 통제권이
확대되는 반면에 다른 유럽국가들은 법원에 의한 권리보호가 독일보다 훨씬 약하
게 형성되었으며 부분적으로는 영국처럼 행정 내에서 스스로 법치국가적 안전을
확보하는 방식 내지는 정치적 통제에 더 큰 비중을 두기도 한다.[29]

그러나 이렇게 유럽국가들과 다른 발전을 해왔기 때문에 유럽통합의 강화
과정에서 주관적 권리라는 관념에 의해 각인된 독일 행정법체계가 객관적인 법의
관철을 강하게 지향하는 유럽공동체법의 발전동력을 통합할 수 있을지 의문이 제
기되고 있다.[30]

유럽공동체법을 통해서 법원의 통제위임은 더욱 강하게 확대되는 경향이 있
다. 유럽연합지침이 국내법으로 전환되지 않은 경우와 관련하여 유럽사법재판소
(der Europäische Gerichtshof)는, 회원국의 법은 관련자들이 그에게 유리한 지침규정
을 법원에서 주장할 수 있도록 해야 한다고 여러 번 언급한 바 있다.[31] 물론 그것

---

29) Hoffmann-Riem, Eigenständigkeit der Verwaltung, in: Hoffmann-Riem/Schmidt-Aßmann/
   Voßkuhle, Grundlagen des Verwaltungsrechts, Bd. Ⅰ, München, 2006, S. 673.
30) Eberhard Schmidt-Aßmann, a.a.O., S. 82. 유럽화는 독일행정법 전반에 영향을 미치고 있
   다. 주로 국내법에 국한하여 그 존재근거를 찾던 법원론이 유럽통합으로 인하여 유럽연
   합의 법, 명령, 지침 등에까지 그 대상을 확대하게 된다. 이에 따라 EU 회원국의 국민도
   이를 근거로 권리보호를 주장할 수 있게 된다.
31) EuGHE 1991, 2567(2601); 1995, 2311(2318 f.).

만으로 주관적 권리의 전형인 실질적인 이익평가가 언급되었는지 또는 순수한 소송상의 제소권(Initiativberechtigung)만이 언급되었는지 종국적으로 밝혀진 것은 아니지만 종래 독일의 소송법상 관념에 비해 소송가능성을 더 확대하도록 하고 있는 것만은 명백하다. 유럽의 다른 법질서도 더욱 강하게 객관적인 법에 의한 통제라는 관념에서 출발하고 있는데, 민중소송은 아니라도 이해관계인이나 특정 분야에서 활동하는 단체의 소송 제기권이 승인되어 있다. 따라서 권리보호를 주관적 권리라는 엄격한 구성요건에 제한함으로써 법원의 높은 통제밀도가 조정될 수 있다는 독일식 관념은 유럽의 법들이 서로 동화(Rechtsangleichung)되어 가고 있는 지금 상황에서는 유지될 수 없을 것이란 지적도 나오고 있다.[32] 그러나 위와 같은 지적에 직면하여 독일의 행정법이 주관적인 공권으로부터 완전히 결별해야 되는지 여부에 대한 학자들의 반응은 다소 소극적인 듯하다. 그러한 문제에 대해 현 상황에서 종국적인 대답을 하기는 아직 이르다는 등의 견해가 나타나고 있기 때문이다.[33]

7. 행정의 행위형식론

행정의 행위형식론 또는 작용형식론은 행정의 행위형식에 따라 의의, 요건, 효과 등의 형식적 틀을 제공한다. 행정입법, 행정행위, 행정계약, 행정계획, 사실행위 등이 행정법의 대표적인 작용형식들이다. 독일 행정법과 한국의 행정법은 이 가운데 행정행위를 중심에 두고 있다. 그러나 최근에는 행위형식론에 맞추어진 전통적인 방법으로부터 정보획득 내지 정보처리의 방향으로 가는 경향 등 새로운 흐름이 보이고 있다. 다양하고 변화된 행정현실에 맞추어 새로운 형식들이 등장하고 있다. 그중에 대표적인 것으로는 최근 관심의 대상이 되고 있는 조정(중재, Mediation)을 들 수 있을 것이다. ADR(Alternative Dispute Resolution)의 하나에 속하는 Mediation은 미국의 법체계에서 유래한 것인데 초기의 반대에도 불구하고 상이한 법체계를 가진 국가들에서 일반적으로 받아들여지고 있다. Mediation은 법적 분쟁에서 법원에 의한 공식적인 권리보호의 대안으로서 이해되고 있다. 절차통제를 포함한 객관적인 법적 통제의 요소들이 Mediation절차에 받아들여질 수

---

32) Eberhard Schimidt-Aßmann, a.a.O., S. 225

33) Sven Höhlscheidt, Abschied vom subjektiv-öffentlichen Recht? ― Zu Wandlungen der Verwaltungsrechtsdogmatik unter dem Einfluß des Gemeinschaftsrechts ―, EuR 2001, S. 377.

있다.[34] 행정의 다양화와 새로운 행정 형식의 등장으로 종래의 행위형식론은 일정한 변화를 피할 수 없게 되었다. 이에 따라 행정행위라는 행위형식에 중점을 두고 법적 분쟁을 법원에서 사후적으로 해결하는 데 치중하였던 방식이 이제는 법원 밖에서 사전에 해결함으로써 분쟁의 소지를 줄이는 방식이 증가하고 있다.

Ⅳ. 행정법개혁의 필요성

위에 언급한 바에 따라 고전적인 자유주의 법치국가에 기반을 둔 행정법 도그마틱은 더 이상 그대로 유지되기가 어렵게 되었고 행정법은 새로운 도전에 직면하고 있다. 독일에서는 최근 행정에 단지 끌려가는 것이 아니라 행정을 일정한 방향으로 조종하는 조종학(Steuerungswissenschaft)으로서 행정법이 논의되고 있다.[35] 법학은 효력을 목표로 하고 있기 때문에 개별적인 법규율이나 법제도를 도그마틱적으로 형성해 내도록 움직이게 할 수 없다. 따라서 행정법학은 조종학으로 이해되어야 할 필요가 있는데, 이는 행정법적 사고로 하여금 그 도그마틱 및 방법론적 구상의 변경을 요구한다. 조종학으로서 행정법학을 주장하는 이러한 견해는 물론 전래의 규율방식들을 포기하지 않으려 하지만 일정한 보충이 필요하고 체계에서 일정한 변화를 요구한다. 이에 따르면 행정의 법률구속 및 정당성은 위에서 아래로의 단선적인 작용이 아니라 복잡한 과정으로 고찰되어야 한다고 한다. 이 과정에는 대립되고 수평적인, 회귀적인 영향가능성이 작용한다. 그리고 행정조직은 더 이상 외부로 닫힌, 내부의 계층적으로만 파악된 단위로서가 아니라 다양하게 구성된 관청 및 기관들의 조직된 다양성으로 보아야 한다. 또한 행정작용의 적법성은 단지 법관에 의한 통제가능성이 아니라 행정의 행위의 전망으로부터 일차적으로 규정되어야 한다. 조종학으로서 행정법의 구상은 사회학적 조종논의에 연결하여 이론적인 범주를 개발하는데, 이에 의해 사회적 과정의 내적 동학(Dynamik)과 환경조건, 작용하는 힘, 법의 작용방식 등이 분석될 수 있다. 여기서

---

34) Michael Ronellenfitsch, Entstaatlichung des Rechtsschutzes? — Mediation vor der Garantie staatlicher Rechtsschutzgewährleistung —, DÖV 2010, S. 373 ff.

35) Eberhard Schimidt-Aßmann, Das allgemeine Verwaltungsrecht als Ordnungsidee, 2004, S. 18 ff.; 국내에서도 이미 이러한 조종학으로서의 행정법에 관심을 가지고 행정법 개혁논의가 시작되긴 하였으나 깊이있는 논의가 더 필요한 것 같다. 이에 대해서는 김남진, 행정법총론 개혁의 과제, 법학논집 제31집, 139면 이하 참조.

중점은 조종 주체와 객체, 조종 매체와 도구들 간에 작용연관성에 있다.[36] 이와 관련하여 일본에서 행정과정론이 논의되고 있는 것도 행정법 개혁에 하나의 시사점을 제공해 준다.[37]

V. 결론

앞에서 우리는 법도그마틱의 개념과 행정법 도그마틱의 변화 요인 및 그 필요성, 변화의 내용 등에 대하여 개관해 보았다. 서론에서 지적하였듯이 이 글은 향후 행정법의 개혁과 발전을 모색하기 위한 하나의 시론에 불과하다. 따라서 행정법 도그마틱과 관련해서는 앞에서 논의한 것 이외에도 무수히 많은 문제들이 제기될 수 있지만 여기서는 몇 가지 중요한 점들에만 한정하여 고찰하였다. 이렇게 한정하는 이유는 우리 행정법학계의 행정법도그마틱에 대한 선행연구가 많지 않고 그러한 상항에서 연구를 진행하는 데 상당한 한계가 있을 수밖에 없었다는 데 기인하기도 하지만, 처음의 의도와는 달리 이 글이 단지 시론적 성격에 머물 수밖에 없었던 것은 무엇보다도 필자의 천학비재와 시간적 제약에 기인함을 밝혀 둔다. 부족한 부분은 앞으로 계속 보완해 나가기로 한다.

결론적으로 행정법의 지배적인 이론 틀로서 행정법 도그마틱은 고정되어 있는 것이 아니다. 그 시대상황을 반영할 수밖에 없고 그 시대의 지배적인 이론틀로서 작용한다. 따라서 강력한 체제 안정화기능을 수행하지만 행정법 도그마틱은 여기서 그치지 않는다. 행정법 도그마틱은 그 통제기능, 비판기능을 통하여 행정현실에 대한 강력한 비판의 틀을 제공할 수도 있다. 19세기에 오토마이어에 의해 형성된 행정법 도그마틱은 고전적 자유주의 법치국가의 상황을 반영한 것이고 21세기의 상황을 담아내기에는 한계가 있을 수밖에 없다. 그것은 주관적 보호에 치중하여 법원을 통한 권리구제에 중점을 두고 있다. 우리는 지금 행정법개혁의 과제를 진지하게 고민하여야 한다. 행정법개혁은 단순히 행정의 현실을 반영하는 데 그쳐서는 안 되며 행정의 현실을 조종하고 선도하는 방향으로 새로운 이론적 틀을 제시하여야 할 것이다.

---

36) Eberhard Schimidt-Aßmann, a.a.O., S. 18 ff.
37) 문상덕, 행정과정론의 의의와 한계, 한림법학 Forum 제10권(2001), 79면 이하; 박정훈(역), 시오노 히로시, 일본 행정법학의 전개에 관한 소묘, 행정법연구 2004년 하반기, 203면 이하.

[참고문헌]

김남진, 행정법총론 개혁의 과제, 고려대학교 법학논집, 제31집(1995), 139면 이하.

김중권, 정부투자기관의 입찰참가제한행위의 법적 성질에 관한 소고, 인터넷 법률신
　　문 2006년 8월 31일자(제3486호).

문상덕, 행정과정론의 의의와 한계, 한림법학 FORUM 제10권(2001), 79면 이하.

박정훈, 오토마이어(1846-1924)의 삶과 학문, 행정법연구 제18호, 210면 이하.

박정훈, 행정법의 체계와 방법론, 박영사 2005.

이계수, 행정법해석과 기본권론, 고시계 1999. 11, 20면 이하.

이원우, 공기업 민영화와 공공성확보를 위한 제도개혁의 과제, 공법연구 제31집 제1
　　호, 42면 이하.

정탁교, 행정법상 내부관계에 관한 법적 고찰, 고려대학교 박사학위논문, 2004.

塩野宏, 박정훈(역), 일본 행정법학의 전개에 관한 소묘, 행정법연구 2004년 하반기,
　　203면 이하.

Alexy, Robert, Theorie der juristischen Argumentation, 1983.

Ehlers, Dirk, Verwaltung und Verwaltungsrecht im demokratischen und sozialen
　　　　Rechtsstaat, in: Erichsen/Ehlers(Hrsg.), Allgemeines Verwaltungsrecht, Berlin
　　　　2006, S. 161 ff.

Hoffmann-Riem, Wolfgang, Eigenständigkeit der Verwaltung, in: Hoffmann-Riem/
　　　　Schmidt-Aßmann/Voßkuhle, Grundlagen des Verwaltungsrechts, Bd. I,
　　　　München, 2006, S. 673.

Höhlscheidt, Sven, Abschied vom subjektiv-öffentlichen Recht? — Zu Wandlungen
　　　　der Verwaltungsrechtsdogmatik unter dem Einfluß des Gemeinschaftsrechts
　　　　—, EuR 2001, S. 377 ff.

Möllers, Christoph, Methoden, in: Wolfgang Hoffmann-Riem/Eberhard Schmidt-Aßmann/
　　　　Andreas Voßkuhle(Hrsg.), Grundlagen des Verwaltungsrechts, Bd. I,
　　　　München 2006, §3, Rdn. 10.

Ronellenfitsch, Michael, Entstaatlichung des Rechtsschutzes? — Mediation vor der
　　　　Garantie staatlicher Rechtsschutzgewährleistung —, DÖV 2010, S. 373 ff.

Rüthers, Bernd, Rechtstheorie, 2. Aufl., München 2005.

Rüthers, Bernd, Rechtsdogmatik und Rechtspolitik unter dem Einfluß des Richter-
　　　　rechts, IRP — Rechtspolitisches Forum, Nr. 15, S. 1. ff.

Schimidt-Aßmann, Eberhard, Das allgemeine Verwaltungsrecht als Ordnungsidee,
　　　　Berlin, 2004.

Stolleis, Michael, Öffentliches Recht und Privatrecht im Prozeß des Entstehung des
modernen Staates, in: Wolfgang Hoffmann-Riem/Eberhard Schmidt-Aßmann
(Hrsg.), Öffentliches Recht und Privatrecht als wechselseitige Affangordnun-
gen, Baden-Baden 1996, S. 41 ff.

2. 현대 행정법의 변화와 지배이념[*]
― 이른바 '보장국가'의 가능성과 한계를 중심으로 ―

I. 서론

　故 류지태 교수는 그의 행정법 교과서에서 행정법의 지배이념을 권리보호와 행정능률의 실현으로 간단명료하게 서술하고 있다.[1] 대학원 시절 행정법을 공부하던 때로 기억을 더듬어 보면 판단의 기준이 단순하고 명료하여 행정법을 이해하는 데 상당한 도움이 되었다. 어찌보면 이러한 간단명료한 서술이 행정법신론이 독자들로부터 인기를 얻었던 비결 가운데 하나였을지도 모른다. 그러나 막상 교수가 되고 행정법을 더 공부하면서 이것이 그리 간단하지만은 않음을 깨닫게 되었다. 행정법상 권리보호와 공익실현, 행정능률의 실현, 양 이념의 조화가 필요할 것이나 현실에서 이를 조화시키기는 매우 어려운 과제라는 것을 알게 되었다.

　행정법은 그 사이 상당한 변화를 겪고 있다. 92년에 대학원에 입학하여 행정법을 공부하기 시작한 지 25년이 지난 지금 행정법이 변하고 있음을 피부로 느낄 정도이다. 최근에는 변화의 속도가 더욱 빨라지고 있는 것으로 보인다. 거버넌스, 보장행정, 제어학(또는 조정학)으로서의 행정법 등 지난 30여 년 상당한 변화를 몸소 체험하고 있다. 이는 국가와 시민의 관계변화에 따른 것뿐만 아니라 주로 국가의 기능변천에 의한 것이기도 하다. 전래의 국가와 사회의 이분론이나 공사법

---

[*] 이 글은 故 류지태 교수 10주기 추모논문집 간행위원회, "현대 행정법의 이해", 59면 이하에 실린 글을 수정, 보완한 것임.

[1] 류지태, 행정법신론, 제10판, 신영사, 2006, 15면; 류지태 · 박종수, 행정법신론, 제16판, 박영사, 2016, 5면 이하.

의 구분, 행정과 시장의 구분론, 그리고 그에 따른 법도그마적인 카테고리(범주)가 새로운 행정현실의 다양한 혼종적인 현상형태를 적절하게 다루기 어렵게 되었지만 이러한 불확실성 때문에 행정법학은 오히려 역동적이면서도 지속적인 과제를 안게 되었다.[2] 이에 대응한 행정법의 새로운 틀이 요구되고 있다.

　　10년 전 필자는 당시 故 류지태 교수님의 추모논문집에서 이러한 변화의 경향을 "최근 독일 행정법의 변화와 시사점"이라는 제하에 글을 쓴 적이 있지만[3] 10년이 흐른 지금 변화는 당시보다 훨씬 빠르고 구체적으로 다가오고 있다는 느낌을 받는다. 이하에서는 행정법의 이러한 변화의 동인과 새로운 행정법의 요소들을 살펴보고 그 가운데 특히 '보장국가'의 가능성과 한계에 관하여 고찰해보고자 한다.

Ⅱ. 행정법의 지배이념

1. 행정법의 지배이념 논의

　　고 류지태 교수는 그의 교과서 [행정법신론]에서 행정법은 전체적으로 보아 권리보호이념과 행정능률의 실현 이념에 의하여 지배되고 있다는 점을 지적하고 있다. 행정법의 지배이념에 관한 언급은 다른 행정법 교과서에서는 볼 수 없는 독특한 내용이다. 행정법의 지배이념에 대해서는 '지배이념'이 무엇인가, 법의 이념과의 관계, 그리고 다른 법영역과 달리 행정법을 지배하고 있는 이념이 무엇인가에 대해서 다양한 반론이 제기될 수 있을 것이다. 이러한 점을 인식하여 저자는 행정법이 기초로 하고 있는 지배이념에 대해서는 여러 가지 논의가 가능하다는 것을 전제로 하여 그 가운데 권리보호이념과 행정능률의 실현이념을 지배이념으로 채택하고 있다.[4]

---

2) Schulze-Fielitz, §12 Grundmodi der Aufgabenwahrnehmung, in: Wolfgang Hoffmann-Riem/ Eberhard Schmidt-Assmann/Andreas Vosskuhle(Hrsg.), Grundlage des Veraltungsrechts, Rn. 167, S. 837 ff.

3) 문병효, 최근 독일행정법의 변화와 시사점 : 유럽화, 민영화, 규제완화를 중심으로, 고려 법학 제52호(2008. 4), 213면 이하.

4) 류지태, 행정법신론, 제10판, 신영사, 2006, 15면 참조.

2. 행정법의 지배이념으로서 권리보호와 행정능률의 실현(공익실현)

행정법신론에 행정법의 지배이념으로 비교적 간단하게 서술되어 있는 권리
보호와 행정능률의 실현 이념은 행정법을 공부하는 초학자들과 수험생들에게 행
정법에 대한 간단명료한 이정표를 제시해 주고 있다는 점에서 이 책의 가장 큰
장점이라고 본다. 행정법은 법으로서의 성격상 시민의 권리보호를 실현하는 것을
그 이념으로 하는 한편 규율대상이 되는 행정작용의 특성상 요구되는, 행정작용
의 신속한 능률적인 수행도 배려하여야 한다. 여기서 저자는 행정능률의 실현이
효율성만을 의미하는 것이 아니라 행정작용을 통하여 달성하려고 하는 공익적인
이해관계를 반영하는 것임을 놓치지 않고 있다.

행정작용으로부터의 시민의 권리보호는 행정작용의 근거, 행정작용에 대한
사전적 규제와 사후적 통제를 주된 내용으로 하기 때문에 행정절차와 행정구제의
측면에서 주로 나타난다.

행정능률의 실현이념은 행정현실을 반영한 합목적적인 결정과 능률적이고
신속한 행정작용의 확보를 그 목표로 하게 되므로 재량행위이론, 행정입법, 행정
계획이론, 행정지도 등에서 강하게 나타난다.[5]

3. 양 이념의 조화

권리보호와 행정능률의 실현 이념은 행정법의 영역에 따라 강하게 기능하기
는 하지만 엄격히 분리되어 기능하는 것은 아니다. 그리하여 양 이념은 독자적으
로 기능하는 것이 아니라 서로 적절한 형태로 조화되는 것이 필요하다는 점을 저
자도 잘 지적하고 있다. 재량행위의 하자이론이나 재량행위에 대한 공권인정, 행
정계획에서 형량명령이론, 행정절차에서 원칙과 예외규정의 존속, 행정절차의 하
자의 치유인정, 행정입법의 한계 논의 등은 이를 반영하고 있다. 그리하여 행정법
의 어떤 제도가 위 이념 가운데 어느 쪽에 치중하고 있다는 평가를 받게 되면 그
에 따르는 제도보완장치가 마련될 필요성이 있다고 보고 있다.[6]

---

5) 류지태, 행정법신론 제10판, 신영사, 2006, 15면 이하를 참조.
6) 류지태, 행정법신론 제10판, 신영사, 2006, 16면.

Ⅲ. 현대 행정법의 변화와 새로운 행정법학

1. 전통적인 행정법의 위기와 중점의 이동

(1) 전통적인 행정법의 위기와 새로운 도전

지난 수십 년 동안 세계화와 신자유주의의 광풍이 몰아쳤고 정보통신기술의 급속한 발달은 이를 더욱 촉진하고 있다. 이로 인하여 촉발된 사회의 급진적이고 복잡다양한 변화를 수용하고 대응하여야 하는 과제가 현대의 법이론과 실무 앞에 놓여 있다. 전통적인 행정법은 질서법 위주로 구성되어 있다. 따라서 전통적인 행정법으로 변화된 현실을 극복한다는 것은 사실상 어렵게 되었다. 이러한 현실을 반영하여 독일 연방헌법재판소 소장인 포스쿨레(Voßkuhle)는 '새로운 행정법학(또는 新행정법학, Neue Verwaltungsrechtswissenschaft)'을 언급하면서 과거의 '규제적인 법의 위기(Krise des regulativen Rechts)'라고 말한 바 있다.[7] 그에 따르면, 고전적인 질서법(Ordnungsrecht)의 특징인 명령과 금지, 허가유보, 형벌위협으로 상대방에게 목표로 하는 작용을 하도록 하는 데에는 한계가 있으며 집행의 결함(Vollzugsdefizit)이 발생하였다. 그리하여 문제해결을 위해서는 행정이 기업 및 시민들과 공통으로 수용가능한 방안을 마련하기 위하여 다양한 방법으로 협력해야만 한다는 인식이 독일에서는 70년대 이래 경험적 연구를 통하여 발견되었다. 국가는 과제를 수행할 때에 전래의 질서법적으로 형성된 절차나 행위방식에 대하여 재고해야 했다. 전통적인 법학방법론의 시야에서 일관되게 철저히 외면되었던 사회 현실(soziologischer Befund)을 행정법학이 법률우위의 관점에서 간단히 무시하기가 어려워졌다. 그리하여 특히 행정과 시민 간의 비공식적인 협력이 관심의 대상이 되었고 정치학자나 사회학자들의 도움을 빌어 다양한 형태를 유형화하고 분류하는 작업이 행하여졌으나 이러한 방식은 그다지 생산적이지 못하였고 적법성과 위법성의 이원적 공식에 의한 병리학적 고찰방식이 주류를 이루었다.[8]

비공식적–협력적 행정작용을 법치국가적으로 규율하라는 요구만으로 명령

---

7) Andreas Voßkuhle, §1 Neue Verwaltungswissenschft, in: Wolfgang Hoffmann-Riem/Eberhard Schmidt-Aßmann/Andreas Voßkuhle(Hrsg.), Grundlagen des Veraltungsrechts, §1, Rn. 10.

8) 특히 협력적 고권활동의 법적인 한계나 비공식적 작용의 한계, 행정계약의 한계 등이 테마로 다루어졌다. Andreas Voßkuhle, §1, Rn. 10.

적-위계적 조종의 취약성이 제거될 수 없었다. 따라서 점차로 행정법학은 문제에 적합하고 기능할 수 있는 법질서 형성을 제안할 준비가 되어 있어야 한다는 인식이 지배하게 되었다.

- 법정립과 구체적인 결정 및 집행 간의 복잡한 연관성을 고려하여야 한다.
- 국가과제의 양적인 확대와 질적인 변화로 인하여 정보에 대한 수요가 급격히 증가
- 동시에 환경법이나 통신기술법분야에서 과도한 복잡성과 역동성, 단선적이지 않은 인과경과, 불계속성, 불가역성, 평가하기 어려운 리스크 등에 기인한 지식의 한계도달

이에 따라 유연하고 상황에 관련된 넓은 의미로 학습가능한 행위지침을 전통적인 질서법은 충족시킬 수 없다. 또한 고전적인 관료주의적이고 위계적으로 조직된 행정은 충분한 정보의 흐름을 보장할 수 없는 것으로 보인다. 따라서 행정법학은 특히 역동적 특징을 가진 법 영역에서 대안적인 규제전략과 조직형태를 생각하도록 요구되었다. 개별적인 비용-수익분석과 시장의 유인메커니즘을 법질서로 통합하여야 한다는 경제학자들의 제안을 검토하였고 협상을 통한 갈등해결이나 수용성(Akzeptanz)의 창출을 연구하였고 소통이론이나 정보이론에 흥미를 가지기 시작하였다. 물론 이러한 식으로 획득한 인식이 전통적인 법도그마틱을 변화시키지는 못했다. 그러나 규범적으로 옳은지 또는 그른지의 문제 대신, 해결의 합목적성 또는 쟁점이 되고 있는 논거의 설명가능성, 그의 연계가능성 등이 문제되었다. 이는 문제지향의 행위관점을 통하여 법적 행위(Rechtsakt)와 관련된 법학방법론의 고찰방식을 보충하거나 분리하는 결과를 가져왔다.[9] Voßkuhle의 이러한 상황인식과 통찰이 우리의 경우에도 특별히 달라질 것으로 보이지 않는다.

(2) 행정법의 중점이동

행정법학의 방법론은 전통적으로 법해석학이 중심이 되어 왔다. 그러나 최근의 변화를 겪으면서 법해석학만으로는 사회의 급격한 변화를 극복하기 어렵다는 인식이 늘어나는 것 같다. 앞에 언급한 Voßkuhle는 이러한 점을 인식하여 행정법

---

9) Andreas Voßkuhle, §1, Rn. 11.

학이 법적용을 위한 해석학으로부터 법정립 지향의 행위학(rechtssetzungsorientierte Handlungs-) 및 결정학(Entscheidungswissenschft)으로 중점이 이동하였다고 서술하고 있다.10) 이렇게 전망하는 하나의 근거로서 그는 입법이론(Gesetzgebeungslehre) 분야의 창설을 들고 있다. 그는 물론 이것이 전통적인 법학방법론에서의 도그마틱 작업이 불필요하다는 것을 의미하는 것은 아니라고 하면서 민주적 헌법국가에서 법은 행정의 결정시스템을 위한 기준이 되는 결정요소로 남아있다고 한다. 때문에 행정법에서 행위의 척도나 조직, 절차, 구성원 등의 변화는 헌법을 통하여 정당화될 수 있어야 한다. 따라서 모든 결정 및 결정제안도 현행법과 합치하는지 여부가 심사되어야 한다. 법률가들의 원래 활동영역은 법정립 지향의 행위학 및 결정학의 시각에서는 복잡한 인식과정의 한 단계일 뿐이며 다른 단계들이 간단히 무시되어서는 안 된다. Voßkuhle는 그러함에도 법학방법론에 매몰되어 있는 행정법학자들은 이를 제대로 고려하지 않았다고 비판하고 있다. 현실분석, 이론적인 선이해(Vorverständnisse), 결과관찰(Folgenbetrachtungen), 일상의 지식(Alltagswissen),11) 법정책적인 평가는 종종 은폐되고 방법론적으로 반영되지 않은 채 자신의 논거에 흘러들어갔다고 한다. 그러므로 바로 비규범적인(nicht-normative) 결정요소들을 학문적으로 어떻게 합리화하는지(Rationalisierung)의 문제를 새로운 행정법학의 주된 관심사로 다루어야 함을 강조하고 있다.12)

2. 행정법 변화의 동인

법은 현실을 반영한다. 그러므로 법이 변화하고 있음은 현실이 변화하고 있다는 것을 의미한다. 법의 한 분과를 담당하고 있는 행정법은 현실의 변화를 감당해야 하고 그러한 변화에 대응하여 현실을 바람직한 방향으로 이끌어야 할 과제를 갖는다. 최근 수십 년 동안 한국사회와 세계는 급격한 변화의 바람이 불었고 이로 인해 행정법은 상당한 변화를 경험하고 있다.

독일에서는 신공공관리론(New Public Management), 신 제어모델(neues Steuerungs-modell), 규제완화, 민영화, 날씬한 국가(Schlanker Staat), 활성화국가(Aktivierender

---

10) Andreas Voßkuhle, §1, Rn. 15 ff.
11) 일상의 지식(Alltagswissen)은 경험이나 체험을 통해 개별적으로 획득되며 학문적인 지식 (das wissenschaftliche Wissen)은 세상을 이해하고 설명하는 데 기여하며 객관적이라는 점에서 양자는 구별된다.
12) 이상의 내용에 대해서는 vgl. Voßkuhle, §1, Rn. 15.

Staat), 전자정부, 거버넌스(Governance) 등이 행정과 행정법 개혁을 위한 지배적인 단초로 언급되고 있는바,[13] 우리의 경우에도 효율성증대 및 효과증대의 사고(신공공관리론)나 규제완화, 민영화, 거버넌스, 국가기능의 축소 등이 주로 언급되고 있다. 여기서는 행정법변화의 동인으로서 규제완화와 민영화, 날씬한 국가와 활성화 국가를 특징으로 하는 신자유주의와 거버넌스의 문제를 다루고 추가적으로 세계화 또는 유럽화를 다루기로 한다.

(1) 자본주의 황금시대의 종말과 신자유주의시대의 도래

자본주의의 황금시대로 일컬어지는 2차세계대전 이후 4반세기 동안 국가개입주의 정책들은 매우 성공적이었다. 그러나 황금시대가 종말을 고하면서 당시에 구축된 국가개입주의 모델은 신자유주의의 공격을 받게 된다.[14] 대처와 레이건이 영국과 미국에서 정권을 유지한 1980년대 이래로 신공공관리론이나 규제완화, 민영화, 작은 국가 등을 내세운 신자유주의의 공세가 강화되었다. 신자유주의 정책들은 어떤 면에서는 상당한 성과를 거둔 것으로 볼 수 있지만 30여 년이 지난 지금에 와서는 그다지 성공적인 것으로 평가되지는 않는 것 같다.[15] 효율성 내지 효과증대의 관점에서는 그동안 비효율적인 면을 극복하는 데 도움이 된 측면이 있으나 규제완화와 민영화 등 신자유주의의 핵심정책의 추진으로 인하여 부와 소득의 불균형, 양극화가 심화되었고 이로써 극단의 한쪽은 혜택을 누린 반면에 다수를 구성하는 반대쪽은 그러하지 못하였다. 신자유주의는 극단적으로 표출되는 경우 한쪽의 권리를 빼앗아 다른 쪽으로 가져다주는 역할을 할 수 있다. 자본주의 내에서 모순관계는 다양하게 표출되지만 자본과 노동관계에서 신자유주의 정책은 자본에 유리하고 노동에 불리한 쪽으로 작용하여 왔다. 비정규직의 양산과

---

13) Vgl. Andreas Voßkuhle, §1, Rn. 49 ff; 우리의 경우 이를 소개한 문헌으로는 김남진, 독일의 행정·행정법(학)의 변용, 대한민국학술원통신 제254호(2014년 9월 1일), 2면 이하.

14) 1960년대 케인스의 수요관리가 경제사상을 지배하다가 1980년경이 되면서 통화주의적인 공급중심의 이론들이 우위를 점하게 되었다.

15) 전 세계적으로 과거에 비하여 절대적 빈곤에서 벗어난 인구수가 급증하고 훨씬 평등해진 측면이 있는 것을 부인할 수 없다. 그러나 지난 30여 년 동안 여러나라에서 불평등이 극적으로 증가했다는 점 또한 부인하기 어렵다. 미국의 경우 1980년 이후 상위 1%의 국민소득이 배로 불어나 10%에서 20%가 되었고 상위 0.01%의 경우는 국민소득이 네 배로 증가하였다. 오늘날 중국에서는 상위 10%가 국민소득의 약 60%를 장악하고 있다. 이에 대해서는 데이비드 하비 지음/황성원 옮김, 자본의 17가지 모순, 도서출판 동녘, 2015년 3월, 253면 참조.

쉬운 해고 등 노동의 유연화가 진행되었다. 신자유주의는 소수에 유리하고 대다수 시민들에게는 불리하게 작용한다. 소수에게 특권이 집중되고 다수 시민들의 권리는 축소된다. 값싸고 효과적인 주택, 교육, 의료보건, 사회서비스를 제공하는 것이야 말로 시민들의 삶의 질을 향상시킬 수 있는 중요한 전제조건이다. 우리의 경우에도 전기나 가스, 상하수도, 교통, 통신 등 이른바 생존배려(Daseinsvorsorge)의 영역들이 일부 민영화가 진행되었거나 보조금을 통하여 재정지원되고 있다. 공적 영역이 민영화될 경우, 일반화하기는 어렵겠지만 민영화의 내용과 방식에 따라 시민들이 더 질 좋은 서비스를 제공받을 수 있는지 여부가 결정될 것이다. 그러나 지난 수십 년 간 경험에 비추어볼 때 신자유주의하에서 소득격차와 불평등이 커지고 청년실업 및 비정규직 양산 등으로 인하여 일자리에 대한 불안이 커졌고 주택, 교육 등을 포함한 공적 영역의 서비스 가격이 상승하였으며 서비스가격에 비하여 가성비가 높은 서비스를 적절하게 제공받고 있지 못하다. 시민들의 안전과 건강 등의 영역은 민간위탁이 이루어지거나 의료 민영화가 논의되고 재정난을 이유로 국공립의료원이 폐쇄되는 사례도 나타났다. 이처럼 신자유주의의 영향력 아래에서 시민들에 대한 보호조치들은 심각하게 약화되었다.

　　신자유주의가 세계적으로 지배하면서 규제완화, 민영화의 물결이 몰아치자 우리도 그러한 물결에서 벗어날 수 없었다. 김영삼 정부 시절에 시작된 세계화와 규제완화, 민영화는 IMF를 계기로 본격화되었다, 포항제철이 민영화되었고 이후 한전의 민영화를 시도하였다가 반대에 부딪혀 한전 본사와 6개의 발전자회사로 분리된 상태로 중단되어 있다. 한전의 최대주주는 산업은행 등 정부이고 한수원 등 6개 발전 자회사는 한전이 소유하는 구조이기 때문에 엄격히 말하면 민영화되었다고 하기는 어렵고 민영화로 가는 중간단계의 상태이다. 분리된 자회사별로 매각할 수 있는 가능성이 전혀 없는 것은 아니나 현재로서는 완전 민영화가 될 가능성은 그리 크지 않은 것 같다. 그 밖에도 민간위탁과 PPP 등 공·사협력의 증대로 인하여 전국토의 도로와 터널 등 인프라가 대폭 확장된 것은 사실이나 불요불급의 인프라가 생겨나거나 국가재정의 막대한 낭비요인이 되기도 하였다.

　　국가영역의 축소와 시장영역의 확대, 규제완화, 민영화 등의 신자유주의 정책 추진은 행정법에도 역시 중대한 변화를 가져왔다.[16) 1993년 6월 제정된 기업

---

16) 신자유주의와 행정법대응에 관해서는, 홍준형, 경제발전과 행정법질서의 대응 — 경제발전 과정에서 신자유주의의 대두와 행정법제의 대응을 중심으로, 한국법제연구원, 2011. 12. 30.

활동 규제완화에 관한 특별조치법이 대표적인 사례에 해당한다. 안전관리 등의 업무를 관리대행기관에 위탁하는 규정과 일정한 기계, 기구와 설비에 대하여는 안전인증, 신고, 안전검사를 면제하는 규정을 두었다. 2004년 3월 22일 제정된 지역특화발전특구에대한규제특례법은 국가균형발전과 지역경제의 활성화를 위하여 지역특성에 맞게 선택적으로 규제특례를 적용하는 지역특화발전특구를 지정 · 운영하는데 필요한 사항을 제도적으로 뒷받침하려는 것이었다. 이 밖에도 1997년 8월 28일 공기업의 경영구조 개선 및 민영화에 관한 법률의 제정 등 수많은 사례들이 있다.

　　한편 김영삼 정부 시절 신자유주의 정책이 전면화되고 규제완화정책이 추진되는 과정에서도 행정법 영역에서는 행정절차법(1996년 12월 31일 제정)과 정보공개법(1996년 12월 31일 제정), 행정규제기본법(1997년 8월 22일 제정) 등 중요한 법들이 제정되어 상당한 성과를 남긴 것은 평가할 만하다. 그러나 그러한 법들이 제정되었다고 하여 이후 시민들의 권익이 실질적으로 변화되었는지는 의문이다. 민주적인 참여나 투명성확보, 실질적인 권리구제의 측면에서는 여전히 많은 과제를 남겼다.[17] 행정절차법의 경우 행정의 절차적 합리성을 확보하는 계기가 되었다는 점에서 그 정당성을 인정할 수 있으나 형식적 절차준수에 그칠 우려가 여전히 남아있다. 공공기관의 정보공개에 관한 법률의 경우도 공공기관의 정보에 대하여 누구든지 정보공개청구를 할 수 있는 것으로 규정하고 있으나 비공개의 예외사유가 많고 포괄적이어서 그 실효성이 의문시되었다. 행정규제기본법의 경우 규제법정주의를 규정함으로써 규제의 법적 근거를 마련하도록 한 것은 성과라고 할 수 있으나 규제의 원칙, 규제영향분석이나 자체심사, 긴급한 규제의 신설강화에 대한 심사, 규제정비종합계획수립 등으로 미루어 전체적으로 볼 때 규제를 신설하거나 강화하기는 어렵고 규제를 완화하기는 쉬운 측면이 있다. 실제로 김영삼 정부시절 세계화와 규제완화의 기조가 유지되었고 IMF 위기가 도래하였다.

(2) 거버넌스(Governance)

거버넌스(Governance)는 정치학이나 행정학 등에서 보급된 용어인데 2000년

---

17) 그런 의미에서 한전의 밀양 송전탑사건에서 보여주는 강제집행절차나 제주 강정마을 사건, 평택 대추리 미군기지 이전사건 등에서 행정절차가 실질적으로 민주주의와 주민들의 인간 존엄성을 반영하여 집행된 것인지 검토가 필요하다.

대에 들어서면서 법학문헌에서도 그에 관한 논의가 소개되고 있다. 최근 행정법에서도 그에 관한 소개가 적극적으로 이루어지고 있는 만큼[18] 거버넌스에 관한 논의를 빼놓고 넘어갈 수는 없을 것 같다. 간략하게 살펴보기로 한다. 거버넌스가 무엇인지에 대해서는 아직 해명되지 않은 상태이지만, 캐나다 거버넌스 연구소에 의하면, 거버넌스는 권력이 어떻게 행사되고 시민들에게 어떠한 발언권이 부여되고 공공문제에 관하여 결정이 어떻게 내려지는지에 대한 전통 및 제도, 절차를 포함하고 있다.[19] Bertelsmann재단은 생활의 질을 향상시키기 위한 Good Governance의 지표로서 공동의 목표설정, 동반성을 통한 문제해결, 심의회와 집행기관의 효율적 협동, 전략적 경영, 투명성, 목표에 적합한 자원투입, 혁신, 지식 및 학습 등을 제시하고 있다.[20] Good Governance는 법치국가와 민주주의, 인권, 국가활동의 효율성 등에 대한 기본 가치결정을 담고 있으며 국가운영 내지 통치모델의 지침을 제공한다. 거버넌스는 또한 통합성, 투명성, 공공서비스의 윤리성으로 이해되며 좋은 국가활동의 진단수단으로서 국가의 성숙도를 나타내기도 한다.[21] 그러나 거버넌스는 막연하고 불명확하다는 비판을 받는다. 특히 공개적 조정방법은 막대한 정보를 필요로 하고 검색하고 검증하는 데 많은 정력을 소모하는 경향이 있다고 한다.[22] 거버넌스가 민주적인 공동형성가능성(Mitgestaltungs-möglichkeit)을 보장하기 위한 측면은 있으나 법학에서는 조종(제어, Steuerung)으로부터 거버넌스(Governance)로 패러다임이 바뀐다고 하여 그다지 도움이 되지 않는 것으로 평가되고 있다. 법학의 기능방식은 명료한 권한부여와 규범귀속을 토대로 하고 있고 개별적인 행위자와 구체적인 행위가능성, 행위의무가 법학적 고찰의 중심에 있기 때문이다.[23]

(3) 세계화, 유럽화

1990년대 세계화가 빠르게 진행되면서 세계 물적 교류뿐만 아니라 인적교류

---

18) 김남진, Good Governance : 관념과 상황, 대한민국학술원통신 제294호(2018년 1월 1일), 4면 이하 참조; vgl. Hermann Hill, Good Governance und Kontexte, in: Gunnar Folke Schuppert(Hrsg.), Governance-Forschung, 2006, S. 220 ff.
19) 김남진, 앞의 글, 4면.
20) 김남진, 앞의 글, 5면.
21) 김남진, 앞의 글, 6면 이하.
22) 김남진, 앞의 글, 8면 참조.
23) Voßkuhle, a.a.O., Rn. 70.

와 정보의 교류가 증가하였다. 2000년대 IT기술이 급속도로 발전하였고 이제는
이른바 '4차 산업혁명시대'라 일컬어질 정도로 시공을 넘어서 '초연결망'의 수준
에 도달하였다. 이처럼 교통과 통신, 특히 IT기술의 비약적 발전에 힘입어 세계의
시공간이 줄어들고 세계는 상호 영향권에 들어오게 되었다. 이러한 기술의 발전
은 한편으로 세계화와 신자유주의 공세를 강화하는 데 기여하였다.

한미 FTA로부터 한-EU FTA, 한-중, 한-칠레 FTA 등의 국제 조약이나 외국인
노동자들의 대거유입, 결혼이민 등, 유럽의 경우에는 시리아와 아프리카 난민의
급증 등으로 행정법이 국내공법으로서 머무를 수 없게 되었다. 유럽연합의 경우
통합이 가속화됨에 따라 독일과 프랑스 등 유럽 각국의 행정법도 상호 영향을 주
고받고 있다. 특히 유럽연합 내의 수많은 지침들과 유럽재판소(EuGH)의 판결들은
유럽연합 회원국들의 입법과 판결에 지대한 영향을 미치고 있다.[24] 행정법의 유
럽화나, 행정소송법의 유럽화, 행정절차법의 유럽화 등으로 일컬어지는 일련의
현상들이 이를 대변해주고 있다. 비교법적 관점에서 유럽의 행정법, 특히 독일과
프랑스 행정법은 우리 행정법에도 상당한 영향을 미쳤고 여전히 관심대상이다.
따라서 이들 행정법의 유럽화는 우리 행정법과 무관하지 않다. 그리고 일본이나
중국, 동남아시아 등 아시아 내에서의 행정법도 상호 영향을 주고받고 있다. 한국
행정법이 지금은 일본에 대한 의존에서 많이 벗어났지만 일본의 학문적인 발전과
문헌들은 우리에게 여전히 많은 자극을 주고 있다.[25]

3. 신(新) 행정법학의 요소들, 변화의 방향

앞서 보았듯이 최근 사회, 경제적, 기술적 환경의 변화는 행정법학에 대하여
커다란 도전이 되고 있다. 독일에서도 이러한 경향을 반영하고 있는데, 특히
Voßkuhle는 이러한 변화를 담은 행정법학을 '신 행정법학'이라고 하면서 신행정
법학의 방법론적 요소로서 조종학(또는 제어학, Steuerungstheoretischer Ansatz), 현실

---

24) 예를 들어, 2011년 5월 12일 유럽재판소(EuGH)의 Trianel 판결은 환경단체가 주관적 권
리침해가 없더라도 유럽연합지침을 근거로 하여 원고적격을 인정하였다. Vgl. EuGH,
C-115/09, ECLI:EU:C:2011:289 = NVwZ 2011, 797-Trianel.

25) 예를 들어 최근 일본 학자의 보장국가에 관한 저작이나 행정법 전반에 관한 일본 학자들
의 넓으면서도 깊이있는 연구들은 일본의 학문적 풍토와 성과에 대하여 관심을 갖지 않
을 수 없게 한다. 비슷한 문화와 환경을 가지고 있는 양국이 향후에도 학문적 교류를 지
속하고 공통의 문제에 대하여 고민하는 장이 끊임없이 마련될 필요가 있다.

분석(Realbereichsanalyse), 작용 및 결과지향(Wirkungs- und Folgenorientierung), 학문 내, 학문 상호간 학제간 소통(Intra-, Multi-, Trans-, Interdisziplinarität), 핵심개념 및 지도형상(Leitbildern), 관련분야(Referenzgebiet), 체계적 사고의 확대(erweiterte System-perspektive) 등을 거론하고 있다.

위 열거된 요소들 가운데, 조정학 내지 제어학의 토대 및 요건이 되는 것은 현실에 대한 정확한 분석(Realbereichsanalyse)인바, 이는 신행정법학에서 특별한 지위를 차지하고 있다는 점이 강조되고 있다. 규범과 관련되어 있는 사회적, 경제적, 문화적, 기술적, 생태적인 '현실단면들(Wirklichkeitsausschnitte)'에 대한 지식(Kenntnisse)이 없이 법에 의한 조정이 적절히 반영될 수 없기 때문이다.[26]

우리 문헌에서도 이미 새로운 행정법 방법론의 필요성을 언급하거나 새로운 시도들이 발견되고 있고[27] 독일 행정법의 새로운 경향에 관해서도 '신사조(新思潮) 행정법'으로 소개되고 있다.[28] 즉, 법의 해석, 적용에 과도하게 비중을 두는 고전적인 법학방법론에 의존하는 전통적인 행정법 방법론은 현대국가에서 복잡다기한 현실에 대응하여 최적의 결과를 도출하는 데 한계를 드러내었기 때문에 이러한 배경에서 오늘날 관심의 대상이 되고 있는 제어학(또는 조종학, Steuerungs-wissenschaft)으로서의 행정법이 등장하였다. 제어학으로서 행정법은 행정법 적용 주체가 관련되는 다양한 행위자들과 소통 및 협력구조를 구축하고 명령하고 강제하는 일방적인 방식이 아니라 조정하고 제어, 통합하는 방식을 통하여 문제해결을 위한 최선의 결정을 도출해내는 제어수단으로서 기능한다고 한다. 제어학에서 행정법은 국가적 과제를 형성적으로 실현하는 입법과 행정을 주된 대상으로 한다는 점에서 행정의 법형식과 그 하자에 따르는 권리구제를 위하여 법원이 주도적 역할을 수행하는 법학방법론과 구별된다.[29] 사실 행정이 공익을 달성하기 위하여 제어하고 조정, 유도하는 작용은 이미 과거부터 없었던 것이 아니다. 다만 조정, 유도수단으로서 전통적인 방법인 명령과 강제 등 일방적 수단들을 사용하였다는 점에서 최근의 경향과 다를 뿐이다. 전통적인 행정법은 주로 행정의 일방적 처분 등에 대한 쟁송법적 구제에 초점을 맞추고 있었다. 행정법은 행정의 상대방에 대

---

26) Andreas Voßkuhle, §1, Rn. 29 ff.

27) 류지태, 행정법의 이해, 법문사, 2006.7; 박정훈, 행정법의 체계와 방법론, 박영사, 2005.

28) 김성수, 독일의 신사조 행정법학 사반세기 ― 평가와 전망, 강원법학 제51권(2017. 6), 321 면 이하.

29) 김성수, 앞의 글, 331면 이하.

한 행위규범과 재판규범으로서의 성격을 가지고 있다. 그러한 한에서 상대방의 행위를 일정한 방향으로 규제하고 유도하는 작용을 이미 하고 있다. 그러함에도 현대 행정법에서 제어학 내지 조종학으로서의 성격이 강조되는 이유는 과거의 일방적인 수단들로는 더 이상 행정이 목적으로 하는 공익을 달성하는 데 한계가 있기 때문이다. 과거에 비하여 이해관계도 다양해졌고 다양한 이해관계와 갈등을 조종하고 통합하기 위하여 상대방의 협력을 끌어내기 위하여 노력하여야 할 뿐만 아니라 공적 목적을 달성하기 위한 주체들이 국가 외에도 사인 또는 중간적인 성격의 주체 등으로 다양해지면서 전통적인 행정조직법의 행정주체와 행정기관의 관념으로는 새로운 상황에 대처하기도 어려워졌다.

한편 규제완화와 신자유주의 시대가 가져온 파괴적인 결과에 반응하여 합리적인 규제 내지는 규제의 수준과 질이 중요한 과제로 떠올랐다. 이에 따라 규제된 자율규제와 보장국가와 보장행정의 개념이 등장하게 된다. 특히 보장국가에 대해서는 이어서 살펴보기로 한다.

Ⅳ. 보장국가(Gewährleistungsstaat), 그 가능성과 한계

1. 보장국가(Gewährleistungsstaat)의 등장과 그 개념

최근 한국 행정법학에서는 '보장국가의 전성기'라 할 만큼 보장국가 논의가 활발하게 전개되고 있다.[30) 보장국가의 개념은 1990년대 말 또는 2000년쯤 독일

---

30) 대표적으로, 김남진, 자본주의 4.0과 보장국가 · 보장책임론, 학술원통신, 제221호(2011. 12); 김남진, "경제에 대한 국가의 역할"과 관련하여, 공법연구 제42집 제1호(2013), 115면 이하를 들 수 있다. 그 밖에도 계인국, 보장행정의 작용형식으로서 규제, 공법연구 제41집 제4호(2013), 155면 이하; 김일환 · 홍석한, 개인정보 자율규제영역에서 보장국가로서 국가의 역할에 관한 연구, 헌법학연구 제14권 제4호(2008), 135면 이하; 김재호, 보장국가에서의 녹색성장을 위한 법제 개선방안 연구, 토지공법연구 제65호(2014), 185면 이하; 김중권, 공법 행정법의 현대화를 통한 규제개혁, 안암법학, 제45권(2014), 71면 이하; 박재윤, 보장국가론의 비판적 수용과 규제법의 문제, 행정법연구 제41호(2015), 207-208면; 이계수, 메르스와 법―전염병의 법률학, 민주법학 제58권(2015), 257-262면; 이부하, 위험사회에서 국민의 안전보호의무를 지는 보장국가의 역할―현행 안전법제에 관한 고찰을 겸하며―, 서울대학교 법학 제56권 제1호(2015), 139면 이하; 이부하, 보장국가에서 국민의 안전보호와 관련한 헌법이론, 헌법학연구 제22권 제1호(2016), 217면 이하; 임현, 보장국가론의 이해를 위한 소고, 정부학연구 제22권 1호(2016), 31면 이하; 성봉근, 보장국가에서의 위험에 대한 대응―전자정부를 통한 보장국가의 관점에서 본 위험―, 법과 정책연구 제15권 제3호(2015), 1027면 이하; 조태제, 공 · 사협동 시대에 있어서의

에서 학문적인 논의에 등장한 것으로 보인다. 보장국가 관념은 공적인 과제의 수행에 있어서 국가가 과제를 스스로 수행하는 것을 의미하는 것이 아니라 사인, 즉 시장이나 공익 조직, 제3섹터뿐만 아니라 시민에 의해서도 과제가 수행될 수 있음을 인정하되—혼합된 형태로서 국가와 사적 영역간의 협력도 가능하다— 그 과제의 수행을 최종적으로 국가가 보장하는 국가이다. 이 경우 어떤 형태로 과제를 수행하느냐를 결정하는 본질적인 기준은 효율성(Effizienz)이라고 한다.[31] 사실 보장국가 개념은 곧바로 손에 잡히는 개념이 아니다. 다른 개념인 보증 (Garantie)이라는 개념을 유추하여 (보장국가가) 전혀 이행할 수 없는 보장국가에 대한 기대를 불러일으킬 수 있다. 법적으로 고찰할 때 보증계약(Garantievertrag)은 독일 구민법 제434조의 순수한 보장의무(Gewährleistungspflicht)를 넘어선다.[32] 왜냐하면 보증계약에서는 정해진 특성의 존재 및 정해진 결과에 대하여 보증되어야 하기 때문이다. 보장국가는 아직은 형성중인 개념이라고 할 수 있다.[33]

보장국가는 이념적으로 중립지대에 있는 것처럼 다루어지기는 하지만 한편 으로는 복지국가의 성격을 가지면서도 한편으로는 신자유주의의 최소국가 (Minimal Staat)에 가까운 지점에 있다. 보장국가가 복지국가와 신자유주의 국가의 신테제(Synthese)로 볼 수 있는지는 아직 명확하지 않다.[34]

보장국가는 이른바 '활성화 국가(aktivierender Staat)'와 맞닿아 있기도 하다. 이는 영국이 제3의 길로서 채택한 '가능하게 하는 국가(enabling state)'로부터 착안 하여 독일 슈뢰더정부가 대연정에서 선언한 노선이다.[35] 보장국가는 미국 클린턴

보장국가, 보장행정 및 보장행정법의 전개, 한양법학 제38집(2012), 273면 이하; 황지혜, 사회기반시설에 대한 민간투자에서의 보장행정의 구체화, 외법논집 제39권 제4호(2015), 275면 이하. 일본에서도 최근 보장국가에 관한 논의가 상당히 진전되어 있는 것으로 보인다. 예컨대, 板垣 勝彦, 保障行政の法理論, 弘文堂, 2013.

31) Reihard는 위와 같이 결정의 본질적인 기준이 효율성이라고 언급하고 있으나 이후 그 기준은 진화과정을 거쳐 다른 기준들로 보완되고 있는 것으로 보인다. Vgl. Christoph Reichard, Das Konzept des Gewährleistungsstaates, Referat auf der Jahrestagung 2003 des Wissenschaftlichen Beirats der GOW, S. 1.

32) 독일민법(BGB) 개정전의 제434조임.

33) Vgl. Christoph Reichard, a.a.O., S. 1.

34) Vgl. Christoph Reichard, a.a.O., S. 3.

35) 이른바 활성화국가(Aktivierender Staat)는 날씬한 국가(Schlanker Staat)와 구별된다. 독일 에서 CDU와 CSU, FDP가 1994년 대연정을 하면서 대연정계약의 지도상으로 선언한 것 이 날씬한 국가(국가축소, Schlanker Staat)였고, 1998년 정권이 교체되면서 SPD와 Bündnis 90/DIE GRÜNEN의 대연정이 대연정계약에서 선언한 것이 활성화국가(Aktivierender

정부가 채택한 '생산적 복지(workfare)'와도 맞닿아 있다. 이는 기존의 복지가 생산의 효율성을 저해한다는 비판을 받자 실업자가 복지혜택을 받으려면 일정한 노동을 하도록 요구하는 제도이다.[36]

보장국가의 개념과 내용에서 출발한다면 보장국가는 모든 분야에 대한 총체적인 국가유형을 말하는 것이라기보다는 주로 민영화가 이루어진 영역 또는 안전 및 규제에 관한 영역 등에 한정되고 있다. 독일에서 보장국가의 등장배경이 되었던 민영화(또는 사화)와 관련하여 우편, 통신 민영화에 대한 기본법의 개정이 보장국가 개념의 중요한 근거가 되었지만 기본법 제87f조가 보장국가란 용어를 직접 사용한 것은 아니고 "기본서비스를 적절하고도 충분하게 보장하여야 한다"는 문구를 보장국가로 해석하고 있다. 기본법 전체의 체계를 고려하여 독일기본법은 제20조에서 사회적 법치국가를 포기하지 않고 있으며, 제79조에서는 이를 영구불변조항으로 규정하여 개정이 불가함을 천명하고 있다.

2. 국가와 사회의 책임분배 메커니즘으로서 보장국가

보장국가는 공적영역과 사적영역의 변화된 관계를 반영하고 있다. 국가와 사인간의 협력을 강조하고[37] 특히 공사영역 간의 책임분배를 핵심적인 내용으로 다루고 있다.[38] 국가제어가 규범적인 돌봄(Umhegung)[39]이라는 의미에서 점차로

Staat)였다. 입법평가의 제도화, 예산법의 유연화(Flexibilisierung), 경영기술 및 정보기술의 활용, 회계 및 감시절차의 도입을 통한 사적인 자기책임의 강화가 전자의 특징적인 요구였다면 후자는 국가와 사인의 책임분배라는 의미에서 공통의 목표를 달성하기 위한 국가와 사인, 중간적 성격의 행위자의 상호작용이 개혁의 중심적인 발상이었다. 이른바 공사협력(Public Private Partnership)이 중심이 된다. 시민과 국가 간의 관계에만 머무르지 않고 연방과 주, 지방자치단체, 유럽연합의 모든 행정차원에서의 협력이 추구된다. 자기책임과 연방의 다양성을 동시에 강화하면서도 더 많은 결정여지를 주고자 한다. 행정내부의 포괄적인 현대화가 보충적으로 추진되는데 이는 신공공관리론(NPM)이나 신제어모델(NSM)에 따라 추진된다. 인력감축, 관료주의 철폐, 규제완화, 국가과제의 축소 등 날씬한 국가의 지도상과 많은 부분 일치되기도 하지만 국가와 사인간의 협력을 강조한다는 점에서 특징이 있다. 이에 대해서는 vgl, Voßkuhle, §1, Rn. 62 ff.

36) 실제로는 이로 인해 소득불평등과 빈곤이 심화된 바 있다.

37) 국가와 사인 간의 협력이 강조되나 현실에서는 가진 자들과의 협력, 대기업들과의 협력 내지는 자본과의 결탁으로 타락하기도 한다. 보장국가는 진정한 의미에서의 공동체 구성원인 시민들과의 협력이 이루어지는 국가이어야 한다. 그래야만 시민들의 삶의 질을 보장하기 위하여 노력할 것이기 때문이다.

38) Schuppert, G. F. (Hg.), Jenseits von Privatisierung und „schlankem" Staat: Verantwortungsteilung als Schlüsselbegriff eines sich verändernden Verhältnisses von öffentlichem

사적 행위자를 통해 공적과제를 독립적으로 수행하도록 자극하고 유도하는 데 제
한된다. 과거처럼 국가가 전적으로 이행책임을 지는 대신에 규제책임, 감독책임,
관찰책임, 보충책임(Auffangverantwortung)의 형태로 책임을 지는 방식이다.[40]

　　이와 같이 보장국가를 논의하는 글들은 대개 책임을 과제 유형에 따라 단계
적으로 구분한다. 즉, 보장책임(Gewährleistungsverantwortung), 집행책임(Vollzugsve-
rantwortung), 재정책임(Finanzierungsverantwortung)으로 구분하고 보장책임은 국가
가 부담하고 집행책임과 재정책임은 사안별로 국가 또는 사인에게 귀속된다고 하
는 식이다.[41] 여기서 어떤 책임을 국가 또는 사인이 담당했을 때 과제를 더 효율
적이고 적절하게 다룰 수 있을지 여부에 대해서는 개별사례의 정확한 심사가 필
요하나 이는 쉽지 않은 과제이다.

　　행정의 과제수행과 관련하여서는 Schulze-Fielitz의 구분방법이 유용한 것으
로 보인다. 그는 행정의 과제수행을 다음과 같이 크게 4가지로 구분하고 있다.[42]
여기서 4가지 구분방법에 따라 보장행정만을 달리 살펴보면, 보장행정은 고권적
과제수행의 한 유형에 속하고 행정의 과제수행은 고권적 과제수행 외에도 협력적
과제수행, 사인을 통한 공적 과제의 수행, 시장참여자로서의 행정 등으로 분류되
기 때문에 보장국가의 주된 경향으로서 보장행정과 보장책임은 여러 과제수행가
운데 하나의 카테고리에 속한다. 다시 과제수행에 따른 행정책임과 공공복리 확
보를 행정책임(Verwaltungsverantwortung)과 이행책임(Erfüllungsverantwortung), 보장
책임(Gewährleistungsverantwortung), 포착책임(예비 또는 보충책임, Auffangverantwor-

---

　　und privatem Sektor. Baden-Baden 1999.

39) 1. liebevoll umsorgen und betreuen; 2. einfrieden. vgl. Duden. Wörterbuch.

40) 이에 대해서는 vgl, Voßkuhle, §1, Rn. 62 ff.

41) Vgl. Christoph Reichard, a.a.O., S. 2.

42) 즉, 고권적인(Hoheitliche) 과제수행, 협력적(Kooperative) 과제수행, 사인(Private)을 통한
　　공적과제의 수행, 시장참여자(Marktteilnehmer)로서의 행정으로 구분하고 있다. 그는 먼
　　저 고권적인 과제수행으로서 질서행정, 급부행정, 보장행정으로 구분한다. 질서행정은 다시
　　경찰질서행정, 리스크행정(Risikoverwaltung), 재무행정(Finanzverwaltung), 사법행정(Gerichts-
　　verwaltung)으로 구분하고 있다. 급부행정은 다시 자치단체의 생존배려(Daseinsvorsorge),
　　사회행정(Sozialverwaltung), 자금지원행정(Subvention), 정보제공 및 권고, 교육행정(Be-
　　reatung, Unterrichtung)으로 구분하고 있다. 보장행정(Gewaehrleistungsverwaltung)은 시
　　장구조행정(Marktstrukturverwaltung), 규제행정(Regulierungsverwaltung), 공간계획 및 인
　　프라행정(Raumbezogene Infrastruktur-)으로 구분하고 있다. Vgl. Schulze-Fielitz, §12
　　Grundmodi der Aufgabenwahrnehmung, in: Wolfgang Hoffmann-Riem/Eberhard Schmidt-
　　Assmann/Andreas Vosskuhle(Hrsg.), Grundlage des Veraltungsrechts, Rn. 24, S. 772 ff.

tung)[43]으로 분류하고 있다.[44]

3. 보장국가와 규제된 자율규제의 한계

(1) 규제하는 국가(ein regulierender Staat)

규제는 더 많은 관료주의에 대한 옹호가 아니라 규정된 기준의 관점에서 이행과정을 효과적으로 조종하고 감독할 수 있게 한다. 그러므로 역설적으로 비춰지는 상황에 도달한다. 즉 점점 더 많은 과제를 외주화하고 스스로 과제를 수행하지 않는 보장국가가 더 많은 규제를 필요로 하는 역설적 상황에 도달하게 되는 것이다. 따라서 보장국가는 규제하는 국가라고도 표현된다. 그러므로 보장국가와 관련하여 규제완화에 호소한다고 하는 것은 잘못된 것이고 오히려 재−규제(Re-Regulierung)라고 하는 것이 옳다고 한다.[45]

(2) 자유와 규제된 자율규제

자유주의 정치경제학의 유토피아주의는 규제가 만들어낸 자유는 자유의 박탈이라고 비판하고 권력과 강제가 부재한 사회, 물리력이 전혀 작동하지 않는 세상을 꿈꾸었다. 그러나 그러한 세상은 가능하지 않거나 그러한 주장 자체가 정치적인 의도를 가지고 있는 것일 수 있다.[46] 적어도 일정기간 동안 국가가 경제발전에 강력하게 개입하지 않고 산업화에 성공한 나라는 없다.[47] 시장경제가 자연발생적으로 나타났다고 하는 영국에서조차도 시장의 발생에 국가가 결정적 역할을 하였으며 자유시장으로 가는 길은 지속적이고, 집권화되고 통제된, 개입주의의 증대를 통해 열렸고 그 상태가 유지되었다. 영국자본주의 초기 엔클로저법, 신빈곤법(New Poor Law) 등이 그 예이다. 또한 미국은 유치산업보호라는 아이디어의

---

43) 'Auffangverantwortung'을 포착책임으로 번역되기도 하고 예비책임, 보충책임, 교정책임 등으로 번역되기도 한다. 독일어의 'auffangen'이라는 동사의 사전적인 의미는, 떨어지는 물건을 공중에서 손으로 잡는 것이나 사람이 추락하기 전에 손으로 잡아서 보호하는 것, 망명자나 이민자 등을 임시로 수용하여 돌보는 것, 액체를 용기에 모으는 것, 어떠한 부정적인 결과를 적절한 조치를 통하여 완화하려고 시도하는 것, 특정한 시그널을 우연히 받는 것 등 다양한 의미를 가지고 있다. Vgl. Langenscheidt Grosswörterbuch — Deutsch als Fremdsprache, Berlin, 2002.
44) Schulze-Fielitz, a.a.O., Rn. 148, S. 829 ff.
45) Vgl. Christoph Reichard, a,a.O., S. 5.
46) 데이비드 하비 지음/황성원 옮김, 앞의 책, 304면 참조.
47) 장하준 지음/이종태 · 황해선 옮김, 국가의 역할, 도서출판 부키, 2006, 133면.

발상지였으며 2차 세계대전 이전 1세기 동안 산업보호장벽을 가장 견고하게 운용했다.[48]

그런 의미에서 규제와 국가개입은 중요한 역할을 하였다. 그러나 일방적 명령을 통한 조정(Steuerung)을 토대로 하는 행정법의 전통적인 관념은 행정의 대상인 상대방의 이익을 무시하고 상대방의 협력보다는 저항을 불러일으키는 경우도 많았다. 그렇다고 하여 순수한 자율규제(Selbstregulierung)를 원칙적인 규제형태로 하는 데도 문제가 있다. 자기규제적인 목표를 지키도록 하는 자극이 없기 때문이다.[49] 그러한 한에서 규제된 자율규제(regulierte Selbstregulierung)는 일단 매력적인 것으로 보인다. 자율규제를 통하여 한편으로는 자율성을 보장하고 다시 규제함으로써 자율규제의 타락가능성을 방지하기 때문이다.

영국 신노동당은 대처와 레이건 정부에서 주류가 된 탈규제와 신자유주의 이론을 채택했다. 블레어의 제3의 길은 원칙적으로 규제메커니즘을 작동시켜 시장세력들 간의 균형을 추구함으로써 공정성과 효율성을 동시에 실현한다는 목표와 연관되어 있다. 그러나 다른 한편으로 적절한 규제와 관리만 있으면 시장시스템은 정의롭고 효율적인 방식으로 인간의 필요와 욕구를 충족시킬 수 있다는 믿음이 과연 얼마나 실현될 수 있을지는 확신하기 어렵다. 어찌보면 이는 자유주의적 인본주의에 바탕을 두고 있는 듯하다. 대개 자유주의적 인본주의에서 출발하는 NGO나 자선단체들이 세상의 빈곤과 질병을 근절하기 위하여 진지한 노력을 하긴 하지만 이를 근절하는 목표를 달성하는 데에는 현실적인 방안을 제시하지 않는다. 이러한 지적이 설득력이 있는 이유를 생각해보아야 한다.[50] 휴머니즘의 자유주의 전통은 감상적인 윤리의 기초를 형성한다. 그러나 인간이 겪는 수모와 박탈, 환경오염의 악화문제를 근본적으로 해결하는 데에는 관심이 없다. 빈곤퇴치조직들은 빈곤의 심화로부터 자양분을 얻기 때문에 빈곤퇴치활동을 하면서도 빈곤의 근본적인 문제는 건드리지 않는다. 이처럼 Harvey가 적절하게 지적하듯이

---

48) 장하준 지음/이종태·황해선 옮김, 앞의 책, 132면 이하.

49) '세월호사건'과 '메르스사태'에서 그 예를 볼 수 있다.

50) 자선활동이 거대한 산업이 된 순간에도 소수를 위해 막대한 부가 집중되는 시스템하에서 세계의 불평등은 통제를 벗어나고 있다. 하비는 자선사업을 일종의 '양심세탁'으로 표현하고 있다. 데이비드 하비 지음/황성원 옮김, 앞의 책, 311면. 자선사업이 급성장하고 있는 한편으로 타락하기까지 하는 사례들도 자주 언론에 등장한다. 예컨대, 영국에 본부를.둔 옥스팜(Oxfarm) 임원들의 성추문 소식뿐만 아니라 국내외에서 자선을 빌미로 기부금을 모아 타락한 생활을 하는 사례들은 수없이 많다.

이는 구조적인 문제이다.[51] NGO나 자선단체들도 그러한데 하물며 이윤추구와 이윤극대화를 목적으로 하는 시장의 자율성에 맡겨두고 규제를 통한 관리의 성공을 확신하는 것은 시장에 대한 과도한 신뢰 내지는 낙관주의일 수 있다. 자본주의사회에서 불법이 만연하였다는 증거나 무자비하게 이익을 추구하였다는 증거는 그 어디에서든지 쉽게 찾아볼 수 있다. 한국사회에서 각종 특혜로 성장한 재벌의 역사, 정경유착과 부패, 부동산투기, 불공정거래, 대기업의 중소기업에 대한 착취, 노동착취 등의 무수한 사례들은 시장의 자율에 맡기는 것이 얼마나 무모한 일인가를 깨닫게 한다. 프란치스코 교황은 그 어록에서 "가난한 자는 힘든 일을 하면서 박해를 받습니다. 그런데 부자는 정의를 실천하지도 않으면서 갈채를 받습니다"라고 언급한 바 있다.[52] 이런 역설적인 현실은 규제된 자율규제가 이상으로서는 좋으나 실제로는 제대로 작동하기가 매우 어렵거나 제대로 작동하기 위해서는 수많은 조건들을 충족해야만 한다는 것을 알려주고 있다. 정경유착, 부패, 규제포획(regulatory capture), 지대추구행위[53] 등 극복해야 할 문제들이 너무나도 많다. 물론 노력여하에 따라서는 부분적인 성취가 전혀 없지는 않겠지만 근본적인 문제해결에 이르기까지는 쉽지 않을 것으로 전망된다. 사회문제를 근본적으로 해결하지 못하고 주변으로 옮기는 개혁주의의 한계에 대하여 진지하게 고민하여야 한다. 자본주의를 근본적으로 다른 방향으로 바꾸기 위한 혁명적 노력이 필요한 것으로 보인다.[54] 그리고 만인에게 주택, 교육, 식량안보 등 적절한 사용가치를 직접 제공하고 이윤극대화를 추구하는 시장시스템을 통해 이런 사용가치를 제공하지 않도록 구조적 변화를 단계적으로 만들어가야 한다.[55]

---

51) 데이비드 하비 지음/황성원 옮김, 앞의 책, 414면 이하 참조.
52) 프란치스코 교황의 어록 중에서 — 불평등에 관하여.
53) 한전 민영화를 둘러싼 재경부와 산자부의 사례. 정부 내의 각 부처가 반드시 국익만을 추구하는 것이 아니라 자신의 지대를 높이는 쪽으로 행위할 가능성이 있다.
54) Harvey는 이를 혁명적 휴머니즘으로 표현하면서 부르주아 자유주의적 휴머니즘과는 다르다는 점을 분명히 하고 있다. 데이비드 하비 지음/황성원 옮김, 앞의 책, 415면 이하. 자본의 탐욕을 제어하기 위해서 이윤추구를 일정한 한도로 제한하는 기준을 설정하거나 사용자와 노동자가 이익을 공유하되 사용자가 일정비율 이상을 점유하는 것을 제한하는 방식 등 다양한 대안에 대하여 고민해 볼 수 있다. 대기업과 재벌이 주도하는 시장에 의존하기 보다는 중소기업들이 강한 형태 또는 협동조합 방식, 예컨대 스페인 몬드라곤에서 협동조합의 성공사례 등도 참조할 만하다.
55) 데이비드 하비 지음/황성원 옮김, 앞의 책, 427면.

4. 보장국가의 헌법적 가능성과 한계

(1) 헌법의 국가원리와의 관계

보장국가 개념이 기존의 국가원리를 뛰어넘는 의미의 국가원리가 될 수 있을지 검토가 필요하다. 헌법학자들이 인정하고 있는 법치국가원리, 민주주의원리, 사회국가원리뿐만 아니라 문화국가원리, 환경국가원리 등을 뛰어넘는 새로운 원리로서 보장국가 개념 또는 보장국가원리가 인정될 수 있는지는 우리 헌법을 고려할 때 의문이 제기될 수 있다.

무엇보다도 보장국가는 사회국가원리를 전면적으로 대체하는 국가로 보기는 어려울 듯하다. 보장국가는 주로 민영화와 관련하여 국가의 책임을 민간에게 이전하되 국가의 최종책임이 면제되는 것은 아니라는 점에서 출발한다. 우리 헌법학자들은 보장국가의 문제에 대하여 인식을 하고 있는 듯하나 사회국가의 원리를 모든 분야에서 전면적으로 대체하는 국가원리로서 보장국가를 상정하는 것으로 보고 있지는 않는 듯하다.

독일기본법상 사회국가원리 내지 사회적 법치국가원리는 헌법개정으로도 변경이 불가능한 조항에 속한다. 따라서 통신, 우편 등 민영화와 관련하여 논의된 보장국가가 사회국가의 근본 틀을 바꿀 수는 없을 것으로 보인다. 민영화된 부분영역에서 작동하는 국가의 보장행정 및 책임을 주로 의미하는 것으로 볼 수 있기 때문이다.

과거 사회국가의 개념을 급부국가의 의미로 좁히는 데 공헌한 포르스트호프(Forsthoff)의 관념[56]을 받아들인다고 하더라도 급부국가가 사회국가원리를 뛰어넘는 국가원리가 아니라 사회국가를 구현하는 한 내용으로 해석되는 것 이상을 의미하지 않듯이 급부국가에서 보장국가로 이동하였다고 해서[57] 보장국가가 사회국가원리를 뛰어넘을 수는 없을 것으로 보인다. 독일의 기본법이 사회적 법치국

---

56) Forsthoff는 사회국가의 문제영역으로부터 민주주의적 요소를 배제하고 사회국가원리가 자본주의 위기관리 체계의 테두리 안에서 보완적 분배기능을 맡는 원리로서 사회정책적 급부행정을 지칭하는 것으로 의미를 축소한다. 그는 법치국가 개념의 기능화전략과 생존배려 개념을 통하여 자유주의적 법치국가의 사회국가적 전환을 일정한 테두리에서 용인하되 사회국가의 사회민주화 효과를 저지하려고 하였다. 이에 대해서는 국순옥, 민주주의헌법론, 아카넷, 2015, 303면 이하 참조.
57) 급부국가로부터 보장국가로 이동하였다고 보기도 한다.

가원리를 개정이 불가능한 조항으로 명시하고 있다는 점만 보더라도 기본법 제
87f조가 애초에 보장국가를 인정하는 중요한 근거이기는 하지만58) 사회적 법치국
가를 배제하는 조항은 아니기 때문이다. 오히려 보장국가 개념은 헌법의 사회적
법치국가원리를 구현하는 국가의 여러 모습 가운데 하나의 기능형태로서의 수단
적 의미를 가질 수 있을 것으로 판단된다.59) 특히 독일 기본법 제87f조는 민영화
된 영역과 관련하여 사회국가원리를 구체화하는 규정으로서 사회국가적인 목표
를 제시한 것이라고 할 수 있을 것이다.60) 그러나 독일에서도 기본법 제87f조는
과소조치금지(Untermaßverbot)의 차원에서 끝나는 것이 아니라 불가결한 최소수준
의 조치를 넘어서 국가로 하여금 만족할 만한 수준까지 서비스를 제공하도록 작
용하게 하는 권한과 압박(권한을 주면서도 국가를 압박하는)의 의미를 갖는 것으로
해석되고 있고(최적화요청, Optimierungsrecht)61) 입법자는 그 개념정의상 보장해야
할 적절하고도(angemessen) 충분한(ausreichend) 서비스로 간주될 만한 서비스를 사
회국가적으로 필요불가결한 것뿐만 아니라 사회국가적으로 바람직한 가치들
(sozialstaatlich Wünschenswerten)을 지향하여 제공되도록 하여야 한다고 보고 있음
을62) 본다면 제87f조와 관련하여 사회국가원리를 최소수준의 보장국가로 축소해
서는 안 될 것으로 판단된다.

　독일의 경우와 달리 우편과 통신 민영화에 적용되는 기본법 제87f와 같은 규
정을 두고 있지 않는 우리의 경우에는 어떻게 해석할 것인지는 고민해야 할 과제
이다. 우리의 경우에도 헌법학자들이 사회국가원리를 헌법의 기본원리로 받아들
이고 있다는 점을 고려한다면 민영화된 영역에서 사회국가원리에 따른 서비스의

---

58) 독일기본법 제87f조 제1항은 다음과 같이 규정하고 있다: "연방참사원의 동의를 요하는 연
　방법률의 기준에 따라 연방은 우편과 통신 부문에서 적절하고 충분한 서비스를 보장한다
　(gewährleisten)." 제1항은 독일연방의 전 국가영역에(flächendeckend), 질적으로 적절하고
　(angemessen), 양적으로 충분히(ausreichen) 기본서비스를 제공(Grundversorgung)하여야 하
　는 것으로 해석되고 있다. 이에 관해서는 Vgl. Remmert, in: Epping/Hillgruber, BeckOK
　Grundgesetz, 35. Edition(Stand: 15.11.2017), 87 f. GG, Rn. 8; Begr. RegE BT-Drs. 12/7269, 5.
59) 보장국가는 사회국가의 실현을 위한 국가적 활동의 방식을 표현하는 것으로 사회국가원
　리의 틀 안에 포섭될 수 있다. 이러한 견해로서는 홍석한, 민영화에 따른 국가의 책임에
　관한 독일에서의 논의, 법학논총 제17권 제3호, 227면 이하 참조.
60) 물론 Forsthoff가 사회국가를 급부국가로 축소하려고 하였듯이 사회국가원리를 보장국가
　로 축소하려는 시도는 있을 수 있다.
61) Möstl, in: Maunz/Dürig, Grundgesetz-Kommentar, 81. EL September 2017, GG Art. 87f.,
　Rn. 72.
62) Möstl, ebenda.

질과 양을 보장하도록 하는 해석이 가능할 수 있을 것이다. 한편 전기나 가스 등 생존배려 영역에서 민영화되었다고 하여 국가가 규제와 조정을 포기하는 것을 의미하는 것으로 볼 수 없다는 점에서 독일 기본법 제87f조와 같은 직접적인 근거는 아닐지라도 헌법 제119조 제2항의 규제와 조정에 관한 근거가 제시될 수 있다.

그 밖에 보장국가의 문제는 민주주의 원리에 의해서 그 내용과 수준이 달라질 수 있다는 점에서 양자가 무관하지 않다. 누가 규칙(Rule)을 만드는가 하는 것은 매우 중요하다. 시민들에게 불리한 경기규칙을 만들어 시민들에게 강요하는 것이 정당화될 수 없을 것이다. 그러한 의미에서 시민들의 참여가 중요하다.

(2) 헌법 제119조 제2항에 따른 가능성과 한계

달리 생각해보면, 헌법 제119조 제2항에 의한 경제민주화 및 규제와 조정에 관한 규정은 보장국가로 가는 단초를 제공해줄 수 있다. 동 조항에 근거하여 보장국가가 할 수 있었던 역할을 국가는 얼마든지 할 수 있기 때문이다. 보장국가론을 근거로 들지 않더라도 지금까지 국가가 규제와 조정을 할 수 없었던 것은 아니다. 그럼에도 보장국가의 개념이 유용한 이유를 굳이 찾자면 국가축소 내지 규제완화와 민영화의 압박하에서도 더 이상 양보할 수 없는 최소한의 한도와 책임을 행정에게 제시하였다는 점에서 목표를 보다 명확히 하게 되었다는 점일 것이다.

보장국가에서 장점이 있다면 사적인 자율규제에 맡겨두어서는 과제수행이 적절히 행해지지 않는 상황이 발생할 가능성을 염두에 두고 그러한 상황에서 국가가 규제를 통하여 개입할 가능성을 남겨두었다는 점일 것이다. 그렇다고 하여 곧바로 국가의 개입의무가 보장국가 내지 보장책임으로부터 도출될 수 있는지 또는 보장국가로부터 국가의 보호의무를 도출하는 것이 용이해지는지는 별개의 문제이다. 다시 말하면 과연 법원에서 보장국가를 근거로 그러한 보호의무를 도출할 수 있을지는 의문이기 때문이다.

독일기본법과 같은 직접적인 근거규정이 우리 헌법에 없는 상황에서는 헌법의 다른 규정에 근거가 될 만한 규정이 있는지 살펴보아야 한다. 이러한 점에서 본다면, 헌법 제119조 제2항은 국가의 규제와 조정에 관한 재량을 부여한 조항이므로 이로부터 국가의 보호 내지 보장의무를 도출하기 위해서는 재량이 영으로 수축되는 상황이 전제되어야 한다. 국민의 생명과 신체 또는 재산에 대한 급박한 위험이 야기되는 상황이라면 국가는 재량의 축소에 따른 규제 및 개입의무가 발생할 수 있다. 이와 함께 한편으로는 헌법 제10조에 따라 인간의 존엄성이나 기본권 보호의무로부터 의미있는 연결점을 발견할 수도 있을 것으로 보인다.[63] 규범적으로 이러한 논리구성은 보장국가개념이 규범적 의미를 얻기 위해서 넘어야 할 산이라고 할 수 있다. 그러한 의미에서 보장국가 개념은 규범적 의미를 획득하기 위한 과정에서 아직은 그 도상에 있다고 할 수 있다.

5. 보장국가의 가능성, 자율과 협력의 의미

독일의 슈뢰더가 1998년 대연정에서 선언한 '활성화 국가'는 국가와 사인 간의 협력을 강조한다. Voßkuhle는 신행정법학 내에서 이러한 전개를 규제된 자율규제(regulierte Selbstregulierung)와 보장국가(Gewährleistungsstaat)의 지도상을 통해 파악하려고 시도하고 있다.[64] 사인에게 자율성을 주어 스스로 규제하도록 하되 일정한 테두리를 정함으로써 규제하는 것이다. 이러한 전제하에 자율적인 사인들과 국가의 협력이 이루어진다. 그러나 현실은 늘 이상적으로만 진행되는 것은 아니다. 현실에서 국가는 가진 자들과의 협력, 대기업들과의 협력 내지는 자본과의 결탁으로 타락하기도 한다. 보장국가는 진정한 의미에서의 공동체 구성원인 시민들과의 협력이 이루어지는 국가이어야 한다. 그래야만 시민들의 삶의 질을 보장하기 위하여 노력하는 국가가 될 것이기 때문이다.[65]

V. 보장국가와 행정법의 지배이념으로서 권리보호

1. 보장국가의 가능성과 과제

보장국가는 주로 생존배려영역과 관련하여 논의되는 연혁을 가지고 있다. 이후 행정의 전 영역에 보장국가논리가 적용되어야 하는 것으로 확대되어 전개되고

---

63) 대한민국헌법 제10조 "모든 국민은 인간으로서의 존엄과 가치를 가지며, 행복을 추구할 권리를 가진다. 국가는 개인이 가지는 불가침의 기본적 인권을 확인하고 이를 보장할 의무를 진다." 헌법 제10조의 기본권보호의무로부터 의미있는 결론을 도출하는 글로는 방승주, 헌법 제10조, 헌법주석서, 2007. 12, 214면 이하; 허완중, 기본적 인권을 확인하고 보장할 국가의 의무, 저스티스 통권 제115호(2010. 2), 68-105면.

64) 이에 대해서는 vgl, Voßkuhle, §1, Rn. 62 ff.

65) 그런 차원에서 국가와 사회의 공동선실현을 위한 분업과 책임주체성의 관점에서 접근하는 것은 의미가 있다. 이러한 접근을 잘 소개하는 글로는 계인국, 보장행정의 작용형식으로서 규제, 공법연구 제41집 제4호(2013. 6), 155면 이하 참조.

있는 듯하다.[66] 확대된 개념으로서 보장국가를 인정한다면 그러한 의미의 보장국가는 국민들의 삶의 질과 안전을 보장할 수 있는 법을 제정하고 집행하며 국민들의 삶의 질과 안전을 보장하기 위하여 어떠한 가치를 우선해야 할지 고민하여 판단하고 행동하는 국가이어야 할 것이다. 공동체 시민들의 삶의 질을 떨어뜨리는 규제완화나 민영화 등 신자유주의정책을 집행하는 국가이어서는 안 된다. 그러한 의미에서 본다면 시민의 삶의 질이 나락에 떨어지기 직전에야 구제를 보장하는 국가는 최선의 국가라고 할 수 없다. 다만 독일기본법 제87f조를 공공의 기본서비스를 질적으로 적절하고 양적으로 충분히 보장하는 국가라고 할 때 이것이 실질적으로 시민들에게 그러한 서비스를 질적·양적으로 보장한다고 한다면 그러한 한에서 보장국가는 그 가능성이 인정될 수 있을 것이다.

보장국가는 '제3의 길'로 인식되는 '활성화 국가'와 맞닿아 있고 그 자체로 한계가 있는 것은 사실이지만 공공의 기본 서비스를 적절하고도 충분히 보장한다면 그러한 한에서 보장국가는 주로 입법과 행정에 대하여 일정한 방향을 제시해 줄 수 있을 것이다. 예컨대 주택과 교육, 교통, 통신, 도로, 철도, 전기, 가스, 상하수도 등의 공공서비스에 있어서 국가나 지방자치단체가 적절하고도 충분히 서비스를 제공하고 있는지 검토할 필요가 있다. 주택문제와 사교육 문제, 공공요금 문제들은 서민들의 삶의 질을 낮추게 하는 중대한 요인이 되고 있다.

시민의 생존을 국가에게 모두 의존하는 것은 바람직하지 않기 때문에 국가는 시민과 사회의 자율성이 보장되도록 그 테두리를 설정해주고 테두리에서 벗어나 위험에 빠지지 않도록 보장하여야 한다는 방향은 수긍할 만하다. 이 점에서 보장국가가 제대로 기능한다면 그야말로 보장국가의 이상이라 할 수 있을 것이나 이러한 이상의 실현이 법치주의와 민주주의원리에 기초한 현대국가의 기본적인 기능에서 벗어나 있는 것은 아니라고 본다. 현대국가는 현행헌법하에서도 당연히 그러한 이상을 실현하기 위하여 노력하여야 하기 때문이다. 보장국가는 공동체의 존속과 유지뿐만 아니라 국민들의 삶의 질을 보장해주는 국가이어야 한다. 국민들이 보다 안전하고 평화롭게 생활을 영위할 수 있도록 보장하는 국가이어야 한다. 이러한 전제에서만 보장국가는 그 정당성을 획득하게 된다. 그러나 무엇보다

---

66) 현대형 위험에 대한 보장책임의 확장에 관한 내용의 글로는 성봉근, 보장국가로 인한 행정법의 구조변화, 지방자치법연구 통권 제47호(제15권 3호), 2015년 9월, 179면 이하 참조.

도 보장국가를 논하기 전에 신자유주의 정책으로 추진되고 있는 민영화나 규제완화가 가지는 문제점을 먼저 지적해야 한다.[67] 그렇지 않다면 보장국가는 민영화와 규제완화가 가지는 문제점을 승인하고 정당화하는 수단으로 전락하고 만다.

2. 보장국가의 가능성의 구체적인 사례

보장국가의 가능성을 타진해 볼 수 있는 사례로 최근에 제정된 '사회적 참사법'의 예를 들 수 있다. 사회적 참사법은 세월호 · 가습기살균제 참사 진상규명을 위해 지난 2017년 11월 통과된 '사회적 참사의 진상규명 및 안전사회 건설 등을 위한 특별법'을 일컫는 말이다.[68] 이 법률은 뒤늦게 제정되었지만 사회적 재난과 참사가 반복됨에도 불구하고 진상이 반복적으로 은폐됨으로써 또다시 참사가 반복되는 현실이 바뀌어야 한다는 점에서 시민의 안전을 위한 좋은 법제정 사례라고 할 수 있다.

'공공기관의 갈등 예방 및 해결에 관한 법률안'도 좋은 예가 될 수 있다. 이 법안은 일정 규모 이상의 공공사업을 추진할 경우 주민들에게 충분히 설명하고 사전동의를 얻도록 하고 갈등영향평가를 거치도록 한 법안이다. 이 법안은 그동안 환경영향평가와 주민설명절차 등 형식적인 절차만으로 절차를 거친 것으로 인정되던 관행이 통하지 않게 된다. 제주 강정마을 해군기지건설사건이나 밀양송전탑사건, 용산참사사건 등 우리 사회 첨예한 갈등사례들은 형식적 절차를 거쳤다는 이유만으로 주민들을 적대시한 사례들이다. 향후 이러한 법률안이 통과된다면 공공사업에서 주민들과 갈등을 축소하고 원만한 해결책을 강구하기 위하여 정부와 시민이 머리를 맞대고 협력하게 될 수 있다. 이 밖에도 세입자들의 권리를 강화할 수 있는 '상가건물임대차보호법 개정안'과 '주택임대차보호법 개정안', 폭력적 강제집행을 근절을 위한 민사집행법 개정안 등의 발의 시도[69]는 무엇이 진정한 의미에서 보장국가의 내용이 되어야 할 것인지 일깨워준다.

---

67) 민영화와 규제완화 등에 대한 비판에 대해서는 Gerhard Nitz, Privatisierung der öffentlichen Sicherheit — Rechtsfragen am Beispiel der Privatisierung von Aufgaben der Verkehrsüberwachung, in: Christoph Butterwegge/Martin Kutscha/Sabine Berghahn, Herrschaft des Marktes — Abschied vom Staat?, Baden-Baden, 1999, S. 146 ff. usw.

68) 박주민의원 대표발의.

69) 오마이뉴스, 2018년 2월 16일자. 박주민 "불타는 용산 보고 눈 의심… 김석기 조사해야", [용산 참사 9주기 — 인터뷰] "중요한 건 '사람'… 임차인 권리보호 법안 통과 힘쓸 것".

3. 보장국가에서 권리보호 및 규범보호론

최근 국가역할의 변화는 행정법의 입법과 실무에 영향을 미치고 있으며 그러한 행정법의 변화가 행정법의 지배이념인 권리보호와 행정능률 실현이라는 이념에도 영향을 미칠 가능성이 크다. 그러므로 이들이 어떠한 관계를 맺고 있는지 살펴보는 것은 의미가 있을 것이다.

우리의 전통적인 행정법은 주관적 권리구제 중심의 행정법으로 자리잡아 왔다. 행정법이 법해석 및 적용 위주의 쟁송법적인 구제에 머무름으로써 사안과 관련된 사회현실에는 눈을 감고 있었던 것이 사실이다. 포스쿨레(Voßkuhle)가 지적하였듯이 사회 현실(soziologischer Befund)은 전통적인 법학방법론의 시야에서 일관되게 철저히 외면되었던 것이다. 현실은 신자유주의로 인하여 규제완화를 통한 기업친화적인 정책이 관철되고 비정규직과 실업이 증가하고 시민들의 권익이 축소되었고 갈수록 양극화가 심화되고 있다. 행정쟁송과 관련하여서도 미시적으로는 개개인의 권리보호가 확대되는 것으로 나타날 수 있지만 거시적으로 볼 때 권리보호는 축소되는, 즉 사회 전체에서 총 이익은 늘어나는 데 비하여 시민들의 이익이나 권리는 줄어드는 현상을 심각하게 바라볼 필요가 있다. 현대사회의 복잡성과 다양성 때문에 이해관계가 다원화, 다양화되는 것은 불가피하다고 할 수 있을지 모른다. 이에 따라 개개인의 입장에서 볼 때 일부 권리가 확대될 수도 있고 축소될 수도 있다. 이러한 상황에서 행정쟁송을 통해서 권리를 구제받을 수 있는 자들은 변호사를 고용할 능력이 있는 자들이 될 가능성이 크고 거시적으로 시민의 권익 축소는 이들의 권익확대로 이어질 수 있다는 점이 우려된다. 행정법이 쟁송법적 법해석방법론에서 벗어나 법정립 지향의 행위학 내지 결정학으로 중점이 이동할 수밖에 없는 이유이기도 하다.

행정법에서 중요하게 다루고 있는 보호규범론은 그 자체로 보면 상당한 장점이 있는 것 같다. 법률상 보호되는 이익 또는 권리, 즉 주관적 공권을 규범으로부터 도출하는 구조이기 때문에 관련되는 규범만 찾아내면 비교적 쉽게 소송에서 원고적격을 인정받을 수 있다. 판례에서도 이를 관대하게 인정하는 경향도 발견된다. 그러나 보호규범론은 거의 전적으로 규범의 제정, 즉 입법에 의존한다. 어떠한 법령이 제정되느냐에 따라 규범으로부터 도출되는 주관적 공권의 가능성은 다양할 수 있다. 그러나 여기서 거시적 안목이 필요한 것은 신자유주의 정책이 시행되는 동안 수많은 법령이 제정되었다는 점이다. 그러므로 규제완화 및 민영화, 민간위탁 등의 법률이 제정됨으로 인하여 입법을 통하여 누구의 권리가 보호되고 있는지 살펴볼 필요가 있다. 보호규범론은 그러한 범위에서 한계를 가질 수밖에 없다.

유럽연합의 경우 보호규범론과의 결별(?)이 논의될 정도로 권리보호가 확대되고 있다. 심지어 직접적인 법적 관련성이 없는 경우에도 소권이 인정되는 것으로 보기도 한다.[70] 물론 유럽연합이 독일식 전통인 주관적 권리보호를 배제하지는 않는다. 탈주관적(entsubjektive)인 소권(Klagerechte)의 형태로 주관적 공권을 대체하는 것이 아니라 권리보호의 확대 경향을 보여주고 있으며 보호규범론과의 결별에까지는 이르지 않는다. 유럽연합법상 소권의 확대는 회원국의 법을 유럽연합법과 합치하게 해석하는 방법을 통하여 행해진다. 유럽연합법의 확대 배경은 유럽연합 시민을 객관적인 공공복리의 관철을 위한 보장자 또는 이해관계자로 인식하고 있다는 점이다. 이것이 개인의 권리근거를 위한 문턱이 개별적인 관련(individuelle Betroffensein)을 수단으로 하여 비교적 낮게 설정되고 개별 사례에서 개인의 독립한 소권이 직접적 관련성이나 법적 관련성이 없는 곳에서도 인정되는 결과를 가져온다.[71]

VI. 결론

이 글은 다양한 도전을 받고 변화하고 있는 현대 행정법의 변화를 살펴보고 그 가운데 특히 새로이 등장하여 관심을 받고 있는 보장국가를 중심으로 하여 행정법의 지배이념과의 관계를 고찰하려는 시도이다. 그러한 점에서 기존의 논의와는 약간 다른 지평으로 접근하고자 하였다. 보장국가하에서 권리보호를 미시적 관점뿐만 아니라 거시적 관점에서 바라보려는 시도를 해보았다. 전체적으로 신자유주의의 파고 아래서 시민들의 권리나 이익(권익)이 축소되는 상황에서 미시적으로 분쟁해결을 위한 행정쟁송법적 관점으로만 접근하는 전통적인 행정법 방법

---

70) 이에 대하여 자세한 것은 vgl. Stanislaw Biernat/Paul Craig, usw., Ius Publicum Europaeum: Band V: Verwaltungsrecht in Europa: Grundzüge, Rn. 147; André Niesler, Individualrechtsschutz im Verwaltungsprozess, Berlin, 2012.

71) Stanislaw Biernat/Paul Craig, usw., a.a.O., Rn. 147.

론은 한계가 있다. 이에 새로이 등장한 보장국가론은 신자유주의 시대가 절정에 달하고 있을 때에 등장하여 그 폐해를 다소나마 완화하고자 한다는 점에서 일응 긍정적인 면이 있으나 시장의 자율성을 신뢰하되 규제된 자율규제를 강조하고 있다. 그러나 규제된 자율규제는 한계가 있다. 보장국가가 만약 공공의 기본 서비스를 적절하고도 충분히 보장한다면 그러한 한에서 보장국가는 주로 입법과 행정에 대하여 일정한 방향을 제시해 줄 수 있을 것이다. 예컨대 주택과 교육, 교통, 통신, 도로, 철도, 전기, 가스, 상하수도 등의 공공서비스에 있어서 국가나 지방자치단체가 적절하고도 충분히 서비스를 제공하고 있는지 검토할 필요가 있다. 주택문제와 사교육 문제, 공공요금 문제들은 서민들의 삶의 질을 낮추게 하는 중대한 요인이 되고 있기 때문이다. 보장국가의 가능성의 구체적인 방향은 최근 제정된 '사회적 참사의 진상규명 및 안전사회 건설 등을 위한 특별법'이나 법률안으로 마련되고 있는 '공공기관의 갈등 예방 및 해결에 관한 법률안' 등의 모범 사례들을 통해 찾아 나아갈 수 있을 것이다.

　　행정법에서 행정쟁송에 의한 권리구제의 가능성을 검토할 때에는 여전히 권리보호와 공익을 위한 행정능률의 실현이라는 관점을 조화시키는 문제는 중요하고 그러한 관점은 문제해결에 도움이 될 수 있다. 다만 다양한 이해관계를 고려하여 판단할 때 미시적인 관점뿐만 아니라 거시적인 관점에서 현실을 바탕으로 판단하여야 한다.[72)]

[참고문헌]

국순옥, 민주주의헌법론, 아카넷, 2015.

김남진, "경제에 대한 국가의 역할"과 관련하여, 공법연구 제42집 제1호(2013), 115
　　면 이하.

김남진, 독일의 행정·행정법(학)의 변용, 대한민국학술원통신 제254호(2014년 9월
　　1일), 2면 이하.

김남진, 자본주의 4.0과 보장국가·보장책임론, 대한민국학술원통신 제221호(2011년

---

72) 일정과 시간에 쫓겨 미처 다하지 못한 연구는 추후 연구에서 계속할 수 있을 것으로 기
　　대해본다.

2월).

김남진, Good Governance : 관념과 상황, 대한민국학술원통신 제294호(2018년 1월 1일), 4면 이하

김성수, 독일의 신사조 행정법학 사반세기 — 평가와 전망, 강원법학 제51권(2017.6), 321면 이하.

계인국, 보장행정의 작용형식으로서 규제, 공법연구 제41집 제4호(2013), 155면 이하.

김일환·홍석한, 개인정보 자율규제영역에서 보장국가로서 국가의 역할에 관한 연구, 헌법학연구 제14권 제4호(2008), 135면 이하.

김재호, 보장국가에서의 녹색성장을 위한 법제 개선방안 연구, 토지공법연구 제65호(2014), 185면 이하.

김중권, 공법 행정법의 현대화를 통한 규제개혁, 안암법학 제45권(2014), 71면 이하.

데이비드 하비 지음/황성원 옮김, 자본의 17가지 모순, 도서출판 동녘, 2015년 3월

류지태, 행정법신론, 제10판, 신영사, 2006.

류지태·박종수, 행정법신론, 박영사, 2016.

류지태, 행정법의 이해, 법문사, 2006.7.

박정훈, 행정법의 체계와 방법론, 박영사, 2005.

박재윤, 보장국가론의 비판적 수용과 규제법의 문제, 행정법연구 제41호(2015), 207면 이하.

성봉근, 보장국가로 인한 행정법의 구조변화, 지방자치법연구 통권 제47호(제15권 3호), 2015년 9월, 179면 이하.

성봉근, 보장국가에서의 위험에 대한 대응 — 전자정부를 통한 보장국가의 관점에서 본 위험 —, 법과 정책연구 제15권 제3호(2015), 1027면 이하.

이계수, 메르스와 법 — 전염병의 법률학, 민주법학 제58권(2015), 257면 이하.

이부하, 위험사회에서 국민의 안전보호의무를 지는 보장국가의 역할 — 현행 안전법제에 관한 고찰을 겸하며 —, 서울대학교 법학 제56권 제1호(2015), 139면 이하.

이부하, 보장국가에서 국민의 안전보호와 관련한 헌법이론, 헌법학연구 제 22권 제1호(2016), 217면 이하.

임현, 보장국가론의 이해를 위한 소고, 정부학연구 제22권 1호(2016), 31면 이하.

장하준 지음/이종태·황해선 옮김, 국가의 역할, 도서출판 부키, 2006.

정남철, 생존배려영역에서 민영화와 보장책임, 법조 제717호(2016. 6), 173면 이하.

조태제, 공·사협동 시대에 있어서의 보장국가, 보장행정 및 보장행정법의 전개, 한양법학 제38집(2012), 273면 이하.

허완중, 기본적 인권을 확인하고 보장할 국가의 의무, 저스티스 통권 제115호(2010.

2), 68면 이하.

홍석한, 민영화에 따른 국가의 책임에 관한 독일에서의 논의, 법학논총 제17권 제3
호(2010), 227면 이하.

홍준형, 경제발전과 행정법질서의 대응 — 경제발전과정에서 신자유주의의 대두와
행정법제의 대응을 중심으로, 한국법제연구원, 2011. 12. 30.

황지혜, 사회기반시설에 대한 민간투자에서의 보장행정의 구체화, 외법논집 제39권
제4호(2015), 275면 이하.

板垣 勝彦, 保障行政の法理論, 弘文堂, 2013.

Biernat, Stanislaw/Craig, Paul, usw., Ius Publicum Europaeum: Band V: Verwaltungs-
recht in Europa, 2017.

Epping/Hillgruber, BeckOK Grundgesetz, 35. Edition(Stand: 15.11.2017).

Hoffmann-Riem, Wolfgang/Schmidt-Assmann, Eberhard/Voßkuhle, Andreas(Hrsg.),
Grundlage des Veraltungsrechts, Band 1, München, 2006.

Maunz/Dürig, Grundgesetz-Kommentar, 81. EL September 2017.

Niesler, André, Individualrechtsschutz im Verwaltungsprozess, Berlin, 2012.

Nitz, Gerhard, Privatisierung der öffentlichen Sicherheit — Rechtsfragen am Beispiel
der Privatisierung von Aufgaben der Verkehrsüberwachung, in: Christoph
Butterwegge/Martin Kutscha/Sabine Berghahn, Herrschaft des Marktes —
Abschied vom Staat?, Baden-Baden, 1999, S. 146 ff.

Reichard, Christoph, Das Konzept des Gewährleistungsstaates, Referat auf der
Jahrestagung 2003 des Wissenschaftlichen Beirats der GOW, S. 1 ff.

Schuppert, G. F. (Hg.), Jenseits von Privatisierung und „schlankem" Staat: Ver-
antwortungsteilung als Schlüsselbegriff eines sich verändernden Verhältnisses
von öffentlichem und privatem Sektor. Baden-Baden 1999.

Ziekow, Jan, Gewährleistungsstaat und Regulierungsreform in Deutschland: From
deregulation to smart regulation, 2015. 6.

3. 최근 독일행정법의 변화와 시사점[*][**]
─ 유럽화, 민영화, 규제완화를 중심으로 ─

I. 서론

최근 2, 30년 동안에 독일 행정법은 상당한 변화를 겪고 있는 것으로 보인다. 그 원인으로는 여러 가지가 있을 수 있겠으나 대내적으로는 규제완화, 민영화 등의 자유화(Liberalisierung) 등을 들 수 있겠고, 대외적으로는 세계화와 더불어 유럽화를 들 수 있다. 이러한 현상들은 가히 세계적인 현상이라고 할 만큼 지난 세기 말을 지배해왔고 지금도 계속되고 있다. 국가작용이 특히 경제적인 기준인 효율성과 효과에 따라 측정되고 탈국가화(Entstaatlichung), 민영화, 규제완화를 통해 더 작은 국가(den schlankeren Staat)를 추구한다는 사고[1]는 레이건과 대처의 미국, 영국이 주도한 바 있고 그 이후 이러한 현상은 광범위하게 영향을 미치고 있다. 독일도 여기서 예외일 수 없었고 독일 자본주의 경제체제의 변화와 그로 인한 법제의 변화를 경험하게 된다. 대내외적인 상황변화로 인하여 독일행정법은 지금 중대한 도전 앞에 놓여 있다. 특히 경제적인 영향력이 지배하고 시장의 역할이 강화되면서 국가개입의 중대한 수단인 행정법의 도구들 역시 변화의 대세를 따라가고 있는 것으로 보인다. 다만 최근 세계적인 금융위기가 자본주의 전체의 체제위

---

[*] 이 글은 고려법학 제52호(2009), 213-261면에 실은 류지태 교수 추모글을 수정, 보완한 것임.

[**] 본 연구는 한경대학교 2007년도 학술연구조성비의 지원에 의한 것임(This work was supported by a research grant from Hankyong National University in the year of 2007).

1) Helmuth Schulze-Fielitz, in: Horst Dreier(Hrsg.), Grundgesetz Kommentar, Art. 20 R Rn. 59.

기로 확대되면서 다시 규제를 강화하는 등의 움직임이 나타나고 있는 점을 볼 때 규제완화 등의 자유주의적 사고가 쇠락의 길을 걷고 있는 것으로 보이기는 하나 한 시대를 풍미했던 위와 같은 경향에 의한 영향력은 패러다임의 급격한 전환과 신속한 집행이 행해지지 않는 한 당분간 지속될 수밖에 없을 것으로 보인다. 이하에서는 독일행정법 변화의 동인이면서 그 내용이 되고 있는 세 가지 큰 흐름으로서 규제완화, 민영화, 유럽화를 중심으로 논하고 그로부터 일정한 시사점을 얻고자 한다.

II. 독일 행정법과 세 가지 흐름

1. 규제완화(Deregulierung)[2]

(1) 개념

경제학에 뿌리를 두고 있는 規制緩和의 개념은 경제학에서는 경쟁강화를 위한 경제에 대한 국가의 개입철폐로 이해되고 있다. 규제완화는 국가의 규제수단의 투입포기로 간단히 정의되기도 한다.[3] 1980년대 초부터 미국과 영국 등에서 대대적인 규제완화 노력이 있어 왔다. 독일은 콜(Kohl) 정부에서 1987년 규제완화 위원회(Deregulierungskommission)를 조직하게 되는데, 동위원회는 전력시장과 노동시장, 보험제도의 규제문제들을 다루었고 1991년에 그 결과보고서를 제출한다. 정치적 논쟁에서도 그렇고 법학에 도입되는 것과 관련하여 규제완화 개념은 더 넓은 내용으로 이해되고 있다. 그동안 규제완화는 일반적인 규제철폐와 법과 행정의 단순화, 탈관료주의화, 국가과제의 축소 등에 대한 일반적인 요구의 표현으로 더 기능하고 있다.[4]

---

2) 규제완화와 관련하여 참조할 만한 문헌들로는 다음과 같은 것들이 있다: Eifert, Regulie-rungsstategien, in: Hoffmann-Riem/Schmidt-Aßmann/Voßkuhle, Grundlagen des Verwaltungs-rechts, Bd. I, München, 2006, S. 1237 ff.; Bernhard Julius Albert Molitor, 김병기 옮김, 작은 정부 ― 독일에 있어서 민영화와 규제완화 ―, 공법연구 제24집 제5호, 241면 이하; 이원우, 규제개혁과 규제완화 ― 올바른 규제정책 실현을 위한 법정책 모색 ―, 저스티스 통권 제106호, 355면 이하; 홍완식, 규제개혁과 입법정책, 공법연구 제36집 제3호(2008. 2), 339면 이하.

3) Hildegard Blumenberg, »Schlanke« Verwaltungsgerichtsbarkeit?, in: Butterwegge-Kutscha-Berghahn(Hrsg.), Herrschaft des Marktes ― Abschied vom Staat? ―, Baden-Baden, 1999, S. 199.

4) Voßkuhle, Neue Verwaltungsrechtswissenschaft, in: Hoffmann-Riem/Schmidt-Aßmann/

독일의 입법자는 이러한 요구를 여러 분야에서 실행에 옮기려 하였지만 예를 들어, 규제완화의 의도를 가지고 추진되었던 주 건축법령의 개정들이 더 많은 법규범과 더 복잡한 규율구조를 초래하기도 하였다. 예컨대 건축계획에서 통지절차(Anzeigeverfahren)의 도입은 국가과제의 자격을 가진 전문가에게 이양, 국가의 억제적 통제의 관점에서 새로운 규제를 전제한다. 통신, 전기, 가스 등 다른 분야에서처럼 여기서도 규제완화는 재규제(Re-Regulierung) 혹은 규제의 전환(Umregulierung)을 초래한다. 새롭게 만들어진 자유공간을 통해 발생하는 부정적인 효과는 반드시 국가에 의한 보완조치를 통해 제거되어야 하기 때문이다. 그런 점에서 시민의 법익 및 공익에 대한 국가의 보호의무는 특별한 규제책임을 수반한다.[5]

이하에서는 규제완화의 중심에 있는 행정절차법을 먼저 보고 그 밖에 규제완화 관련 법령들을 검토해 보기로 한다.

(2) 독일행정절차법(VwVfG)과 규제완화

독일행정절차법은 1976년 제정되고 1996년 5월 2일 개정되는 등 몇 차례 개정을 거듭하여 오늘에 이르고 있다. 규제완화와 관련하여서는 무엇보다도 1996년 9월 12일 허가절차촉진을 위한 법률[6] 제1조(Art. 1)에 의한 행정절차법의 개정이 주목할 만하다. 이 개정은 특히 허가절차에 존재하는 장벽을 철폐하고 행정절차의 유연화에 기여함으로써 "소재지 독일(Standort Deutschland)"의 입지를 강화하려는 관점에서 실체적인 내용의 변경을 포함하고 있다. 즉, 제72조 이하의 계획확정법 개정, 제45조 행정절차종료 후 절차하자의 치유가능성, 제46조 절차위반이 사항의 결정에 영향을 미치지 않았음이 명백한 경우에 절차하자의 무시(Unbeachtlichkeit) 등의 내용을 담고 있다. 이하에서는 규제완화와 관련된 행정절차법의 규정들을 중심으로 살펴보기로 한다.

1) 절차하자의 치유(Heilung von Verfahrens- und Formfehlern)

독일 행정절차법 제45조는 절차나 형식규정 하자의 사후 보완가능성[7]을 규정하고 있다. 즉, 절차나 형식규정의 하자가 무효가 아닌 한 행정법원절차의 최종

Voßkuhle, Grundlagen des Verwaltungsrechts, Bd. Ⅰ, München, 2006, S. 45 f.

5) Voßkuhle, a.a.O., S. 45 f.

6) Gesetz zur Beschleunigung von Genehmigungsverfahren vom 12.9.1996.

7) 故 류지태 선생은 '하자의 추완'으로 표현하고 있다. 류지태, 행정법신론 제12판, 신영사, 2008, 370면 참조.

사실심 종결시까지 보완되면 된다는 것이다. 종전에는 하자의 보완가능성을 행정소송제기 전까지 허용하고 있었으나 1996년에 개정되면서 행정소송 종결시까지로 연장한 것이다. 따라서 행정행위발령에 필요한 신청이나 이유부기, 청문, 위원회의 의결, 다른 행정청의 협력 등 절차를 행정행위당시에 거치지 않았더라도 사후에 보완가능하도록 규정해 놓았다. 이것은 절차의 경제(Verfahrensökonomie)의 측면에서 절차규정위반의 치유가능성을 법률에 규정한 것이다. 바로 여기서 포괄적인 기본권보호와 행정의 효력 및 기능가능성 사이의 긴장관계를 조정하려는 노력이 보인다. 또한 입법자도 실체법에 비해 절차법은 봉사기능(dienende Funktion)을 갖는다는 사고를 따른 것으로 보인다.[8] 그러나 효율성의 요구를 따르는 행정절차의 중심적인 의미에도 불구하고 행정절차는 법치국가원리와 행정의 기본권구속의 원리를 따라야 한다는 점이 간과되어서는 안 된다. 이에 따라 행정절차의 하자가 치유되도록 함으로써 행정절차의 전형적인 목적은 더 이상 달성할 수 없게 되며 행정절차와 법원의 절차를 엄격하게 분리하는 것도 더 이상 유지되지 못한다는 비판이 가해진다. 나아가 하자의 중대성과 결정의 유형, 이미 발생한 결과 등을 고려하지 않고 아무런 제재도 없이 절차하자를 교정할 수 있게 되는 것도 문제이다.[9] 헌법상 요청되고 권리보호를 위해 필수적인 청문이나 이유부기의무가 수정될 뿐만 아니라 결과적으로 그 실체적인 핵심이 강탈된다면 절차촉진의 정당성은 의심스러울 수밖에 없을 것이다.[10]

2) 절차하자의 결과(Folgen von Verfahrens- und Formfehlern)

독일 행정절차법 제46조는 행정절차에 하자가 있더라도 행정행위의 취소를 제한하고 있다. 즉, 행정절차에 하자가 있더라도 본안결정에 대해 영향을 미칠 수 없었음이 명백한 경우 형식적 규정 위반을 근거로 해서 취소도 할 수 없고 손해배상도 청구할 수 없도록 해놓았다. 허가절차촉진법에 의하여 1996년에 도입된 이 규정은 무엇보다도 규제완화와 관련되어 있다. 이는 행정절차의 의미를 축소하고 행정절차를 상대화하는 규정으로서 영미식의 절차중시 전통을 받아들이지 못하는 독일식의 해결방식도 엿볼 수 있는 것 같다. 어떻든지 제46조는 법정책적으로나 헌법적으로나 의문에서 자유로울 수 없다. 특히 개정이유에서 제46조가

---

8) Schwarz, in: Fehling/Kastner/Wahrendorf(Hrsg.), Verwaltungsrecht VwVfG · VwGO, §45 VwVfG, Rn. 1.
9) Schwarz, a.a.O., Rn. 8.
10) Schwarz, a.a.O., Rn. 9.

권리남용적 권리의 주장은 허용되지 않는다는 일반원칙의 표현이라고 하고 있는
데 이는 의문이다. 법률에서 부여된 절차에 대해서 그 가능성을 실현하는 것은
그 자체로 남용이라고 할 수는 없기 때문이다.[11] 이에 대하여 단순히 절차상의
하자라도 그것이 기본권과 관련되어 있으면 흠의 치유 등이 제한되어야 한다는
주장도 제기된다.[12]

3) 허가절차의 촉진(Beschleunigung von Genehmigungsverfahren)

독일 행정절차법 제71a조 내지 제71e조의 규정들은 1996년 9월 12일 허가절
차촉진법에 의해 도입된 것으로 이른바 '경제적 입지(Standort)'로서 독일의 발전
을 위한 것이다. 위 촉진법은 허가절차의 기간이 투자를 둘러싼 국제경쟁에서 본
질적인 요소라는 기본 전제에 기초하고 있다. 경제적 기업들의 계획에 대한 허가
절차가 촉진되고 그 투자에 대해서 더욱 투명하고, 협력적이며 예측가능하도록
이루어지도록 함으로써 투자입지로서의 독일의 매력이 높아진다는 것이다. 그리
고 합의적(konsensuale) 요소의 도입을 통한 행정의 현대화도 이러한 규정들을 마
련한 요인으로 보인다.[13] 행정절차법 제71a조-제71e조는 행정 및 법원절차의 단
순화 및 촉진을 위한 입법자의 각종 법률들과도 관련되어 있다. 즉, 1991년 12월
16일의 도로계획촉진법률(Verkehrswegeplanungsbeschleunigungsgesetz) 등 각종 절차
촉진법률(BeschleunigungsG) 및 행정절차법 제45조, 제46조, 제74조, 제75조, 제75
조 Ia 등과도 연관되어 있다.

행정절차법 제71a조-제71e조의 허가절차촉진 효과는 청문(Anhörung)이 집중
적으로 그리고 가급적 동시에 행해지도록 한다는 데 있다. 이러한 허가절차촉진
에 대해서는 비판이 가해지고 있다.[14]

4) 계획확정절차(Planfeststellungsverfahren)

독일 행정절차법 제72조 내지 제78조의 계획확정절차는 독일 행정절차법에
특유한 절차라고 할 수 있다. 계획확정은 사업주체의 이익뿐만 아니라 공공의 이

---

11) Ebenda.

12) Friedhelm Hufen, Heilung und Unbeachtlichkeit grundrechtsrelevanter Verfahrensfehler?, NJW 1982, S. 2160 ff.

13) Wickel, in: Fehling/Kastner/Wahrendorf(Hrsg.), Verwaltungsrecht VwVfG · VwGO, §71a, Rn. 4.

14) Eberhard Schmidt-Aßmann, Das allgemeine Verwaltungsrecht als Ordnungsidee, 2004, S. 311.

익, 제3자의 권리 또는 이익 등 다수의 이해가 관련되어 있는 사업계획의 허가를 위한 것이다. 공항, 도로 등 대규모시설에 대한 허가나 공간계획결정의 분야에서 그 기능을 한다. 계획확정절차는 제73조의 청문절차(Anhörungsverfahren)와 제74조의 좁은 의미의 확정절차인 계획확정결정(Planfeststellungsbeschluss) 및 계획허가 (Plangenehmigung)로 구분된다. 독일에서 계획확정결정은 현재 일반처분 형태의 행정행위라는데 더 이상 다툼이 없다.15) 계획확정결정의 법형성적 효력은 제75조로부터 나오는데, 제75조는 특히 집중효(Konzentrationswirkung)를 규정하고 있는 것이 특징이다.

5) 집중효(Konzentrationswirkung)

독일행정절차법 제75조는 계획확정의 법적 효력을 다루고 있다. 그중에서 이른바 집중효는 계획확정절차에서 매우 특징적인 내용을 가지고 있다는 점에서 약간의 보충설명을 요한다.16)

특히 도시계획 등 공간계획과 관련해서는 공간이용으로부터 야기되는 갈등 (Raumnutzungskonflikte)을 포괄적으로 규율할 필요성이 있다. 독일 행정절차법은 그러한 필요성을 계획확정절차와 관련하여 제75조에 규정하고 있는데 제75조는 계획확정결정이 행해지면 공법상 관련된 권리들 즉, 사업계획의 주체와 행정청간 뿐만 아니라 사업계획주체와 사업계획에 의해 관련된 자들 간의 공법상 권리들이 가능한 포괄적으로 형성되도록 하는 목적을 가지고 있다. 이에 따라 계획이 확정되면 다른 행정청의 결정 특히, 인·허가, 특허, 승인, 동의, 계획확정 등은 필요하지 않게 되며 사업계획주체와 계획에 의해 관련된 자들 간의 모든 공법상 관계가 법형성적으로(rechtgestaltend) 규율된다(제75조 제1항). 계획과 관련된 공·사익 간의 형량을 할 때 결함(흠, Mängel)이 있었다 하더라도 그 결함이 명백하고 형량의 결과에 영향을 미칠 경우에만 중대한 결함이 되며 그러한 중대한 결함을 이유로 계획확정결정 또는 계획허가를 폐지하기 위해서는 그것이 계획의 보충 또는 보충절차를 통해 제거될 수 없을 때만 가능하다고 규정하고 있다(제1a항).

나아가 계획확정결정이 취소할 수 없게 되면 계획의 부작위청구권(Anspruch

---

15) Wickel, a.a.O., §74, Rn. 13.
16) 집중효와 관련한 국내문헌들로서는 박종국, 독일법상 계획확정결정의 집중효, 공법연구 제32집 1호(2003. 11), 293면 이하; 강현호, 집중효, 공법연구 제28집 제2호, 321면 이하; 김재광, 행정법상 집중효제도의 검토, 제19회 학술대회 발제논문 등 참조.

auf Unterlassung)이나 시설의 제거 및 변경청구권, 시설이용금지청구권 등은 배제됨으로써 실로 막강한 효력을 규정하고 있다. 따라서 이 규정은 계획이 확정되면 취소가 불가능해짐으로 인해 발생하는 예견할 수 없었던 부작용에 대해서 더 이상 문제제기할 수 없는 것이 원칙이지만 관련자들에게 사후 보호청구권 혹은 보상청구권이 부여됨으로써(제2항), 한편으로는 계획이 확정된 시설에 대한 고도의 존속보장(Bestandschutz)과 다른 한편으로는 예견할 수 없는 부작용으로부터 보호할 필요성을 조정하고 있다.

(3) 각종 절차촉진법률(BeschleunigungsG)

1990년대에 들어 각종 절차촉진법률들이 제정되는데 1991년 12월 16일의 도로계획촉진법(Verkehrswegeplanungsbeschleunigungsgesetz), 1993년 12월 17일의 계획간소화법률(Planungsvereinfachungsgesetz), 1996년 10월 9일의 임미시온방지법상의 허가절차촉진 및 간소화를 위한 법률(Gesetz zur Beschleunigung und Vereinfachung immissionschutzrechtlicher Genehmigungsverfahren), 1996년 9월 12일 허가절차촉진을 위한 법률(Gesetz zur Beschleunigung von Genehmigungsverfahren) 등이 대표적인 것들이다.

(4) 독일 행정법원법(VwGO) 제6차 개정

제6차 독일 행정법원법의 개정은 입법과정에서 명백한 반대 입장들이 표명되었음에도 불구하고[17] 개정되어 1997년 1월 1일부터 시행에 들어갔다. 제6차 개정은 특히 계획 및 허가절차의 간소화 및 신속을 위한 조치들과 관련하여 행정소송절차에서도 보완조치들이 필요한 것으로 간주되었고 이에 따라 행해진 것이었다. 구체적인 내용을 보면 다음과 같다:

첫째, 행정법원법 제47조에 의한 규범통제절차가 개정된다. 동법 제47조 제1항에 의하면 행정법원(VGH)이나 고등행정법원(OVG)은 건축법에 의하여 제정된 자치법규(Satzung)나 법규명령의 효력에 관하여 결정하도록 되어 있다. 그러나 제6차 법률개정으로 제47조 제2항 제1문에 따라 법규정 및 그 적용에 의하여 자신의 권리가 침해되었거나 머지않아 침해될 것이라고 주장하는 자연인 또는 법인이 규

---

17) 특히, 독일 연방 행정법원 판사들의 입장표명 등이 있었다. 이에 대해서는 BDVR-Rundschreiben 1/1996, S. 7 ff. und 3/1996, S. 84 ff.를 참조.

범통제 신청을 할 수 있게 하였고 행정청의 경우 법규정 공포 후 2년 내에 신청할 수 있도록 하였다. 행정법원에 의한 규범통제절차의 허용요건을 이런 식으로 개정한 것은 신속 및 간소화라는 배경에서 이루어진 것이었다. 규범통제신청자의 현재 또는 장래의 권리침해라는 요건으로 인해 신청권(Antragsbefugnis)은 행정법원법 제42조 제2항의 소권(Klagebefugnis)에 접근하게 된다.[18]

둘째, 가구제(der vorläufige Rechtsschutz)의 개정

행정법원법 제80조 제2항 제1문 제3호는 특히 행정행위에 대한 제3자의 소송이나 이의제기, 투자 또는 일자리 창출과 관련되는 경우 정지효가 배제됨을 규정하고 있고 제80b조 제1항은 정지효의 기한이 일정한 경우에 종료됨을 규정하고 있다.

셋째, 절차 및 형식하자의 치유(Heilung von Verfahrens- und Formfehlern)

허가절차촉진법에 의한 행정절차법 제45조 제2항의 개정과 관련하여 행정법원법 제87조 제1항 제2문 제7호와 제94조 제2문이 개정된다. 이에 의하면 행정청의 장은 그의 자유로운 확신에 근거하여 법적 분쟁의 종결을 지연하지 않을 때 절차하자의 치유기회를 줄 수 있고 법원도 절차집중이란 의미에서 본안에 기여하는 경우 절차하자의 치유를 위한 변론을 중단할 수 있다.

넷째, 재량고려의 보완(또는 추완, Nachschieben von Ermessenserwägungen)

독일 행정법원법 제114조 제2항은 행정청이 행정행위와 관련된 재량고려를 행정소송절차에서도 보완할 수 있다고 규정하고 있다.

(5) 개별 분야의 규제완화

독일의 건축법 분야에서 건축허가절차가 새로운 형태의 변형된 절차로 대체되는 것도 규제완화와 관련된다. 이러한 변형된 절차는 예방적 통제의 기능을 단지 제한적으로만 충족할 수 있다.[19] 원칙적인 건축허가의무가 필요했던 것도 최근 건축법령에 의하여 점점 더 광범위하게 제한된다. 건축요건으로서 건축허가의 의미가 심각하게 축소되는 것이다. 연방의 각 주 건축법령이 전통적인 허가의무가

---

18) Hildegard Blumenberg, »Schlanke« Verwaltungsgerichtsbarkeit?, in: Butterwegge/Kutscha/ Berghahn(Hrsg.), Herrschaft des Marktes — Abschied vom Staat? —, Baden-Baden, 1999, S. 206 f.

19) Winfried Brohm, Öffentliches Baurecht, München, 1999, §4, Rn. 14; §28, Rn. 6.

있는 시설을 단지 통지절차(Anzeige-) 내지 고지절차(Kenntnisgabe-) 혹은 허가면제절차(Genehmigungsfreistellungsverfahren)에만 따르면 되도록 하고 있다.[20]

그 밖에 경제행정법상 규제완화와[21] 환경관련 행정절차의 규제완화가[22] 예로서 거론될 수 있다.

2. 민영화(Privatisierung)

(1) 민영화의 개념[23]

民營化(또는 私有化)는 규제완화와 밀접하게 관련되어 있다. 규제완화를 국가간여의 철폐나 시장의 자율성보장으로 이해하는 경우에는 민영화, 탈관료화 등과 중복될 수 있다. 이런 면에서 민영화는 규제완화에 핵심적인 기여를 하는 특수한 형태라고 보기도 한다.[24] 사실 국가의 사인과의 협력 내지 민영화는 독일이나 유럽의 전형적인 현상이라고 할 수는 없고 오히려 세계적인 현상으로서 널리 퍼져 있다.[25] 윤곽이 명확한 것은 아니지만 민영화 개념은 일단 공적 섹터를 사적 섹터에 재분배하는 모든 과정으로 포섭될 수 있다.[26] 이렇게 민영화란 개념은 상당히 불확정한 개념이고 다른 표현에 비하여 명료하게 한계 짓기 곤란하다. 이런 점 때문에 민영화는 법도그마틱의 기능을 갖는 것이 아니고 단지 이해를 돕는 (heuristische) 기능을 가질 뿐이라는 견해도 있지만, 민영화(Privatisierung)란 단어는 그 사이에 이미 법령에서 사용되고 있고 인접학문에서도 한계기능을 갖는 것으로 본다. 이 점에서 슈토버(Stober)는 민영화를 법도그마틱으로 분석되고 평가되어야 할 전형적인 불확정법개념으로 보고 있다.[27]

---

20) Winfried Brohm, a.a.O., §28, Rn. 6.
21) 롤프 슈토버, 이원우 옮김, 독일 경제행정법상 규제완화, 공법연구 제24집 제5호(1996), 93면 이하; 김유환, 경제규제완화에 있어서의 공법적 대응 — 한국의 문제상황과 과제 —, 공법연구 제24집 제5호(1996), 135면 이하.
22) Vgl. Biermann, Deregulierung umweltbezogener Verwaltungsverfahren auf Landesebene-Meckenburg-Vorpommern als »Reformmotor«?, ZuR 6/2006, S. 282 ff.
23) Schulze-Fielitz, Grundmodi der Aufgabenwahrnehmung, in: Hoffmann-Riem/Schmidt-Aßmann/Voßkuhle, Grundlagen des Verwaltungsrechts, Bd. I, München, 2006, S. 802 ff.
24) 롤프 슈토버, 이원우 옮김, 앞의 논문, 94면.
25) Wolff/Bachof/Stober, Verwaltungsrecht(Bd. 3), 2004, S. 497.
26) Voßkuhle, Neue Verwaltungsrechtswissenschaft, in: Hoffmann-Riem/Schmidt-Aßmann/Voßkuhle, Grundlagen des Verwaltungsrechts, Bd. I, München, 2006, S. 45 f.
27) Wolff/Bachof/Stober, a.a.O., S. 498.

그동안 다양한 행정영역이 민영화과정으로 파악되거나 민영화요구의 외피를
입고 있다. 그 스펙트럼은 고전적인 국가 인프라공급인 철도와 우편, 도로부터 지
방의 에너지공급, 폐기물 및 폐수처리 등의 생존배려영역, 보험, 병원, 미디어 분
야에서 환경법 및 기술법의 감시분야, 형사사법집행의 민영화에 이르기까지 다양
하다.

민영화를 하게 되는 동기도 실로 다양하다. 가능한 동기들이 모두 동원되는
것처럼 보인다. 예산 정책적으로 공공예산의 부담경감이라든지, 질서 정책적으로
는 작은 국가의 실현, 사회 정책적으로 경제 및 시민의 자기책임 강화, 그리고 경
제성과 절약, 재화 및 용역의 효율적인 생산, 세계 경제적으로는 국제 입지경쟁력
의 확보, 행정 윤리적으로는 공공재의 목적이탈 및 부패에 취약함 등이 거론될
수 있다.[28]

(2) 민영화의 유형

민형화는 크게 형식적 민영화와 실질적 민영화로 나눌 수 있는데, 형식적 민
영화는 조직민영화(Oraganisationsprivatisierung)라고 하고 실질적 민영화는 과제민영화
(Aufgabenprivatisierung)라고 한다. 여기에 기능민영화와 재산민영화를 포함하여 민영
화의 기본유형으로 보기도 한다.[29] 기능민영화(Funktionaleprivatisierung)는 일정한 과
제에 대하여 행정주체가 권한을 가지고 있으나 과제의 수행이나 서비스제공을 통
한 과제의 집행은 행정지원자(Verwaltungshelfer)로서 사법상의 주체에게 넘어가는
것으로서 절차민영화나 Contracting out과 같은 것을 말한다. 이 유형은 국가예산
대신에 사적 자본이 공공시설의 재원을 조달하는 재원조달민영화(Finanzierungspri-
vatisierung)에까지도 범위가 미칠 수 있다. 재산민영화(Vermögensprivatisierung)는 국
가 또는 기타 행정주체의 재산이 사인에게 이전되는 것인데, 대개는 공기업의 완
전 민영화를 통해 행해진다.

위와 같은 네 가지 기본유형과 달리 민영화의 현실에서는 훨씬 다양한 형태

---

28) Wolff/Bachof/Stober, a.a.O., S. 505 ff. 민영화에 반대하는 논거들로서는 사적 독점 형성
   의 위험, 공법상 조정 및 통제의 약화, 책임귀속의 무력화, 급부제공의 질 저하, 비용우
   위의 불확실성 등이 거론된다. 같은 곳 참조.
29) Schulze-Fielitz, a.a.O., S. 810 f.; 반면에 슈토버는 기본유형으로 분리하지 않고 위와 같이
   나타나는 모든 현상형태들을 전체적으로 나열하고 있다. Vgl. Wolff/Bachof/Stober, a.a.O.,
   S. 500 ff.

의 민영화가 행해질 수 있을 것이다. 예컨대, 부분 민영화(Teilprivatisierung)는 위의 네 가지 기본형태를 모두 포함하고 있을 수 있다. 따라서 재산민영화 및 실질적 부분민영화는 과제로부터의 결별을 의미할 필요가 없고 행정주체가 단순히 참여할 뿐인 혼합기업(gemischtwirtschaftliche Unternehmen)이 발생할 수 있고 사인에게는 단지 부분적으로만 과제수행이 맡겨지게 된다.

이렇게 되면 헤아릴 수 없을 정도로 다양한 형태의 국가와 사인 간의 협력이 나타나게 되는데, 이것이 전래의 법 도그마틱에 의한 제도(공무수탁사인, 행정지원 등)로 축소될 수는 없고 과제에 따라 다양한 과제수행방안들이 허용될 수 있다. 이러한 사적 과제수행의 새로운 방식들은 공사협력(Public Private Partnership)이라는 넓은 개념으로 파악된다. 이 가운데 프로젝트 또는 과제영역과 관련된 모든 형태, 보통은 기한이 정해진 공사협력(PPP)의 형태의 공익추구는 독일에서도 특히 문제의 소지가 많다는 지적이 있다. 즉, 이 경우 참여하는 사기업은 사적자치에 따른 영업활동의 논리에 따라 활동하고, 공적인 과제수행의 관점에서는 단지 계약법적으로 제한될 뿐이다. 결국 국가나 공공단체는 공적 과제를 법적으로 보호함에 있어서 금전적인 변수보다는 질적인 기준에 의해 판단하는 반면에 사기업은 양적인 이익 내지 수지타산이라는 목표도달에 더 집중하게 된다는 점에서 일정한 한계가 있다는 것이다.[30]

(3) 독일에서의 주요 민영화내용

1957년부터 1965년까지 연방차원의 제1차 민영화단계 후에 1970년대 공기업 민영화를 둘러싸고 정계와 학계에서 그 필요성에 대한 논쟁이 벌어졌다. 시장경제질서를 강화하고 급부제공의 효율성을 제고하며 공공예산의 부담을 경감한다는 것이 당시의 명분이었다. 그 후 1980년대부터 연방과 주에 의해서 단계적인 민영화가 시작되는데, 기본법 제87e조, 제87f조, 제143a조, 제143b조에 의해 우편과 철도를 주식회사(AG)로 전환한 것이 대표적인 사례이다. 물론 우편과 철도의 경우에도 실질적인 민영화는 지금까지 부분적으로만 행해진 상태이다. 이외에도 연방항공안전청(Bundesanstalt für Flugsicherung)이 항공안전유한회사(GmbH)로 민영화되었고 그 밖에 루프트한자(Lufthansa), 폭스바겐(Volkdwagen) 등을 비롯한 많은

---

30) Schulze-Fielitz, a.a.O., S. 812 f.

공기업들이 민영화되었다. 그리고 통일 후 동독의 국가재산 대부분이 주로 신탁청(Treuhandanstalt)을 통해 매각된 바 있다. 또한 지방자치단체 차원에서도 몇몇 사례들에서 사법상 조직형태의 이용이 증대하는 등 민영화가 진행되었다. 주로 생존배려영역에서 행해지는 자치단체 차원의 민영화는 그러나 이로 인해 기업활동의 확대를 가져오기도 하였고 심지어 일부는 그 한계를 넘는 경우도 나왔다.[31]

(4) 민영화와 관련된 법적 문제
1) 민영화의 규율구조

민영화는 헌법 또는 법률에 근거하거나 계약에 근거하여 행하여질 수 있다.[32] 이 경우 민영화는 공공성확보의 관점에서 중요한 규범적 문제를 제기할 수 있다.[33] 민영화는 사인이 공적 과제를 수행할 수 있도록 하기 위한 균형잡히고, 적합하면서, 특수한 사항영역에 적응하는 법적 규율의 확정을 요구한다. 이를 위한 전제조건은 입법자가 그에 상응하는 과제에 적합한 조직형태 및 법형태를 지속적으로 준비하는 것이다.

그러한 규율구조의 본질적인 요소는 사인이 공익을 위한 과제를 적절한 양과 질로 제공하도록 하는 결과의 확보를 위한 규율이다. 공익의 관점에서 공정한 경쟁을 보장하고 안전하면서도 적정가격에 공급을 가능하도록 하기 위해서는 법적인 과제수행의무를 규범적으로 정하거나 계약에 의해서 정하는 것이 중요하다. 여기에는 또한 시장감독을 통해 이른바 보장국가(Gewährleistungsstaat)를 위한 지속적인 정밀조정의 과제가 놓여있다. 그 밖에 사적인 행위자의 자격 및 선발에 관한 규정도 필요하지만 무엇보다 사인에 대한 행정의 영향력 행사에 대한 규율도 필요하다. 이에는 행정주체의 정보, 심사, 통제, 감독 등에 관한 권한 등을 법률 또는 계약에 의하여 규범화하거나 또는 사적 계약당사자를 조정하기 위하여 행위기준

---

31) Groß, in Hoffmann-Riem/Schmidt-Aßmann/Voßkuhle, Grundlagen des Verwaltungsrechts, Bd. I, München, 2006, S. 854 f.

32) Schulze-Fielitz, a.a.O., S. 813.

33) 이원우, 공기업 민영화와 공공성확보를 위한 제도개혁의 과제, 공법연구 제31집 제1호, 21면 이하; 오건호, 공공부문 사유화에 대한 투쟁 : 기간산업 사유화론의 문제점과 공공성 대안모색, 2002년도 민주주의법학연구회 심포지움, 193면 이하; 이계수, 신자유주의의 세계화와 법치국가의 위기, 청담최송화교수화갑기념논문집, 2002, 954면 이하; 이원우, 지정토론문, 2001; 박병섭, 공공부문에 대한 규범적 접근, 2002년도 민주주의법학연구회 심포지움, 5면 이하.

이나 계약해지 등을 행정계약에 규정하는 등의 내용을 포함하고 있다.[34]

그러한 규율에 의해 민영화와 결부된 국가의 조정 및 통제상실을 부분적으로 막아야 한다. 그것은 사인에게 공적 과제수행을 그의 행위논리에 따라 가능한 한 포괄적으로 부여하면서 동시에 사회적으로 적정한 최저수준을 위태롭게 하는 것을 저지할 수 있게 하는 어려운 과제일 것이다.

사인을 공적과제의 수행에 항목별로(punktuell) 편입시키는 다양한 형태를 위해 수많은 특수한 행정계약 모델들이 만들어졌는데, 이는 과제수행시 사인의 활동을 공적 목적에 구속시킨다든지 법적인 조직구조에 편입시키려고 하는 것들이다. 이러한 전형적인 계약형태들은 과제에 따라 각각 특수하게 만들어졌다. 행정이 제3의 사인에게 봉사하는 기능적 민영화의 사례들만 보더라도 10여 가지나 된다.[35] 이들의 공통점은 개별 사례에 따라 과제수행에 있어서 유럽법과 헌법, 법률 등 이질적인 규정들을 적정하게 고려하려는 시도들이다. 여기서 행정계약의 형태는 유연하고 상황에 적합한 도구로서 입증된다. 독일행정절차법상 PPP의 사례들을 위한 협력계약으로서 새로운 형태의 계약형식으로 유형화하는 것이 현행 법상태를 넘어서는 것은 아니다. [36]

2) 민영화의 허용성

첫째, 민영화의 허용성(Zulässigkeit)과 관련하여, 민영화는 국가의 책임이 사인에게로 이전되는 문제와 결부되기 때문에 법적 근거를 필요로 한다. 입법자가 민영화 결과로서 일정한 헌법상의 입법위임을 다 이행하지 못할 것이라면 사전에 헌법개정이 이루어져야 할 것이다. 무엇보다도 민영화는 헌법적인 테두리 내에서 행해져야 한다. 이에 따라 민영화 대상 가운데 일부에 대해서는 헌법개정에 의해서만 가능한 경우도 있다.

독일 연방의회가 항공안전의 민영화에 관한 법률을 통과시키자 2006년 10월 24일 독일연방대통령 쾰러(Horst Köhler)가 서명을 거부한 사건도 헌법과 관련될

---

34) Schulze-Fielitz, a.a.O., S. 813 f.
35) Schulze-Fielitz의 분류에 의하면 Betriebsführungsmodell, Betreibermodell(Konzessionsmodell), Betriebsüberlassungsmodell, Kurzzeit-Betriebsmodell, Managementmodell, Beratungsmodell, Entwicklungsmodell, Kooperationsmodell, Kreditfinanzierung, Leasingmodell(Sale-and-lease-Back bzw. Cross-Border-Leasing), Fondsmodelle, Factoringmodelle 등 12가지가 있을 수 있다. ders, a.a.O., 814 f.
36) Schulze-Fielitz, a.a.O., S. 815.

수 있다. 사안에서는 연방정부가 독일항공안전의 연방지분 74.9%를 매각함으로
써 10억(Milliarde) 유로 정도의 수입을 약속하자 연방대통령 쾰러는 독일 기본법과
의 갈등 가능성을 표시하면서, 기본법 제87d조는 조직민영화(Organisationsprivatisie-
rung)만을 규정하고 있을 뿐 자본민영화(Kapital-)를 규정하고 있지 않다는 점을 근
거로 민영화에 반대하였다. 즉, 국가는 항공안전조직을 민영화할 수 있으나 그 소
유인 항공안전의 재산관계 그 자체는 민영화할 수 없다는 것이다.[37]

둘째, 기본권 구속의 관점과 관련하여, 민영화는 기본권보호 책임으로부터
국가를 면제해준다. 그러나 민영화 유형이나 민영화 정도가 다양하기 때문에 기
본권 구속에 대한 일반적인 진술은 하기 어렵다. 일차적으로 입법자는 행정과제
의 민영화를 허용하는 입법내용에서 급부제공자가 해야 할 바람직한 공공복리의
무를 개별적으로 확정해야 한다. 예컨대 사법의 기초 위에서 행해지는 거래에 대
해 강행규정을 마련함으로써 그렇게 할 수 있을 것이다.[38]

셋째, 독일 기본법은 국가과제에 대해서 최종적인 목록을 두고 있지 않다. 물
론 계약에 근거한 개입권은 국가의 감독을 받지 않으며 공무수탁(Beleihung)을 필
요로 한다. 민영화의 기타 한계로서는 기본법 제33조 제4항의 기능유보(Funktions-
vorbehalt)를 들 수 있다. 동 조항은 "고권적 권능의 행사는 공무의 귀속자에게 이
관되어야 한다"고 규정하고 있다. 이것은 좁은 의미의 경찰임무가 민영화되는 것
을 막는다.

넷째, 경제법의 유럽화 역시 국가 경제활동여지를 점차로 제한하고 있는데,
EU 국가의 공급자는 영업활동을 함에 있어서 차별을 받아서는 안 되기 때문이다.

다섯째, 또한 독일 연방예산법(Bundeshaushaltsordnung) 제7조 제1항에 의하면
"예산안의 편성과 실행에 있어서는 경제성 및 절약의 원칙이 준수되어야 한다.

---

37) 그 밖의 반대이유로는 지분의 과반수, 여기서 75%를 상실함으로써 연방은 기본법상 규
   정되어 있는 조정 및 통제권을 상실한다는 점을 든다. 이와 관련하여 대통령 측은 법률
   안이 항공안전법 제16조 제6항 제1문에 경영의 주소재지를 외국으로 이전할 가능성을
   규정하고 있다는 점을 지적하였다. 그리고 연방의 지분으로 남게 되는 25.1%는 헌법상
   요청되는, 기업에 대한 적절한 조정가능성을 갖기에 적합하지 않다는 점을 들고 있다.
   왜냐하면 16년 내지 20년의 과도기경과 후에는 항공안전이 완전히 사인의 손으로 넘어
   갈 가능성을 열어 놓고 있기 때문이다. 이에 따라 연방은 항공안전에 대한 회사법상 가
   능한 모든 영향력을 상실하게 될 것이라는 점을 근거로 하고 있다. 이에 대해서는
   FAZ.net: „Köhler stoppt Privatisierung der Flugsicherung"(24.10.2006) 을 참조.
38) Tschannen/Zimmerli, Allgemeines Verwaltungsrecht, Bern 2005, S. 77 f.

이러한 원칙들에 근거하여 국가임무 또는 공적인 목적에 기여하는 경제활동이 분할(Ausgliederung) 및 탈국가화(Entstaatlichung) 또는 민영화(Privatisieirung)에 의해서 어느 정도 충족될 수 있는지 심사하여야 한다"고 되어 있음도 주목된다.

(5) 민영화에 대한 비판

독일에서도 민영화에 대해서는 지나치게 긍정적인 평가를 하고 있는 것 아니냐는 지적이 나오고 있다. 공법상 조직형태보다 사경제조직이 우월하다는 것이 지금까지 입증될 수 없었다는 것이다. 이에 따라 민영화에 대한 비판의 목소리도 증가하고 있다. 공행정이 사인보다 이타적이고 정의롭고 저렴하며 더 나을 것이라는 편견처럼 사인이 공행정보다 효율적이며 저렴하고 더 나을 것이라는 것도 편견이라는 것이다. 사경제적 과제수행이 우월한지 여부는 공적과제의 유형이나 지역적 관계 등 개별적인 경우에 따라 달라지는 문제라는 것이다. 기타 다양한 공법상의 조직형태 때문에 일괄적으로 비판할 수도 없다고 한다. 공법상 조직의 장점을 기업에 대한 정치적 영향력의 강화측면에서만 본다든지 사법상 과제수행의 장점을 기업의 유연성이나 경제성의 측면에서만 보는 것은 부분적으로 부적합하고 단견이라는 것이다. 개개의 사례를 살펴보면 공법상의 조직이 사조직 형태보다 경영학적 측면에서 더 효율적이고 더 저렴한 경우도 있다. 따라서 공법상 조직형태의 가능성이 흔히 과소평가된다는 지적도 나온다. 그 밖에 이윤극대화란 관점에서 공공복리를 소홀히 할 위험성이나 불충분한 조종 및 영향가능성, 고용상황에 대한 위험, 공적 주체가 사적 주체에 점점 의존하게 되는 위험 내지는 사적 독점의 발생가능성 등이 고려되어야 한다.[39]

특히 사기업을 통한 공적인 안전확보는 더욱 문제될 수 있다는 지적이 있다. 지금까지 국가의 과제였던 안전의 문제를 사기업에게 넘기는 것은, 기업은 사권의 보호를 위하여 활동하는 반면에 국가는 공권의 보호를 위해 활동한다는 경계를 무너지게 한다. 공권의 보호는 국가 또는 공공단체에게 명시적으로 유보된 영역이다. 그러나 그러한 사기업이 지금까지 다툼이 없이 공적인 것으로 알고 있는 영역에서도 점점 더 광범위하게 활동한다.[40]

---

39) Thorsten Franz, Gewinnerzielung durch kommunale Daseinsvorsorge, Tübingen 2005, S. 119 ff.
40) Gusy, a.a.O., S. 187.

국가와 기업 간의 새로운 과제배분의 장점은 압도적으로 비용절감차원에 있다. 그러나 그렇다고 하여 오늘날 전문적인 영역에서 "민주적으로 통제된 안전으로부터 상업적인 안전으로" 바뀌어 가고 있는 현상에 대하여 그 정당성까지도 보장되는 것은 아닐 것이다. 여기에는 또한 비용문제도 제기될 수 있다. 즉, 실질적인 보호가 사인에게 대가를 지불함으로써 얻어진다면 경찰에 대해서 왜 세금을 내야 하는가 하는 의문[41]이 제기될 수 있기 때문이다.

3. 유럽화(Europäisierung)

(1) 유럽화의 개념 : 독일 행정법 변화의 대외적인 요인으로서 유럽통합
1) 유럽화의 개념[42]

행정법의 유럽화란 유럽의 법사고 및 소송 등에 의하여 국가 행정법이 영향을 받는 것을 가리킨다. 여기에는 중첩되거나(Überlagerung) 변형(Umformung)되는 것도 포함된다.[43] 유럽화는 다양한 방식으로 나타나는데, 국가 법질서 상호간에 나타나기도 하고 국제조직이나 초국가적 유럽조직과 회원국 간에 나타나기도 한다. 회원국 행정법질서에 작용하는 유럽공동체(EG)법을 공동체행정법(Gemeinschafts-verwaltungsrecht)이라고 하여 유럽공동체 행정 자체에 대해 적용되는 고유한 행정법과는 구별한다.

유럽통합은 독일 행정법에 상당한 영향을 미치고 있다. 마스트리히트(Maastricht) 조약, 암스테르담 조약 등을 계기로 유럽 공동시장의 확보를 통한 유럽 내부의 시장확대 및 블록화를 통한 대외적인 시장공격에 대한 공동대응이 경제적

---

41) Gusy, a.a.O., S. 187 ff.
42) 유럽화와 관련된 문헌으로서 참조할 만한 것들로는 다음과 같은 것들이 있다: Kadel-bach, Stefan, Allgemeines Verwaltungsrecht unter europäischem Einfluss, Tübingen, 1999; Schuppert, Verwaltungsorganisation und Verwaltungsorganisationsrecht als Steuerungsfakto-ren, in: Hoffmann-Riem/Schmidt-Aßmann/Voßkuhle, Grundlagen des Verwaltungsrechts, Bd. Ⅰ, München, 2006, S. 1059 ff.; 홍준형, 유럽통합의 공법적 영향에 관한 연구 : 유럽통합이 독일행정법에 미친 영향을 중심으로, 국제·지역연구 제10권 4호(2001), 101면 이하; 유르겐 슈바르츠, 이광윤 옮김, 유럽연합 행정법들의 공통점과 상이점, 성균관법학 제7호(1996), 197면 이하. 마르틴 쿠차, 이계수 옮김, 유럽연합의 확대 — 줄어든 주권 = 줄어든 민주주의? —, 민주주의법학연구회 편, 신자유주의와 민주법학, 관악사, 2001, 12면 이하; 이종서, EU 정책결정과정의 제도적 분석 —관료정책모델의 변화— 등.
43) Eberhard Schimidt-Aßmann, Das allgemeine Verwaltungsrecht als Ordnungsidee, 2004, S. 31.

통일에 이어 정치적 통일까지도 추진되는 단계에 이르고 있으나 아직은 상당한
제약이 따르고 있는 것으로 보인다.

2) 유럽법의 구조

유럽법은 이른바 제1차법(Primärrecht)과 제2차법(Sekundärrecht)으로 구분된다.
공동체 질서에서 제1차법은 최고의 서열에 서있으며 '유럽헌법'이라는 개념으로
표현된다. 제1차법은 국제법 및 국가법의 테두리 내에서 회원국들에 의해 창설된
유럽조약법이다. 제1차법은 제2차법의 상위에 위치하는데, 제2차법은 원칙적으로
유럽공동체 기관들에 의해 창설되며 이 때문에 '유럽 법률법(Gesetzesrecht)'으로 표
현된다. 이러한 서열구조에 따라 제2차법은 제1차법과 합치하는 경우에만 효력이
있다. 제1차법에 속하는 것으로는 부록이나 부속서, 의정서 등을 포함하는 창설조
약 내지 가입조약과 이른바 법치국가적 절차보장 내지 공동체기본권을 포괄하는
일반적인 법원칙, 유럽사법재판소(EuGH)의 판례법 등이다.

제2차법에는 유럽공동체조약 제249조에 규정된 명령(Verordnung)과 결정
(Entscheidungen), 지침들(Richtlinien)이 속한다. 명령은 '유럽의 법률'로서 표현된다.
이는 유럽공동체에서 직접 적용될 수 있는 일반-추상적인 법규를 포괄한다. 결정
은 '유럽 행정행위'로 표현되며 원칙적으로 수범자에 대해서만 구속력이 있는 법
적 행위이다. 결정은 자연인이나 법인 또는 회원국에 대하여 내려진다. 지침은 대
상이 되는 모든 회원국에 대하여 구속력이 있다. 지침은 회원국의 법으로 전환되
어야 하며 국내법의 형태로 비로소 구속력이 있다.[44]

(2) 독일 행정법 분야에 대한 영향
1) 일반론

유럽화는 독일행정법 전반에 영향을 미치고 있다. 먼저 행정법총론분야는 다
방면에서 유럽화의 영향하에 있는 것으로 보여진다. 주로 국내법에 국한하여 그
존재근거를 찾던 법원론이 유럽통합으로 인하여 유럽연합의 법, 명령, 지침 등에
까지 그 대상을 확대하게 된다. 이에 따라 EU 회원국의 국민도 이를 근거로 권리
보호를 주장할 수 있게 된다. 기타 법원칙으로서 독일 행정법에서 발전한 개념들

---

44) Jan Bergmann, Grundstrukturen der EU und des Europäischen Verwaltungsrechts, in:
    Bergmann/Kenntner(Hrsg.) Deutsches Verwaltungsrecht unter europäischem Einfluss,
    Boorberg, 2002, S. 50 f.

인 신뢰보호의 원칙, 비례의 원칙 등은 오히려 유럽법과 판례에 영향을 끼치고
있다. 이 가운데 신뢰보호의 원칙의 경우 완화된 요건이 적용되고 있다. 특히 행
정행위의 취소에 관하여 신뢰보호 친화적인 규정의 적용이 제한되는 것은 강조할
만하다. 행위형식론과 관련해서는 전체적으로 보아 큰 변화가 있는 것은 아니나
그 내용에 있어서 약간의 변화가 보이고 있다. 특히 초국가적 행정행위, 행정사
법, 보조금법 등이 주목할 만하다.

　　다음으로 개별행정법 분야도 유럽공동체의 명령이나 지침, 결정에 의해 많은
영향을 받고 있다. 예컨대 환경법의 각 분야들인 폐기물법, 물법(Wasserrecht), 에
너지법, 서식지보호체계(Habitatschutzsystem), 환경보호 분야와 경제행정법의 분야
들인 여객수송 및 화물운송법, 공법상 금융기관법, 공적 과제 위탁법(Auftragsver-
gabe), 식품위생법, 기타 유럽 경쟁법 및 보조금 규범들, 노동법 및 사회법분야들
내지 사회보험법 분야, 내국안전법 등 전반적인 분야들이 유럽화의 영향을 받고
있는 것으로 보인다.[45]

　　행정절차법이나 행정소송법도 상당한 영향을 받고 있는 것으로 보이는바, 이
를 포함하여 아래에서는 주목할 만한 분야만을 중심으로 언급하기로 한다.

2) 개인의 권리보호

　　독일 기본법 제19조 제4항에 헌법상 보장된 포괄적인 개인의 권리보호는 나
치의 불법국가에 대한 반작용에 따른 것이었다. 독일에서의 이러한 발전은, 특히
프랑스와 같이 법원에 의한 보호의 중점을 행정작용의 객관적인 통제에 두고 행
정에 의한 작용의 기능확보를 규정하는 유럽의 행정법질서와는 다른 결과를 초래
하게 된다. 독일의 경우 주관적 권리보호를 매개로 법원의 통제권이 확대되는 반
면에 다른 유럽국가들은 법원에 의한 권리보호가 독일보다 훨씬 약하게 형성되었
으며 부분적으로는 영국처럼 행정 내에서 스스로 법치국가적 안전을 확보하는 방
식 내지는 정치적 통제에 더 큰 비중을 두기도 한다.[46]

　　그러나 이렇게 유럽국가들과 다른 발전을 해왔기 때문에 유럽통합의 강화
과정에서 주관적 권리라는 관념에 의해 각인된 독일 행정법체계가 객관적인 법의

45) Heike Jochum, Verwaltungsverfahrensrecht und Verwaltungsprozeßrecht, Tübingen, 2004,
　　S. 389 ff.
46) Hoffmann-Riem, Eigenständigkeit der Verwaltung, in: Hoffmann-Riem/Schmidt-Aßmann/
　　Voßkuhle, Grundlagen des Verwaltungsrechts, Bd. I , München, 2006, S. 673.

관철을 강하게 지향하는 유럽공동체법의 발전동력을 통합할 수 있을지 의문이 제기되고 있다.[47]

유럽공동체법을 통해서 법원의 통제위임(Kontrollauftrag)은 더욱 강하게 확대되는 경향이 있다. 유럽연합지침이 국내법으로 전환되지 않은 경우와 관련하여 유럽사법재판소(der Europäische Gerichtshof)는, 회원국의 법은 관련자들(die Betroffenen)이 그에게 유리한 지침규정을 법원에서 주장할 수 있도록 해야 한다고 여러 번 언급한 바 있다.[48] 물론 그것만으로 주관적 권리의 전형인 실질적인 이익평가가 언급되었는지 또는 순수한 소송상의 제소권(Initiativberechtigung)만이 언급되었는지 종국적으로 밝혀진 것은 아니지만 종래 독일의 소송법상 관념에 비해 소송가능성을 더 확대하도록 하고 있는 것만은 명백하다. 유럽의 다른 법질서도 더욱 강하게 객관적인 법에 의한 통제라는 관념에서 출발하고 있는데, 민중소송은 아니어도 이해관계인(Interessenten)이나 특정 분야에서 활동하는 단체의 소송제기권(Klagerechte)이 승인되어 있다. 따라서 권리보호를 주관적 권리라는 엄격한 구성요건에 제한함으로써 법원의 높은 통제밀도가 조정될 수 있다는 독일식 관념은 유럽의 법들이 서로 동화(Rechtsangleichung)되어 가고 있는 지금 상황에서는 유지될 수 없을 것이란 지적도 나오고 있다.[49] 그러나 위와 같은 지적에 직면하여 독일의 행정법이 주관적인 공권으로부터 완전히 결별해야 되는지 여부에 대한 학자들의 반응은 다소 소극적인 듯하다. 그러한 문제에 대해 현 상황에서 종국적인 대답을 하기는 아직 이르다는 등의 견해가 나타나고 있기 때문이다.[50]

3) 재량이론

독일행정법에서 지배적인 것으로 받아들여지고 있는, 규범의 법률효과측면에서만 재량이 있고 구성요건요소에 대해서는 법원이 완전한 사법심사를 할 수 있다는 견해도 유럽법에 의해 영향을 받을 수 있다.

유럽공동체법의 재량의 관념은 독일식의 재량의 관념에 의하기보다는 영국이나 프랑스의 재량의 관념에 의해 더 영향을 받고 있는데, 후자의 경우 넓은 재

---

47) Eberhard Schimidt-Aßmann, a.a.O, S. 82.

48) EuGHE 1991, 2567(2601); 1995, 2311(2318 f.).

49) Eberhard Schimidt-Aßmann, a.a.O., S. 225

50) Sven Höhlscheidt, Abschied vom subjektiv-öffentlichen Recht?— Zu Wandlungen der Verwaltungsrechtsdogmatik unter dem Einfluß des Gemeinschaftsrechts —, EuR 2001, S. 377.

량개념과 법원에 의한 통제의 후퇴가 특징이다. 그리하여 행정이 내용상 법률과 법에 종국적으로 구속되어 있지 않고 개별 사안에 대하여 재량에 따라 선택적으로 행위할 여지가 있는 경우, 넓은 의미의 행정재량이 존재한다. 이와 관련된 법원의 통제는 독일에서 보다 더 제한적으로 행해진다. 재량행위(Diskretionäres Verhalten)는 법의 기준에만 맞추어진 정당성(Richtigkeit)이 아니라 가능한 한 좋은 (올바른 richtig) 문제해결을 목표로 하는 요소들을 모두 이용하는 것을 목표로 한다.[51]

법치국가에서 행정은 임의적일 수 있는 자유여지 또는 순전히 정치적인 편의에 따른 자유로운 여지를 가지고 있는 것은 아니다. 그 선택적 행위여지는 다소 넓게 보아 법적으로 제한되고 법적으로 작용하는 통로 안에서만 작용할 수 있다. 이것은 그 자유여지가 특수한 전문적 지식 이용의 관점에서, 즉, 진단 및 예측의 목적을 위한 것일 경우에 혹은 불확실한 상황에서의 예측(Prognosen)이 포섭가능한 구성요건과 결부될 수 없는 것으로 보이는 경우에도 적용된다. 그럼에도 불구하고 그 자유여지의 행사유형에 대해서는 법적인 요건이 제시될 수 있을 것이다. 예컨대 어떤 예측을 할 때 사실관계의 조사 유형이나 통제될 수 있는 전문가의 입회에 관한 법적인 요건 같은 것은 제시될 수 있다는 점이다.[52] 그러한 통제의 법적인 한계나 내용상 지침이 특정 기관에 의해 어느 정도 넓게 유지되느냐 하는 것은 재량행위에 대한 자유여지의 확정과는 분리된, 그러한 기관의 통제권(Kontrollmacht)을 고려하여 따로 해명되어야 할 문제다.

유럽법은 순수하게 객관적 법규정을 기준으로 삼는 것을 허용하고 있다. 독일행정법은 동일한 것을 보통 개인의 권리보호의 범위 내에서만 매우 제한적으로 허용한다. 권리보호가 어느 정도 미치느냐 하는 것은 기본권과 관련하여 개별법에서 도출될 수 있다.

재량행위의 통제의 범위가 통제위임의 유형에 의존한다면 이것은 이른바 '규범적 수권이론(normative Ermächtigungslehre)'을 생각하게 한다. 결정적인 것은 법에 근거한 통제수권의 범위이다. 이 이론은 완전 심사가능성의 원칙에서 출발하지만 행정에게 최종결정권이 있는 자유여지를 창출할 수 있느냐는 법률에 맡겨져 있다.

---

51) Hoffmann-Riem, a.a.O., S. 675.
52) Hoffmann-Riem, a.a.O., S. 675 f.

유럽법에서 법의 접근 경향은 법원에 의한 재량통제이론과 관련규범의 해석에 대해서도 의미있는 발전을 가져온다. 헌법을 통한 회원국 행정법의 관철가능성 증대 및 유럽법 차원에서나 국가법질서에서 개인의 권리보호요소의 점차적인 확대는 독일식 사고와는 대립된다. 똑같은 것이 유럽사법재판소(EuGH)가 제한적이지만 보호규범이론(Schutznormtheorie)을 승인한 것에 대해서도 적용된다. 점점 더 비례원칙을 받아들이는 것은 아마도 재량행위의 법적인 관철을 촉진할 것이다. ― 독일에서 오랫동안 그러한 것처럼. 비례의 원칙은 서로 다른 법적 지위를 형량하여 귀속시키는 모든 사례에 대해 심사기준을 제공해 준다. 국가행정에 의한 유럽공동체법의 집행에 대해 공동체의 절차기본권이 더욱 기준이 된다면, 그것은 유럽의 법질서에서 발전된 재량이론, 즉 통제범위를 실체적 관점에서 제한하지만 절차의 통제에 상당한 비중을 두는 재량이론의 방향으로 작용할 것이다.[53]

4) 행정절차법

행정절차법도 유럽화의 영향을 강하게 받고 있는 분야에 속한다. 유럽통합과 유럽공동체법, 그에 의해 결정되는 정치적, 법적 조건들은 독일 행정절차법에도 중요한 의미를 가지고 있다. 국내 행정절차법과 공동체법 간의 긴장관계는 공동체법의 실체규정들이 국내 행정절차법에 의하여 전환됨에도 불구하고 국내법의 적용이 차별을 가져와서도 안 되고 공동체법의 통일적이고 효과적인 적용을 방해해서도 안 된다는 점에서 나오는 것이다.[54]

유럽연합의 기관에 의한 공동체법의 직접집행(direkter Vollzung)의 경우 공동체법만이 적용된다. 물론 몇몇 개별적인 분야를 제외하고는 공동체법이 일반적인 행정절차법을 가지고 있지 않다. 이러한 이유로 유럽연합 기관의 행정절차는 유럽사법재판소가 발전시킨 일반 절차법원칙들에 따른다.

이에 반하여 공동체법의 간접적인 집행(indirekter Vollzug)에 대해서는 절차법적 자치의 범위에서 행정절차를 스스로 규율할 권한이 있는 회원국이 권한을 가지고 있다.[55]

---

53) Hoffmann-Riem, a.a.O., S. 677.
54) Schwarz, a.a.O., Einleitung VwVfG, Rn. 74.
55) Kopp/Ramsauer, VwVfG Kommentar, Einführung, Rn. 56; 유럽공동체조약(EGV) 제249조 제3항은 회원국의 제도 및 절차 자치의 원칙(Grundsatz der institutionellen und verfahrensmäßigen Autonomie)을 규정하고 있다. 이에 따르면 회원국은 유럽공동체 지침을 전환함에 있어서 전환의 형식과 수단에 관하여 자유로이 결정한다. vgl. Heike Jochum,

유럽연합의 법이 국내 행정절차법에 영향을 미치는 작용방식은 여러 가지가 있다. 첫째는 직접적인 공동체절차법을 제정함으로써 일정한 영역에서(예컨대 Zollkodex) 우월한 효력을 가지고 회원국의 절차법을 규율하는 경우가 있을 수 있다. 둘째, 유럽연합지침을 통하여 회원국이 행정절차에 관한 규정을 제정하고 적응하도록 의무지우는 경우가 있다. 예컨대 환경영향평가지침(UVP-RL)을 근거로 한 환경영향평가법(UVPG)과 같은 경우가 그러하다. 셋째, 행정절차 분야에서 국내법을 공동체법에 합치하게 해석, 적용하도록 회원국에게 의무지움으로써 영향을 미치는 경우가 있을 수 있다. 여기서 유럽사법재판소가 발전시킨 공동체법의 일반 법원칙이 중요한 역할을 한다.[56]

5) 행정소송법

독일 국내법질서에서 공동체법의 효과적인 관철의 원칙 때문에 행정소송의 도구들이 수정된다. 유럽법은 특히 소권(Klagebefugnis)과 가구제(假救濟)의 영역에 상당한 영향을 미치고 있다. 유럽의 법제도와 비교할 때 독일의 행정소송은 개인의 권리보호에 우위를 두고 소권(訴權)을 좁게 정의하는 체계를 채택하고 있기 때문에 점점 더 특별한 지위를 차지하고 있다. 다른 유럽국가들의 경우 특히 프랑스법에 의해 영향을 받다보니 객관적인 법의 보호가 아직 지배하고 있다. 유럽공동체법은 두 시스템의 목표인 개인의 권리보호와 객관적인 법질서의 관철이라는 목표를 동열에 두고 있는 것으로 보인다.[57]

유럽공동체법은 유럽연합 시민에게 권리를 부여할 수 있는데, 이 경우 그 권리는 국내 법원에 주장될 수 있으며 소권을 창설하기에 적합해야 한다. 여기서 주관적 권리가 부여되는지 여부의 심사기준은 공동체법이다. 다른 법체계에서는 토대로 하고 있지 않은 보호규범이론(Schutznormtheorie)에 의한 엄격한 심사는 금지된다. 국가마다 다양한 판단기준을 적용하는 것은 회원국에서의 권리보호가 통일되지 않는 결과를 초래하기 때문이다. 따라서 제1차법(Primärrecht)의 영역에서는 누

---

a.a.O., S. 391.

56) 유럽사법재판소가 발전시킨 절차법원칙들로서는 법률적합성의 원칙, 법률유보의 원칙, 개별 수권의 원칙, 비례성의 원칙, 보충성의 원칙, 불편부당성의 원칙, 포괄적이고 신중한 사실관계조사의 원칙, 관계자의 협력의 원칙, 청문, 이유부기, 비밀유지의 원칙, 보호가치있는 신뢰보호의 원칙, 유럽연합법의 효과적이고 통일적인 관철의 원칙 등이 거론된다. 이에 대해서는 vgl. Kopp/Ramsauer, VwVfG Kommentar, Einführung, Rn. 56a und Rn. 65.

57) Heike Jochum, a.a.O., S. 393.

구나 모든 창설조약 규정들에 근거하여 자신의 주관적 권리를 주장할 수 있다.

제1차법에 설정된 기준이 충족되면, 제2차법(Sekundärrecht)의 영역에서도 주관적 권리와 소권은 직접 적용 가능한 유럽공동체 명령(Verordnung)에서 도출된다. 지침(Richtlinie)과 관련해서는, 전환기간(Umsetzungsfrist)이 경과되면 행정청과 법원이 지침을 직접 적용해야 하기 때문에 개인도 지침에 의해 부여된 권리를 주장할 수 있다. 전환기간 경과 전의 경우에는 지침에 근거하여 소권이 창설되지 않지만, 사전적 효력 때문에 전환기간 만료 전에 이미 개인의 법적인 권리보호를 근거지우는 경우와 같은 예외적인 경우에만 소권이 창설될 수 있다.58)

가구제(einstweiliger Rechtsschutz)와 관련해서는 독일행정청에 의한 공동체법의 집행과 행정법원에 의한 권리보호를 구별하여야 한다. 전자의 경우, 동일행정청이 공동체의 규범에 근거하여 부담적 행정행위를 발한 경우 공동체법의 효과적이고 충실한 전환의 관점에서 통상적으로 즉시 집행을 명하여야 한다. 독일 행정법원법(VwGO) 제80조 제2항 제1문 제4호는 공동체법에 합치하게 해석되어어야 하며 그 결과 공동체법의 관철이 원칙적으로 즉시집행이라는 특별한 공익의 근거가 된다. 공동체법이 적용되어야 하는 경우 결과적으로 법률상 요구된 형량의 전환을 가져오게 된다. 정지효(Aufschiebende Wirkung)에 관한 개인의 이익은 예외적으로만 공동체법 실현이라는 공익에 우선하게 된다.59)

이에 반해 가구제가 법원에서 문제되는 경우, 법원이 보기에 행정행위의 위법성이 제2차법 규범의 무효에 기인한다면 행정법원은 공동체법의 원칙적인 우위 및 효과적인 관철의 요구를 고려해야 하기 때문에 엄격한 요건하에서만 집행정지의 효력이 재생된다. 유럽사법재판소(EuGH)의 판례에 의하면 가구제의 보장은 국내법원이 공동체법의 효력에 대한 중대한 의문이 있을 때만 고려된다고 한다.60)

---

58) Sennekamp, in: Fehling/Kastner/Wahrendorf(Hrsg.), Verwaltungsrecht VwVfG · VwGO, Ⅱ §42, Rn. 79 ff.

59) NJW 1996, 1333(1335 f.). 자세한 것은 vgl. Bücken-Thielmeyer/Kröninger, in: Fehling/Kastner/Wahrendorf(Hrsg.), Verwaltungsrecht VwVfG · VwGO, Ⅱ §80, Rn. 89.

60) NJW 1996, 1333(1335 f.). 자세한 것은 vgl. Bücken-Thielmeyer/Kröninger, a.a.O., Ⅱ §80, Rn. 90.

Ⅲ. 독일 행정법의 변화를 보는 기본 관점들

1. 행정법의 경제화(Ökonomisierung)

최근 독일행정법의 변화를 살펴보면 이른바 행정법의 경제화 개념이 행정법과 행정법 도그마틱을 둘러싼 논쟁에서 상당히 중요한 지위를 차지해 가고 있는 듯하다. 이는 그만큼 공행정작용 및 행정법에 대한 경제적 측면의 의미가 점차 증대되고 있다는 것을 반증한다. 이것은 자유화 경향과도 관련되어 있는데 규제완화와 민영화가 대표적이고 유럽중심의 시장블록을 의미하는 유럽화에서도 그러한 흐름이 포착되는 것 같다.

경제화란 개념은 윤곽을 정하기가 어렵기 때문에 그것을 구체화하는 것은 상당히 어렵다. 행정법의 경제화 또는 행정의 경제화는 일단 행정의 행정작용에 대한 경제적 측면의 상대적 의미획득으로 이해될 수 있을 것이다.

물론 경제화 개념을 규제완화, 민영화, 자유화 등과 같은 단어들과 결부시키는 것은 그 개념의 의미를 명확히 하는 데는 부족하다. 경제화 개념을 지금까지 다른 조정메커니즘에 의해 규율되었던 영역에 돈(Geld)을 교환매개로 한 형식적인 시장의 확대로 이해할 수 있으나 이러한 좁은 개념으로는 민영화조치나 자유화 조치 등만이 파악될 수 있을 것이다. 특히 과거에 공적인 생존배려영역으로 파악되었던 분야, 전통적으로 국가독점기업에 의해 지배되던 활동영역, 예컨대 사회간접자본의 확보, 특히 물, 가스, 전기 공급 등의 영역이 이제는 점차 경쟁에 의해 조종되는 시장구조로 전환됨으로써 시장확대를 가져오는 것은 사실이다. 그러나 위와 같은 형식적인 경제화 개념은 너무 좁은 것 같다. 순수한 형식적인 측면을 넘어서 실질적인 점에서도 점점 더 경제적 관점이 행정청의 결정을 좌우한다는 점이 중시되어야 한다.[61]

경제적 측면의 의미 증대는 다양한 시각에서 파악될 수 있는데, 슈나이더(Schneider)는 행정활동의 경제화현상을 실질적, 절차적, 제도적, 조직적, 방법론적 차원으로 나누고 있다.[62] 먼저 경제화의 실질적인 차원은 특히 기본법의 비례의

---

61) Heike Jochum, a.a.O., S. 285.

62) Jens-Peter Schneider, Zur Ökonomisierung von Verwaltungsrecht und Verwaltungsrechtswissenschaft, VerwArchiv. 34(2001), 317 f.; Heike Jochum, a.a.O., S. 286 ff.

원칙과 같은 실체 행정법의 내용상의 척도가 더욱 더 강하게 경제적인 관점에 따르거나 그러한 관점에 의해 대체 또는 보완되도록 맞추어지는 점이 특징이다.

지금까지 다른 조정메커니즘이 특징이었던 영역에 돈(Geld)을 교환매개로 한 형식적인 시장의 개방이라든가 보호된 독점시장으로부터 경쟁시장으로 전환되는 것 등은 경제화의 절차적 측면의 현상형태라고 할 수 있다. 경제주체의 경제적 효용계산에 더욱 큰 여지를 제공하는 수요지향적 절차선택권을 통해 허가절차를 유연화(Flexibilisierung)하는 데서도 경제화의 절차적 측면을 발견할 수 있다. 예컨 대 절차민영화(Verfahrensprivatisierung)에서 보듯이 경제주체가 절차의 경과 및 절차의 결과에 더 많은 영향을 미칠 가능성이 주어질 수 있다. 또한 독일에서 규제 완화와 관련하여 행정절차를 신속하게 하거나 단순화하려는 노력도 경제적 요소에 속한다.[63]

제도적 측면에서 경제화로서는 경제적 이해주체들이 참여함으로써 공식적이든 비공식적이든 비국가적 규율작업이 규범 안으로 고려될 수 있다는 점이 지적되고 있다. 그 사례로서 전기, 가스분야의 망이용료 규제 내지 인터넷규제 등이 거론된다. 특히 환경법 분야에서 광범하게 퍼진 경제의 자율규제 현상도 이 범주에 속할 수 있다. 법규명령이나 행정규칙의 제정시 청문절차에 경제대표자들도 참여한다든지 국가기관의 협력없이 사경제에 의해 제정되는 기타 규범들도 이와 관련된다. 예컨대 이른바 독일규범(DIN)이나 유럽규범(EN)과 같은 것들은 형식적인 의미에서의 법률은 아니다.[64] 그렇지만 이러한 규범들은 의회에 의한 법률과 비교될 정도로 중요하다. 이러한 규범을 제정함으로써 사경제가 공행정의 활동에도 매우 중요한 영향을 미칠 수 있게 된다.[65]

조직적 차원에서 경제화는 공적인 조직에 경제행위자들이 편입되는 것에서 잘 나타난다. 그 예로서는 독일에서는 경제대표자들로 점령된 대학 위원회나 미디어 및 방송위원회 등이 거론되고 있다. 조직적 측면에서 볼 때 행정의 경제화현상을 가장 명백히 보여주는 형태는 혼합적 경제기업(gemischt-wirtschaftlicher Unternehmen) 및 이른바 공사협력(PPP)의 모든 형태들에 있을 것이다.[66]

---

63) Heike Jochum, a.a.O., S. 287.
64) DIN은 die Deutschen Normen을, EN은 die Europäischen Normen을 의미한다.
65) Heike Jochum, a.a.O., S. 288.
66) Heike Jochum, a.a.O., S. 289.

　　방법론적 차원에서의 경제화로는 법의 경제적 분석을 둘러싼 논쟁을 예로 들 수 있을 것이다.

　　전체적으로 보아 경제적 이익을 중점에 두는 입법자나 행정의 동기는 비판받을 수 있다. 그러한 관점은 독일과 같은 산업화된 국가는 경제적 입지일 뿐만 아니라 환경, 민주주의, 사회적 입지이면서 법문화의 입지이기도 하다는 점을 소홀히 하고 있다. 이러한 측면들이 국가재정이 취약하다는 이유로 쉽게 무시되어서는 안 된다. 경제적 입지의 유지, 개선에 대한 긍정적인 효과도 의문스럽다. 그래서 어려움을 겪는 현실적인 원인을 인식하지 못한 채 증상만을 줄이려는 시도는 성공하기 어렵다는 지적이 나온다.[67)]

2. 국가와 시장 or 작은 국가?

　　앞의 경제화의 문제와 관련해서 보더라도 오늘날 하부구조로서 경제는 상부구조인 법을 지배한다는 이론은 여전히 유효한 것으로 입증되는 듯하다. 경제의 지배적 영향은 갈수록 증가하고 있고 국가와 사회의 모든 가치판단에 경제적 기준이 중심이 되어가고 있기 때문이다. 최근 독일 행정법의 변화는 하부구조인 경제가 상부구조인 법을 규정한다는 것을 상당부분 보여주고 있다. 물론 법의 독자성이 전적으로 부인될 수는 없을 것이다. 법이 경제에 대해 영향을 미칠 수 있는 가능성도 얼마든지 있기 때문이다. 그러나 현실에서는 법이 경제에 영향을 미치기보다는 주로 법이 경제를 반영할 수밖에 없는 불가피한 상황이 연출되고 있다. 1980년대 이후 독일에서 공적인 부문의 개혁 또는 현대화를 둘러싼 논의를 보면 작은 국가(Schlanker Staat), 규제완화, 민영화 등을 목표로 하는 이른바 신자유주의적 경향이 주류를 이루어 왔다. 즉, 국가중심의 관료주의와 비효율성을 지양하기 위해서는 국가의 역할을 축소하고 시장의 자율성을 확대하는 것이 바람직하다는 논리가 최근까지의 지배적 경향이었다. 1990년대 이후에는 특히 국가 등 공적인 부문의 비효율성이 세계화의 압력 아래 있는 '입지'로서의 독일을 불리하게 만든다는 점도 추가적인 논거로서 작용하였다. 그러나 이러한 경향은 사실 경쟁메커니즘을 과대평가하고 있을 뿐만 아니라 효율성 요청(Effizienzpostulat)을 통하여 수

---

67) Hildegard Blumenberg, »Schlanke« Verwaltungsgerichtsbarkeit?, in: Butterwegge/Kutscha/ Berghahn(Hrsg.), Herrschaft des Marktes — Abschied vom Staat? —, Baden-Baden, 1999, S. 217.

단의 최적화(Mitteloptimierung)라는 경영학적 의미에서의 효율성의 증대가 목표달성(Zielerfüllung)을 의미하는 효과(Effektivität)의 증대를 어느 정도 보장할 수 있는지도 알 수 없다는 점이 망각되고 있다. 단기간의 비용감소로서의 경제적 효율성은 사회적, 장기적으로 볼 때 고도로 비효과적인 결과를 초래할 수도 있기 때문이다.[68] 일례로, 최근 금융위기로 인하여 미국 및 세계 자본주의가 위기에 처하자 세계의 주도적 국가들이 여러 가지 대책을 강구하고 있는데, 이러한 대책에는 종전과는 다른 새로운 경향들이 보이고 있다. 특히 주택 및 금융부문에 대한 지나친 규제완화를 미국자본주의의 위기의 원인으로 진단하고 다시 규제를 강화한다든지 또는 시티은행과 같은 거대은행을 국유화한다든지 하는 등의 방향으로 경제의 틀이 바뀌고 있다. 세계화된 자본주의 경제시스템 하에 서로 영향을 받을 수밖에 없는 구조에서는 다른 나라, 특히 독일도 나름대로의 대책을 강구할 수밖에 없을 것이다. 이러한 예들은 시장에서의 경쟁, 규제완화 등을 통한 단기적인 효율성 추구가 장기적인 목표달성이라는 측면에서 효과적이지 않을 수 있다는 것을 보여주고 있다.

민영화논의에서도 마찬가지 논리가 적용되지만, 오늘날 규제논의에서 문제되는 것은 국가의 규제가 어떤 조건하에서 정당화될 수 있는가[69] 하는 것이 아니라 어떠한 규제유형이 올바른 규제이고 어떤 규제기관이 규제를 행하기에 적합한가 하는 것이다. 이른바 규제완화는 국가의 완전한 퇴조를 가져오는 것이 아니라 규제의 얼굴을 변화시키는 것이다. 따라서 문제는 국가 또는 시장이라는 이분법이 아니라 적절한 규율도구들을 영역에 특수하게 발견하는 것이다. 결국은 문제에 적합한 규제체계의 발전과 시도가 중요하다는 점이다.[70] 즉, 규제완화나 탈국가화가 아니라 현대사회에서 사회적 연대가 새로이 창설될 수 있는 변화된 새로운 규제형태가 추구되어야 한다는 것이다.[71] 분배 및 조정자로서의 국가의 역할,

---

68) Heonrich Epskamp/Jürgen Hoffmann, Die öffentliche Dienste zwischen Deregulierungsdruck, »neue Steuerungsmodellen« und solidarisch-demokratischen Funktionen, in: Butterwegge/Kutscha/Berghahn(Hrsg.), Herrschaft des Marktes — Abschied vom Staat? —, Baden-Baden, 1999, S. 231.

69) 국가개입의 정당성에 대해서는 vgl. Eifert, a.a.O., S. 1245 ff.

70) Schuppert, Verwaltunsorganisation als Steuerungsfaktor, in: Hoffmann-Riem/Schmidt-Aßmann/Voßkuhle, Grundlagen des Verwaltungsrechts, Bd. I, München, 2006, S. 1037 f.

71) Heonrich Epskamp/Jürgen Hoffmann, a.a.O., S. 248.

국가와 사회의 합리적 행위 간의 결합,[72] 국가의 시장참여 — 시장참여자로서 행정—,[73] 국가와 사회의 새로운 권력분립의 문제[74] 등이 강조되고 있는 것도 같은 맥락에서 이해될 수 있을 것이다. 결국 자본주의의 체제하에서는 '국가 또는 시장'이라고 하는 택일의 문제가 중요한 것이 아니라 사회적 합리성을 기초로 한 국가의 시장에 대한 개입의 정당성 및 개입의 정도와 수단이 주요한 문제가 된다.

3. 초국가로서의 시장 — 통합된 시장으로서 유럽공동체

이른바 '세계화'가 공법에 대한 중대한 도전이라는 것은 말할 나위가 없다. 그리고 탈국가화 과정에서 공법의 영역이 상실될지도 모른다는 두려움도 나타나고 있는 것이 사실이다.[75] 공법, 특히 행정법은 이러한 세계화의 도전 앞에서 그에 대응해야 할 과제를 안고 있다. 통합된 시장으로서의 유럽공동체(EG)는 유럽공동시장이라는 목표를 실현해 가고 있고 유럽연합(EU)의 결성을 통하여 그러한 목표는 가속화되고 있는 듯하다.[76]

사실 유럽연합(EU)의 법적 성격은 엄밀히 말하면 유럽공동체(EG)와 달리 계약법적으로 고유한 법인격을 가진 것이 아니라 단순한 정치적인 조직이다. 이 유럽연합으로부터 유럽통합을 위해 필요한 자극과 일반적인 정치적 관념이 출발한다고 하지만 여전히 유럽연합은 연방국가(Bundesstaat)의 질적인 단계에 도달하지 않고 있다.[77]

---

72) Eifert, a.a.O., S. 1262 ff.

73) Schulze-Fielitz, a.a.O., S. 815 ff.

74) Gusy, Der Wandel präventiver Schutzgewährung in der Staatlichen Finanzkrise, in: Hoffmann-Riem/Schmidt-Aßmann, Effizienz als Herausforderung an das Verwaltungsrecht, S. 181.

75) Schuppert, a.a.O., S. 1063.

76) 유럽석탄및철강공동체(EGKS)에서 출발하여 유럽원자력공동체(EURATOM), 유럽경제공동체(EWG)의 창설 이래 유럽통합은 1992년 2월 7일의 마스트리히트(Maastricht)조약과 1997년 10월 2일의 암스테르담조약(Amsterdamer Vertrag)을 거쳐 2001년 2월 26일의 니스조약(Vertrag von Nizza) 등으로 가속화되어 이제 동유럽 국가들의 가입으로 확대되기에 이르렀다.

77) 유럽연합은 세 개의 기둥(Säule)으로 이루어져 있다. 첫째, 유럽공동체(세개의 유럽공동체), 둘째, 공동의 외교안보정책(GASP), 셋째, 형사문제에서 경찰 및 사법적 협력(PJZS) 등이 그것이다. Jan Bergmann, Grundstrukturen der EU und des Europäischen Verwaltungsrechts, in: Bergmann/Kenntner(Hrsg.) Deutsches Verwaltungsrecht unter euro-

유럽연합의 핵심은 유럽공동체(EG)이고 유럽공동체의 핵심은 다시 공동의 시장 내지는 유럽 역내시장(Binnenmarkt)이다. 법실무에서 다루어지는 사례들 대부분이 역내시장 프로젝트와 관련되어 있다. 유럽공동체조약(EG-Vertrag) 제2조에 의하면 "특히 공동의 시장을 통하여 조화롭고 지속적인 경제생활의 발전과 높은 고용수준, 고도의 사회적 보호, 남녀평등, 인플레없는 꾸준한 성장, 높은 경쟁능력, 경제적 능력의 수렴, 환경보호 및 환경의 질 개선, 생활유지 및 생활의 질 제고, 경제사회적 협력, 회원국 간의 연대를 증진하는 것이 공동체의 과제"라고 한다.

공동시장 내지 역내시장의 목표는 유럽공동체 계약의 이른바 네 개의 기본적 자유가 보장되는 국경없는 공간이다. 즉, 형식적인 국경통제가 없고 세법상의 제한이 없으며 통화의 제약이 없고(유로화도입), 법제도의 동화 내지는 차별금지에 의해 기술적인 제한도 없기 때문에 유럽연합의 시민들이 그들의 기본적 자유를 누릴 수 있게 하는 것이 역내시장의 목표이다. 이러한 목표와 관련하여 규제완화와 민영화의 문제도 유럽화에서 동시에 등장하고 있는 것으로 보인다.[78]

4. 법치국가적 기능의 확보

규제완화의 문제는 특히 법치국가원리에 비추어 볼 때 위험성도 내포하고 있다. 독일에서 1990년대 행해겼던 절차의 신속을 위한 수많은 입법, 즉 허가절차의 신속 및 간소화를 위한 법률이나 행정절차법의 개정, 행정법원법의 개정 등 사전 및 사후 권리구제절차의 생략으로 인해 법적 안정성을 침해할 가능성이 있는 것으로 판단된다. 특히, 법치국가원리나 독일기본법(GG) 제19조 제4항이 권리구제를 위한 심급을 요구하는 것은 아니지만 소송질서는 법적 안정성의 창출이 법치국가의 기능을 확보하기 위한 본질적인 요소라는 점을 고려하는 것이어야 한다. 그런 의미에서 경제적 이익을 사고의 중점에 두는 입법자의 동기는 비판받아야 할 것이다.

민영화와 관련해서도, 종래 국가와 국민의 관계로서 국가에 의한 기본권침해로부터 보호받을 수 있었던 것이 민영화가 됨으로써 사인 상호간의 관계로 전환되어 기본권보호에 있어서의 허점이 발생하게 된다. 따라서 법치국가원리에 근거

---

päischem Einfluss, Boorberg, 2002, S. 20 ff.

78) Vgl. Horst Dreier, Die drei Staatsgewalten im Zeichen von Europäisierung und Privatisierung, DÖV 2002, S. 537 ff.

하여 국가는 민영화로 인해 국민의 기본권이 약화되지 않도록 법제도를 정비할 책무가 있다.[79] 민영화와 결부된 국가의 조정 및 통제상실도 문제라고 할 수 있다. 당연히 그에 대한 대안이 마련되어야 할 것이다. 하지만 그것은 사인에게 공적 과제수행을 그의 행위논리에 따라 가능한 한 포괄적으로 부여하면서 동시에 사회적으로 적정한 최저수준을 위태롭게 하는 것은 저지하는 것이어야 하는데, 그러한 대안마련은 현실적으로 쉬운 일이 아닐 것이다.

5. 민주주의원리 실현의 관점

규제완화, 민영화 등은 시장의 효율성이나 경쟁의 원리를 통한 생산성 증대와 관련되어 있지만 민주주의원리의 실현과도 관련된다. 기본적으로 사회적 합리성이란 의미에서의 생산성은 재화 및 용역 공급의 정도와 내용, 그 형태뿐만 아니라 합리성(Rationalität)에 따라 측정될 수 있어야 하지만 여기서 합리성이란 경제적 행위의 비용-편익비교를 통해서만 규정되는 것이 아니라 민주적 과정의 결과여야 한다는 점에서 그렇다.[80] 그러한 의미에서 본다면 경제의 민주화도 중요한 관점으로 포함될 수 있을 것이다.[81] 또한 민영화와 관련하여 민주주의 원리를 실현하기 위한 행정조직의 의미도 점차 관심의 대상이 되고 있다. 주어진 과제를 유효하게 실행할 수 있도록 조직된 행정기구가 국민에게 주어져 있지 않다면 국민의 지배는 공허하게 되고 말기 때문이다.[82]

그 밖에 독일에서의 최근 경향으로서 거론될 만한 것으로 이른바 협력국가(kooperativer Staat)가 강조된다는 점을 들 수 있다. 종래 국가의 일방적인 규제, 전통적인 금지(Verbot)나 명령(Gebot)이 제대로 기능하지 않게 됨에 따라 국가가 사회구성원들의 협력을 얻지 않고서는 국가행정의 목적을 실현할 수 없게 되었다.[83] 규제완화를 함으로써 시장에 더 많은 자율성을 줄 뿐만 아니라, 민영화나 공사협

---

79) 이원우, 공기업 민영화와 공공성확보를 위한 제도개혁의 과제, 공법연구 제31집 제1호, 42면. 그 밖에 오건호, 공공부문 사유화에 대한 투쟁 : 기간산업 사유화론의 문제점과 공공성 대안모색, 2002년도 민주주의법학연구회 심포지움, 193면 이하; 이계수, 신자유주의의 세계화와 법치국가의 위기, 2002; 이원우, 지정토론문, 2001; 박병섭, 공공부문에 대한 규범적 접근, 2002년도 민주주의법학연구회 심포지움, 5면 이하 참조.
80) Heonrich Epskamp/Jürgen Hoffmann, a.a.O., S. 248.
81) Stein/Frank, Staatsrecht, Tübingen, 2007, S. 384 ff.
82) Schuppert, a.a.O., S. 1000 f.
83) 김성수, 개별행정법, 법문사, 2004 참조.

력(PPP) 등의 시도의 증가, 그리고 협상 등을 매개로 한 비공식적 행정작용의 증가 등이 협력국가의 현상들이다. 이 가운데 특히, 종래의 공식적 행정작용이 이른바 협력적 행정과정으로 보완되거나 대체되고 있는 현상은 주목할 만하다.[84) 이를 통해 행정이 주어진 과제 수행능력을 개선하고 시민의 이해관계의 영향력이 제고 될 수 있기 때문에 민주주의 실현의 관점에서 중요하게 다루어질 수 있다.

사인의 결정참여를 허용하는 갈등매개 혹은 중재(Mediation)와 같은 협력적 행위형식은 실무에서 점차 중요해지고 있다. 갈등의 매개는 참여권의 폐지를 통한 절차의 신속과는 반대로 사회갈등을 지속적으로 해결하고 동시에 결정에 중요한 시민의 참여를 통해 허가절차의 민주화를 달성할 기회를 제공한다. 갈등의 중재에서 시민의 공동결정(Bürgermitentscheidung)은 그 자체로 민주적 정당성의 근거가 될 수 있으며, 이런 식으로 행정절차의 민주적 결함이 철폐되게 된다. 또한 입법을 통한 행정의 통제 및 포괄적인 유도가능성이 점차 허구로 입증되고 있는바, 법률의 조정능력의 상실로 인하여, '본질성이론'과는 반대로 정치적, 사회적으로 중요한 문제를 스스로 결정하는 기능이 행정에게 증대되고 있기 때문에 행정의 결정에 대한 시민참여를 통한 민주화는 권력행사에 대한 민주적 통제를 요구하면 할수록 더욱 필요하게 된다. 민주적으로 요구되는 국가와 국민간의 피드백(Rückkoppelung)은 갈등매개를 통해 개선될 수 있으며 이를 통해 국가와 사회 간의 소통뿐만 아니라 다양한 사회단체들 간의 소통도 증진될 수 있을 것이다.[85)

그러나 협력국가는 이중성을 가지고 있다는 점이 간과되어서는 안 된다. 즉, 한편으로는 협력국가의 경향이 강화되지만 다른 한편으로는 경찰국가의 강화도 기도되는, 이른바 '국가권력의 이중플레이'가 문제될 수 있다.[86) 뿐만 아니라 사회권력, 특히 강화된 경제 및 자본권력과 국가권력의 결탁이 문제될 수도 있다. 이 경우 국가의 의사결정과정에 참여할 수 있는 힘과 조직을 가진 사회계층에게만 선별적으로 협력의 기회가 주어질 수 있기 때문에 민주주의 실현과는 거리가 멀다. 따라서 그에 대한 법적 대응수단도 함께 마련되어야 진정한 협력국가의 실

---

84) 이 때문에 법이 협력국가의 현상에 굴복한 것이라고 할 수는 없다. 오히려 새로운 행정 현실을 행정법으로 환원시키는 것이 중요하다는 지적에 대해서는 vgl. Eberhard Schimidt-Aßmann, a.a.O., S. 176.

85) Vgl. Anke Engelbert, Privatisierung der Konfliktschlichtung zwischen Bürger und Staat?, in: Butterwegge/Kutscha/Berghahn(Hrsg.), Herrschaft des Marktes — Abschied vom Staat? —, Baden-Baden, 1999, S. 183 ff.

86) 이계수, 신자유주의의 세계화와 법치국가의 위기, 2002, 954면 이하.

질이 갖추어질 것이다.

IV. 시사점

1. 일반론

위에서 독일행정법의 변화를 가져온 주요현상을 규제완화, 민영화, 유럽화를 중심으로 살펴보았다. 위의 현상들은 공히 국가의 통제 및 조정능력의 상실, 시장의 역할 강화와 결부되어 있다는 점에서 상당부분 공통점을 가지고 있다. 한편 규제완화와 민영화는 신자유주의의 대표적인 현상들이지만 유럽화는 시장의 블록화를 통한 유럽 내에서의 법질서의 통합과정이라는 점에서 다른 측면이 있는 것은 사실이다. 그러나 블록화된 유럽 역내에서의 시장 자유화라는 측면에서 본다면 규제완화 및 민영화와 유럽화에는 자유화(Liberalisierung)라는 공통점이 발견된다. 물론 이러한 고찰방식은 제한적일 수 있다. 그러나 부분적인 차이는 있더라도 전체적인 흐름은 자유화 또는 시장의 확대강화로 인한 국가역할의 축소라는 방향을 지향하고 있는 것으로 보인다.

위에서 보았듯이 이러한 현상들에 대해서는 무엇보다도 국가와 시장, 행정법의 경제화, 초국가로서의 시장, 법치국가적 기능 확보, 민주주의실현 등의 기본적인 관점들이 중요하다. 앞에서 살펴본 독일에서의 세 가지 주요현상은 다음과 같은 점에서 우리에게 일정한 시사점을 주고 있다. 일단 규제완화, 민영화, 유럽화에 대한 각각의 시사점을 개별적으로 고찰해 본다.

2. 규제완화

우리의 경우 그동안 규제완화인프라가 형성되고 규제개혁시스템의 정착기와 규제개혁시스템의 관리기를 지나서 현재에 이르고 있다. 이러한 규제개혁을 위한 노력으로 수많은 규제가 철폐되는 등 상당한 성과가 있었던 것은 사실이다. 현재 바뀐 정부 아래서 추진되고 있는 규제개혁은 상당히 시장 지향적이며 자본 친화적이다. 새 정부는 규제개혁을 통해 시장경제를 활성화하고자 하는 의도를 가지고 있는 것으로 보인다.[87] 이러한 경향은 다소간의 차이가 있지만 독일의 경우도

---

87) 이원우, 규제개혁과 규제완화, 저스티스 통권 제106호, 367면 이하; 롤프 슈토버, 이원우 옮김, 앞의 논문, 93면 이하

마찬가지라고 할 수 있다. 그러나 독일에서의 논의가 보여주듯이, 오늘날 규제와 관련하여 문제되는 것은 국가의 규제가 어떤 조건하에서 정당화될 수 있는가 하는 것이 아니라 어떠한 규제유형이 올바른 규제이고 어떤 규제기관이 규제를 행하기에 적합한가 하는 것이다. 따라서 규제완화나 탈국가화 자체가 목적이 아니라 현대사회에서 사회적 연대가 새로이 창설될 수 있는 변화된 새로운 규제형태가 추구되어야 할 것이다.[88]

독일의 경우와 마찬가지로 우리의 경우에도 1990년대 이후 각종 규제를 폐지하거나 비효율적인 규제의 신설을 억제하는 규정들이 널리 도입되었다.

그 대표적인 사례가 1997년 행정규제기본법이라고 할 수 있다. 행정규제기본법은 불필요한 행정규제를 폐지하고 비효율적인 행정규제의 신설을 억제함으로써 국가경쟁력의 지속적인 향상을 도모함을 주된 목적으로 하고 있다. 이 법에 따라 대통령 소속하에 규제개혁위원회가 신설되었다. 동법은 특히 규제영향평가제도를 도입하고 있는데 제7조 제1항 제4호에 규정되어 있는 비용편익분석은 법경제학에서 주로 사용하는 도구이다. 또한 제8조 제1항은 규제를 신설 또는 강화하고자 할 때에 계속하여 존속시켜야 할 명백한 사유가 없는 규제에 대하여는 존속기한을 설정하여 당해 법령 등에 명시하여야 함을 규정하고 있다. 이것은 외국에서 이미 사용되고 있는 일몰제도(Sunsetlaw)라고 할 수 있다. 이에 따라 규제의 존속기한은 규제의 목적을 달성하기 위하여 필요한 최소한의 기간 내에서 설정되어야 하며, 그 기간은 원칙적으로 5년을 초과할 수 없도록 하고 있는데(제8조 제2항), 이는 규제의 타당성을 재점검하여 규제실패를 방지하기 위한 제도라고 할 수 있다.[89]

그 밖에도 상대적 금지의 해제, 행위제한의 철폐, 의무의 면제 등 기존의 규제를 완전히 철폐하는 경우와 요건이나 의무의 완화, 허가제의 등록제로의 전환, 인가제의 신고제로의 전환 등 규제수준을 완화하는 경우, 감사 및 감사대상의 축소, 감사의무의 완화 등 행정통제의 범위를 축소하는 경우, 여러 법령에 규정된 각종 인허가제도를 통폐합하거나 사업승인을 거치면 이들 인허가를 거친 것으로 의제하는 규정을 두는 규제의 간소화, 명령지시적 규제방식에서 시장유인적 규제방식으로 전환하거나 사전적 규제방식에서 사후적 규제방식으로 전환 또는 직접

---

88) Heonrich Epskamp/Jürgen Hoffmann, a.a.O., S. 248.
89) 김남욱, 경제규제완화의 실효성 확보방안, 공법연구 제29집 제1호, 457면 이하.

적 규제방식에서 간접적 규제방식 또는 자율규제[90]로 규제방식을 변경하는 경우, 기관과의 협의절차, 요구되는 서식의 축소, 처리기간의 단축 등 규제절차를 간소화하는 경우, 규제업무나 규제집행을 하부기관에 위임하는 경우, 규제집행기관을 행정기관의 산하단체 등에 이양 또는 위탁하는 경우 등이 널리 규제완화의 내용에 포함된다.[91] 이 외에도 각종 특별법에 의하여 완화된 규제내용을 포함하는 경우가 많다. 기업도시개발특별법, 제주특별자치도설치및국제자유도시조성을 위한 특별법 등이 그 예이다.

전반적으로 우리의 경우 규제완화의 초기단계와는 달리 규제의 합리화 또는 규제의 적정성을 도모하는 방향으로 규제개혁시스템이 점차 자리를 잡아가는 것처럼 보인다. 하지만 아직도 정책집행자의 의지에 따라 불합리한 규제가 추진되거나 과도한 규제완화가 진행되는 등의 경향이 있는 것은 여전히 문제라고 할 수 있다.

3. 민영화

민영화에 있어서는 사적인 주체가 효율성을 더 강하게 지향한다는 데에 기인하여 민영화를 하면 효율성을 얻을 것이라고 희망하는 듯하다. 그러나 민영화에 대해서는 무엇보다도 기본권을 보호하고 공공성을 확보하는 차원에서 법치국가적 기능의 확보 및 민주주의 실현의 관점에서 접근하는 것이 필요하다. 민영화로 인해 정치적 조정가능성(Möglichkeit der politischen Steuerung)이 줄어드는 것은 사실이다.[92] 그러나 민영화 그 자체로 효율성이 획득된다는 것도 잘못된 믿음이다. 예를 들어 공적 임무를 제3자에게 이전할 경우 통상적으로 국가의 감독이 필요하며 비용이 유발되고 그 때문에 투입되어야 할 자원이 전체적으로 상쇄될 수도 있는 것이다.[93]

최근 국가나 지방자치단체의 재정위기로 인하여 공사협력(PPP) 등의 시도가

---

90) 미국산 쇠고기수입과 관련하여 쇠고기사업자단체의 자율규제가 그에 해당한다. 이에 대해서는 그 실효성이 의문시 되고 있다. 이원우, 규제개혁과 규제완화, 383면 참조.

91) 김유환, 경제규제완화에 있어서의 공법적 대응, 공법연구 제24집 5호, 135면 이하 참조.

92) Groß, in Hoffmann-Riem/Schmidt-Aßmann/Voßkuhle, Grundlagen des Verwaltungsrechts, Bd. I, München, 2006, S. 854 f.

93) Hoffmann-Riem, Effizienz als Herausforderung an das Verwaltungsrecht—Einleitende Problemskizze—, in: Hoffmann-Riem/Schmidt-Aßmann, Effizienz als Herausforderung an das Verwaltungsrecht, S. 54.

증가하고 있는데 여기서도 효율성이 자동적으로 획득되는 것은 아니다. 공사협력 (또는 민관협력)은 한편으로는 효율성을 증대시키는 측면이 있지만 다른 한편으로는 건설업자가 공사비용이나 수요를 과다예측하거나 부패공무원과의 결탁을 통해 국민 또는 수요자의 비용부담을 유발시키기도 하고 또한 이를 방지하기 위해서는 국가의 감독이 필요하며 이는 다시 비용을 유발하기 때문이다. 이와 관련하여 사회기반시설에 대한 민간투자법이 제정되어 있으나 이 역시 문제가 없지 않다. 2007년도에는 인천국제공항철도사업이 당초 타당성 검토과정의 부실과 잘못된 수입 및 교통량 예측으로 천문학적인 국민혈세 낭비가 우려되었고 이에 따라 운영수입을 국가가 보장해주는 민간투자법을 개정하라는 요구가 제기된 바 있다. 동법 제9조의 경우는 특히 민간부문의 사업제안을 규정하고 있다. 즉, 민간부문은 대상사업에 포함되지 아니한 사업으로서 민간투자방식(제4조 제2호의 사업방식을 제외한다)으로 추진할 수 있는 사업을 제안할 수 있도록 하고 있으나 위 규정에 의하여 제안된 사업의 추진절차 등에 관하여 필요한 사항은 대통령령으로 정하도록 하고 있어 법률위임의 구체성과 명확성 결여, 사업자 선정방식 및 절차 전면 유기, 공사비 산정 및 검증기준 전면 부재, 국회의 예산심의권 침해 등의 이유로 위헌성이 제기될 수 있다.[94]

한국의 민영화는 특히 IMF위기를 맞으면서 고조되었다. 당시 국민의 정부는 공기업을 민간자본과 해외의 초국적 자본에 넘겨줌으로써 IMF 경제위기를 벗어나고자 했다. 이에 따라 포항제철, 한국중공업, 종합기술금융, 한국통신을 비롯하여 담배, 가스, 전력, 석유, 지역난방[95] 등이 민영화된다. 정부의 공기업 민영화정책의 핵심논리는 '효율성과 민주성의 제고'였다. 개발독재로 인해 구조화된 비효율성, 경직성, 관료주의, 부정부패 등 공기업의 폐해들을 제거한다는 명분이었다. 하지만 정부는 철저히 시장주의적 사고에 입각하여 민영화를 추진하였고 자본집중의 강화, 대량 실업의 발생, 공공성의 상실, 가격상승, 초국적 자본의 지배와 기술 및 생산력의 대외종속 심화 등의 문제들이 충분히 고려되지 못하였다. 또한 이러한 중요한 문제들에 대한 원칙 및 추진방향, 추진방법 등에 대한 사회적 합

---

94) 2007헌바63 구 사회간접자본시설에대한민간투자법 제9조 위헌소원.

95) 이른바 에너지 산업의 민영화에 대해서는 한국개발연구원, 에너지산업의 민영화 이후, 정부의 역할 어떻게 달라져야 할 것인가, 에너지·자원반 1차 토론회, 2001년 8월 1일 자료집 참조.

의절차도 제대로 거치지 않았다.[96] 전기, 가스, 석유, 지역난방 등 에너지 산업과 국가기간산업의 민영화로 인하여 정부의 역할이 변경된다. 공급중시 및 가격규제 정책 기조에서 시장경쟁 도입으로 인한 시장실패를 보완하기 위한 공익규제제도를 도입하는 방향으로 변화하게 된다.[97]

최근에는 예금보험공사 및 자산관리공사 등의 기능이 축소되고 에너지 이용합리화법에 따른 에너지관리공단의 기능조정, 한국전력공사법에 의한 한국전력공사의 송변전사업과 배전사업의 기능조정 등이 이루어지고 한국공항공사의 민영화가 추진되고 있다.[98]

그 밖에 이명박 정부에 의해 추진되고 있는 산업은행 등 국책은행의 민영화는[99] 특히 론스타사태를 야기한 외환은행의 사례가 보여주듯이 상당한 위험성을 내포하고 있다. 종래 산업은행이 가지고 있던 정책금융기능에 관해서는, 따로 한국개발펀드(KDF)를 설립하여 민간금융회사에 전대하는 방식으로 자금을 제공함으로써 이들이 중소기업에 자금을 지원케 하는 방안이 제기되고 있으나 이러한 방식의 민영화와 정책금융기능 분리는 헐값매각이 재발할 가능성을 우려하게 만드는 동시에, 자금조달비용이 늘어나 중소기업 금융소비자들의 비용상승을 불가피하게 할 것이란 점이 지적되고 있다.[100] 또한 그동안 산업은행이 다량 보유한 대우증권이나 대우해양조선, 한국전력 등의 지분을 고려할 때, 산업은행의 매입주체는 국내 기간산업에 대한 소유지배력까지 동시에 확보할 수 있는 위험성까지

---

96) 김낙근, 한국의 반세계화운동과 반민영화프레임의 형성, 한국사회 제8집 2호(2007), 143면 이하.

97) 한국개발연구원, 에너지 · 자원반 1차 토론회 자료집.

98) 기획재정부 보도자료 "공공기관 29개 통합 · 3개 폐지 · 7개 기능축소 · 1개 민영화" 참조, http://www.mosf.go.kr/_policy/policy04/policy04.jsp?boardType=general&hdnBulletRunno=76&cvbnPath=&sub_category=129&hdnFlag=1&cat=&hdnDiv=&select=subject&keyword=민영화&hdnSubject=민영화&&actionType=view&runno=85429&hdnTopicDate=2008-08-26&hdnPage=1.

99) 산업은행 민영화와 관련하여, 초기에는 기획재정부가 내놓은 산업은행, 우리금융지주, 기업은행을 통합한 '초대형 금융지주회사 설립안'과 금융위원회가 내놓은 '우선 민영화 시행 후 매각대금에 의한 정책금융 전담펀드 조성안'이 나왔지만 현재는 우선 민영화를 추진하되 양자를 절충하는 방안으로 2008년말 산업은행을 금융지주회사로 전환하고 2012년까지 완전 민영화하는 방향으로 가고 있다. 장진호, 산업은행 민영화, 금융공공성 위기만 불러온다, [창비주간논평] 민영화보다 경제난 해결이 우선, 프레시안, 2008년 9월 10일자 참조.

100) 장진호, 위의 기고문 참조.

내포하고 있다.[101]

4. 유럽화

세계적인 자유주의의 영향력 강화로 시장을 통한 자유화, 경제화의 경향은 가속화되어 왔고 이에 따라 국가의 규제권한은 제한되는 경향에 있었다. 유럽화는 블록화를 전제로 하는 구조이고 유럽통합은 경제공동체가 핵심적인 내용이다. 유럽연합의 탄생으로 각 회원국의 법제는 상당한 영향을 받고 있다. 특히 독일 행정법의 유럽화는 한-미 FTA 및 한-EU FTA 등 대외적인 시장개방 압력을 받고 있는 우리에게도 시사하는 바가 크다. 경제적 이익극대화 및 역내에서의 시장자 유화를 목표로 하는 다국간 연합체인 유럽연합은 다국간의 무역자유화협정 내지 양국 또는 몇몇 국가들 간의 무역자유화협정인 FTA와 시장자유화라는 차원에서 공통점이 있다. 이러한 시장자유화 내지 공동시장은 개별 국가의 법제도에도 상당한 영향을 미치게 된다. FTA가 체결되면 경제, 노동, 환경관련 법령뿐만 아니라 전반적인 규제시스템 자체에 상당한 파급효과를 가져올 것이 분명하다. 이런 점에서 행정법의 유럽화현상을 통한 독일 법제도의 적응과정은 우리에게도 일정한 시사점을 제공해 줄 것이다. 미국이나 유럽연합과 FTA 체결을 앞두고 있는 우리의 경우 FTA가 발효되면 수많은 국내법들이 개정되거나 제정되어야 할 것이다. 이 밖에 하나의 예로서 역내시장에서의 회원국가의 차별로 인한 외국기업의 소송 제기 가능성도 생각해볼 수 있을 것이다. 또한 통일된 남북한의 경우에도 완벽한 흡수통일이 아닌 한 양자간 법체제의 접근 및 타협은 불가피 할 것이다.[102] 유럽화 내지 자유무역협정이든 남북통일이든, 어떠한 경우든지 국내법 및 법도그마틱의 내용 및 체계에 상당한 영향이 예상되며 국가의 조정 및 통제가능성의 약화 또한 예상된다. 결국은 이에 대한 대비를 얼마나 잘하느냐에 따라 사회, 경제적 파급효과 및 법적인 파급효과까지도 결정될 것이다.

한-미FTA나 한-EU FTA가 체결, 비준되었을 때 문제될 수 있는 것들은 원산지/통관, 비관세장벽(NTB), 서비스,[103] 투자, 지적재산권 중 지리적 표시, 무역구

---

101) 장진호, 위의 기고문; 민영화된 산업은행에 요구불예금 수취 허용 등의 업무제한 완화를 추진하면서 산업자본의 소유지배까지 허용한다면, 이는 은행산업에서의 금산분리 원칙이 완전히 허물어진다는 것을 의미한다. 경제개혁연대 보도자료, 2008년 6월 2일자.

102) 홍준형, 앞의 논문, 127면.

103) EU와 FTA에서 개방확대가 예상되는 서비스분야는 법률, 금융, 통신, 유통서비스뿐만 아

제, 경쟁, 분쟁해결, 투명성, 전자상거래, 지속가능발전, 기술장벽(TBT), 위생검역
(SPS), 정부조달, 정부보조금, 농산물세이프가드(긴급수입제한조치), 반덤핑과 양자
간 세이프가드, 자동차관세철폐, 자동차기술표준, 개성공단 원산지특례, 관세환
급, 원산지표기, 위생검역분야 등 셀 수 없이 많다. 이들은 상당부분 행정법적 문
제를 제기할 수 있다.

이하에서는 FTA와 관련한 문제들 중에서 중요한 몇 가지만 살펴보기로 한다.

한-미FTA 투자협정의 내용 중에서 국내에서 관심의 대상이 되고 있는 대표
적인 사항 중의 하나가 간접수용에 관한 내용이다. 간접수용이란 공익을 목적으
로 재산의 소유권을 박탈하는 직접적인 수용뿐만 아니라 소유권의 박탈은 없지만
재산권을 과도하게 침해하여 수용과 유사한 효과를 유발하는 것으로서 역시 투자
협정에서는 보상의 의무를 부여하고 있다. 1990년대 후반 NAFTA 투자협정을 배
경으로 투자자가 간접수용임을 주장하며 보상을 요구하는 분쟁들이 상당수 발생
한 바 있기 때문에[104] 우리의 경우에도 이에 관심을 가질 수밖에 없다. 특히 외국
인투자자는 투자협정에 근거하여 모든 재산권의 과도한 침해에 대해 보상을 구
할 수 있는 반면, 국내투자자는 법률에서 규정된 사안에 한해 보상을 구할 수 있
기 때문에 역차별의 문제가 제기될 수 있다. 따라서 이러한 간접수용에 대하여
보상을 인정하는 투자협정은 행정법상의 수용유사침해이론 등 공용수용과 관련
된 국내행정법 이론에도 영향을 미칠 가능성이 있다.

투자자-국가직접제소제도(ISD/Investor-State Dispute Settlement)도 문제될 수 있
다. 이것은 외국인투자자가 투자유치국의 협정의무위반 등으로 피해를 입을 경우

니라 한국의 개방수준이 상대적으로 낮은 교육서비스, 보건(의료) 및 사회서비스 등이
고려될 수 있다. 이종원/변재웅, 한-EU FTA 추진평가와 과제에 관한 연구, 한 · 독사회
과학논총 제18권 1호(2008년 봄), 196면 이하.

104) NAFTA의 간접수용 관련분쟁이 간접수용에 대한 투자자의 지나친 확대해석에 기인하고
있다는 인식에 따라 미국행정부는 2004년 개정된 투자협정모델에서 간접수용의 개념을
명료화하고 있다. 즉 간접수용에 해당 여부의 판단을 위해서는 구체적 사안별로, 사실에
입각한 검토가 요구되며, 이러한 검토에서 특히 고려해야 할 요소로서 ① 정부조치의 경
제적 충격의 정도, ② 정부조치가 명백하고 합리적인 투자기대이익(investment-backed
expectations)을 침해한 정도, ③ 정부조치의 성격의 3개 요소를 명시하고 있다. 그리고
극히 희소한 상황을 제외하고는(except in rare circumstances), 공공의 건강, 안전, 환경
등과 같이 정당한 공공후생의 목적을 위해 고안되거나 적용된 비차별적 성격의 규제수
용은 간접수용에 해당하지 않음을 명시하고 있다. 그러나 극히 희소한 상황에 대한 설명
은 없다. 이에 대해서 자세한 것은 김관호, 한미 FTA와 간접수용, 규제연구 제16권 1호
(2007. 6), 41면 이하 참조.

직접 국가를 상대로 손해배상이나 원상회복을 청구할 수 있는 제도이다.[105) 우리 나라는 70여 개 국가들과 투자협정을 체결하여 서로 다른 형태의 투자자와 국가 간의 분쟁해결절차를 규정하고 있다. FTA의 경우에는 그동안 우리나라가 체결한 한-칠레 FTA, 한-싱가포르 FTA, 한-미 FTA가 모두 투자자와 국가간 분쟁해결절 차를 규정하고 있는데 그중에서 한-미 FTA는 상대적으로 넓은 범위에서 투자자 와 국가간의 분쟁해결절차를 허용하고 있다.[106)

또한 한-미 FTA는 경제영역에 대한 국가의 개입권한을 대폭 제약함으로써 헌법 제119조 제2항이 규정한 경제민주화의 원리와 충돌할 가능성이 있다. 또한 자연자원 이용권의 외국기업에 대한 개방은 헌법 제120조의 국가에 부여한 개 발·이용에 대한 특허권한의 침해를 가져오며, 국토와 자원의 균형있는 개발과 이용을 위한 계획수립권도 제약될 가능성이 크다. 이른바 수용규정에 저촉될 가 능성이 있기 때문이다. 그리고 농어업의 보호, 육성, 중소기업의 육성을 위한 국 가의 지원(헌법 제123조)도 제약을 받게 될 것이다.[107)

이른바 '쇠고기 고시' 등의 문제에서 보듯이 미국과의 FTA는 행정영역의 법 및 실무에 대해서 상당한 영향을 미칠 수밖에 없다. 이 밖에도 한-미 FTA가 비준 되면 그와 배치되는 수많은 실정법령들이 개정되어야 한다.[108) 그렇기 때문에 한 미FTA 체결과정에서 정부의 통상절차진행에 대해 협상개시 전부터 협상과정 및 협상타결 후까지 의회의 일정한 개입을 규정하는 통상절차법제정의 필요성이 제 기되기도 하였다.[109)

---

105) 김갑유, FTA하에서의 투자자와 국가간 분쟁해결제도, 저스티스 통권 제106호(2008. 9), 746면 이하; 최승필, 한미 자유무역협정(FTA)의 공법적 문제에 관한 소고, 공법연구 제36 집 제3호(2008. 2), 518면 이하.

106) 김갑유, FTA하에서의 투자자와 국가간 분쟁해결제도, 저스티스 통권 제106호(2008. 9), 746면 이하.

107) 김종서, 한미 FTA와 민주주의 — 주권문제를 중심으로 —, 민주법학 제32호(2006, 12), 109면 이하.

108) 최승필, 한미 자유무역협정(FTA)의 공법적 문제에 관한 소고, 공법연구 제36집 제3호 (2008.2), 517면 이하.

109) 이의 예로서는 2006년 2월 2일에 권영길의원이 대표로 발의한 '통상협정의 체결절차에 관한 법률안'이고, 2006년 9월 25일에 이상경의원이 대표로 발의한 '통상조약의 체결절 차 등에 관한 법률안'을 들 수 있다.

V. 결론

이상으로 규제완화와 민영화, 유럽화의 현상을 중심으로 독일행정법의 변화와 그 시사점을 살펴보았다. 앞에서 본 것처럼 독일 행정법은 1980년대 이래로 상당한 변화를 거쳐 오늘에 이르고 있다. 특히 세계의 지배적인 현상처럼 자리를 굳힌 규제완화와 민영화는 독일 행정법의 패러다임을 바꾸어 놓았다. 그리하여 국가가 사적 영역, 특히 시장에 대한 개입을 가급적 줄이고 사인에게 보다 많은 자율성을 부여함으로써 효율성을 증대한다는 사고가 지배하게 되었고 이것은 행정법의 내용에도 심각한 영향을 미치고 있다. 또한 시장의 지역적 방어 또는 시장의 강화를 통해 지역적 이익을 추구하는 유럽화도 대외적으로는 블록형성을 통한 이익추구이지만 역내에서는 확대된 시장을 통한 시장자유화로 귀결된다. 유럽연합의 가장 중요한 목표인 경제적 통합 혹은 정치적 통합을 통한 경제적 통합 극대화라고 하는 목표는 각국의 사회, 경제, 문화적 제도들에 중대한 영향을 미치는 이른바 '유럽화'의 현상으로 나타나게 된다(그 반대의 경우도 마찬가지다). 결국 유럽화는 독일행정법이 유럽의 사회·경제적 요인이나 유럽 행정법으로부터 독립하여 존재할 수 없고 그 영향을 받을 수밖에 없음을 보여주고 있다.

독일의 사례가 보여주듯이 공법상의 규제완화, 민영화, 행정절차의 단순화 등은 주로 경제적 효율성을 근거로 추진되고 있다. 그러나 이러한 사례들에서 경제적 이해관계만이 관철되도록 하는 것은 단기적인 관점에서 볼 때 효율적일 수 있지만 장기적으로는 비효과적인 결과를 초래할 가능성도 있다.[110] 그렇기 때문에 규제완화나 민영화문제는 개별적인 경우에 따라 무엇이 더 헌법적 가치에 부합하며 공익에 적합한 것인지 신중하게 판단하여야 하는 문제이다. 우선 규제완화의 경우에는 올바른 규제, 적절한 규제기관, 사회연대를 기초로 하는 새로운 규제형태 등에 초점이 맞추어져야 한다. 민영화와 관련해서는 공적인 영역의 수준 유지, 즉 공공성 확보를 위한 조치와 법치국가적 기능의 확보, 민주주의실현의 관점 등이 고려되어야 한다. 따라서 이러한 현상들을 경제적 효율성이라는 기준만으로 판단해서는 안 된다. 규제완화 및 민영화가 주로 국내법제도에 영향을 미치는 대내적 요인이라면, 유럽화는 대외적 요인이라는 관점에서 고찰할 수 있다. 시

---

110) 이에 대해서는 Heonrich Epskamp/Jürgen Hoffmann, a.a.O., S. 231.

장자유화라는 차원에서 공통점이 있는 유럽연합과 FTA는 개별 국가의 법제도에
도 상당한 영향을 미치게 될 것이다. 앞에서 보았듯이 국가의 차별을 이유로 한
외국기업의 소송도 가능할 것이다. 이런 점에서 독일 행정법의 유럽화과정은 현
재 진행 중에 있는 미국, 유럽 등과의 FTA가 발효됨으로써 나타날 수 있는 국내
법체계에 대한 중대한 영향에 대비한다는 관점에서도 우리에게 일정한 시사점을
주고 있다.

[참고문헌]

강현호, 집중효, 공법연구 제28집 제2호, 321면 이하.

김갑유, FTA하에서의 투자자와 국가간 분쟁해결제도, 저스티스 통권 제106호(2008.
　　　9), 746면 이하.

김낙근, 한국의 반세계화운동과 반민영화프레임의 형성, 한국사회 제8집 2호(2007
　　　년), 143면 이하.

김남욱, 경제규제완화의 실효성 확보방안, 공법연구 제29집 제1호, 445면 이하.

김성수, 개별행정법, 법문사, 2004.

김유환, 경제규제완화에 있어서의 공법적 대응 ― 한국의 문제상황과 과제 ―, 공법
　　　연구 제24집 제5호(1996), 135면 이하.

김재광, 행정법상 집중효제도의 검토, 토지공법연구 제9집(2000), 67면 이하.

김종서, 한미 FTA와 민주주의 ― 주권문제를 중심으로 ―, 민주법학 제32호(2006,
　　　12), 109면 이하.

롤프 슈토버, 이원우 옮김, 독일 경제행정법상 규제완화, 공법연구 제24집 제5호
　　　(1996), 93면 이하.

마르틴 쿠차, 이계수 옮김, 유럽연합의 확대 ― 줄어든 주권 = 줄어든 민주주의? ―,
　　　민주주의법학연구회 편, 신자유주의와 민주법학, 관악사, 2001, 12면 이하.

박병섭, 공공부문에 대한 규범적 접근, 2002년도 민주주의법학연구회 심포지움, 5면
　　　이하.

박종국, 독일법상 계획확정결정의 집중효, 공법연구 제32집 1호(2003. 11), 293면
　　　이하.

류지태, 행정법신론 제12판, 신영사, 2008.

오건호, 공공부문 사유화에 대한 투쟁 : 기간산업 사유화론의 문제점과 공공성 대안

모색, 2002년도 민주주의법학연구회 심포지움, 193면 이하.

유르겐 슈바르쯔, 이광윤 옮김, 유럽연합 행정법들의 공통점과 상이점, 성균관법학
　　　제7호(1996), 197면 이하.

이계수, 신자유주의의 세계화와 법치국가의 위기, 청담최송화교수화갑기념논문집,
　　　2002, 954면 이하.

이원우, 규제개혁과 규제완화 ― 올바른 규제정책 실현을 위한 법정책 모색 ―, 저스
　　　티스 통권 제106호, 355면 이하.

이원우, 공기업 민영화와 공공성확보를 위한 제도개혁의 과제, 공법연구 제31집 제1
　　　호, 21면 이하.

이종원/변재웅, 한―EU FTA 추진평가와 과제에 관한 연구, 한 · 독사회과학논총 제
　　　18권 1호(2008년 봄), 187면 이하.

최승필, 한미 자유무역협정(FTA)의 공법적 문제에 관한 소고, 공법연구 제36집 제3
　　　호(2008. 2), 515면 이하.

홍완식, 규제개혁과 입법정책, 공법연구 제36집 제3호(2008. 2), 339면 이하.

홍준형, 유럽통합의 공법적 영향에 관한 연구 : 유럽통합이 독일행정법에 미친 영향
　　　을 중심으로, 국제 · 지역연구 제10권 4호(2001), 101면 이하.

Bernhard Julius Albert Molitor, 김병기 옮김, 작은 정부 ― 독일에 있어서 민영화와
　　　규제완화 ―, 공법연구 제24집 제5호, 241면 이하.

Bergmann/Kenntner(Hrsg.) Deutsches Verwaltungsrecht unter europäischem Einfluss,
　　　Boorberg, 2002.

Biermann, Deregulierung umweltbezogener Verwaltungsverfahren auf Landesebene
　　　― Meckenburg-Vorpommern als »Reformmotor«?, ZuR 6/2006, S. 282 ff.

Brohm, Winfried, Öffentliches Baurecht, München, 1999.

Butterwegge, Christoph/Kutscha, Martin/Berghahn, Sabine(Hrsg.), Herrschaft des
　　　Marktes ― Abschied vom Staat? ―, Baden-Baden, 1999.

Dreier, Horst, Die drei Staatsgewalten im Zeichen von Europäisierung und
　　　Privatisierung, DÖV 2002, S. 537 ff.

Dreier, Horst(Hrsg.), Grundgesetz Kommentar, Bd. Ⅱ, Tübingen, 1998.

Fehling, Michael/Kastner, Berthold/Wahrendorf, Volker(Hrsg.), Verwaltungsrecht
　　　VwVfG · VwGO Handkommentar, Baden-Baden, 2006.

Franz, Thorsten, Gewinnerzielung durch kommunale Daseinsvorsorge, Tübingen
　　　2005.

Hoffmann-Riem, Wolfgang/Schmidt-Aßmann, Eberhard, Effizienz als Herausforderung an das Verwaltungsrecht, Baden-Baden, 1998.

Hoffmann-Riem, Wolfgang/Schmidt-Aßmann, Eberhard/Voßkuhle, Andreas, Grundlagen des Verwaltungsrechts, Bd. I, München, 2006.

Höhlscheidt, Sven, Abschied vom subjektiv-öffentlichen Recht? — Zu Wandlungen der Verwaltungsrechtsdogmatik unter dem Einfluß des Gemeinschaftsrechts —, EuR 2001, S. 377 ff.

Hufen, Friedhelm, Heilung und Unbeachtlichkeit grundrechtsrelevanter Verfahrensfehler?, NJW 1982, S. 2160 ff.

Jochum, Heike, Verwaltungsverfahrensrecht und Verwaltungsprozeßrecht, Tübingen, 2004.

Kadelbach, Stefan, Allgemeines Verwaltungsrecht unter europäischem Einfluss, Tübingen, 1999.

Kopp/Ramsauer, VwVfG Kommentar, 9. Aufl., München, 2005.

Schimidt-Aßmann, Eberhard, Das allgemeine Verwaltungsrecht als Ordnungsidee, Berlin/Heidelberg, 2004.

Schneider, Jens-Peter, Zur Ökonomisierung von Verwaltungsrecht und Verwaltungsrechtswissenschaft, VerwArch. 34(2001), 317 ff.

Stein, Ekkehart/Frank, Götz, Staatsrecht, Tübingen, 2007.

Tschannen, Pierre/Zimmerli, Ulrich, Allgemeines Verwaltungsrecht, Bern, 2005.

Wolff, Hans J./Bachof, Otto/Stober, Rolf, Verwaltungsrecht, Bd. 3, München, 2004.

4. 국가의 존재의미와 행정법[*]

― 한국사회의 빈곤과 행정법적 과제 ―

I. 서론

2000년대 이후 한국사회의 양극화는 갈수록 심해지고 있다. 자본주의 경기침체와 경제위기 등을 기화로 하여 가진 사람은 더 가지게 되고 가지지 못한 사람은 더 빼앗기는 결과 가진 자와 가지지 못한 자의 격차가 날로 벌어지고 있다. 한국사회는 지금 이러한 양극화뿐만 아니라 저출산, 고령화의 문제도 심각하다. 최근 노인빈곤률 세계 1위라는 보도[1])에서도 나타나듯이 고령화로 인한 노인인구의 급증으로 인하여 노인빈곤이 문제되고 있다.[2]) 대학졸업 후 취업이 어렵고 늦어지고 결혼이 늦어진데다, 생활이 안정되지 못하니 출산률도 저조하다. 이는 인구구조상 현행과 같은 연금구조를 떠받칠 수 없게 되는 문제를 초래한다.

더구나 최근에는 해고노동자와 비정규직 등 신빈곤층의 문제도 심각해지고 있다. 청년실업의 문제, 중장년층의 조기퇴직이나 실업, 자영업자의 몰락, 여기에 더하여 가정이 해체됨에 기인하는 아동빈곤, 여성빈곤 등의 문제도 심화되고 있

* 이 글은 공법연구 제44집 제3호(2016), 103-127면에 실은 논문을 수정, 보완한 것임.

1) [10월 2일자 한수진의 sbs전망대] 노인빈곤율 · 자살률 세계 1위 노인들의 슬픈 자화상. 이러한 보도 관련해서는 보건복지부의 해명자료가 있긴 하나 노인빈곤율과 자살률이 세계적으로 높다는 점은 변함이 없는 것으로 보인다.
2) 2016년 1월에 발표된 한국보건사회연구원의 자료에 따르면 저소득층 15명 중 1명이 자살을 생각했다고 한다. 이는 평범한 소득을 갖고 있는 일반층보다 무려 4배가 높은 수치이다. 이들 저소득층들 가운데 대부분을 노인들이 차지하고 있다. 이에 대해서는 YTN 라디오, 김우성의 생생경제, 2016년 1월 21일자. http://radio.ytn.co.kr/program/?f=2&id=40813&s_mcd=0206&s_hcd=15

다. 그동안 노동을 통해서 안정된 일자리를 가지고 있던 노동자들이 노동법의 개
정을 통해 해고의 자유, 임금피크제도입, 비정규직의 증가 등으로 인하여 더 이상
안정된 지위를 향유할 수 없게 된다. 이에 따라 해고되거나 퇴직한 직장인들이
도시에서 자영업을 시작하려고 하지만 이미 대기업이 골목상권까지 진출하여 있
는데다 자영업자들끼리 무한경쟁을 하여야 하기 때문에 살아남기 어려운 구조가
되어 있다. 동네 슈퍼마켓이 문을 닫고 치킨집이 들어섰다가 오래가지 못하는 현
상은 그러한 구조하에서 비롯된 것이다. 그 밖에도 서민들은 전월세 대란 등 주
택문제, 교육문제 등 각종 문제로 고통을 받고 있다. 이들은 언제 빈곤의 나락으
로 떨어질지 모른다. 절대적 빈곤에 시달리는 기초생활 수급자 외에도 출산, 양
육, 실업, 노령, 장애, 질병 등 각종 사회적 위험에 처할 수 있고 이러한 위험에
의하여 빈곤에 빠질 수도 있다.

이하에서는 한국사회 전반의 빈곤문제를 살펴보고 그에 대한 행정법적 대응
과 과제를 검토해보기로 한다.

II. 현행법상 빈곤 개념의 빈곤

1. 빈곤 개념의 정의규정

법령 전체를 살펴볼 때 빈곤이라는 개념을 적극적으로 정의하는 경우를 찾
아보기 힘들다. 법령에서 빈곤이라는 개념을 사용한 것은 1954년 제정된 형사소
송법 제487조의 소송비용의 집행면제신청에서 발견할 수 있다.3) 그리고 1998년
제정된 대법원규칙인 가정보호심판규칙 제13조와4) 2014년 제정된 아동보호심판

---

3) 형사소송법 제정 1954. 9. 23[법률 제341호, 시행 1954. 5. 30] 제487조(소송비용의 집행면
제의 신청) 소송비용부담의 재판을 받은 자가 빈곤하여 이를 완납할 수 없는 때에는 그
재판의 확정후 10일 이내에 재판을 선고한 법원에 소송비용의 전부 또는 일부에 대한 재
판의 집행면제를 신청할 수 있다.
4) 가정보호심판규칙 제정 1998. 6. 20[대법원규칙 제1548호, 시행 1998. 7. 1.] 제13조(범죄
사실등의 고지) 판사는 가정보호사건을 접수한 때에는 행위자에게 다음 각호의 사항을
서면으로 고지하여야 한다. 다만, 법 제12조의 규정에 의하여 송치된 가정보호사건에 있
어서는 행위자의 범죄사실은 이를 고지하지 아니할 수 있다.
  1. 행위자의 범죄사실
  2. 행위자는 변호사 기타 판사의 허가를 받은 사람을 보조인으로 선임할 수 있고, 빈곤
    기타 사유로 변호사를 보조인으로 선임할 수 없는 때에는 그 사유를 명시하여 국선보
    조인의 선임을 청구할 수 있다는 것

규칙 제13조, 2011년 개정된 해양사고의 조사 및 심판에 관한 법률 제30조, 소년법 제17조의2, 인신보호법 제12조, 아동학대범죄의 처벌 등에 관한 특례법 제49조 등에서 국선변호인이나 국선보조인, 국선심판변론인 등의 선임 요건으로 빈곤을 규정하고 있고 그 밖에 형의 집행 및 수용자의 처우에 관한 법률 시행령 제99조는 법률구조지원에 대하여 규정하고 있다. 이들 규정은 주로 소송 등의 절차나 형의 집행절차 등과 관련하여 소송비용집행면제나 국선변호인 선임, 법률구조지원 등과 관련하여 빈곤을 요건을 하고 있으나 빈곤을 적극적으로 정의하고 있지는 않다.

무엇보다도 빈곤에 대한 인식이 달라지고 있음을 발견할 수 있는 것은 2012년에 전면 개정된 사회보장기본법이다. 2012년에야 비로소 사회보장기본법은 출산, 양육과 함께 빈곤을 사회적 위험으로 인정하여 보호의 대상으로 하고 있다.[5] 그러나 여기서도 빈곤의 개념에 대해서 적극적으로 정의하고 있지는 않고 다만 공공부조에 대해서 규정하면서 생활 유지 능력이 없거나 생활이 어려운 국민의 최저생활을 보장하고 자립을 지원하는 제도라고 개념정의하고 있다.[6]

노인빈곤에 대해서는 2014년 제정된 기초연금법 제9조 기초연금액의 적정성 평가와 관련하여 노인빈곤 실태조사를 하도록 규정하고 있을 뿐 노인빈곤의 개념에 대해서는 정의하고 있지 않다.

빈곤과 관련하여 적극적으로 개념정의를 하고 있는 경우는 아동빈곤과 관련하여 2011년에 제정된 아동의 빈곤예방 및 지원 등에 관한 법률(약칭 : 아동빈곤예

---

5) 2012년 전면 개정되기 전의 사회보장기본법 제3조 제1호는 "사회보장"이란 질병, 장애, 노령, 실업, 사망 등의 사회적 위험으로부터 모든 국민을 보호하고 빈곤을 해소하며 국민 생활의 질을 향상시키기 위하여 제공되는 사회보험, 공공부조, 사회복지서비스 및 관련 복지제도를 말한다고 하여 사회적 위험을 질병, 장애, 노령, 실업, 사망 등으로 제한하고 있었고 다만 그러한 사회적 위험에 처한 국민에 대하여 빈곤을 해소하고 생활의 질을 향상시키는 것을 언급하였으나 2012년에 전면 개정된 사회보장기본법은 출산, 양육, 빈곤을 사회적 위험으로 추가하여 보호하고 기존의 '사회복지서비스 및 관련복지제도'를 '사회서비스'로 포괄하여 확대하고 있다. 현행 사회보장기본법 제3조(정의) 제1호는 다음과 같이 규정하고 있다.
  1. "사회보장"이란 출산, 양육, 실업, 노령, 장애, 질병, 빈곤 및 사망 등의 사회적 위험으로부터 모든 국민을 보호하고 국민 삶의 질을 향상시키는 데 필요한 소득·서비스를 보장하는 사회보험, 공공부조, 사회서비스를 말한다.
6) 사회보장기본법 제3조 제3호에서 다음과 같이 공공부조의 정의를 하고 있다: "공공부조(공공부조)란 국가와 지방자치단체의 책임하에 생활 유지 능력이 없거나 생활이 어려운 국민의 최저생활을 보장하고 자립을 지원하는 제도를 말한다.

방법)에서 발견할 수 있다. 동법 제3조 제2호에 따르면 "아동빈곤"이란 아동이 일상적인 생활여건과 자원이 결핍하여 사회적·경제적·문화적 불이익을 받는 빈곤한 상태를 말한다. 동법 제3조 제3호에 따르면 "빈곤아동"이란 생활여건과 자원의 결핍으로 인한 복지·교육·문화 등의 격차를 해소하기 위하여 지원이 필요한 아동을 말하며, 그 구체적인 기준은 보건복지부령으로 정하도록 규정하고 있다.[7]

그 밖에 빈곤에 대해서 적극적으로 규정하고 있지는 않으나 빈곤과 가장 밀접한 관련이 있는 법으로서 국민기초생활보장법을 들 수 있다. 동법은 생활이 어려운 사람에게 필요한 급여를 실시하여 이들의 최저생활을 보장하고 자활을 돕는 것을 목적으로 하고 있다.[8] 그러나 동법은 적극적으로 빈곤에 대한 개념규정을 하고 있지는 않고 다만 '생활이 어려운 사람'이라는 막연한 개념을 사용하고 있을 뿐이다. 동법은 무엇보다도 최저생활을 보장하되 자활을 돕는 것을 목적으로 하고 있고 보충성의 원칙에 따를 뿐만 아니라 부양의무자의 부양을 우선으로 하고 있어 부양의무자가 있는 경우 급여대상에서 제외될 가능성도 있다.[9]

2. 빈곤의 기준설정

(1) 생활이 어려운 사람 및 기초생활보장의 의미

국민기초생활보장법은 생활이 어려운 사람에게 필요한 급여를 실시하여 최저생활을 보장하고 자활을 돕는 것을 목적으로 하고 있다.

동법의 법령명에 있는 '기초생활보장'이 과연 무엇인지, '생활이 어려운 사람', '최저생활보장'이 무엇을 의미하는지 다소 모호하다.

헌법 제10조 인간의 존엄성, 헌법 제34조 인간다운 생활이 기준이 되어야 한다. 그렇다면 '기초생활보장'이라고 하는 것은 인간의 존엄성이 침해되지 않는 정

---

7) 기타 아동복지법 참조.
8) 국민기초생활 보장법 제1조(목적) 이 법은 <u>생활이 어려운 사람</u>에게 필요한 급여를 실시하여 이들의 최저생활을 보장하고 자활을 돕는 것을 목적으로 한다.
9) 국민기초생활 보장법 제3조(급여의 기본원칙)
   ① 이 법에 따른 급여는 <u>수급자가 자신의 생활의 유지·향상을 위하여 그의 소득, 재산, 근로능력 등을 활용하여 최대한 노력하는 것</u>을 전제로 이를 <u>보충·발전시키는 것</u>을 기본원칙으로 한다.
   ② <u>부양의무자의 부양과 다른 법령에 따른 보호</u>는 이 법에 따른 급여에 우선하여 행하여지는 것으로 한다. 다만, 다른 법령에 따른 보호의 수준이 이 법에서 정하는 수준에 이르지 아니하는 경우에는 나머지 부분에 관하여 이 법에 따른 급여를 받을 권리를 잃지 아니한다.

도의 생활을 보장하는 것이며 인간다운 생활을 할 수 있도록 보장하는 것을 의미
한다고 보아야 한다.[10]

위와 같은 취지에서 보면, '생활이 어려운 사람'이라고 하는 것은 기초생활
이 어려운 사람, 즉 인간의 존엄성과 인간다운 생활이 보장되지 않는 사람을 의
미한다고 보아야 한다.

이에 따르면 위에서 '최저생활보장'이 의미하는 것은 인간의 존엄성과 인간
다운 생활이 보장될 수 있는 최저의 수준을 보장하는 것을 의미할 것이다.

국민기초생활보장법은 그러한 최저의 수준을 최저생계비와 최저보장수준이
라는 기준에 따라 결정하고 있다. 그러므로 최저생계비와 최저보장수준은 인간
존엄성과 인간다운 생활을 보장할 수 있는 정도로서 최소한도의 수준이 되어야
한다. 이는 비례의 원칙상 과소금지의 기준에 따라야 한다.[11]

(2) 최저생계비 및 최저보장수준의 결정

국민기초생활보장법은 국민의 건강하고 문화적인 생활을 유지하기 위하여
필요한 수준으로 최저생계비와 최저보장수준이라는 기준을 두고 있다.[12]

최저생계비란 국민이 건강하고 문화적인 생활을 유지하기 위하여 필요한 최
소한의 비용으로서 제20조의2 제4항에 따라 보건복지부장관이 계측하는 금액을
말한다.

"최저보장수준"이란 국민의 소득·지출 수준과 수급권자의 가구 유형 등 생
활실태, 물가상승률 등을 고려하여 국민기초생활 보장법 제6조에 따라 급여의 종
류별로 공표하는 금액이나 보장수준을 말한다.[13]

---

10) 이는 국민기초생활보장법은 기본적으로 국적을 가진 국민을 위한 것이기 때문에 외국인
에 대해서는 특례가 필요하다. 그러한 특례가 바로 동법

11) 급부권의 경우 비례원칙은 과소금지의 원칙으로 구체화된다. 이준일, 헌법학강의, 홍문
사, 2005, 351면 참조.

12) 제4조(급여의 기준 등)
① 이 법에 따른 급여는 건강하고 문화적인 최저생활을 유지할 수 있는 것이어야 한다.
② 이 법에 따른 급여의 기준은 수급자의 연령, 가구 규모, 거주지역, 그 밖의 생활여건
등을 고려하여 급여의 종류별로 보건복지부장관이 정하거나 급여를 지급하는 중앙행정기
관의 장(이하 "소관 중앙행정기관의 장"이라 한다)이 보건복지부장관과 협의하여 정한다.

13) 국민기초생활 보장법 제2조(정의)이 법에서 사용하는 용어의 뜻은 다음과 같다. 〈개정
2014. 12. 30〉
1. "수급권자"란 이 법에 따른 급여를 받을 수 있는 자격을 가진 사람을 말한다.

3. 빈곤의 유형

빈곤의 유형은 전통적으로 절대적 빈곤과 상대적 빈곤으로 대별해 볼 수 있으나 그 밖에도 도시빈곤, 노인빈곤, 아동빈곤, 장애인빈곤, 여성빈곤, 청년빈곤, 농어촌빈곤, 주거빈곤, 의료빈곤 등 다양한 빈곤유형이 있을 수 있다. 최근에는 비정규직 등 신빈곤층이 증가하고 있음이 특징적이다.

Ⅲ. 한국사회 빈곤현황

우리나라는 1960년대 이래 고속성장을 통하여 빈곤이 축소되어 왔으나 1990년 초부터 사회경제적 취약계층인 노인, 장애인, 근로능력미약자 등을 중심으로 다시 빈곤이 확대되었다. 1997년 외환위기 이후에는 비정규직 및 비 임금 근로자 등 고용취약계층과 일하여도 빈곤한 근로빈곤계층이 새로이 형성되었다. 빈곤위험성향의 인구계층에 해당하는 조기퇴직자, 한 부모세대, 사고와 질병 등에 의한 장애인 등 빈곤위험 인구수도 지속적으로 증가하고 있다.14) 2,000년도에 국민기초생활보장제도가 도입되었으나 수급자 규모를 140만 명 내외 수준에 묶어 둠으로써 대규모의 복지사각지대가 제도적으로 유지되어 왔다. 소득빈곤계층 개념을 절대소득 빈곤계층과 빈곤위험계층으로 구분할 경우 절대빈곤계층이 455만 명이고, 빈곤위험계층은 700만 명에 달한다.15)

---

6. "최저보장수준"이란 국민의 소득·지출 수준과 수급권자의 가구 유형 등 생활실태, 물가상승률 등을 고려하여 제6조에 따라 급여의 종류별로 공표하는 금액이나 보장수준을 말한다.
7. "최저생계비"란 국민이 건강하고 문화적인 생활을 유지하기 위하여 필요한 최소한의 비용으로서 제20조의2 제4항에 따라 보건복지부장관이 계측하는 금액을 말한다
9. "소득인정액"이란 보장기관이 급여의 결정 및 실시 등에 사용하기 위하여 산출한 개별가구의 소득평가액과 재산의 소득환산액을 합산한 금액을 말한다.
14) 노인 중 74%가 빈곤층, 여성은 32%, 한부모 가정은 18%가 빈곤층이라는 조사결과가 있다. 이에 대해서는 YTN 라디오, 김우성의 생생경제, 2016년 1월 21일자.
15) 절대빈곤계층의 경우 가처분소득기준 절대빈곤률 9.1%. 상대빈곤계층의 경우 가처분소득기준 상대빈곤률 14.0%에 해당한다. '절대소득 빈곤계층'은 최저생계비 이하의 소득가구들에 속한 사람들이다. 2013년 기준 최저생계비는 1인 가구 57만원, 4인 가구 155만원이다. '빈곤위험계층'은 균등화 중위소득 60% 이하의 사람들이다(EU의 정의). 한편 보건복지사회부는 중위소득의 50%(1인 가구 90만원, 4인 가구 192만원) 이하의 소득가구를 '잠재빈곤계층'으로 구분하고 있다. 이 밖에도 한국사회의 빈곤과 관련한 자세한 내용에

[표] 수급 및 비수급 빈곤계층 규모

	인구 중 비중(%)	인구수(만 명)	비고
절대빈곤수급자	2.7	135	보건복지부 통계
절대빈곤비수급자	6.4	320	
절대빈곤계층(사각지대)	9.1	455	개인, 가처분소득기준
차상위수급자	1.7	83	보건복지부 발표
빈곤위험계층(사각지대)	14.0	700	개인, 가처분소득기준

* (사)참누리 : 빈곤없는 사회 홈페이지. http://www.poverty.or.kr/sub02/02_5.php.

빈곤으로 내몰리는 이유는 다양하다. 무엇보다도 도시에서의 빈곤문제를 살펴보면 도시는 갈수록 화려해지고 부유해지는 이면에 빈곤으로 내몰리는 이들이 존재한다. 청계천 복원사업으로 청계천에 쫓겨난 상인들, 재개발과 재건축으로 쫓겨나는 철거민들, 단속으로 쫓겨나는 노점상들, 임대인의 횡포로 쫓겨난 임차인들, 건물주의 이윤추구로 인해 쫓겨나는 쪽방주민들, 거리에서 쫓겨나는 홈리스 등 빈곤을 양산해 내는 것은 빈민 개인의 문제라기보다는 신자유주의적 도시 공간의 재구성과 관련된 사회구조적인 문제에 연유하고 있다.16)

IV. 빈곤에 대한 행정법적 대응

1. 빈곤에 대한 행정법적 대응의 빈곤

빈곤에 대해서 한국 행정법학은 사실상 무관심하다고 할 정도로 그다지 많은 관심을 기울이지 않았다. 굳이 말하자면 행정법의 한 분야로서 사회보장행정법 영역에서 상당한 진전을 보이기는 하였으나 그에 대해 기여한 것은 공법의 한 분파로서 행정법학 전공자라기보다는 공법과 사법의 중간영역으로 분류되는 사회법, 그 가운데서도 사회보장법 전공자들의 역할이 컸다.17)

오히려 행정법학자들은 그동안 많은 노력에도 불구하고 질서행정의 사고에서 출발하여 과거에 행정대집행법에 의한 빈민들의 불법가옥에 대한 철거나 이른

대해서는 (사)참누리 : 빈곤없는 사회 홈페이지를 참조할 것. http://www.poverty.or.kr/sub02/02_5.php.

16) 2015 반빈곤 권리장전_최종보고서, 2015.6.26-2015.7.10.

17) 물론 최근에는 행정법전공자들 가운데서도 점차 사회보장행정법에 관심을 가지는 것을 볼 수 있다. 그러한 경향이 학위논문으로도 반영되고 있다. 예컨대, 김승미, 사회보장행정법상의 공공부조수급권에 관한 연구, 고려대학교 박사학위논문, 2012년 8월 참조.

바 토지수용법에 의한 소액보상 또는 무보상 강제수용 등을 용인하였고 그에 항거하는 집회시위에 대해서는 집시법에 의한 집회시위의 자유 제한을 눈감아주는 등 한국사회의 빈곤을 조장한 측면도 없지 않았다.[18]

그러나 행정이 침해행정에서 급부행정으로 변화하고 사회국가원리가 수용되면서 행정법에서도 일정한 변화가 감지되고 있다.

2. 침해행정으로부터 급부행정으로의 변화

종래 국가 또는 행정의 역할이 질서행정 또는 침해행정의 사고에서 벗어나 급부행정으로 변화함에 따라 빈곤문제 대응과 관련하여 행정유형에 따른 기초가 마련되었다. 급부행정(Leistungsverwaltung)은 개인에 대하여 사회부조, 장학금 등의 지원을 하거나 교통이나 전기, 가스 등 공급, 유치원, 학교, 병원 등 공공시설을 설치함으로써 시민들의 생활조건을 보장하고 개선하는 행정을 말한다.[19]

3. 사회국가원리의 수용

(1) 행정법학과 사회국가원리

무엇보다도 빈곤에 대하여 관심을 가지게 되는 것은 사회국가의 원리를 헌법원리로서 인정한 것과 밀접한 관련이 있다. 사회국가원리는 무엇보다도 사회적 약자에 대한 보호와 사회정의를 실현하는 것을 목적으로 하는 국가이기 때문이다. 그러나 한편으로 사회국가원리는 자본주의 국가에서 사회불만계층으로서 잠재적인 체제위협이 될 수 있는 빈곤층, 사회취약계층의 최저생활을 보장함으로써 자본주의 체제의 붕괴를 방지하는 효과를 가진다고 할 수 있다. 우리 헌법학자들은 대부분 사회국가원리를 헌법원리로서 인정하고 있는 듯하다.[20]

---

18) 과거 행정법학에 있어서 어두운 모습이 여전히 남아있긴 하지만 그동안 행정법학자들의 많은 노력이 있었다는 점은 긍정적으로 평가할 만하다. 예컨대, 토지공개념 제도나 행정절차법과 정보공개법의 제정, 행정법에 있어서도 기본권이 갖는 의미를 고려하여 법해석을 하는 경향이나 집시법상 신고의 의미가 실질적인 허가제로 운용되어서는 안 된다는 해석, 행정대집행법에서 비례의 원칙을 준수하도록 하는 시도, 토지수용 및 보상절차에서 국민의 권리구제, 생활보상의 근거를 헌법 제23조가 아니라 헌법 제34조로부터 직접 도출하고자 하는 시도(류지태, 생활보상논의의 비판적 검토, 감정평가연구 2005, 127면 이하) 등.

19) Vgl. Hartmut Maurer, Allgemeines Verwaltungsrecht, 18. Aufl., 2011, §1 Rn. 16.

20) 김학성, 헌법학원론, 피앤씨미디어, 2014, 230면 이하. 사회국가원리로 표현하지 않고 사회복지주의로 표현하는 경우도 있다. 이준일, 헌법학강의, 홍문사, 2005, 177면 이하.

대부분의 헌법학자들이 헌법원리로 인정하고 있는 사회국가원리에 대하여
한국 행정법학자들이 모두 긍정적으로 반응하고 있는 것은 아닌 것 같다. 오히려
한국 행정법학에서는 사회국가원리보다는 법치행정의 원리 또는 법치국가의 원
리를 주된 원리로 인정하고 있다. 이러한 것을 반영하여 한국의 행정법학 교과서
에서도 사회국가원리에 대해서 자세히 언급을 하고 있는 경우는 그리 많지 않고
주로 법치국가원리 또는 법치행정의 원리에 대해서 언급하고 있다.21) 사회국가의
원리에 대하여 비교적 상세히 서술하고 있는 교과서로는 김남진·김연태, 행정법 I
을 들 수 있다. 이에 따르면, 저자는 행정법이 헌법의 집행법이며 구체화된 헌법
(konkretisiertes Verfassung)으로서의 특성을 가진다는 점을 지적하고 헌법의 지도원
리로서 민주국가의 원리와 법치국가의 원리, 사회국가의 원리, 문화국가의 원리
등을 열거하고 있다.22)

이 가운데 사회국가란 자유주의 내지 시장경제원리로 인해 파생된 모순과
폐단을 시정하며, 더 나아가 모든 사람이 인간다운 생활을 할 수 있는 경제적·
사회적 정의를 적극적으로 실현하고자 하는 국가체제를 의미한다고 보고 있다.23)
그리하여 사회국가원리의 근거로서 헌법 제34조와 헌법 제119조 제2항을 위시한
경제헌법조항(제9장)을 들고 있다.

다른 행정법 교과서에서도 사회국가원리를 서술하고 있는데 예컨대, 사회국
가를 모든 국민에게 인간다운 생활을 할 수 있는 기본적 수요를 충족시켜 줌으로
써 실질적인 자유와 평등을 적극적으로 실현함을 지향하는 국가체제를 말한다고
하면서 헌법이 지향하는 사회국가는 실질적인 자유와 평등의 실현을 내용으로 하
고 국가의 각종 조치를 통하여 개인과 사회의 복지를 증대하는 것을 목표로 하는
개념이라고 서술하고 근거가 되는 헌법규정으로서 헌법 제34조와 제35조 제3항,

---

21) 사회국가원리를 직접 서술하고 있지 않으나 헌법을 구체화하는 법으로서 행정법이 헌
   법의 내용에 구속되는 점을 인정하면서 특히 법치국가원리와 민주주의원리를 주로 검
   토대상으로 하고 있는 예로서는 류지태·박종수, 행정법신론, 박영사, 2011, 38면과 49
   면 참조.
22) 김남진·김연태 공저, 행정법 I, 법문사, 제11판, 2007, 27면 이하 참조. 그 밖에도 여러
   교과서에서 사회국가원리에 대하여 열거하고 있다. 김철용, 행정법 I, 박영사, 2010, 26
   면 이하; 장태주, 행정법개론, 현암사, 2006, 33면 이하 등 참조.
23) 김남진·김연태, 행정법 I, 법문사, 제11판, 2007, 38면 참조. 김철용, 행정법 I, 박영사,
   2010, 26면에서는 사회국가는 모든 국민의 복리의 실현을 위하여, 구체적으로는 사회적
   보호·사회적 배려·사회적 평화를 위한 제 정책을 적극적으로 행할 것을 그 임무와 책
   임으로 하는 국가라고 한다.

제36조 제2항, 그 밖에 정의사회구현을 위한 사회적 기본권에 관한 규정, 경제민
주화를 위한 규제조정에 관한 규정(제119조 제2항)을 비롯한 경제에 관한 헌법조항
(제9장)을 들고 있다.[24]

우리와 달리 독일의 행정법학자들은 사회국가원리에 대하여 비교적 적극적
으로 견해를 서술하고 있는 것으로 보인다. 독일의 교과서들을 보면 예컨대, 한국
행정법학자들에게 독일행정법의 정평있는 교과서로 인식되고 있는 Maurer의 행
정법 교과서에서는 상당한 지면이 사회적 법치국가에서 행정의 문제에 할애되어
있다.[25] Erichsen의 행정법교과서에서도 민주주의원리와 연방국가원리, 법치국가
원리와 함께 그 밖의 원리로서 사회국가원리가 언급되어 있다.[26] 그 밖에 Faber
도 그의 행정법교과서에서 법치국가와 사회국가의 관계를 서술하고 있다.[27]
Schmidt-Assmann 역시 그가 공동 편저자로 참여한 방대한 행정법 저작에서 사회
국가원리가 행정법에 대하여 갖는 의미에 관하여 서술하고 있다.[28] 또한 2004년
"독일과 유럽의 사회국가(Der Sozialstaat in Deutschland und Europa)"라는 주제로 열
린 독일 국법학자대회에서는 사회국가의 행정법적 도구라는 주제가 발표되기도
하여[29] 사회국가원리가 행정법에서 갖는 의미에 대하여 독일에서는 더 구체적인
고민을 하고 있는 것으로 보인다.

(2) 사회국가원리의 한계와 사회적 약자 보호

사회국가원리는 사회적 약자(빈곤층을 포함한)를 배려하는 국가이다. 이는 시
민 또는 국민을 단지 신민(Untertan)으로 보는 복지국가에서의 사회취약계층에 대
한 배려와는 다르다.[30]

---

24) 장태주, 앞의 책, 33면 참조.
25) Hartmut Maurer, Allgemeines Verwaltungsrecht, 18. Aufl., 2011, §2 Rn. 6 f. und Rn. 13 ff., §8 Rn.4, 14.
26) Hans-Uwe Erichsen, Allgemeines Verwaltungsrecht, 10. Aufl., 1995, §4 Rn. 24.
27) Vgl. Heiko Faber, Verwaltungsrecht, Tuebingen 1995, §5 II, S. 31 ff.
28) Vgl. Hoffmann-Riem/Schmidt-Assmann/Vosskuhle, Grundlagen des Verwaltungsrechts, Band I, Muenchen 2006, §5 Rn. 98 ff.
29) Peter J. Tettinger, Verwaltungsrechtliche Instrumente des Sozialstaates, VVDStRL Band 64, 2004, S. 199 ff.; Jens-Peter Schneider, Verwaltungsrechtliche Instrumente des Sozial-staates, VVDStRL Band 64, 2004, S. 238 ff.
30) 독일에서 보수적인 이론가들조차도 '복지국가'라는 용어는 피하려고 한다는 점에 대해서는 국순옥, 민주주의 헌법론, 아카넷, 2015, 286면 각주 4)를 참조. Maurer도 "절대주의시

사회국가원리는 자본주의산업사회의 구조적 모순인 정치적 지배구조와 경제적 지배구조를 사회국가의 테두리 안에서 극복하려고 하는 시도라고 할 수 있다. 사회국가원리는 사회민주주의 계열 국가이론의 수정주의적 전통과 관련이 있다. 이러한 입장에 의할 때 국가는 사회의 자기조직으로서 사회개혁의 주체이기도 하며 의회민주주의 다수결제도를 통한 평화적인 사회개혁을 지향한다.[31]

그러므로 사회국가원리를 인간 생존의 가장 소박하고 기본적인 수요만을 충족시켜주는 급부행정 위주로 보아 자본주의 위기관리 체계의 테두리 안에서 보완적 분배기능을 맡는 사회정책적 급부행정을 지칭하는 의미내용으로 축소해서는 안 된다. 이렇게 보는 것은 사회국가의 이론적 전망을 좁은 시계 안에 가두어두는 것이라고 할 수 있다. 그렇게 되면 사회국가원리는 독일이 1860년대 노동운동의 급진화에 대한 예방적 방어조치로서 비스마르크가 시행했던 사회정책의 수준을 벗어날 수 없게 된다. 당시 비스마르크의 사회정책은 정치적 계산의 산물이었기 때문이다.[32]

(3) 사회국가의 변형과 보장국가 논의의 한계

종래 사회국가는 국가재원을 통하여 스스로 국민들의 급부를 제공하는 국가이고 필수적으로 조세국가와 결합할 수밖에 없다. 그러나 점차 사회국가는 세계화와 경기침체, 경제위기, 국가부채의 급증 등에 직면하여 어려움에 처하게 된다. 특히 경기침체, 고용불안, 비정규직, 실업의 증가는 고용과 사회보험, 조세에 근간하는 사회국가의 기반이 흔들리고 있다. 이러한 사회국가의 위기를 타파하기 위한 하나의 방편으로 이른바 보장국가(Gewaehrleistungsstaat)가 논의될 수 있다.

보장국가가 행하는 이른바 보장행정(Gewaehrleistungsverwaltung)은 국가가 시민에 대하여 스스로 급부를 제공하는 것이 아니라 타인, 특히 사경제에 의해서 급부가 제공되도록 하는 행정을 의미한다. 그러므로 국가 또는 행정이 스스로 급부를 제공하는 급부행정과 구별된다. 보장행정에서는 주로 민영화를 통하여 행해

대의 복지국가"라는 표현을 쓰고 있다. vgl. Hartmut Maurer, Allgemeines Verwaltungs-recht, 18. Aufl., 2011, §2 Rn. 6 f.

31) 국순옥, 민주주의 헌법론, 아카넷 2015, 288면 이하.

32) 이에 대해서는 국순옥, 앞의 책, 305면 참조.

지는 행정과제들이 문제된다. 이 경우 국가는 종래 스스로 행하던 생존배려 활동을 시장과 경쟁을 특징으로 하는 사경제에 맡기지만 그것이 주민을 위하여 필요할 경우에는 그러한 활동이 사기업에 의해서 적합한 방법으로 충분히 이행되도록 적절한 조치를 통하여 확보하여야 하기 때문에 그러한 한도에서 국가는 시장에 규제적으로 개입하여야 한다. 이 때문에 이를 규제행정법이라고도 한다.[33] 대개는 보장행정을 하는 국가를 일컬어 보장국가라고 하는데 우리의 경우에도 비교적 최근에 논의가 확대되고 있다. 보장국가는 구체적인 공익에 대한 책임을 지면서도 공익지향적인 목표의 달성을 독자적인 방식으로 추구하지 않고 다른 주체들, 특히 민간을 통한 달성에 무게를 두며 이를 위하여 필요한 기틀과 구조적 규범을 제공한다. 그러므로 보장국가는 민간과 책임을 분배하는 국가이며, 책임의 분배가 공익조화적인 방법으로 조화를 이룰 때에 한하여 기능할 수 있다.[34] 앞서 보았듯이 이러한 국가형태는 국가가 담당해왔던 임무를 사경제에 넘기는 민영화와 주로 관련되어 있다. 따라서 시장영역에서 경쟁을 하여야 하는 사기업에게 국가사무를 넘기고 필요한 경우 규제를 통하여 적정한 수준을 유지하는 것이 핵심적인 내용으로 보인다. 이것은 국가 또는 행정이 담당하는 사무가 관료주의 등의 이유로 인하여 효율성이 떨어진다는 것을 주된 이유로 하고 있다. 그러나 보장국가가 행하는 민영화와 규제전략이 반드시 성공한다는 보장은 없다. 민영화와 규제를 통한 개입은 성공사례와 실패사례가 병존한다. 전체적으로 보면 실패사례가 더 많을 수도 있다. 우선 국가사무가 민영화될 경우 사기업에 의한 이익추구를 제어하기가 매우 어려울 것으로 예측된다. 예컨대, 최근 논란이 있는 국민건강보험이나 병원 등의 의료민영화가 된다고 하면 병원은 불가피하게 이익을 추구할 수밖에 없을 것이고 결국 가격상승 때문에 가난한 서민들이 이용하기가 쉽지 않

---

33) Vgl. Hartmut Maurer, Allgemeines Verwaltungsrecht, 18. Aufl., 2011, §1 Rn. 16b.

34) 보장국가론의 전개와 의의에 관해서는 계인국, 보장행정의 작용형식으로서 규제 ― 보장국가의 구상과 규제의미의 한정 ―, 공법연구 제41집 제4호(2013. 6), 155면 이하; 김환학, 법률유보 ― 중요성설은 보장행정에서도 타당한가, 행정법연구 제40호(2014. 11), 1면 이하. 류지태, 통신행정상 사업자의 지위, 공법연구 제35집 제3호, 289면 이하; 김남진, 자본주의 4.0과 보장국가론, 법률신문. 2011. 10. 17.; 김현준, 공공갈등과 행정법학, 서강법학 제11권 제1호 261면 이하; 조태제, 공사협동 시대에 있어서의 보장국가, 보장행정 및 보장행정법의 전개, 한양법학 제23권 제2집, 273면 이하; 홍석한, 보장국가론의 전개와 헌법적 의의, 헌법학연구 제15권 제1호, 497면 이하; 박재윤, 독일공법상 국가임무론에 관한 연구, 서울대박사학위논문, 2010); 홍석한, 민영화에 따른 국가의 책임에 관한 독일에서의 논의, 조선대학교 법학논총 제17권 제3호, 2010 등을 참조할 것.

게 될 것이다. 이러한 상황에서 국가가 개입하여 가격규제를 지속적으로 할 수
있을 것인지는 의문이 들 수밖에 없다. 그리고 민영화나 공사협력을 통한 사업은
국가부채를 증가시킬 수 있다.[35] 이른바 보장행정 내지 보장국가는 그런 의미에
서 국민들의 생존에 필수적인 국가 또는 지방자치단체 사무의 민영화를 보장하기
위한 수단으로 전락할 가능성이 크다. 더구나 민영화논리가 규제완화의 경향과
맞물리게 되면 보장국가 또는 보장행정이 근거로 들었던 민영화와 규제를 통한
개입이라는 본래 의도는 달성될 수 없게 된다. 의료민영화뿐만 아니라 최근에 문
제되고 있는 물민영화, 철도민영화 등 모든 민영화와 관련된 영역에서 보장행정
내지 보장국가는 그 목적을 달성하기가 쉽지 않을 것으로 판단된다. 사회국가의
변형이라고 할 수 있는 보장국가가 규제전략에서 성공을 보장하지 못한다면 오히
려 가격상승 등의 요인으로 인하여 민영화된 영역에 대한 대중들의 접근이 제한
될 수 있고 이 때문에 사회적 약자, 특히 빈곤층의 빈곤탈출을 돕기보다는 빈곤
층의 고통이 더욱 가중되고 양극화가 심화될 수 있다.

4. 생존배려 개념의 도입

(1) 생존배려의 개념

　　생존배려(Daseinsvorsorge)의 개념이 행정법학에 들어오게 된 계기는 1938년
E. Forsthoff의 저작에서였다. 생존배려는 원래 급부행정의 부분영역에 속하는 것이
었다. Forsthoff는 처음에 생존배려개념을 생존에 필수적인 재화 및 급부의 제공 즉,
전기나 물, 교통수단 등의 제공에 제한하였으나 나중에는 경제, 사회, 문화영역에
서 의미있는 인간 생존(Dasein)을 위해 필수적인 재화 및 급부로 확대하였다.[36]

　　생존배려개념이 법적 개념인지에 대하여는 다투어지고 있다. 독일에서 지배
적인 견해는 생존배려개념으로부터 시민의 급부청구권과 같은 일정한 법률효과
가 도출될 수 있는 개념으로 보지 않고 오히려 사회적 법치국가에서 국가의 본질
적인 과제를 일컫는 것으로 보고 있다. 즉 일차적으로는 상응하는 급부를 제공해
야하는 행정의 과제이고 또 그에 상응하는 법령을 제정해야 하는 입법자의 과제
의 문제라고 한다. 생존배려가 법률규정의 구성요건으로서 등장할 때 비로소 그

---

35) 이에 대해서는 vgl. Werner Rügemer, Privatisierung in Deutschland: Eine Bilanz. Von der
　　Treuhand zu Public Private Partnership, Westfaelische Dampfboot, 2008.
36) Hartmut Maurer, a.a.O., §1 Rn. 16a.

것이 법적인 의미를 갖는다고 한다.[37]

(2) 생존배려개념과 사회국가원리

Forsthoff가 생존배려개념을 행정법에 도입한 것은 종전의 O. Mayer의 개념법학적인 초기 행정법의 한계를 넘어선 공로는 있지만 사회국가원리와는 오히려 무관한 것이었다. Forsthoff는 대표적인 나치법학자로서 구 독일제국의 환상에 사로잡혀 강력한 질서를 가진 국가에 의한 일방적인 국민에 대한 서비스제공으로서 생존배려를 구상하였다. 다만 본 기본법 이후에는 그와는 상관없이 사회국가와 사회시장경제에 의하여 변화하였다.[38]

Forsthoff 스스로 사회국가원리에 대한 거리두기를 하고 있기 때문에 그의 생존배려개념이 곧바로 사회국가원리와 결부되는 것은 아니다. Forsthoff에게 있어서 헌법구성의 최고원리는 법치국가이며 사회적 법치국가의 정식은 그 자체로서 법논리적으로 공허한 것이 된다. 그에 따르면, 법치국가는 전통적으로 조세국가이며 또한 분배국가이기 때문이다. 그리하여 그는 자유주의적 법치국가의 사회국가로의 전환을 차단하려고 하나 이것은 용이한 것이 아니다. 결국 생존배려개념을 통하여 자유주의적 법치국가의 사회국가로의 전환을 일정한 테두리에서 용인하되 사회국가의 사회민주화 효과는 저지하고자 한다. 그리하여 법치국가와 사회국가 사이에는 헌법차원의 구조적 모순이 있음을 지적하면서 사회국가를 헌법이론적 문제영역으로부터 분리하여 행정기술적 차원으로 끌어내리려 하였다.[39]

(3) 빈곤과 생존배려

생존에 필수적인 재화 및 급부의 제공, 즉 전기나 물, 교통수단 등의 제공에 제한하였으나 나중에는 경제, 사회, 문화영역에서 의미있는 인간 생존(Dasein)을 위해 필수적인 재화 및 급부로 확대하여 넓은 의미로 이해하게 되면 빈곤과 대응하여 필수적인 재화를 공급하는 것은 생존배려의 개념에 포함될 수 있을 것이다. 예컨대, 주택이나 의료 등 공급 등. 그러한 생존배려와 관련된 재화의 공급

---

37) Hartmut Maurer, a.a.O., §1 Rn. 16a.
38) 길준규, 포르스트호프의 생애와 생존배려사상 — 한 나치스법학자의 생애와 사상 —, 공법연구 제37집 제4호(2009. 6), 257면 이하 참조.
39) 이러한 점에 대해서는 국순옥, 앞의 책, 308면 이하 참조.

에 대해서는 가격을 제한하거나 공급과 수요를 조절할 수 있는 개입가능성이 있게 된다.

5. 사회보장행정법의 역할

(1) 사회보장기본법의 제정

사회보장기본법이 2012년 기존의 사회적 위험 개념에서 빠져있던 빈곤을 새로이 사회적 위험개념에 추가함으로써 빈곤에 대한 인식을 새로이 하였다는 점에서 인식의 전환을 반영하고 있다. 그러나 빈곤에 대한 개념의 정의나 빈곤에 대한 구체적인 보장내용을 직접 규정하기보다는 공공부조의 대상으로서 포함하고 있을 뿐이다.

(2) 국민기초생활보장법
1) 2014년 12월 30일의 국민기초생활 보장법 일부개정

2000년 10월 종합적인 빈곤대책으로「국민기초생활 보장법」이 시행된 이후, 생활이 어려운 사람에게 최저생계를 보장함으로써 빈곤을 완화하고 자립을 지원해 왔으나, 소득인정액이 최저생계비 이하인 경우에는 각종 급여가 지급되는 반면, 탈수급의 경우 지원이 전무한 상황이 발생하는 등 사각지대가 발생하고 탈수급을 저해하는 문제가 발생하였다. 그동안 몇 차례 개정을 하였으나 근본적인 개혁이 되지 못하였다. 2014년 개정은 기초생활보장제도를 효과적이고 효율적인 맞춤형 빈곤정책으로 전환하여 지원대상을 확대하고 일할수록 유리한 급여체계를 마련함으로써 탈수급 유인을 촉진하고 빈곤예방기능을 강화하는 한편, 현행 제도의 운영상 나타난 미비점을 전반적으로 개선·보완하려는 취지를 가지고 있으나 여전히 문제는 남아있다.

2014년 개정에서는 맞춤형 급여체계 개편을 위하여 최저보장수준과 기준 중위소득을 정의하였고(제2조 제6호 및 제11호 신설) 급여의 종류별로 보건복지부장관 또는 소관 중앙행정기관의 장이 급여의 기준을 정하도록 하였으며 기준 중위소득과 소득인정액의 산정 방식을 법률에 명시하였다(제6조의2 및 제6조의3 신설). 또한 생계급여 수급권자는 부양의무자가 없거나, 부양의무자가 있어도 부양능력이 없거나 부양을 받을 수 없는 사람으로서 그 소득인정액이 중앙생활보장위원회 심의·의결을 거쳐 결정하는 금액 이하인 사람으로 하되, 생계급여 선정기준을 기준 중위소득의 100분의 30 이상으로 하고, 생계급여 최저보장수준은 생계급여와 소득인정액을 포함하여 생계급여 선정기준 이상이 되도록 하였다(제8조). 그리고 부양의무자가 있어도 부양능력이 없거나 부양을 받을 수 없는 경우의 구체적인 기준을 법률에 명시하였다(제8조의2 신설).

2) 기초생활보장법 시행령 개정안

지난 2015년 12월 31일 보건복지부는 기초생활보장법 시행령 개정안을 최종 공포했다. 개정안은 자활사업 참여 수급자의 자활소득에 대한 30% 공제를 없애고 EITC(근로장려금)로 통합하는 것과 수급(권)자의 5년간 처분재산에 대한 조사를 하는 것을 내용으로 하고 있다. 개정안이 시행되면 근로능력이 있는 빈곤층을 기초 생활보장제도에서 밀어내고 신규수급을 가로막게 될 가능성이 크다. 특히 자활사업 수급자의 자활소득에 대한 30% 공제를 없애는 것은 오히려 근로를 함으로써 더욱 빈곤에 떨어지는 결과를 초래할 수 있을 것이다.

3) 사회보장수급권의 문제

종래 생활보호법을 「국민기초생활보장법」으로 법의 명칭을 변경한 것은 법의 성격이 바뀌었음을 의미하기도 한다. 이는 시혜적인 차원에 머물고 있던 생활보호를 국가가 책임져야 할 최소한의 의무인 동시에, 국민의 권리로 자리매김한 것이다. 따라서 법의 내용 중 보호, 피보호자 등의 시혜적 성격의 문구를, 보장, 수급자 등의 권리적 성격을 지닌 문구로 변경하였다. 사회보장수급권자의 지위를 수혜자로부터 권리자로 인정한 것이다.

사회보장수급권은 국민기초생활보장법에서 법률을 통해 공식적으로 권리로서 인정되지만 다른 한편으로는 행정법을 사회보장수급권이라는 개인적인 권리관계로 축소하는 측면도 있다.[40]

4) 빈곤의 사각지대

최저생계비나 최저보장수준을 결정함에 있어서 물가수준이나 임금수준 등을 제대로 고려하지 않는 문제, 그리고 국민기초생활보장법 등 법령상 엄격한 요건을 적용하는 등으로 인하여 빈곤의 사각지대가 발생하고 있다.

기초생활보장제도에서 사실상 최저생계비 이하의 '절대빈곤'에 있거나 중위소득 50% 이하의 '빈곤위험'에 있어도 현실과 크게 괴리된 수급자격기준이 비현

---

40) Vgl. Heiko Faber, Verwaltungsrecht, Tuebingen 1995, §5Ⅱ, S. 34.

실적·방어적으로 설정되어 있어 제도적으로 선정에서 배제되는 경우도 있다. 이밖에도 급여의 수급요건(benefit eligibility)은 갖추었지만 복잡한 서류와 절차로서 예를 들면 가족관계 단절 증명요구, 부양의무자의 금융정보 등 개인정보수집동의서 징구 등 높은 신청비용, 수급자격에 대한 정보부족, 행정착오 등에 기인하여 신청을 못한 자들이 발생하거나 낙인에 대한 두려움, 수혜거부 등으로 자발적으로 신청하지 않는 경우도 있다.41)

기초생활보장제도는 까다로운 선정기준으로 인한 빈곤 사각지대 발생, 낮은 보장수준 등의 취약점을 가지고 있다. 기초생활보장법 개정안은 빈곤문제 해결에 턱없이 부족할 뿐만 아니라 기초생활보장법의 기본 원리를 해체할 수 있다. '맞춤형 복지'라는 미명 아래 기초생활보장제도가 훼손되지 않아야 한다. 또한 기준 중위소득을 비롯한 기초생활보장제도의 내용을 결정하는 '중앙생활보장위원회'에는 여전히 수급 당사자가 참여할 수 있는 기회가 주어져 있지 않다. 기초생활보장제도 운영에 있어서 수급당사자들을 배제하는 비민주적인 운영방식을 취하고 있다.42)

(3) 아동빈곤예방법

최근 부모의 가출·이혼·별거·질병 및 사망 등에 따른 가족해체로 빈곤상황에 놓이는 아동이 급격하게 증가하고 있음에도 아동복지정책은 아동의 빈곤문제를 해결하지 못하고 있다. 이에 따라 경제적·사회적·문화적·정서적으로 빈곤상태에 있는 아동을 위하여 국가가 아동빈곤위원회를 설치하여 기본계획과 추진전략을 수립하며 통합적인 사회복지지원체계를 마련함으로써 모든 아동이 사회의 구성원으로 건강하게 자랄 수 있도록 법적·제도적 기반을 마련하기 위하여 2011년 7월 14일 아동의 빈곤예방 및 지원 등에 관한 법률이 제정되었다. 이에 국가 및 지방자치단체는 빈곤아동정책의 수행에 필요한 법적·제도적 장치를 마련하고 업무수행에 필요한 재원을 안정적으로 확보하기 위한 시책을 수립·시행하도록 하였고 보건복지부장관은 실태조사를 하여 빈곤아동의 복지·교육·문화지원 정책의 기본 방향 등이 포함된 기본계획을 5년마다 수립하도록 하고, 보건복지부장관, 관계 중앙행정기관의 장, 시·도지사 및 시·도교육감은 기본계획에

---

41) (사)참누리 : 빈곤없는 사회 홈페이지 참조. http://www.poverty.or.kr/sub02/02_5.php
42) 빈곤사회연대 홈페이지. http://antipoor.jinbo.net/zbxe/index.php?document_srl=1147332

따라 연도별 시행계획을 각각 수립·시행하도록 하는 등 종합적인 빈곤아동정책을 수립하고 관계기관 간의 연계·조정과 상호협력을 위하여 아동정책조정위원회의 분과위원회로 아동빈곤예방위원회를 두고, 특별시·광역시·도·특별자치도 및 시군구에 지역아동빈곤예방위원회를 두도록 하고 있다.

(4) 기초연금법

기초노령연금법을 폐지하고 2014년 5월 20일 제정한 기초연금법은 국가재정의 지속가능성을 확보하면서 노인세대를 위한 안정적인 공적연금제도를 마련하여 65세 이상의 노인 중 소득기반이 취약한 70퍼센트의 노인에게 기초연금을 지급함으로써 노인 빈곤 문제를 해소하고 노인의 생활안정과 복지 증진에 기여하려는 취지로 제정되었으나 노인빈곤의 문제를 해결하기에는 역부족이다.[43]

노인 세대의 빈곤률은 상당히 높다. 한 조사에 따르면, 노인 세대의 상대빈곤율은 74%, 절대빈곤률은 30% 이상이다. 최저생계비 미만으로 살아가는 노인이 1/3에 해당한다. 이를 타파하기 위해 도입된 기초연금이 기초생활수급을 받는 수급자 노인들에게 지급되지 않는다는 점에서 문제가 있다. 이러한 제한을 삭제하는 것이 바람직하다.[44]

지난 2015년 11월 25일, 26일 국회 보건복지위원회가 '줬다뺏는 기초연금' 해결을 담고 있는 「국민기초생활보장법」 개정안을 심의했다. 정의당 박원석, 새정치민주연합 이목희 국회의원이 각각 대표발의한 이 법안은 기초생활보장 소득인정액 계산에서 기초연금을 실질소득에서 제외하는 내용을 담고 있다. 이 개정안은 기초생활보장 수급 노인들이 기초연금을 받았다가 동일 금액을 기초생활보장 생계급여에서 삭감되는 것을 방지하기 위한 것이다. 그러나 소관부처인 보건

---

43) 기초연금법은 기초연금을 받을 수 있는 수급권자를 65세 이상인 사람으로서 소득과 재산을 환산한 소득인정액이 보건복지부장관이 정하여 고시하는 금액 이하인 사람으로 하되, 기초연금을 받는 사람이 전체 65세 이상인 사람 중 100분의 70 수준이 되도록 하고 있다. 다만 공무원연금, 군인연금, 사립학교교직원연금, 별정우체국 직원 연금 등 개별 법률에 따른 직역연금 등을 받고 있는 사람 등에 대해서는 기초연금 수급권자에서 제외하되, 소득인정액이 기초연금 수급권자 선정 대상에 해당하고 이 법 시행일 현재 65세 이상인 사람에 대하여는 보건복지부장관이 고시하는 기준연금액의 50퍼센트를 지급할 수 있도록 한다.

44) 이에 대해서는 빈곤사회연대 홈페이지를 참조할 것. http://antipoor.jinbo.net/zbxe/index.php?document_srl=1147332

복지부가 반대 입장을 고집한다는 이유로 법안이 계류되고 말았다.[45]

V. 한국사회 빈곤과 행정법의 과제

1. 한국사회빈곤과 구조적인 문제

(1) 경제민주화 후퇴와 기득권체제의 유지

재벌대기업과 언론, 지역주의에 기반한 정치권력, 관료들의 기득권 유지구조 그리고 이들의 기득권구조를 뒷받침하는 검찰과 법원 등 사법기관 등의 시스템이 문제이다. 경제민주화를 구호로 등장한 박근혜 정권은 대통령에 당선되자마자 공약을 헌신짝처럼 버렸고 이러한 모습은 정치권력자에 대해서는 신뢰해서는 안된다는 부정적인 인식을 심어주었다. 당시 경제민주화의 요구는 재벌개혁을 통한 한국사회 경제의 구조를 바꾸자는 요구였으나 현 정부는 경제민주화는 뒷전으로 한 채 오히려 노동자들의 자유로운 해고를 가능하게 하고 비정규직을 양산하는 노동개혁을 밀어붙이려 하고 있다. 그 밖에도 교육개혁 등이 추진되고 있으나 국민들과의 소통도 부족하고 국민들의 인식과 상당한 거리가 있는 것으로 보인다.

(2) 민주주의와 소득불평등, 빈곤의 문제

빈곤과 불평등의 심화에 대해서는 다양한 요인이 있을 수 있지만 그 사회가 어떤 정치체제를 갖느냐에 따라 불평등이 심화되고 빈곤이 증가할 가능성은 커질 것이다. 즉 빈곤은 다분히 사회구조적인 요인에서 기인한다. 논란이 있을 수 있으나 예컨대, 민주주의냐 권위주의 체제냐에 따라 소득불평등 수준이 다르게 나타날 가능성 여부는 밀접한 관련성이 있는 것으로 보인다. 민주주의는 대체로 평등을 촉진하는 쪽으로 작용할 수 있다. 공정한 선거가 정기적으로 실시되면 부자증세를 통한 재분배정책을 선호하는 다수의 가난한 유권자들에 의하여 재분배 요구가 증가할 것이기 때문이다. 그러나 이것은 선거가 국가 및 경제권력이나 언론 등에 의해 왜곡되지 않고 공정하게 치러져야 한다는 전제에서 그러하다. 반대로 권위주의 체제에서 불평등한 정치체제는 불평등한 경제제도를 낳고 이에 따라 자

---

45) 빈곤사회연대 홈페이지. http://antipoor.jinbo.net/zbxe/index.php?document_srl=1147332

원배분이 특정 사회집단에게 유리하게 배분되어 착취적이고 비효율적인 경제제도들이 만들어지고 불평등이 지속되는 경향을 보일 수 있다.[46]

입법이나 예산안 수립 및 지출뿐만 아니라 행정의 결정과정에 국민이 참여할 수 있는 기회가 넓어지고 이를 위해 정보가 공개되며 투명한 행정이 보장되도록 하는 것은 결정과정에서의 불공정성, 비민주성을 완화하는 방안이 될 수 있다. 민의를 보장하는 선거제도를 마련하되 선거에 참여하는 것으로 제한되는 민주주의가 아니라 선거에서 뽑힌 대표자들의 결정과정에도 참여할 수 있는 기회가 보장되는 민주주의가 활성화될 때 영향력이 있는 가진 자들만의 이해관계를 대변하지 않게 될 것이다.

2. 자유주의 행정법의 한계와 패러다임변화의 필요

사실 행정법학이 한국에서 빈곤과 관련하여 특별한 역할을 하지 못하고 있는 것은 자유주의 행정법학이 가지고 있는 한계이기도 하다. 이와 관련하여서는 현행 행정법학이 사회적 법치국가 행정법으로부터 이기적인 권리자보호국가 행정법으로 변하고 있다는 비판이 제기되고 있다.[47] 그러나 개인주의에 바탕을 둔 법치국가적 사고는 한계에 직면할 수밖에 없다.[48] 사실 87년 체제 이후 한국 행정법은 시장자유주의의 패러다임과 과도하게 접합하고 있다.[49]

자본주의 시스템이 가진 양육강식 및 불평등, 양극화 등의 문제뿐만 아니라 저출산 고령화, 빈곤 등의 사회적인 문제들을 극복하기 위해서는 복지와 경제민주화의 방향으로 사회 전체의 패러다임이 전환되어야 한다. 이를 위하여 행정법 영역에서도 주체의 재정립, 공공성의 재구성, 공적 영역의 복원이 필요하다.[50] 이를 위한 입법작업이 뒷받침되어야 하고 법의 해석·적용에 있어서도 이론적으로 그러한 패러다임을 고려하여야 한다. 특히 사회보장행정법 영역에서 그러한 패러다임의 전환을 받아들여 행정법의 이론과 실무의 틀이 바뀌는 것도 중요하다. 앞

---

46) 이양호, 불평등과 빈곤, 여성신문사 2013, 92면 이하.
47) Vgl. Rolf Stober, Die Öffentliche Verwaltung 1998, S. 775 ff. 이에 대한 지적은 이계수, 자유주의와 한국행정법, 행정법연구 제31호(2011. 12), 62면 참조.
48) Faber는 법치국가적 사고의 개인주의(Individualismus)는 살아있기는 하지만 수세에 빠졌다고 본다. vgl. Heiko Faber, Verwaltungsrecht, Tuebingen 1995, §5Ⅱ, S. 32.
49) 이계수, 위 논문, 70면 참조.
50) 이계수, 위 논문, 72면 참조.

서 보았듯이 빈곤개념을 둘러싸고 발생하는 어려움뿐만 아니라 빈곤개념을 명확히 하기 위하여서도 과도하게 시장자유주의와 결합한 자유주의 한국 행정법이 가진 한계를 극복하고 패러다임의 전환을 받아들여야만 비로소 새로운 지평이 열릴 것으로 보인다.

3. 사회국가원리와 행정법의 해석, 적용

(1) 사회국가원리의 한계

사회국가원리는 기본적으로 사회개량적 방법을 통해 실현한다는 이념적 한계를 가지고 있다. 그 밖에 사회국가원리에 대해서는 절차와 방법에 있어서 법치주의원리에 의한 한계, 내용적으로도 평등한 기회를 부여하기 위한 것이라는 점에서 결과에 있어서 균등을 추구하는 것이 아니라는 점, 그리고 사회국가실현이 국가재정에 의존한다는 점, 사회적 약자들이 스스로 자율적 생활설계가 가능하도록 돕는다는 점에서 보충적 한계 등이 거론되고 있다.[51]

(2) 행정법의 입법 및 해석상 사회국가원리의 수용

행정법이 헌법의 구체화법으로서 역할을 하는 것을 부인하기 어렵다. 행정법이 독자성을 갖는다 하더라도 행정법은 상위법으로서의 헌법과 헌법원리들에 구속된다. 따라서 행정법을 해석하고 적용함에 있어서도 그러한 헌법원리들을 고려하여야 한다.

Hufen은 행정소송법에서도 사회국가원리가 법치국가원리, 민주주의원리와 함께 행정소송법 해석, 적용의 기준이 됨을 서술하고 있다.[52]

우리의 경우 행정법학에서 사회국가원리를 수용한다고 할지라도 실무에서 행정법규를 해석·적용할 때 사회국가원리가 실제로 얼마나 적용되고 있는지 또는 행정법령을 입법할 경우에 과연 사회국가원리가 입법기준이 되고 있는지 의문이다. 예컨대, 대형마트의 영업시간 규제에 관한 서울고등법원의 판결에서는 사회적 약자에 대한 고려가 적절히 행해지지 않고 있다.[53] 다행히 이는 이후 2015년 11월 19일 선고된 대법원 판결에서 번복되었다.[54]

---

51) 김학성, 헌법학원론, 박영사, 2012, 231면 이하 참조.
52) F. Hufen, Verwaltungsprozessrecht, 2005, §1 Rn. 13.
53) 서울고법 2014. 12. 12. 선고 2013누29294 판결.

4. 자유권과 생존권(사회권)의 균형을 반영할 필요

국가의 자유권 침해로부터 소극적인 방어를 하는 방어권 위주의 기본권이론
은 이제 그 틀을 벗을 필요가 있다. 물론 자유의 확대가 필요하나 신체의 자유나
표현의 자유, 양심의 자유, 종교의 자유 등과 재산권의 문제는 달리 취급하여야
한다. 근대민법의 3대 원칙인 소유권절대주의, 사적 자치의 원리, 과실책임의 원
리가 현대에도 그대로 적용되는 것은 곤란하다. 행정법은 주로 자유권을 구체화
하는 법으로 기능하고 있다. 그러나 현재는 자유권마저 위협받고 있는 실정이다.
이러한 상황에서 빈곤과 장애, 노령 등 사회적 위험으로부터 벗어날 수 있도록
하는 국민의 생존권의 보장을 요구하는 것은 자유권과 생존권의 균형을 위해서라
도 필수적이다.

5. 국가의 존재의미와 행정법

현대사회에서 국가는 더 이상 과거와 같이 외적으로부터의 침입으로부터 방
어하거나 내부의 공공의 안녕과 질서를 유지하기 위하여 개입하는 존재로 머물
수 없게 되었다. 대내외 위험으로부터 공동체 구성원들을 보호할 뿐만 아니라 구
성원들의 인간다운 삶의 질을 보장해주는 존재로서 요구되고 있다. 그러나 현실
에서 국가 또는 국가권력은 때로는 정당하지 못한 권력을 유지하기 위하여 때로
는 그들의 부패체제를 유지하기 위하여 자신이 가진 다양한 수단을 동원한다.55)
경우에 따라서는 폭력적 수단을 동원하여 오히려 국민이 향유하여야 할 자유권과

---

54) 대법원 판결에서는 헌법 제119조 제1항과 제2항의 관계를 근거로 하고 있다. 즉, 헌법 제
119조 제1항과 제2항의 상호관계, 구 유통산업발전법(2013. 1. 23. 법률 제11626호로 개
정되기 전의 것, 이하 같다) 제12조의2 제1항, 제2항, 제3항에 따른 규제에 관련된 이익
상황의 특수성 등에 비추어 보면, 구 유통산업발전법 제12조의2 제1항, 제2항, 제3항에
따른 행정청의 영업시간 제한 및 의무휴업일 지정 처분에 비례원칙 위반 등 재량권 일
탈·남용의 위법이 있는지를 판단할 때에는, 행정청이 다양한 공익과 사익의 요소들을
고려하였는지, 나아가 행정청의 규제 여부 결정 및 규제 수단 선택에 있어서 규제를 통
해 달성하려는 공익 증진의 실현 가능성과 규제에 따라 수반될 상대방 등의 불이익이 정
당하고 객관적으로 비교·형량되었는지 등을 종합적으로 고려하여야 한다(대법원 2015.
11. 19. 선고 2015두295 전원합의체 판결).
55) 네그리와 하트는 부패를 생산적 질서의 부패, 이데올로기로서의 부패, 개인적 선택으로
서의 부패 등으로 구분한다. Hardt, M. and Negri, A., 윤수종 옮김, 제국, 이학사, 2001,
495면 이하 참조.

생존권을 침해하는 경우마저 있다. 나아가 국가는 때로는 지배계급의 도구이거나 스스로 계급적 성격을 띠고 있는 경우도 보여주고 있다. 이러한 점에서 본다면 19세기적인 마르크스의 통찰이 전적으로 오류라고 단정하기는 어려워 보인다. 여기서 우리는 국가의 존재의미가 무엇인지에 대해서 다시 한번 생각해보아야 한다. Heller가 말했듯이 국가는 영토 내의 사회질서를 보장하기 때문에 존재하는 것이 아니라 정의로운 질서를 추구하는 한에서만 정당화된다.[56] 그러므로 국가의 존재의미는 대내외적인 안전을 보장하는 것뿐만 아니라 정의로운 질서를 추구한다는 전제에서 찾아야 할 것으로 보인다.

당연히 국가의 존재의미는 행정법과 무관하지 않다. 이러한 점에서 볼 때 지나치게 주관적인 권리구제에 치중하고 있는 현재의 자유주의적 행정법의 이론적 틀이나 행정법상 공익개념과 개인의 권리 사이의 관계에 대하여도 고민해보아야 할 것이다. 조정학(Steuerungswissenschaft)으로서의 행정법은 바로 이러한 점에서 시민들에 대한 조정학뿐만 아니라 사회 제 세력의 이해관계에 대한 조정학으로서 그 의미를 찾아야 할 것으로 본다.

[참고문헌]

계인국, 보장행정의 작용형식으로서 규제 — 보장국가의 구상과 규제의미의 한정 —, 공법연구 제41집 제4호(2013. 6), 155면 이하.
국순옥, 민주주의 헌법론, 아카넷 2015.
길준규, 포르스트호프의 생애와 생존배려사상 — 한 나치스법학자의 생애와 사상 —, 공법연구 제37집 제4호(2009. 6), 257면 이하.
김남진, 자본주의 4.0과 보장국가론, 법률신문. 2011.10.17.
김남진·김연태 공저, 행정법Ⅰ, 법문사, 2007.
김승미, 사회보장행정법상의 공공부조수급권에 관한 연구, 고려대학교 박사학위논문, 2012년 8월.
김철용, 행정법Ⅰ, 박영사, 2010.
김학성, 헌법학원론, 박영사, 2012.
김현준, 공공갈등과 행정법학, 서강법학 제11권 제1호 261면 이하.

---

56) 다만 Heller는 국가기능을 법기능에 관련시킴으로써만 국가에 효력을 부여할 수 있다고 하였다. 헤르만 헬러 지음/홍성방 옮김, 국가론, 민음사, 1997, 307면 이하 참조.

김환학, 법률유보 — 중요성설은 보장행정에서도 타당한가, 행정법연구 제40호(2014.
　　11), 1면 이하.
류지태, 생활보상논의의 비판적 검토, 감정평가연구 2005, 127면 이하.
류지태, 통신행정상 사업자의 지위, 공법연구 제35집 제3호, 289면 이하.
류지태 · 박종수, 행정법신론, 박영사, 2011.
박재윤, 독일공법상 국가임무론에 관한 연구, 서울대박사학위논문, 2010.
이계수, 자유주의와 한국행정법, 행정법연구 제31호(2011. 12), 62면 이하.
이양호, 불평등과 빈곤, 여성신문사 2013.
이준일, 헌법학강의, 홍문사, 2005.
장태주, 행정법개론, 현암사, 2006.
조태제, 공사협동 시대에 있어서의 보장국가, 보장행정 및 보장행정법의 전개, 한양
　　법학 제23권 제2집, 273면 이하.
헤르만 헬러 지음/홍성방 옮김, 국가론, 민음사, 1997.
홍석한, 보장국가론의 전개와 헌법적 의의, 헌법학연구 제15권 제1호(2009. 3), 497
　　면 이하.
홍석한, 민영화에 따른 국가의 책임에 관한 독일에서의 논의, 조선대학교 법학논총,
　　제17권 제3호(2010).
Hardt, M. and Negri, A., 윤수종 옮김, 제국, 이학사, 2001.
(사)참누리 : 빈곤없는 사회 홈페이지를 참조할 것. http://www.poverty.or.kr/sub02/
　　02_5.php

Erichsen, Hans-Uwe, Allgemeines Verwaltungsrecht, 10. Aufl., 1995.
Faber, Heiko, Verwaltungsrecht, Tuebingen 1995.
Hoffmann-Riem/Schmidt-Assmann/Vosskuhle, Grundlagen des Verwaltungsrechts, Band
　　Ⅰ, Muenchen 2006.
Hufen, Friedhelm, Verwaltungsprozessrecht, 2005.
Maurer, Hartmut, Allgemeines Verwaltungsrecht, 18. Aufl., 2011.
Rügemer, Werner, Privatisierung in Deutschland: Eine Bilanz. Von der Treuhand zu
　　Public Private Partnership, Westfaelische Dampfboot, 2008.
Schneider, Jens-Peter, Verwaltungsrechtliche Instrumente des Sozialstaates, VVDStRL
　　Band 64, 2004, S. 238 ff.
Stober, Rolf, Die Öffentliche Verwaltung 1998, S. 775 ff.
Tettinger, Peter J., Verwaltungsrechtliche Instrumente des Sozialstaates, VVDStRL
　　Band 64, 2004, S. 199 ff.

5. 경제적 패러다임과 공법[*]
— 독일에서의 논의를 중심으로 —

Ⅰ. 서론

경제가 국가나 사회전반에 미치는 영향은 실로 막대하다. 특히 법학에 대한 경제의 영향력은 다른 어떤 분야보다도 크다고 할 수 있다. 역사적으로 보아 시대에 따라 일정한 경제적 패러다임이 지배하면 법학은 그 패러다임에 맞추어 그의 역할을 하곤 하였다. 그러한 의미에서 그 시대의 경제적 패러다임이 당시의 법학 내지는 법규범에 영향을 미치고 또 그것을 지배하고 있었다고 하여도 과언이 아닐 것이다. 그러나 법학은 언제나 경제에 종속되어 있는 것은 아니며, 그래서도 안 된다. 경제가 법학에 영향을 미치듯이 법학 내지는 법규범도 경제 내지는 경제행위에 영향을 갖는다. 여기서 문제는 상호간에 어떻게 영향을 미치느냐 하는 것이다. 법학이 경제적 현실을 올바로 파악하기 위해서는 경제이론에 의존해야 할 필요가 있다. 법학과 경제학은 경제라는 현안 앞에서 늘 학제간의 협력의 필요성이 강조되어왔다. 미국에서는 법의 경제적 분석 또는 법경제학이라는 이름으로 경제학의 틀 내에서 법을 분석하려는 시도들이 상당한 지지를 받아왔고 법실무에 지대한 영향을 미치고 있다. 이에 우리나라에도 그러한 이론이 들어오기 시작했고 그러한 이론틀을 우리의 법학 내지 법실무에 적용하려는 시도들이 등장하고 있다. 이것은 우리뿐 아니라 대륙법계 국가들에서도 마찬가지이다. 특히 독일에도 법경제학 등의 이론이 소개되어있고 그를 받아들이자는 논의가 있

* 이 글은 토지공법연구 제31집(2006. 5), 161-179면에 실은 논문을 수정, 보완한 것임.

다. 그러나 독일의 경우 그러한 이론을 도입하자는 논의는 쉽게 받아들여지지 않는다. 독일에서는 그러한 이론의 도입에 대하여 일찍이 많은 반론이 제기되어왔다. 독일에서 왜 법경제학의 이론이 환영을 받지 못하는 것일까? 이하에서는 그러한 이론의 간단한 틀을 소개하고 제기되는 반론을 중심으로 한 독일의 논의를 소개하면서 우리에 대한 시사점을 얻어 보고자 한다.

II. 경제적 패러다임의 지배와 공법

독일의 경우 경제적 패러다임은 시대에 따라 일정한 변천과정을 거친다. 아래에서 보듯이 Ordoliberalismus와 케인지안, 신고전주의적 패러다임 등이 차례로 지배하고 있다.

1. '신'자유주의(Ordoliberalismus)[1]와 사회적 시장경제

독일의 사회적 시장경제의 모델은 '신'자유주의적인(ordoliberal) 성향의 프라이부르크학파(Freiburger Schule)의 대변자들에 의해 전개되었고 에어하르트(Ludwig Erhard)에 의해 정치영역에 도입되었다. 신자유주의의 이 독일식 모델은 1930년대 경제위기에 반응하여 발생하였고 시장경제적 내지 정치적 자유의 위협으로서 비판, 공격되었던 사회주의적 계획경제와 케인즈주의적 복지국가에 대항하는 방안으로서 고안되었다. '신'자유주의자들의 핵심적인 주장은 국가개입주의가 시장의 자유로운 발전에 역행하며 다소간 자동적으로 경제적 비효율과 전제적 지배를 초래하게 된다는 것이었다. 에어하르트식의 시장경제의 사회적 요소는 따라서 일시적인 사회정책적 개입에 제한되어야 하며 원칙적으로 시장을 통해서만 실현되어야 한다는 것이었다.[2] '신'자유주의의 특징은 자유를 제한할 수 있는 국가개입을 통해 전체적으로 자유로운 질서가 가능하게 되어야 한다는 것이었다.

---

1) 현재의 신자유주의(Neoliberalismus)와 구별하여 '신'자유주의라 표현한다.
2) Ralf Ptak, Verordnet-geduldet-erledigt? Zur Entwicklung des deutschen Sozialstaates im historischen Kontext, in: Christoph Butterwege/Rudolf Hickel/Ralf Ptak, Sozialstaat und neoliberale Hegemonie, Berlin 1998, S. 51 ff.

2. 케인지안의 등장과 후퇴

케인지안의 안정정책(Stabilitätspolitik)은 2차대전 후 독일의 재건 이래로 논의
되었고 독일사회민주당(SPD) 내에서 지지를 받게 된다. 1966년과 1967년의 불황
기에 경제기적의 나라 독일이 처음으로 성장후퇴와 고실업률의 위협에 직면하게
되자 비로소 케인지안의 경기부양정책이 현실 경제정책에 받아들여지게 된다.[3]
이에 따라 의회의 3분의 2를 차지한 사민당(SPD)과 기민당(CDU), 기사당(CSU)의
대연정에 의하여 기존의 기본법상 경제헌법이 케인지안의 개입주의적인 방향으
로 개정되었다.[4] 또한 1967/69년의 예산 및 재정개혁도 마찬가지 방향으로 진행
되었다. 케인지안들은 1967년부터 1982년까지 재정 금융정책 등 경제실무에 일정
한 영향력을 획득하였다. 케인지안의 개입주의 내지 복지국가에 대한 근본적인
비판은 그러나 신고전주의 내지 신자유주의학파들에 의해 행해진다. 개입주의적
패러다임은 한편으로는 통화주의(Monetarism)의 공격, 다른 한편으로는 공급경제
학(Angebotspolitik)의 공격에 의해 후퇴하게 된다. 결국 1982년 기사당과 자민당
(FDP)의 연정이 해체되고 콜(Helmut Kohl)정부 아래에서 케인지안의 콘셉트는 공
급경제학에 의해 추방되게 된다.[5]

3. 신고전주의 패러다임의 지배

케인지안의 후퇴로 신고전주의적인 패러다임(das Neoklassische Paradigma)이
1980년대 이래 오늘날까지 세계를 지배하고 있다.[6] 신고전주의(Neoklassik)로 표
현되는 현대경제학은 공통적인 패러다임, 공통의 도구들과 용어들을 가지고 있
다: 즉, 행위주체는 합리적인 개인이다. 그의 행위는 긍정적, 부정적 자극이나 유
인에 의해 결정된다. 균형에로의 경향이 존재한다. 대안들 간에 한계대체가능성

3) Paul J. J. Welfens, Theorie und Praxis angebotsorienterter Stabilitätspolitik, Baden-Baden
   1985, S. 179.
4) Peter Nahamowitz, Staatsinterventionismus und Recht— Steuerungsprobleme im organ-
   isierten Kapitalismus, Baden-Baden 1998, S. 461.
5) Paul J. J. Welfens, a.a.O., S. 180.
6) 신자유주의 패러다임의 이론적 골격으로서는 시장주의의 찬양, 행정규제에 대한 고발,
   사회정책에 의한 책임으로부터의 탈피, 공공부문에 대한 불신, 공법에 대한 불신과 사법
   에 대한 찬양 등이 지적된다. 이광윤, 신자유주의와 행정규제의 법리, 공법연구 제27집
   제2호, 35면 이하 참조.

(Substitutionsmöglichkeit)이 중요하며 그것은 편익-비용으로 평가된다. 개인의 선호 (Präferenz)가 경제정책의 규준이다. 파레토효율(Pareto-Effizienz)이 자원배분에 대한 중요한 결정기준이다. 가능한 한 효율성이 높은 시장에 의한 해결이 추구되어야 한다. 가격시스템의 작용은 직접적인 개입을 통해 보충될 수 있지만 그에 의해 그 작용이 방해되거나 폐기되어서는 안 된다는 등의 공통된 패러다임을 가지고 있다.[7] 물론 현대경제학의 다양한 형태는 신고전주의를 넘어서고 있지만 그의 기 본적인 전제들은 포기하지 않는다는 점에서 공통점을 가지고 있다. 신고전주의의 기본적인 요소로서는 특히 방법론적 개인주의, 이익극대화, 경제적 효율성을 들 수 있다.

4. 경제적 패러다임의 법학에 대한 영향

앞에서 보았듯이, 시대별로 경제적 패러다임은 부침을 하였고 그에 따라 법 은 영향을 받을 수밖에 없었다. 그리하여 경제적 패러다임은 벌써 부분적으로 독 일의 법학에 도입되어 있다. 신자유주의의 이론은 독점금지법(Kartellrecht) 등에 이 미 들어온 지 오래되었고, 케인즈이론도 1967년에 이미 경제성장안정촉진법[8]에 들어와 있다. 또 경제학의 법학에 대한 의미와 관련해서 세법에 뿌리내려 있는 경제적 고찰방법(wirtschaftliche Betrachtungsweise)의 소재지가 어딘가 하는 문제도 제기된다. 경제적 고찰방법이 특히 경제학적 방법론을 의미하는지 하는 문제가 비록 제기되기는 하지만,[9] 그 밖에 경제적 패러다임은 경제법, 민법, 노동법, 환 경법,[10] 행정법[11] 등 법학의 거의 전 분야에서 관찰할 수 있을 만큼 널리 퍼져 있

---

7) Bruno S. Frey/Gebhard Kirchgässner, Demokratische Wirtschaftspolitik- Theorie und Anwendung, 2002, S. 462 ff.
8) Gesetz zur Förderung der Stabilität und des Wachstums der Wirtschaft.
9) Peter Raisch/Karsten Schmidt, Rechtswissenschaft und Wirtschaftswissenschaften, in: Dieter Grimm (Hrsg.), Rechtswissenschaft und Nachbarwissenschaften, Bd. 1, Frankfurt am Main 1973, S. 165; Klaus Tipke/Joachim Lang, Steuerrecht, 17 Aufl., Köln 2002, §1 Rn. 12.
10) Gabriele Britz, Umweltrecht im Spannungsverhältnis von Ökonomischer Effizienz und Verfassungsrecht, Die Verwaltung 1997, S. 185 ff.; Erik Gawel, Steigerung der Kosten- effizienz im Umweltordnungsrech—Instrumentelle Alternativen, Erfolgsaussichten und Grenzen, Die Verwaltung 2001, S. 179 ff.
11) Andreas Voßkuhle, "Ökonomisierung" des Verwaltungsverfahrens, Die Verwaltung 2001, S. 347 ff.; Jens-Peter Schneider, Zur Ökonomisierung von Verwaltungsrecht und Ver- waltungs-rechtswissenschaft—Begriffsbildung und einführende Analyse ausgewählter

다.12)

경제학의 법률가들에 대한 영향은 무엇보다도 법정책적인 논거에 있다. 경제학적 인식의 입법자에 대한 의미에 대해서는 다툼이 있을 수 없다. 경제정책분야의 입법에 대한 경제학의 도움은 필수불가결하다. 경제이론과 경제정책적 요구의 입법자에 대한 영향은 광범위하게 미친다. 여기서는 물론 경제이론의 입법자에 대한 이용가능성이 — 그 밖의 법적용자에 대해서도 — 가져올 수 있는 위험도 지적되어야 한다. 즉, 부지불식간에 이데올로기적인 콘셉트가 접근할 가능성도 배제할 수 없다.13)

특히 경제적 패러다임으로서 최근 강화되고 있는 신자유주의는 사회적 제관계를 시장경제적 관계로 재편 내지 종속시킴으로써 자본운동의 자유를 극대화한다는 점에 특징이 있다. 신자유주의하에서는 자본에게 효율적인 투자환경을 보장하는 규제완화를 통하여 시장의 지배, 자본의 안전, 재산의 안전은 강화되지만 각종 안전관련법제 및 사회복지법제의 후퇴를 가져오고 대다수 국민의 사회적 안전(사회복지)은 약화된다.14) 공법영역에서 신자유주의는 공공부문의 비효율성에 대한 고발과 국가개입의 축소, 규제완화 및 민영화 등의 형태로 나타나고 있다.

Beispielsfälle, Die Verwaltung 2001, S. 317 ff.; Thomas Groß, Ökonomisierung der Verwaltungsgerichtsbarkeit und des Verwaltungsproze β rechts, Die Verwaltung 2001, S. 371 ff.; Christoph Möllers, Kooperationsgewinne im Verwaltungsprozeß — zugleich ein Beitrag zu Theorie und Praxis ökonomischer Analyse im Verwaltungsrecht — , DÖV 2000, S. 667 ff.

12) Mathias Siems, Die Idee des Neoliberalen im deutschen Recht, Rechtstheorie 35 (2004), S. 1 ff. 독일 기본법에 대해서도 기본법 제79조 3항이 신자유주의적 이념으로서 이해되어야 한다는 점이 피켄처(Fikentscher)와 같은 학자에 의해 지적되기도 한다.

13) Peter Raisch/Karsten Schmidt, a.a.O., S. 155 f.

14) 이계수, 신자유주의의 세계화와 법치국가의 위기, 최송화교수 화갑기념논문집, 2002, 957면 이하 참조. 자본의 범세계적 통합을 향한 경향이 그 국경 내에서의 경제활동을 통제하는 국가의 능력을 심하게 저하시키긴 했지만 여전히 사적 자본들은 민족국가에 의존하여 다른 자본의 경쟁압력, 경제위기의 영향, 그리고 자신들이 착취하는 노동자들의 저항 등으로부터 자신들을 보호하려 한다. 이에 대해서는 앨릭스 캘리니코스 지음, 김택현 옮김, 역사의 복수, 도서출판 백의, 1993 참조. 이에 따라 신자유주의적인 사회재편전략에 반대하는 시민들의 표현의 자유, 커뮤니케이션의 자유는 위축되고 있고 노동자들의 자유와 권리는 전래없이 축소되고 있다. 이계수, 전게논문, 956면 참조.

Ⅲ. 법학과 경제학의 학제 간 협력작업을 위한 방안들

법학과 경제학의 학제 간의 협력을 위해 의미있는 방안으로서는 특히, 법의 경제적 분석과 신제도경제학, 공공선택이론, 경제적 헌법이론 등을 거론할 수 있을 것이다. 이 가운데 여기서는 법의 경제적 분석만을 간단히 살펴보기로 한다. 법의 경제적 분석은 코즈(Coase), 칼라브레시(Calabresi), 뎀셋츠(Demsetz), 포스너(Posner) 등 시카고학파에 의해 대변되는 이론이다. 시카고학파는 과거 통화주의자들과 동일시되었는데, 1980년대 미국 레이건행정부하에서 미국 반독점정책에 중대한 영향을 미쳤다. 법의 경제적 분석은 자원의 낭비를 어느 정도로 방지하고 효율성을 높이는가에 따라 법규범을 판단하는 것을 법의 과제로 간주한다.[15] 즉, 부족한 자원이 효율적으로 투입되어야 하며, 이를 통해 자원배분이 효율적인 상태에 도달되어야 한다는 것이다. 따라서 법질서는 경제적 효율성의 척도에 따라 판단되어야 하며, 현행법은 최적의 자원배분이라는 경제적 효율성에 따라 측정되어야 한다고 한다. 그 목표는 바로 경제적인 최적상태의 방향으로 법의 개정에 작용하는 것이라고 할 수 있다.[16]

Ⅳ. 경제이론의 법학에서의 유용성

경제이론의 법학에 대한 유용성에 대해서는 모어록(Martin Morlok)과 같은 학자가 합리성의 요구 및 증진 등 6가지 그룹으로 분류하는 등, 그 유용성이 강조되고 있다.[17] 사실 경제이론은 경제적인 문제의 그 의미를 강조하면서 지금까지 단지 주변부에만 머물렀던 법영역을 강조하고 있다. 그리하여 경제적인 측면에서의 법의 순진함(Naivität)이 경제이론을 통해서 균형을 얻게 된다고 한다. 그리고 신고전주의 경제학의 기본가정들은 방법론적 명료성이라든지 경제학을 통해 법학적

---

15) Hans-Bernd Schäfer/Claus Ott, Lehrbuch der ökonomischen Analyse des Zivilrechts, 3. Aufl., 2000, S. 1.

16) Karl-Heinz Fezer, Homo Constitutionis — Über das Verhältnis von Wirtschaft und Verfassung, JuS 1991, S. 893.

17) Martin Morlok, Vom Reiz und vom Nutzen, von den Schwierigkeiten und den Gefahren der Ökonomischen Theorie für das Öffentliche Recht, in: Engel/Morlok (Hrsg.), Öffentliches Recht als ein Gegenstand ökonomischer Forschung, Tübingen, 1998, S. 5 ff.

논증이 풍부해지는 등 몇 가지 장점과 결합되어 있다고 한다.[18] 또 법규범을 경제적으로 고찰하는 것은 규범학으로만 축소되어 있는 법학에 다른 보충적인 관점으로 보완해줄 필요성을 제공한다고 한다. 법의 경제적 분석 등의 경제이론은 법학을 현실학으로서의 법학으로서 기능하게 한다고 한다. 결국 경제적 분석은 법을 위한 합리성프로그램(Rationalitätsprogramm)을 형성해준다는 점에서 그 유용성이 있다고 한다.

    이 가운데 법의 경제적 분석의 대표적인 콘셉트로서 코즈정리(Coase-Theorem)만 간단히 소개하면, 코즈정리는 몇 가지 핵심적인 내용을 포함하고 있는데, 첫째, 외부효(externe Effekt)를 국가개입을 통해 완전히 제거함은 대부분의 경우 파레토 열위적인(pareto-inferior) 조치일 수 있다. 둘째, 거래비용(Transaktionskosten)이 발생할 때에 때로는 국가적인 규율없이도 외부효가 내부화될 수 있다. 셋째, 거래비용이 국가의 규율을 필요로 하는 것처럼 보이더라도 이것이 원인자부담의 원리(Verursacherprinzip)의 단순한 적용에 본질이 있는 것이 아니고, 다른 방식의 조정이 파레토우위로서 입증될 수 있다고 한다.[19]

V. 법경제이론(법경제학)에 대한 반론

    법의 경제적 분석 등 법경제이론에 대해서는 페처(Fezer), 모어록(Morlok), 그레체스칙(Grezeszick) 등 독일의 많은 법학자들에 의해 반론이 제기되고 있다. 나우케(Wolfgang Naucke)와 같은 법학자는 법의 경제적 분석을 법에 실현된 마키아벨리(aktualisierten Machiavelli)라고까지 보고 있다.[20] 독일에서 왜 법의 경제적 분석 등 법경제이론이 환영을 받지 못할까? 왜 법경제이론이 독일법에 뿌리를 내리기 힘든가 하는 이유는 아마도 다음에 드는 반론으로 확실해질 듯하다. 비판은 주로 다음의 점에 집중되고 있다.

1. 인간상으로서 "경제적 인간(homo Oeconomicus)"

    먼저, 경제이론에서 출발하는 인간상(Menschenbild)은 많은 비판을 받고 있는

---

18) Martin Morlok, a.a.O., S. 5 f.
19) 자세한 것은 Erlei/Leschke/Sauerland (Hrsg.), Neue Institutionenökonomik, 1999, S. 284 f.
20) Wolfgang Naucke, Rechtsphilosophische Grundbegriffe, 2000, S. 124.

데, 특히 페처(Karl-Heinz Fezer)는 다음과 같이 비판하고 있다:

즉, 법적 사고에 경제적 인간상(REMM으로도 표현함)[21]을 중심에 세우는 것은 평균적 정의의 질서(Ordnung ausgleichender Gerechtigkeit)라는 법의 중심과제를 해친다고 한다. 사실, 인간에 대한 사회적인 역할기대를 사회 내에서 매개하는 행위가 법적으로 중요한 행위를 규정하고 그러한 한에서 또한 경제적으로 결정된다는 것을 부인할 수는 없고, 또한 경제인간(homo oeconomicus)은 일정한 영역의 시장에서 경제활동을 하는 인간에 대한 하나의 은유(Metapher)로서 사용될 수 있지만, 법을 경제적인 역할주체에 맞추려는 시도는 위험성을 내포하고 있다. 즉, 그것은 보편적인 인간상(universales Menschenbild)으로부터 결별하고, 인간의 도덕적 자치(auf der sittlichen Autonomie)에 토대하고 있는 자유에 대한 이해(Freiheitsverständnis)를 재정립하도록 요구한다.[22] 따라서 경제적 인간상은 법적인 시각에서의 인간관념과 합치할 수 없다고 한다. 법률가들에게 요구되는 것은 경제적 인간상(REMM)을 법사고의 중심에 두는 것이 아니라, 현행법의 개방적 인간상(das offene Menschenbild)을 헌법의 기본권규정들과 인권선언 등에서 도출하는 것이라고 한다.[23]

그 밖에 키르히개스너(Kirchgässner) 같은 학자는 경제적 인간(Homo oeconomicus)의 콘셉트가 경제학에서처럼 법학에서도 정확히 적용될 수 있다는 관념에서 출발하고 있는데, 이는 지나친 것일 뿐 아니라, 민주주의의 토대마저도 흔들 수 있다고 비판받는다.[24] 오늘날 이기적인 개인이라는 공리(Axiom) 위에 일방적으로 세워진 민주주의 모델에 대해서는 경고마저도 제기되고 있는 것이다.[25] 시장지향적인 모델(Marktorientierte Modelle)은 전형적으로 개인의 고정된 선호구조(eine stabile Präferenzstruktur)에서 출발하는 반면에, 민주주의 지향적인 모델(demokratieorientierte Modelle)은 인간 선호의 형성, 발전, 변화에 대한 확신에 기초한다.[26]

---

21) Recourceful, evaluative, maximizing man(REMM)을 그렇게 표현함.
22) Karl-Heinz Fezer, Aspekte einer Rechtskritik an der economic analysis of law und am property rights approach, JZ 1986, S. 822.
23) Karl-Heinz Fezer, Nochmals: Kritik an der ökonomischen Analyse des Rechts, JZ 1988, S. 224.
24) Joachim Wieland, Die Bedeutung der Figur des homo oeconomicus für das Recht, in: Dieter Dölling (Hrsg.), Festschrift für Ernst-Joachim Lampe zum 70, Geburtstag, Berlin 2003, S. 376 f.
25) 이에 대해서는 Vgl. Oliver Lepsius, Die Ökonomik als neue Referenzwissenschaft für die Staatsrechtlehre? S. 441, Fn. 44.
26) Oliver Lepsius, a.a.O., S. 441.

2. 방법론적 개인주의

법의 경제이론은 방법론적 개인주의(methodologischer Individualismus)를 방법론에서 중심적인 특징으로 강조하고 있다. 이것은 일정한 장점을 가지기도 하지만, 그럼에도 사회현상에 대한 올바른 고찰이 더 고도로 축적된 수준 위에서 시도될 수 있다는 점이 부인되어서는 안 된다. 어쨌든 법에 적합한 접근방식(Zugangsweise)이 도그마틱에 의해 사전에 결정되어서는 안 된다는 점27)에서 방법론적 개인주의는 비판받고 있다.

시장경제질서를 지향하는 것이 자유경제헌법질서의 법적인 구상에 근접하는 것이기는 하지만 경제적 법이론에서의 개인주의적, 시장경제적 이론이 아직은 법적 사고(Rechtsdenken)로 들어오도록 허용하는 입장권이 될 수 없다는 점도 지적될 수 있을 것이다. 그 밖에 일차적으로 개인의 자유로운 청구권을 지향하는 법이론(Rechtstheorie)은 경제적 법이론이 주장하는 것보다 더 복잡하고 내용상 더 세분화된 구조로 되어있다는 점도 간과되어서는 안 될 것이다.28)

3. 비용-수익 분석에 기초한 효율성이론

법의 경제 이론에 대한 결정적인 반론으로서 페처(Fezer)는 동 이론의 이데올로기를 들고 있다. 법의 모든 영역에 대해서 경제적 법분석을 강제하는 결과는 법의 복잡성을 경제적으로 축소하는 치명적인 과정을 거치게 된다고 한다. 즉, 경제적 법분석의 비용-수익 지향적인 효율성이론은 일방적인 작용방식과 결과고찰방식(Folgenbetrachtungen)에 근거하여 법의 복잡성을 축소, 단순화한다. 이와 같은 단선적인 이론(monokausaler Theorieansatz)을 통해 법제도의 다기능성(Multifunktionalität)이 축소된다. 법은 따라서 이를 통해 자신의 본질적인 과제를 제한하게 될 것이다. 결국 경제적인 법분석과 자유로운 법사고는 합치할 수 없다고 페처는 비판한다.29) 법이 경제적 효율성을 지향하는 것은 법의 한 측면만을 기술하는 것이다. 게다가 거래비용경제학(Transaktionskostenökonomie)이라는 특정 관점은 법의 경제

27) Martin Morlok, Vom Reiz und vom Nutzen, von den Schwierigkeiten und den Gefahren der Ökonomischen Theorie für das Öffentliche Recht, 1998, S. 11.
28) Karl-Heinz Fezer, Aspekte einer Rechtskritik an der economic analysis of law und am property rights approach, JZ 1986, S. 822.
29) Vgl. Karl-Heinz Fezer, JZ 1986, S. 823; ders, JZ 1988, S. 224.

적 분석 자체를 좁게 만든다.[30]

4. 경제적 법이론의 현실과의 괴리

무엇보다도 현재 지배적인 이론을 대변하는 신고전주의적 사고는 경제적 삶이 아주 특수한 분야에서 현실과 멀리 떨어져서 발생한다는 가정을 하고 있다.[31] 경제이론의 추상화 수준(Abstraktionsniveau)이 법의 광범한 세분화(Ausdifferenzierung)와 비교할 때 지나치게 높다보니, 구체적인 문제의 해결은 일정한 조건하에서만 가능하게 된다.[32] 추상화는 이론의 전개를 위해서 유용할 수 있지만, 신고전적인 이론이 과도하게 추상적인 것으로 간주되고 수많은 당면문제를 다루는 데 적합하지 않은 것으로 간주되는 좋은 근거가 되기도 한다.[33]

경제적 법이론의 주요 가정들의 모델적 성격과 현실과의 괴리가, 사회조정의 실질적 구성요건과 관련되는, 행위질서(Handlungsordnung)로서의 법의 형성을 위해 경제학 이론을 사용하는 것을 곤란하게 한다. 법적인 계획수립에 대한 경제학적 진단은 논리정연한 모델의 성격(modellhafte Folgerichtigkeit)을 띠지만, 그것들은 때로 임의적이기도 하다는 점에서 비판받는다.[34]

5. 미국과 독일의 법사고의 차이

경제적 분석과 제도경제학(Institutionsökonomik) 및 그 방법론적 구조는 미국에서 연유한다. 따라서 거기에서 제기되는 문제와 그 결과를 독일법체계에 전용하는 것은 보통법과 시민법의 상이한 법문화, 미국과 독일의 상이한 인식론적 중점 등으로 설명되는 일정한 장애에 부딪힐 수밖에 없다.[35] 미국의 경제적 법이론을 유럽의 대륙법 영역에 이식하는 것은 전통과 문화, 경제헌법에 의해 특징지워지는 법사고(Rechtsdenken)에 있어서의 조건차이를 제대로 보지 못한다는 비판이 가해진다.[36] 독일의 성문화된 법은 미국의 사례법(Fallrecht)과 같이 법학 외적인 사

---

30) Vgl. Karl-Heinz Fezer, JZ 1988, S. 226.
31) 거래비용을 영으로 가정하는 것을 말함. Rudolf Richter/Eirik G. Furubotn, a.a.O., S. 9 f.
32) Christoph Möllers, Kooperationsgewinne im Verwaltungsprozeß — Zugleich ein Beitrag zu Theorie und Praxis ökonomischer Analyse im Verwaltungsrecht — , DÖV 2000, S. 670.
33) Rudolf Richter/Eirik G. Furubotn, a.a.O., S. 10.
34) 자세한 것은 Karl-Heinz Fezer, JZ 1988, S. 224.
35) Oliver Lepsius, a.a.O., S. 432 f.; Horst Eidenmüller, Effizienz als Rechtsprinzip, 1995, S. 404 ff.

례의 축적(außerjuristische Anreicherung)에 의존하지 않는다. 독일법은—특히 기본법의 형태로—경제적인 사례들에 대해서 미국에는 없는 실체법적 한계(materiell-rechtliche Schranken)를 설정한다는 점에서 다르다.[37]

VI. 비판적 검토

다음에서는 법과 경제 사이에서의 방향설정과 관련하여 몇 가지 중요한 논점을 중심으로 비판적 검토를 하고자 한다. 헌법의 인간상, 법원리로서의 효율성, 법이념으로서의 합목적성과 정의 등과 관련한 다음의 결론 및 설명은 법과 경제의 학문 상호간의 관계를 올바르게 이해하는 데 도움을 주리라고 본다.

1. 헌법의 인간상

독일의 경우 기본법(GG)에 일정한 인간상이 토대로 되어 있는지 그리고 이것이 어떻게 비추어져야 하는지 하는 문제가 법학에서 다투어졌다.[38] 독일연방헌법재판소는 기본법의 인간상을 고립되고 독립한 개인(Individuum)으로 보지 않는다. 기본법은 오히려 개인의 공동체관련성 내지 공동체기속성이라는 의미에서 개인과 공동체가 긴장관계를 갖고 있다고 한다. 물론 이 경우 개인의 고유한 가치가 훼손되어서는 안된다고 한다.[39]

이에 대하여 그뢰쉬너(Rolf Gröschner)는 연방헌법재판소가 사용한 공식이 매우 불명확하고 그런 점에서 이데올로기에 취약하다는 점이 간과되어서는 안 된다고 지적하였다.[40] 페처(Fezer)도 현행법의 인간상은 개방적인(offen) 것은 사실이지만 자의적은 아니라고 한다. 그것은 기본권 민주주의(Grundrechtsdemokratie)의 인

---

36) Karl-Heinz Fezer, JZ 1988, S. 224.

37) Oliver Lepsius, a.a.O., S. 433.

38) Bernd Grzeszick, Läßt sich eine Verfassung kalkulieren? JZ 2003, S. 651; P. Häberle, Das Menschenbild im Verfassungsstaat, 1988; H. Dreier, AöR 116 (1991), S. 623 ff.; U. Becker, Das "Menschenbild des Grundgesetzes" in der Rechtsprechung des Bundesverfassungsgerichts, 1996; M. Sachs, in: ders. (Hrsg.), GG, 2. Aufl., 1999, Vor Art. 1 Rn. 61 f.

39) BVerfGE 4, 7 (15); 30, 1 (20); 33, 303 (334); 45,187 (227); 50, 166 (175); 50, 296 (353).

40) Rolf Gröschner, Homo oeconomicus und Grundgesetz, in: Engel/Morlok (Hrsg.), Öffentliches Recht als ein Gegenstand ökonomischer Forschung, Tübingen, 1998, S. 41. 그는 기본법의 인간상을 homo republicanicus로 표현하고 이를 homo oeconomicus와 구별한다.

간이라고 한다. 인권과 기본권, 기본법의 원리들, 국제조약이나 선언 등의 중요한 규정들이 법적인 테두리를 형성하며, 그 안에서 다원주의사회의 인간상을 발견할 수 있다고 한다. 법과 경제의 의미있는 만남은 따라서 기본권 민주주의 내에서 법윤리와 경제윤리에 대한 학제간 협력작업을 필요로 한다고 한다.[41]

경제적 인간으로 구성된 현대 사회는 인간을 경제시스템 안에서의 기능으로 축소하는 경향을 갖게 된다. 인간으로 하여금 함께 살아가도록 하는 동기부여는 개인주의적이고 자유주의적인 인간상으로는 이해될 수 없는 공동체의식 속에 있다.[42] 디옥스마이어(Dierksmeier)는 이러한 인간상을 설명하기 위하여 아리스토텔레스에 의존하고 있는데, 그는 개인으로서의 인간과 공동체 구성원으로서의 인간 사이의 균형잡힌 관계를 설정하고 있다.[43]

2. 법원리로서 효율성(Effizienz)의 문제

경제적 법이론은 경제와 헌법의 토대를 일방적으로 경제적 효율성의 요구에 따라 규정한다.[44] 경제적 법이론은 법규정이 사회 전체적인 자원을 낭비하는지에 초점을 맞추고 있다. 그러나 이 경우 정의론(Gerechtigkeitstheorie)이 문제되는 경우, 이미 그에 대한 반론이 제기될 수 있다. 즉, 경제적 법이론에 의하면, 사회 전체적으로 더 효율적인 법률(das gesamtgesellschaftlich effizientere Gesetz)은 인간에 대한 그의 결과가 전혀 상이하게 나타날지라도 집행되어야 한다는 결론에 도달한다.[45]

문제는 여기서 끝나지 않는다. 오히려 근본적인 문제, 즉 경제적 효율성이 법원리(Rechtsprinzip)인가[46] 하는 문제가 또한 제기된다. 입법자가 법규범을 비

---

41) Karl-Heinz Fezer, JZ 1988, S. 228.
42) R. Gröschner/C. Dierksmeier/M. Henkel/A. Wiehart (Hrsg.), Rechts- und Staatsphilosophie — Ein dogmenphilosophischer Dialog, S. 247 und 261.
43) R. Gröschner/C. Dierksmeier/M. Henkel/A. Wiehart (Hrsg.), a.a.O., S. 262.
44) Vgl. Karl-Heinz Fezer, Homo Constitutionis — Über das Verhältnis von Wirtschaft und Verfassung, JuS 1991, S. 892 f.
45) Vgl. Kurt Seelmann, Rechtsphilosophie, 1994, §10 Rn. 5.
46) "Effizienz"란 개념은 "Effektivität"란 개념과 구별된다. 후자가 주어진 사회 경제적 조건하에서 목표달성의 정도로 이해되는 반면에, 전자는 자원투입에 따라 맞추어진 최적의 목적-수단관계를 목표로 한다. Vgl. Wolfgang Hoffmann-Riem, Effizienz als Herausforderung an das Verwaltungsrecht, in: ders/Eberhard Schmidt-Aßmann (Hrsg.), Effizienz als Herausforderung an das Verwaltungsrecht, Baden-Baden 1998, S. 16 ff.

용-수익의 기준(Kosten/Nutzen-Kriterium)에 따라 정립하라는 내용의 위임은 헌법
의 어디에서도 도출될 수 없다. 헌법은 경제정책적으로 중립적(neutral)이고 입법
자에게 효율적인 법(effizientes Recht)만 정립하도록 요구하지 않는다. 헌법은 라이
스너(W. Leisner)에 의하면 전체적으로 "효율성에 대해 중립적(effizienzneutral)"이라
고 한다.[47] 비용수익을 기준으로 하는 경제적 효율성은 따라서 헌법적인 원리가
아니며,[48] 따라서 전체적인 법원리가 아니다. 전체적인 법원리는 다수 법영역에
서 원칙적으로 중요한 의미를 가질 수 있어야 할 것이기 때문이다.[49]

아이덴뮐러(Horst Eidenmüller)의 견해에 의하면, 경제적 효율성은 그러나 개별
법영역에 제한된 법원리가 될 수 있다고 한다. 예를 들어 예산법에서 효율성은
국지적인 법원리이다. 이와 관련하여 예산법의 규정에서 예산운영에 있어서 공공
자금을 낭비하지 않도록 하는 법원리가 도출될 수 있다. 그러나 예산법은 공법이
며 예산법상의 효율성 사고가 민법에 대해 일반화될 수는 없다고 한다.[50] 경제적
효율성이 재정제도의 영역에서도 법원리로서 부인되지 않는다. 이러한 영역에서
는 입법자가 개별규정들을 통해 효율성사고를 신중하게 따라도 될 것이다.[51]

3. 합목적성과 정의: 법이념 간의 긴장관계

비들린스키(Franz Bydlinski)는 법의 경제이론이 인간의 합리성에 상응하는 법
의 합목적성의 요구와 관련된다고 보고 있다.[52] 합목적성의 요구(Zweckmäßigkeit)
는 법에 설정된 목적에 도달하는 데 적합하도록 실정법규범을 형성하도록 요구한
다. 비들린스키에 의하면 합목적성은 "경제적 원리(ökonomisches Prinzip)"로서 그
것을 명확하게 할 수 있는 적합한 용어라는 의미도 갖는다고 한다: 즉, 각각의 설
정된 목적은 목적에 도달하기 위해 적합한 수단을 통하여 추구되어야 할 뿐만 아

47) Vgl. Walter Leisner, Effizienz als Rechtsprinzip, 1971, S. 25 ff. 그에 의하면 법치국가가 지
배하는 한 효율적인 국가는 존재하지 않는다고 한다. 이에 대해서는 ders, a.a.O., S. 58
를 참조.
48) 유럽공동체의 계약들을 입법화하는 데 있어서도 경제원리에 초점이 맞추어져 있음이 드
러난다. 그리고 제안된 유럽헌법계약(안)도 효율성을 유럽연합의 조직원리로서 언급하고
있다. Vgl. Konrad Lachmayer, Effizienz als Verfassungsprinzip: Eine Maxime für staat-
liches Handeln in Österreich?, in: 44. AssÖR, Recht und Ökonomie, S. 158.
49) Horst Eidenmüller, Effizienz als Rechtsprinzip, S. 464 f.
50) Horst Eidenmüller, a.a.O., S. 465.
51) Vgl. Thorsten Kroll, Das Bundesverfassungsgericht setzt "Maßstäbe", StuW 2000, S. 80.
52) Franz Bydlinski, Juristische Methodenlehre und Rechtsbegriff, 1991, S. 330 ff.

니라, 모든 적합한 수단 중에서 가장 적게 손해를 주는, 가장 적은 비용이 드는 수단으로 추구되어야 한다.[53] 비들린스키는 법의 경제이론을 경제적 효율성의 합목적성원리를 실천적으로 더 잘 적용할 수 있게 하기에 적합한 도구로 보고 있다.[54] 따라서 최적의 자원배분, 거래비용의 축소, 경제적 효율성 등의 주요 관점 하에서 현행법 규정과 규범구조들의 정당성이 검토되고 법정책적 대안들이 개발되고 판단되어야 할 것이다. 그러나 그는 이러한 방식이 위험에 빠질 수 있다는 점을 또한 지적하고 있다. 즉, 법적으로 매우 본질적인 관점들, 특히 정의의 근거들(Gerechtigkeitsgründe)이 파악되지 않을 수 있다는 것이다. 이 경우 각각 관련된, 수량화될 수 없는 비물질적(정신적) 법익 때문에 그리고 이를 보호하는 원리들 때문에 경제적 효율성은 하나의 형량요소(Rang eines Abwägungsfaktors)로서의 지위만을 가지게 된다.[55] 이는 규범적 질서를 구성하는 부분들의 경제적 측면일 뿐이며 이러한 측면이 경제적 분석을 통해 파악되는 것이다. 비물질적, 정신적인 법익 그 자체가 경제적 분석에도 불구하고 수량으로 측정되지는 않지만 대부분의 인간에게 중요하고 의미있는 법익이라면, 측정가능한 최적의 자원배분만이 규범적 질서를 형성하기 위한 유일한 기준일 수 없다.[56] 사실 경제적 분석의 관점이 법적인 논증으로 유입될 수 있지만 그것은 다른 더 중요한 관점들(Topoi)과 경합하여야 한다.[57] 무엇보다도 기본적인 법원칙들 간의 최적조정(Optimierung Ausgleichs)을 위해 노력하는 것이 필요할 것이다.[58] 이러한 점에서 기본 법원칙들 중 하나의 원칙을 적용하는 데 적합하도록 구체화하는 수단으로서 그것은 가치있는 일일 것이다.[59] 이런 의미에서 본다면 경제적 효율성과 분배의 정의는 언제나 상호 적대

---

53) Franz Bydlinski, a.a.O., S. 330.
54) Franz Bydlinski, Fundamentale Rechtsgrundsätze — Zur rechtsethischen Verfassung der Sozietät, 1988, S. 289.
55) Franz Bydlinski, a.a.O., 1988, S. 283.
56) Franz Bydlinski, a.a.O., 1988, S. 286 f; 베렌스(Behrens)는 복지경제적 목표설정으로서 최적의 자원배분과 더불어 인간존엄이라는 의미에서의 정의의 가치를 경제적 분석에 끌어들인다. Vgl. Franz Bydlinski, a.a.O., 1988, S. 287 Fn. 434 und Peter Behrens, Die ökonomischen Grundlagen des Rechts — Politische Ökonomie als rationale Jurisprudenz, 1986, S. 82 ff.
57) Thomas Hoeren/Christian Stallberg, Grundzüge der Rechtsphilosophie, §7, Rn. 289.
58) Franz Bydlinski, Fundamentale Rechtsgrundsätze, S. 289.
59) Franz Bydlinski, a.a.O., S. 290; 여기서 효율성과 정의의 관계에 관한 오쿤의 다음과 같은 말은 일정한 시사점을 주고 있다. "A democratic capitalist society will keep searching for better ways of drawing the boundary lines between the domain of rights and the domain

적인 것은 아니라고 할 수 있다.[60]

VII. 결론

이상에서 경제적 법이론 등이 왜 독일에서 쉽게 받아들여지지 않고 있는가
에 대해서 알아보았다. 즉, 미국과 독일의 법제의 차이 등 여러 가지 반론이 제기
되고 있다는 점을 지적하였고 아울러 그에 대한 비판적 검토를 하여 보았다. 그
러나 경제학적 법이론을 법학에 받아들여야 하는지의 문제는 더 논의되어야 한
다. 아직은 많은 문제들이 해결되지 않은 채 남아있기 때문이다. 위에서 언급된
경제이론의 도입에 대한 반론과 함께 여기서 특히 쇼이어만(Scheuermann)의 포
스너(Posner)에 대한 비판에 주목할 가치가 있는 것 같다. 그에 의하면 포스너의
법경제학(Law and Economics)의 공식 안에서 현대사회의 형태가 신성시되고 있
다고 한다. 왜냐하면 실용주의(Pragmatismus) 속에는 자유경쟁이 우월하다는 신
앙(Glaube an Vorzüge der freien Konkurrenz)이 숨어 있기 때문이다.[61] 위의 반론과
비판 때문에 모어록(Morlok)은 경제적 이론을 선택적으로 받아들이자고 주장한
다. 특수영역에 한정된 경제적 분석, 즉 도그마틱과 법학을 염두에 두는 것이 아
니고, 법정책적으로 입법[62]에 한정된 경제적 분석이 유용하다고 한다. 그뢰쉬너

---

of dollars. And it can make progress. To be sure, it will never solve the problem, for the
conflict between equality and economic efficiency is inescapable. In that sense, capital-
ism and democracy are really a most improbable mixture. Maybe that is why they need
each other — to put some rationality into equality and some humanity into efficiency."
Vgl. Arthur M. Okun, Equity and Efficiency — The Big Tradeoff, Washington, D.C., 1975,
S. 120.

60) Vgl. Norbert Berthold/Rainer Fehn, Arbeitslosigkeit oder ungleiche Einkommensverteilung
— ein Dilemma? APuZ 26/1996, S. 14 ff.; Claus Schäfer, Von massiven Verteilungsprob-
lemen zu echten Wettbewerbsnachteilen?, in: C. Butterwegge/M. Kutscha/S. Berghahn
(Hrsg.), Herrschaft des Marktes — Abschied vom Staat?, Baden-Baden 1999, S. 63.

61) William E. Scheuerman, Die stille Revolution im amerikanischen Recht, in: Hauke
Brunkhorst/Peter Niesen (Hrsg.), Das Recht der Republik, 1999, S. 221. 쇼이어만은 포스
너의 저작이 두 가지 위험을 내포하고 있다는 점을 지적하고 있다. 첫째, 그의 저작들은
진부한 고찰을 위한 보물창고로서 사회현실을 폭로하기보다는 위장한다는 점, 둘째, 법
경제학의 개념적 토대를 자유시장경제적 보수주의라는 내용을 토대로 하여 이러한 전제
하에 해석한다는 점을 지적하였다. Vgl. Ebenda, S. 216 f.

62) Oliver Lepsius, a.a.O., S. 438.

(Gröschner)도 그 적용영역을 법적용이 아닌 입법에 한정하자고 한다.[63] 키르히너 (Kirchner)는 더 나아가 효율성의 패러다임(Effizenzparadigma) 대신에 합의론적인 이 론(den konsenstheoretischen Ansatz)을 사용하는 법의 규범적 경제이론(eine normative ökonomische Theorie)을 주장한다.[64]

경제이론은 법영역에서 문제해결의 가능성을 어느 정도 보여줄 수 있을 것 이다. 현실학문으로서의 경제학적 인식은 판단해야 할 생활영역을 더 정확히 인 식하게 하고, 대안조치들의 효과를 더 정확히 평가하게 하며, 관련된 이해관계를 더 정확하고 완전하게 분석할 수 있게 해준다.[65] 경제이론은 입법에 대하여 그리 고 법학에 대하여 수범자들의 행위가 합리적으로 결정됨을 전제로 하는 분야에서 도움을 줄 수 있다. 경제학은 따라서 법학에 대한 참조학문(Referenz-wissenschaft) 으로서의 지위를 가질 수 있다. 주요기준으로서 경제학의 인식을 받아들이는 것 은 특히 경제관련 법영역에 도움을 줄 수 있을 것이다.[66]

그러나 이것은 당연히, 경험적 인식 또는 그 밖의 경제적, 정치적, 사회적 연 관성에 관한 현실학문적인 인식(realwissenschaftliche Erkenntnisse)이 규범으로 승격 된다는 것을 의미하지는 않는다.[67] 경제이론의 요구들이 아무런 제약없이 법적인 규율로 전환된다면, 경제이론에 의해 법학의 자치(자율성, Autonomie der Rechtswis-senschaft)가 위태로워질 것이다.[68] 그래서 렙시우스(Oliver Lepsius)는 경제이론을 통해 법적인 문제를 해결하는 능력이 과대평가되어서는 안 된다고 지적하고 있는 것이다.[69]

학문영역 간의 대화는 필요하다. 그러나 그렇다고 하여 경제이론(또는 경제적 법이론, 법의 경제적 분석)을 법학에 전면적으로 받아들이는 것은 문제가 있다. 먼 저 전체 헌법질서 등 법질서를 고려하여 할 것이다. 효율성만을 강조하는 것, 일

---

63) Ebenda, S. 439.

64) 이에 대해서는 Christian Kirchner, Ökonomische Theorie des Rechts, Berlin, New York 1997, S. 30 f.

65) Vgl. Hans Peter Bull, Allgemeines Verwaltungsrecht, 6. Aufl., 2000, §7 Rn. 374.

66) Vgl. Joachim Wieland, Die Bedeutung der Figur des homo oeconomicus für das Recht, in: Dieter Dölling (Hrsg.), Festschrift für Ernst-Joachim Lampe zum 70. Geburtstag, Berlin 2003, S. 381 f.

67) Hans Peter Bull, a.a.O., §7 Rn. 374.

68) Christian Kirchner, Das öffentliche Recht als Gegenstand ökonomischer Forschung, S. 315 ff.; Oliver Lepsius, a.a.O., S. 443 Fn. 52.

69) Oliver Lepsius, a.a.O., S. 443.

방적으로 경쟁만을 요구하는 것은 오히려 헌법질서에 반할 수도 있다. 효율성이 우선시되어서는 안 되는 영역이 있을 뿐만 아니라, 경쟁조건을 갖추지 않은 상황에서 경쟁을 요구하는 것도 문제이다. 공정한 경쟁이 유도되도록 유도하고 규제하는 공정거래(및 경쟁에 관한)법이 그 예가 될 것이다. 토지수용에 있어서 헌법 제23조에 규정된 공공의 필요라는 요건이 중시되어야 하는 것도 그 예가 될 수 있다. 나아가 사회적 약자를 보호해야 하는 사회보장영역이나 소위 생존배려의 영역 등에도 경제이론이 전적으로 법에 도입될 수 없을 것이다. 생존배려의 개념에 대해서는 비판이 가해지고 있으나, 오늘날 그것은 공공영역의 본질적인 부분이 민간에게 넘겨져서는 안 된다는 의미에서는 아직도 그 의미를 가질 수 있다고 본다.

법의 경제적 분석은 무엇보다도 우리 헌법의 사회국가원리에 근거한 장애인이나 노약자, 빈곤층 등 사회적 약자의 배려, 또 최근의 8. 31 부동산대책이나 토지 공개념, 독점방지대책, 평등원칙에서 연유하는 정의의 원리에 근거한 담세능력에 따른 납세의무 등과도 조화될 수 없는 면을 가지고 있다. 법의 경제적 분석의 문제점은 무산자보다는 유산자, 사회경제적 약자보다는 사회경제적 강자에게 더 친근한 측면을 가질 가능성이 많다는 점이다. 왜냐하면 법의 경제적 분석은 무엇보다도 개인 간의 선호의 차이 이외의 다른 수많은 차이를 인정하지 않는 평등하고 자유로운 개인주의적 경제이론에 바탕을 두고 있으며, 소득분배의 공정성보다는 자원배분의 효율성에 중점을 두고 있기 때문이다. 강자와 약자의 차이를 인정하지 않고 약자에 대한 배려가 없을 경우, 법은 누구의 편일 것인지는 어렵지 않게 예측될 수 있을 것이다. 그것은 법의 역사에서 이미 입증되어 온 것이다. 그렇기 때문에 공법과 사법의 영역의 중간에 사회법이라는 영역이 발생하였던 것이고 또한 개인주의가 극한에 달하는 시점에는 '만인의 만인에 대한 투쟁'에서 패배해버린 엄청난 규모의 인간들을 사회적, 경제적 생활의 주변부로 몰아내었기 때문에 결국 계급들 사이의 대립을 완화시키는 국가의 역할이 강화되는 결과를 낳았던 것이다. 이 경우 그러한 역할을 할 만큼의 국가의 개입이 존재하지 않는 곳에서는 사회 내 갈등이 극복되지 못하여 결국 사회가 첨예하게 양극화되고 심각한 대립의 장으로 변해버린다는 사실을 역사는 입증하고 있다.

법학분야에서도 비효율적인 부분이 있고 그러한 부분은 제거되어야 하기 때문에 경제적 효율성이 요구되지만 효율성을 추구하는 경우 얻는 것도 있고 잃는

것도 있다는 점이 지적되어야 할 것이다. 이러한 의미에서 볼 때 경제적 효율성
을 근거로 추진되는 공법상의 규제완화, 민영화, 행정절차의 단순화가 언제나 참
이라고는 할 수 없다. 어떤 경우에는 그 반대인 거짓일 수도 있다. 문제는 공적인
영역이 어느 정도의 수준으로 유지되어야 하는가 하는 점이다. 경우에 따라서는
특히 공공의 영역에서 비배제성과 비경합성이라는 공공재의 특성으로 인하여 공
공성이 유지될 필요성 때문에 국가개입이 요구되는 경우가 있을 수 있다. 이 경
우 경제적 효율성이라는 기준만으로 판단되어서는 안 되는 것이다. 그 밖에 규범
적 시각보다는 효율성을 강조하고, 논의체제보다는 성과를 지향하는 행정학의 영
향에 대해서도 같은 점이 지적될 수 있을 것 같다.[70]

　　마지막으로, 학문 간의 대화는 중단되지 않고 계속되어야 하며, 일정한 법영
역에서는 경제이론이 도움을 줄 수 있고 불가피하기까지 하다는 점에 대해서는
당연히 부인할 수 없다. 현실을 올바로 평가하고 판단하기 위해서는 경제이론의
법학에의 도입은 고려되어야 할 것이다.[71] 그러나 경제이론의 법학에의 도입은
또한 앞에서 본 바와 같은 위험성을 내포하고 있다.[72] 그러한 이론틀은 비들린스
키의 말처럼 법의 이념의 하나인 합목적성을 실현하는 도구로서, 법에 있어서 규
범적 가치판단을 함에 있어 여러 가지 형량요소들 가운데 하나로서 다른 요소들
과 경쟁관계에 있어야 한다.[73] 그 밖에도 특히 어떤 경제이론이 현실을 올바로
판단하도록 도와주는 것이 아니고, 자신의 이해관계를 관철하는 이데올로기로서
현실을 왜곡하는 데 이용된다면 그러한 이론은 위험하기까지 한 것으로서 지양되

---

70) 이에 대해서는 류지태, 세계화시대의 한국 행정법학의 발전과 전망, 고려대학교 개교 백
　　주년기념 법과대학 국제학술대회, 2005, 102면 참조.
71) 재벌들이 비상장주식을 상속증여세 회피방법으로 이용한 사례를 보면 장부상으로 가치
　　가 낮은 비상장주식을 자식에게 물려주고는 곧바로 해당 주식을 상장해서 수십 배의 양
　　도차익을 내고도 세금 한푼 안 낸 사례가 허다하다. 이 경우 비상장주식도 장부에 따라
　　서만 평가하지 말고 재무관리 이론을 실무에 도입해서 그 주식이 상장된다면 받을 수 있
　　는 가격에 가깝게 평가해야 할 필요성이 있다. 미국 법원의 판례에 의하면, 상장주식의
　　가치를 과거 실적 대신 미래에 벌어들일 현금흐름을 기준으로 평가해서 세금을 내라고
　　한 사례가 있다고 한다. 인터넷 참여연대 2003년 7월 11일자.
72) Oliver Lepsius, a.a.O., S. 443.
73) 이에 대해서는 국내에서도 유사한 지적이 있는바, 즉, 행정에 있어서의 경제성원리는 어
　　디까지나 행정법의 다른 법원리와 조화되는 한에서 적용되어야 한다는 점, 그리고 경제
　　성원리의 적용상 한계영역이 존재한다는 점, 공행정업무에 있어서는 결코 계량화될 수
　　없는 가치적 요소들이 적지 아니하다는 점 등에 대한 지적이 있다. 김해룡, 경제성원리
　　의 행정법원리에의 수용, 공법연구 제32집 제4호, 37면 참조.

어야 한다. 따라서 경제이론의 법학에의 도입, 특히 시카고학파에 의해 주도된 법의 경제적 분석, 법경제학 등의 신자유주의적 성향의 특정이론의 도입에 대해서는 보다 신중한 자세가 필요할 것으로 보인다.[74] 독일에서 이러한 이론들이 잘 받아들여지지 않는 경향은 그러한 관점에서 이해될 수 있을 듯하다.

[참고문헌]

김해룡, 경제성원리의 행정법원리에의 수용, 공법연구 제32집 제4호.

류지태, 세계화시대의 한국 행정법학의 발전과 전망, 고려대학교 개교 백주년기념 법과대학 국제학술대회, 2005.

이계수, 신자유주의의 세계화와 법치국가의 위기, 최송화교수 화갑기념논문집, 2002.

이광윤, 신자유주의와 행정규제의 법리, 공법연구 제27집 제2호.

Bydlinski, Franz, Fundamentale Rechtsgrundsätze — Zur rechtsethischen Verfassung der Sozietät, Wien/New York 1988.

Bydlinski, Franz, Juristische Methodenlehre und Rechtsbegriff, 1991.

Eidenmüller, Horst, Effizienz als Rechtsprinzip, Tübingen 1995.

Fezer, Karl-Heinz, Aspekte einer Rechtskritik an der economic analysis of law und am property rights approach, JZ 1986, S. 877 ff.

Fezer, Karl-Heinz, Nochmals: Kritik an der ökonomischen Analyse des Rechts, JZ 1988, S. 223 ff.

Fezer, Karl-Heinz, Homo Constitutionis — Über das Verhältnis von Wirtschaft und Verfassung, JuS 1991, S. 889 ff.

Frey, Bruno S./Kirchgässner, Gebhard, Demokratische Wirtschaftspolitik- Theorie und Anwendung, 2002.

Gröschner, Rolf, Homo oeconomicus und Grundgesetz, in: Engel/Morlok (Hrsg.), Öffentliches Recht als ein Gegenstand ökonomischer Forschung, Tübingen,

---

74) 신자유주의 패러다임으로서의 규제완화의 문제점으로는 자유만능의 문제점, 공공부문과 민간부분의 한계상의 난점, 법치주의상의 문제점, 그리고 세계화의 결과로 나타나는 국익보호의 취약성 등이 지적되고 있다. 이에 대해서는 이광윤, 신자유주의와 행정규제의 법리, 공법연구 제27집 제2호, 42면 이하 참조.

1998.

Gröschner, R./Dierksmeier, C./Henkel, M./Wiehart, A. (Hrsg.), Rechts- und Staatsphilosophie — Ein dogmenphilosophischer Dialog, Berlin 2000.

Hoffmann-Riem, Wolfgang, Effizienz als Herausforderung an das Verwaltungsrecht, in: ders/Eberhard Schmidt-Aßmann (Hrsg.), Effizienz als Herausforderung an das Verwaltungsrecht, Baden-Baden 1998.

Kirchner, Christian Ökonomische Theorie des Rechts, Berlin,/New York 1997.

Leisner, Walter, Effizienz als Rechtsprinzip, Tübingen 1971.

Lepsius, Oliver, Die Ökonomik als neue Referenzwissenschaft für die Staatsrechtlehre?, Die Verwaltung 1999, S. 429 ff.

Möllers, Christoph, Kooperationsgewinne im Verwaltungsprozeß — Zugleich ein Beitrag zu Theorie und Praxis ökonomischer Analyse im Verwaltungsrecht —, DÖV 2000, S. 667 ff.

Morlok, Martin, Vom Reiz und vom Nutzen, von den Schwierigkeiten und den Gefahren der Ökonomischen Theorie für das Öffentliche Recht, in: Engel/ Morlok (Hrsg.), Öffentliches Recht als ein Gegenstand ökonomischer Forschung, Tübingen, 1998.

Nahamowitz, Peter, Staatsinterventionismus und Recht — Steuerungsprobleme im organisierten Kapitalismus, Baden-Baden 1998.

Naucke, Wolfgang, Rechtsphilosophische Grundbegriffe, Neuwied/Kriftel 2000.

Ptak, Ralf, Verordnet-geduldet-erledigt? Zur Entwicklung des deutschen Sozialstaates im historischen Kontext, in: Christoph Butterwege/Rudolf Hickel/Ralf Ptak, Sozialstaat und neoliberale Hegemonie, Berlin 1998.

Raisch, Peter/Schmidt, Karsten, Rechtswissenschaft und Wirtschaftswissenschaften, in: Dieter Grimm (Hrsg.), Rechtswissenschaft und Nachbarwissenschaften, Bd. 1, Frankfurt am Main 1973.

Schäfer, Hans-Bernd/Ott, Claus, Lehrbuch der ökonomischen Analyse des Zivilrechts, 3. Aufl., Berlin 2000,

Scheuerman, William E., Die stille Revolution im amerikanischen Recht, in: Hauke Brunkhorst/Peter Niesen (Hrsg.), Das Recht der Republik, 1999.

Seelmann, Kurt, Rechtsphilosophie, München 1994.

Siems, Mathias, Die Idee des Neoliberalen im deutschen Recht, Rechtstheorie 35 (2004).

Welfens, Paul J. J., Theorie und Praxis angebotsorientierter Stabilitätspolitik, Baden-

Baden 1985.

Wieland, Joachim, Die Bedeutung der Figur des homo oeconomicus für das Recht, in: Dieter Dölling (Hrsg.), Festschrift für Ernst-Joachim Lampe zum 70, Geburtstag, Berlin 2003.

6. 공공정책과 비례원칙의 의미[*]

— 대형마트 영업시간제한 등 처분에 관한 판례 평석 —

(서울고법 2014. 12. 12. 선고 2013누29294 판결을 중심으로)

I. 사건의 개요

가. 원고들은 서울특별시 동대문구, 성동구(이하 '서울특별시'는 생략하기로 하고, 위 각 지방자치단체를 함께 지칭할 경우에는 '이 사건 지방자치단체'라고 한다) 내에서 구 유통산업발전법(2013. 1. 23. 법률 제11626호로 개정되기 전의 것) 제2조 제3호에서 정한 대규모점포 중 같은 법 제12조의2, 구 유통산업발전법 시행령(2013. 4. 22. 대통령령 제24511호로 개정되기 전의 것) 제7조의2 소정의 대규모점포 또는 구 유통산업발전법 제2조 제3의2호에서 정한 준대규모점포로 등록된 점포를 운영하는 법인이다(이하 원고들이 운영하는 대규모점포를 '이 사건 대규모점포'라고 하고, 준대규모점포를 '이 사건 준대규모점포'라 하며, 대규모점포와 준대규모점포를 함께 지칭할 경우에는 '대규모점포등'이라고 한다).

나. 구 유통산업발전법이 2012. 1. 17. 법률 제11175호로 개정되면서 대규모점포등에 대한 영업시간의 제한 등에 관한 제12조의2(이하 '이 사건 법률조항'이라고 한다)가 신설되었는데,[1] 그 내용은 지방자치단체장이 대규모점포등에 대하여

* 이 글은 서울특별시의회의 [입법&정책] 제11호(2015. 9), 117-138면에 수록된 논문을 수정, 보완한 것임.

1) 유통산업발전법 제12조의2(대규모점포등에 대한 영업시간의 제한 등) ① 특별자치시장·시장·군수·구청장은 건전한 유통질서 확립, 근로자의 건강권 및 대규모점포등과 중소유통업의 상생발전을 위하여 필요하다고 인정하는 경우 대형마트(대규모점포에 개설된 점포로서 대형마트의 요건을 갖춘 점포를 포함한다)와 준대규모점포에 대하여 다음

오전 0시부터 오전 8시까지의 범위에서 영업시간을 제한하거나 매월 1일 이상 2일 이내의 범위에서 의무휴업을 명할 수 있고(이하 '영업시간 제한 등'이라고 한다), 영업시간 제한 등에 필요한 사항은 해당 지방자치단체의 조례로 정하도록 한다는 것이다.

다. 이 사건 법률조항에 따라 전국의 여러 지방의회가 관련 조례를 개정하였는데, 여기에는 영업시간 제한 등에 관하여 공통적으로 '지방자치단체장은 대규모점포 등에 대하여 오전 0시부터 오전 8시까지 영업시간을 제한하고, 매월 두 번째 일요일과 네 번째 일요일을 의무휴업일로 지정하여 이를 명하여야 한다'고 규정하고 있었다(이하 '종전 조례조항'이라고 한다).

라. 피고들을 비롯한 해당 지방자치단체장은 위 조례를 공포하면서 원고들을 비롯한 대규모점포등의 운영자에게 종전 조례조항이 공포되어 시행될 예정이니 영업시간 제한 등을 준수하라는 내용의 공문을 보냈다(이하 '종전 통보'라고 한다).

마. 원고들은 이에 불복하여 해당 지방자치단체장을 상대로 종전 통보의 취소를 구하는 행정소송을 제기하였다. 그중 원고들이 강동구청장을 상대로 제기한 서울행정법원 2012구합11676 사건에서 위 법원은 2012. 6. 22. '이 사건 법률조항은 지방자치단체장에게 대규모점포등에 대한 영업시간 제한 등에 관하여 재량권을 부여하였음에도, 종전 조례조항이 해당 지방자치단체장으로 하여금 의무적으로 영업시간 제한과 의무휴업의 최대치를 명하도록 강제한 것은 이 사건 법률조항이 부여한 지방자치단체장의 판단 재량을 박탈한 것으로 위법하고, 위법한 종전 조례조항에 근거하여 이루어진 종전 통보는 위법하다'라는 이유로 원고들의 청구를 인용하였다. 강동구청장이 이에 불복하여 서울고등법원 2012누22388호로 항소하였으나 항소가 기각됨에 따라 제1심판결이 그대로 확정되었다(이하 '종전 판결'이라고 한다).

바. 이 사건 지방자치단체의 지방의회는 종전 판결의 취지에 따라 종전 조례조항을 개정하였고, 피고들은 2012. 9. 14.부터 같은 해 10. 30.까지 사이에 개정된

각 호의 영업시간 제한을 명하거나 의무휴업일을 지정하여 의무휴업을 명할 수 있다. 다만, 연간 총매출액 중 「농수산물 유통 및 가격안정에 관한 법률」에 따른 농수산물의 매출액 비중이 55퍼센트 이상인 대규모점포등으로서 해당 지방자치단체의 조례로 정하는 대규모점포등에 대하여는 그러하지 아니하다.
1. 영업시간 제한
2. 의무휴업일 지정

조례(이하 '이 사건 조례'라고 한다)를 공포하였는데, 여기에는 공통적으로 '지방자치단체장은 대통령령으로 정하는 대규모점포등에 대하여 오전 0시부터 오전 8시까지의 범위 내에서 영업시간 제한을 명하거나 매월 1일 이상 2일 이내에 의무휴업일을 지정하여 의무휴업을 명할 수 있다'라고 규정하고 있다(이하 '이 사건 조례조항'이라고 한다).

　　사. 피고들은 2012. 11. 14.부터 같은 해 11. 28.까지 사이에 이 사건 법률조항과 조례조항에 근거하여 별지 1 처분 목록 기재와 같이 원고들이 운영하는 대규모점포등에 대하여 공통적으로 영업시간을 오전 0시부터 오전 8시까지로 제한하고 매월 둘째 주와 넷째 주 일요일을 의무휴업일로 지정하는 처분을 하였다(이하 '이 사건 각 처분'이라고 한다).

Ⅱ. 판결내용

1. 판결 주문

- 1. 제1심 판결을 취소한다.
- 2. 피고들이 별지 1 처분 목록 기재와 같이 원고들에 대하여 한 각 영업시간 제한 및 의무휴업일 지정처분을 모두 취소한다.
- 3. 소송총비용은 피고들이 부담한다.

2. 처분의 적법 여부

(1) 처분 대상의 실체적 요건에 대한 판단

　㈎ 이 사건 대규모점포가 처분의 대상인 대형마트에 해당되는지 여부

　① 일반적으로 침익적 행정처분의 근거가 되는 행정법규는 엄격하게 해석 적용하여야 하고(대법원 2012. 2. 9. 선고 2011두23504 판결), 이 사건 각 처분은 처분의 상대방에게 상당한 경제적 손실을 야기할 것이 예상되므로 엄격하게 해석 적용해야 할 필요성이 크다.

　② 구 유통산업발전법 시행령 [별표 1]에서는 대규모점포의 종류를 대형마트, 전문점, 백화점, 쇼핑센터, 복합쇼핑몰, 그 밖의 대규모점포등 6개로 구분하여 규정하고 있는데, '점원의 도움 없이 소비자에게 소매하는 점포의 집단'이라는 요건은 대형마트에만 특별히 규정되어 있는 요건으로서, 다른 대규모점포와 대형마

트를 구별 짓는 핵심적인 개념표지로 보인다.

③ 그런데, 위 인정사실에서 본 바와 같은 이 사건 대규모점포에서 점원이 구매편의를 도모하기 위하여 소비자들에게 제공하는 행위들에 비추어, 이 사건 대규모점포가 '점원의 도움 없이' 소비자에게 소매하는 점포의 집단이라고 보기 어렵다.

그렇다면, 이 사건 대규모점포는 구 유통산업발전법 및 동법 시행령에 따라 영업시간 제한 및 의무휴업일 지정 처분의 대상이 될 수 없음에도, 피고는 이를 오인하여 처분의 대상으로 삼은 것으로 보인다. 나아가 이 사건 대규모점포를 경영하는 회사가 직영하는 것을 처분사유로 한 이 사건 준대규모점포에 대한 처분도 그 대상을 오인한 것으로 보인다.

㈏ 대규모점포 내 위치한 임대매장이 이 사건 처분의 대상에 포함되는지 여부

구 유통산업발전법의 규정 내용 및 형식에 비추어, 영업시간 제한 및 의무휴업일 지정 처분은 대물적 처분으로서 구체적으로는 '대형마트로 등록된 대규모점포의 매장면적 전체'를 그 처분의 대상으로 한다고 봄이 상당하다. 이 경우 대규모점포의 일부를 구성하며 매장 내에 위치한 임대매장도 처분의 대상에 포함될 것으로 보인다. 실제로 이 사건 처분은 임대매장을 포함하여 각 대규모점포 자체를 하나의 대상으로 보아 단일한 처분을 한 것이고, 임대매장에 대한 부분만을 가분적으로 나눌 수도 없는 것으로 보인다. 피고 또한 당심의 변론기일에 이 사건 처분은 임대매장을 포함하여 이루어진 것이며, 이를 전제로 위반사항 등을 규제하고 있다는 취지로 진술한 바 있다.

그런데, 이 사건 대규모점포는 개설 등록을 할 당시 매장 면적과 함께 직영매장과 임대매장을 각각 구분하여 그 면적과 비율을 기재하여 신청하였음은 앞서 대규모점포등의 현황에서 본 바와 같고, 위 인정사실에서 본 바와 같이 매장 내에 입점해 있는 임대매장은 주로 서비스 용역을 제공하는 것으로, 소매를 하는 경우에도 점원의 도움 아래 소비자의 구매가 이루어지고 있으므로, '점원의 도움 없이 소매'한다고 보기는 어렵다.

따라서, 임대매장은 '점원의 도움 없이 소비자에게 소매하는 점포'라는 법령상 대형마트의 요건을 갖추지 못한 것으로 보이고, 이 사건 처분은 임대매장이 대형마트에 포함됨을 전제로 각 대규모점포 매장 전체를 단일한 처분의 대상으로 한 것으로 임대매장 부분에 대해서만 분리하여 위법하다고 볼 수도 없다. 그러므

로 대규모점포에 대한 이 사건 처분은 처분의 대상을 오인한 위법이 있어 그 전체의 취소를 면할 수 없다.

㈐ 소결

그렇다면, 이 사건 각 처분은 처분의 대상을 오인하여 법령상 처분 대상이 되지 않는 자에 대해 처분한 것으로 나머지 점에 관하여 나아가 살펴볼 것도 없이 그 자체로 위법하다.

(2) 처분의 절차적 위법성에 대한 판단

앞서 본 실체적 요건을 달리 본다 하더라도, 대규모점포에 대한 이 사건 처분에는 아래와 같은 절차적 위법이 존재한다.

이 사건 처분은 원고들에 대하여 영업시간 제한 및 의무휴업을 명함으로써 헌법상 보장된 영업의 자유 등을 제한하는 것으로서 결국 당사자에게 의무를 과하거나 권익을 제한하는 처분이고, 앞서 본 바와 같이 이 사건 처분은 대물적 처분으로 대규모점포를 구성하는 '점포의 집단'에 대하여 이루어진 것이므로, 점포의 집단을 구성하는 임대매장의 운영자에 대해서도 절차적 적법성이 지켜져야 한다고 봄이 상당하다.

그러나, 앞서 살펴본 바와 같이 피고는 이 사건 각 처분을 하면서 대규모점포의 대표자 등이 아닌 임대매장 운영자에게 사전통지나 의견제출의 기회를 부여하지 아니한 것으로 보이고, 이 사건 각 처분이 행정절차법 제21조 제4항 각호에서 정하고 있는 공공의 안전 또는 긴급히 처분을 할 필요가 있는 경우나 당해 처분의 성질상 의견청취가 현저히 곤란하거나 명백히 불필요하다고 인정될 만한 상당한 이유가 있는 경우 등에 해당하여 당사자에게 사전통지를 하거나 의견제출의 기회를 주지 아니하여도 되는 예외적인 경우에 해당한다고 볼 수도 없다.

그렇다면, 이 사건 처분 중 대규모점포에 대한 처분은 불가분의 단일한 처분이고, 위와 같이 임대매장 운영자에 대해 적법한 절차를 거치지 않았으므로, 이는 대규모점포에 대한 처분 전체의 위법사유가 된다고 봄이 상당하다(한편, 준대규모점포의 경우 별도로 임대매장이 입점해 있는 것으로 보이지는 않으므로, 이 사건 각 처분 중 준대규모점포에 대한 처분은 위와 같은 이유의 절차적 위법성이 문제되지는 않는 것으로 보인다).

(3) 이 사건 조례조항의 위법성에 대한 판단

이 사건 조례 조항은 근로자의 건강권 보호를 목적으로 하는 구 유통산업발전법 제12조의2의 위임을 받아 제정된 것으로서, GATS 제14조 제(b)호 따른 시장접근 제한조치 금지의 예외사유에 해당된다고 볼 수 있다. 또한 이 사건 조례조항은 영업시간을 제한할 수 있는 가능성을 열어두고 있을 뿐 실제로 제한할지 여부에 대해서는 행정청이 구체적 현실에 맞게 관련 이익들을 형량한 뒤에 결정하도록 재량을 부여하고 있다. 따라서 원고들이 주장하는 이 사건 조례의 위법 사유는 행정청의 재량권 행사 여하에 달려 있을 뿐 이 사건 조례조항 자체가 GATS 및 한-EU FTA에 위배되어 위법하다고 단정할 수 없다.

(4) 재량권의 불행사 또는 해태의 위법성에 대한 판단

행정행위를 함에 있어 이익형량을 전혀 하지 아니하거나 이익형량의 고려대상에 마땅히 포함시켜야 할 사항을 누락한 경우 또는 이익형량을 하였으나 정당성·객관성이 결여된 경우에는 그 행정행위는 재량권을 일탈·남용한 위법한 처분이라고 할 수밖에 없다(대법원 2005. 9. 15. 선고 2005두3257 판결; 대법원 2010. 7. 15. 선고 2010두7031 판결; 대법원 2014. 7. 24. 선고 2014두36020 판결 등 참조).

피고는 이 사건 처분의 구체적 사유가 존재하는지 여부 및 침익적 행정처분에 수반되어야 할 이익형량을 함에 있어 고려대상에 마땅히 포함시켜야 할 사항들, 특히 영세상인의 보호와 여성의 사회진출 등에 관하여 충분한 검토와 이익형량을 누락한 채 법령상 최고한도로 영업시간을 제한하고, 획일적으로 두 번째·네 번째 일요일을 의무휴업일로 지정한 것으로 보인다. 따라서 이 사건 각 처분은 재량권을 불행사 또는 적어도 해태한 위법이 있다.

(5) 재량권의 행사가 GATS 및 한-EU FTA에 위배되는지 여부에 대한 판단

대규모점포등의 근로자보다 전통시장의 중소상인들 및 그의 근로자들의 근무환경이 더욱 열악하여 오히려 건강권 보호의 필요성이 더 클 것으로 예상되므로, 이 사건 처분이 근로자의 건강권을 보호하기 위한 것이라고 단정하기 어렵다. 오히려 이 사건 처분은 경쟁제한을 위한 위장된 제한의 수단으로 볼 여지가 크다. 따라서 이 사건 처분이 근로자의 건강권 보호를 위한 조치이기 때문에 시장접근 제한조치 금지의 예외사유에 해당한다고 보기는 어렵고, 이 사건 처분 중 원고 홈플러스 주식회사, 원고 홈플러스테스코 주식회사가 운영하는 대규모점포등에 대한 부분은 GATS를 위반한 것으로 위법하다. 나아가 이는 곧 GATS와 유사한 내용을 규정하고 있는 한-EU FTA에도 위배된다.

(6) 비례의 원칙에 위배되었는지 여부에 대한 판단

㈎ 대규모점포의 경우

1) 수단의 적합성

이 사건 각 처분은 근로자의 건강권을 보호하고, 대규모점포와 중소유통업의 상생발전 위한 적합한 수단이 될 수 있다고 보인다. 그러나 원고들이 유통질서를 어지럽혔다는 사실을 인정할 만한 자료가 제출된 적이 없고, 오히려 원고들이 유통단계를 줄여 상품의 질을 보장하면서도 소비자가격을 인하하는 등 유통질서 개선에 긍정적인 역할을 하였으며, 유통질서의 확립은 불공정한 거래 관행을 없애는 방법으로 해결할 문제이지 영업 자체를 금지함으로써 해결할 문제는 아니므로, 이 사건 처분이 건전한 유통질서 확립을 위한 합리적인 수단으로 보이지는 않는다.

2) 상당성의 원칙

이 사건 처분 당시 이 사건 대규모점포는 오전 0시 이후에는 영업을 하지 않았던 것으로 보이므로, 피고는 원고들에 대하여 이 사건 처분과 같이 영업시간 제한을 할 필요가 없었던 것으로 보이나, 피고는 불필요하게 과도한 제한을 한 것으로 보인다. 또한 일요일이 아닌 평일을 휴업일로 지정하거나, 각 지방자치단체의 사정에 맞게 의무휴업일을 지정할 수 있었음에도 불구하고, 일률적으로 인접한 지방자치단체와 동일한 날을 의무휴업일로 지정한 것은 상당성을 잃은 조치로 판단된다.

전통시장의 활성화를 위해서는 전통시장의 구매환경 등을 개선하여 자연스럽게 소비자들이 모여 들도록 하여야 할 것이지, 영업시간을 제한하고 의무휴업일을 지정하여 소비자의 선택권을 가로 막고 나아가 저출산 등의 사회적 문제를 도외시 한 채 여성의 사회진출에 어려움을 더하는 방향으로 이 사건 각 처분을 한 것이 과연 정당한 이익 형량의 결과라고 할 수 있는지에 대해서는 강한 의심이 든다.

국내 대규모점포의 소비자 효용의 증대를 위한 노력은 국내 유통업의 대외적 경쟁력 강화로 이어져 왔고 해외자본으로부터 국내시장의 잠식을 방어하는 역할을 해왔다고 볼 수 있는 점에 비추어, 이 사건 처분이 과연 균형 있는 형량을 통해 이루어진 것인지에 대한 의문이 든다.

또 대규모점포의 근로자의 경우 교대 근무나 대체휴무일의 선택 등이 가능하지만, 전통시장 상인들은 위 대규모점포의 근로자보다 일반적으로 근무환경이 더욱 열악하여 오히려 건강권 보호의 필요성이 더 클 것으로 예상된다. 이 점에서 피고들의 가치형량은 오히려 역전된 모습을 보이고 있다. 그리고 이 사건 처분으로 인하여 대규모점포가 입는 경제적 피해뿐만 아니라 대규모점포에 입점한 임대매장, 대규모점포에 납품을 하는 납품업자의 피해도 상당한 것으로 보이고, 일자리 감소로 인하여 근로자들이 일자리를 잃게 되며, 특히 이 사건 처분을 통해 보호하고자 했던 여성근로자의 일자리 감소로 인한 피해가 매우 클 것으로 예상된다.

대규모점포에 대한 이 사건 처분은 관련 법익 사이의 이익형량을 함에 있어 잘못이 있고, 비례의 원칙을 위반하여 재량권을 일탈·남용한 위법이 있다고 봄이 상당하다.

⑷ **준대규모점포의 경우**

준대규모점포의 경우, 최근 급속한 성장세를 보이며 확장해 왔음은 앞서 본 바와 같다. 대기업에서 운영하는 준대규모점포는 대규모점포의 판매전략인 1+1 행사, 쿠폰제공, 포인트 적립, 인터넷 또는 전화를 통한 주문배달 등의 전략을 그대로 가져와 적극 활용함으로써 소비자들의 발걸음을 이끌고 있다. 이는 접근성이 용이함을 강점으로 내세우며 골목별로 소규모 상권을 유지해온 영세 슈퍼마켓 등의 생존을 크게 위협하고 있는 것으로 보인다. 나아가 준대규모점포의 경우 이 사건 처분으로 인한 근로자의 일자리 감소 및 납품업체가 입는 피해의 규모 등도 대규모점포에 비하여 상대적으로 적을 것으로 예상된다. 따라서 준대규모점포에 대한 이 사건 처분은 소비자의 선택권 침해 등을 고려하더라도, 법익균형성에 어긋났는지에 대하여 강한 의문이 들기는 한다.

그러나, 헌법상 기본권인 영업의 자유를 제한함에 있어서 외형적인 양적 제한은 극히 신중한 심사를 요한다 할 수 있고, 앞서 본 GATS 및 한-EU FTA의 조항은 단순히 기술적인 조항이 아니라 영업의 자유 제한에 관한 헌법적 한계를 고려한 보편적인 기준을 수용한 것으로 보인다. 그리고 이를 존중하여 국가 간 합의

가 이루어져 국내법적 효력을 갖게 된 이상 피고는 국내 기업의 영업의 자유를
제한함에 있어서도 이를 고려하여 신중히 재량권을 행사할 필요가 있었다고 보인
다. 그럼에도 앞서 본 바와 같이 피고는 이를 게을리 하였고, 따라서 나머지 국내
기업이 운영하는 준대규모점포에 대한 처분은 위 GATS 및 한-EU FTA의 조항에
내재된 헌법정신을 간과하여 국내 기업을 역차별하는 결과를 가져올 수 있으므
로, 평등원칙의 관점에서 볼 때 위 처분을 함에 있어 재량권 행사의 하자가 없었
다고 보기는 어렵다.

3. 결론

그렇다면, 이 사건 각 처분은 위법하여 취소되어야 하므로, 원고들의 청구는
이유 있어 이를 인용하고, 이와 결론을 달리한 제1심 판결은 부당하므로 이를 취
소하고, 원고들의 항소를 인용하기로 하여, 주문과 같이 판결한다.

Ⅲ. 검토

1. 논점

위의 서울고등법원의 판시에서 대형마트 등 원고의 청구취지가 그대로 받아
들여지는 데 결정적인 이유로 제시된 것들을 보면 다음과 같다:

첫째, 대형마트의 개념상 해당 마트가 '점원의 도움없이 소비자에게 소매하
는 점포의 집단'에 해당하지 않기 때문에 영업시간 제한 및 의무휴업일 지정 처
분의 대상이 될 수 없음에도 처분대상으로 삼은 것이라는 점,

둘째, '점원의 도움없이 소비자에게 소매하는 점포'라는 대형마트의 요건을
갖추지 못한 것으로 보이는 임대매장을 대형마트에 포함하여 단일한 처분의 대상
으로 한 것은 위법한 처분이며 임대매장 부분만 분리하여 취소할 수 없으니 전체
의 취소를 해야 한다는 점,

셋째, 대형마트에 대해서만 사전통지 및 의견제출의 기회를 부여하고 대형마
트에 입점한 임대매장 운영자에 대해서는 위와 같은 행정절차를 이행하지 않았기
때문에 절차위법이라는 점,

넷째, 건전한 유통질서 확립, 근로자의 건강권 보호, 대형마트에 입점해 있는
중소자영업자들의 피해, 소비자의 선택권 침해 등에 대하여 이를 고려하지 않

았다는 점에서 재량권을 행사하지 않았거나 해태하였다는 점,

다섯째, 이 사건 처분이 근로자의 건강권 보호를 위한 조치로서 시장접근 제한조치 금지의 예외사유에 해당한다고 보기 어려워 GATS 및 한-EU FTA에 위배된다는 점,

여섯째, 이 사건 처분은 비례원칙을 위반한 것으로서, 대규모점포의 경우 관련 법익 사이의 이익형량을 함에 있어 잘못이 있고 준대규모점포의 경우에는 법익균형성에 어긋났는지에 대하여 강한 의문이 있으나 영업의 자유를 제한함에 있어 신중하게 재량권을 행사하지 못하였고 평등원칙의 관점에서도 재량권행사의 하자가 있었다는 점 등.

위와 같은 판결이유를 제시하고 있는 고등법원의 위 판결은 몇 가지 점에서 상당한 문제점을 가지고 있는 것으로 생각된다. 이하 주요한 점들을 중심으로 판결의 문제점을 살펴보기로 한다.

2. 대형마트개념의 해석과 관련하여

(1) 법문언 페티시즘(Wortlautfetischismus)의 사례

서울고등법원(또는 이하 법원이라 함)은 동 판결에서 대형마트의 개념상 해당마트가 '점원의 도움없이 소비자에게 소매하는 점포의 집단'에 해당하지 않는다는 이유로 영업시간 제한 및 의무휴업일 지정 처분의 대상이 될 수 없음에도 원고들을 처분대상으로 삼은 것이라는 이유를 제시하고 있다.

그러나 생각건대, 법원은 '점원의 도움없이'를 너무 엄격하게 해석하였다. '점원의 도움없이'라는 대형마트의 개념표지는 대형마트의 소매행위가 주로 점원의 도움없이 이루어진다는 점에서 주된 내용이 그렇다는 것이지 일체의 소매행위 전체를 점원의 도움없이 순수하게 소비자가 자율적으로 물건을 구입하는 행위라고 축소하여 해석해서는 법률의 전체취지에 맞지 않게 된다는 점에서 법원의 판단은 문제가 있다. 법원은 입법의 전체 취지나 입법의도를 적절하게 고려하지 않고 지나치게 축소해석하고 있다. 전통적인 사비니의 해석방법론에 의하더라도 문리해석에만 그쳐서는 안 된다. 또한 문리해석에 의하더라도 점원의 도움없이를 그렇게 해석할 수 없으며 유통산업발전법의 연혁이나 법의 취지, 법의 체계를 충분히 고려할 필요가 있었다는 점에서 동 판결의 문제점이 있다.

물론 해석은 규범의 텍스트에서 출발한다. 문언은 모든 해석의 1차적 출발점

이다. 그러므로 문언을 신중하게 인식하고 분석하는 것은 사안에 맞는 적절한 해석을 위한 일차적인 전제조건이다. 그러나 언어는 입법에 의해 의도된 요구내용 즉, 규범목적을 전달하기에는 다의적이며 불확실한 수단이다. 문언이 가지고 있는 커다란 의미에도 불구하고 법률문언 페티시즘(Wortlautfetischismus)에 빠진 해석, 즉 과도하게 법률문언에 집착하는 것은 잘못된 길로 인도될 수 있다. 사실 문언만으로는 어떤 규범이 좁게 또는 넓게 해석되어야 하는지에 관하여 아무것도 말해주지 않는다. 이 문제는 규범목적, 그러니까 입법이 규율하고자 하는 의도로부터 결정될 수 있다. 그것은 문언에서 인식될 수도 있지만 반드시 문언에서 인식되어야 할 필요는 없다. 그 때문에 더 넓은 해석측면들을 끌어와서 문언해석을 심사해야 한다. 즉, 체계적 해석이나 역사적 해석과 같은 해석방법이 필요하게 된다.2)

만약 이와 같이 보지 않고 극단적인 해석을 하게 되면, 오히려 대형마트는 법령을 위반하여 행위를 한 것이 된다. 즉, 대형마트들은 대형마트로 등록하였으면서도 점원의 도움없이 영업하도록 규정하고 있는 대형마트의 요건을 준수하지 않고 점원을 두어 영업을 하는 등 법령을 위반하게 된다.3) 이는 법령위반에 대한 행정청의 또 다른 제재처분대상이 될 것이다.4) 이와 같이 점원없이 소매영업을 하도록 한 요건을 엄격히 적용하면 예컨대, 매장 입구에서 안내하는 점원을 두거나 카운터에서 물건을 계산해주는 점원을 둘 경우 대형마트의 법령상의 요건을 준수하지 않은 것이 되며 이는 대형마트가 매장시스템을 완전 기계화할 때까지는 대형마트로서의 영업을 할 수 없게 되는 것을 의미한다. 이는 전국의 모든 등록된 대형마트에 대해서 적용될 것이다. 그러나 이렇게 해석하는 것이 법의 취지나 현실을 전혀 고려하지 않고 법의 문언에만 얽매이는 극단적인 해석이라는 점은

---

2) Bernd Ruethers, Rechtstherorie, 2 Aufl., Muenchen 2005, Rn. 731 ff.
3) 등록으로 대형매장으로서의 법적 효과나 이익은 향유하면서 대형매장에 대한 규제나 제재를 받지 않으려는 것은 금반언의 원칙에 반하는 것이 될 수도 있다. 유통산업발전법 제9조에 따르면 대형매장으로서 등록하는 경우 식품위생법, 약사법에 따른 약국개설, 의료기사 등에 관한 법률에 따른 안경업 개설 등 각종 인허가 등을 받은 것으로 의제되는 효과를 누린다.
4) 원고가 판시에 나타난 것처럼 등록에 실체법상의 하자가 있었다고 주장한다면 등록 당시에 대형매장으로서 등록을 신청하지 않거나 신청하더라도 점원의 도움없이 매장 등록 당시에 등록을 신청하면서 점원의 도움없이 매장을 운영하기로 하고 등록신청한 것이라고 볼 수밖에 없다. 유통산업발전법 제49조는 이 법을 위반하여 등록을 하지 아니하고 대규모점포등을 개설하거나 거짓이나 그 밖의 부정한 방법으로 대규모점포등의 개설등록을 한 자에 대하여 1년 이하의 징역 또는 3천만원 이하의 벌금에 처하도록 벌칙을 규정하고 있다.

누구든지 알 수 있을 것이다. 만약 법원의 논리를 그대로 관철한다면 지금과 같이 점원의 도움을 주는 형태로서의 대형마트는 영업을 할 수 없다. 이는 결과적으로 대형마트의 입장을 고려하여 판결한 것이 아니게 된다. 법원은 스스로 논리의 모순에 빠지고 말았다. 또한 대형마트들은 등록을 한 이후 법령의 허점을 이용하여 점원을 두어 점원의 도움을 주는 매장으로 소매업을 하거나 임대매장을 늘리거나 용역제공장소의 면적을 늘려 대형매장으로서의 제재를 회피하려 할 것이다. 그렇게 되면 행정이 달성하고자 하는 공적인 목적은 달성될 수 없게 된다. 법원은 이 점을 놓친 것이다.

법원은 문리적 해석만을 할 것이 아니라 체계적, 역사적 해석을 하였어야 한다. 물론 법원이 체계적 해석을 전혀 하지 않은 것은 아니나 살피건대, 체계적 해석을 하는 데 허점이 있어 보인다. 입법취지나 전체 규정의 체계 등을 고려하여 해석하고 적용하여야 한다. 이 사건 처분은 대형매장이 들어서면서 주변 상점들이 막대한 피해를 입고 중소자영업자들이 몰락하는 현상에 대하여 최소한의 대책을 마련하기 위하여 도입된 제도라는 점을 적절하게 고려한 판결이었어야 한다.

(2) 침익적 행정처분의 근거로 제시한 대법원 2011두23504 판결에 대하여

서울고등법원은 위와 같이 점원의 도움없이 소비자에게 소매하는 점포의 집단을 엄격하게 해석하면서 대법원 2012. 2. 9. 선고 2011두23504 판결을 원용하고 있다. 즉, 법원은 "일반적으로 침익적 행정처분의 근거가 되는 행정법규는 엄격하게 해석 적용하여야 하고(대법원 2012. 2. 9. 선고 2011두23504 판결), 이 사건 각 처분은 처분의 상대방에게 상당한 경제적 손실을 야기할 것이 예상되므로 엄격하게 해석 적용해야 할 필요성이 크다"고 판시하고 있다. 그러나 위 법원이 원용한 대법원의 2011두23504 판결은 건설업의 양수인이 부정한 방법으로 건설업 양도·양수신고를 함으로써 광명시장이 건설업 등록취소를 한 사안이다. 따라서 침익적 행정처분으로서 건설업자 1인에 대한 불이익 처분을 한 사례를 위 대형마트의 영업제한 등의 사례와 같은 다극적 이해관계를 가진 사안에 원용한 것은 문제가 많다.

침익적 행정처분은 엄격하게 해석하여야 하나 다극적 이해관계가 얽혀있는 현대사회의 행정에 있어서 처분은 행정청의 상대방뿐만 아니라 처분으로 인하여 영향을 받는 제3자의 이익도 고려하여야 하므로 법령의 해석 및 법령에 근거한 처분에 있어서는 이익형량에 따른 해석과 적용을 하여야 하는 것이지 무조건 엄격하게 해석하고 적용하여야 하는 것이 능사가 아니다.

3. 임대매장을 포함한 단일한 처분 및 행정절차법 위반에 대하여

(1) 임대매장을 포함한 단일한 처분의 위법성 여부

이 사건 처분은 임대매장을 포함하여 각 대규모점포 자체를 하나의 대상으로 보아 단일한 처분을 한 것이고 임대매장만을 가분적으로 나눌 수도 없는 것으로 보인다. 이는 판결이 인정하는 바와 같이 사안의 본질상 대규모점포에 대한 영업시간제한 등 처분의 목적을 달성하기 위해서는 당연한 것이다. 임대매장의 경우 '점원의 도움없이' 소매한다고 보기도 어렵다. 이 점도 문제될 것이 없다. 그러나 이를 근거로 '점원의 도움없이 소비자에게 소매하는 점포'라는 법령상 대형마트의 요건을 갖추지 못한 임대매장을 단일한 처분의 대상으로 한 것은 위법하다는 논리가 반드시 성립하는 것은 아니다.

앞서 보았듯이 대형마트의 개념을 엄격하게 해석하여 '점원의 도움없이 소비자에게 소매하는 점포'라는 문언에만 매달려 해석하는 것 자체가 법의 취지나 체계를 고려하지 않은 해석이라는 점에서 그러한 논리가 성립하지 않는다는 것은 두말할 나위가 없다.

그러나 이 점을 떠나서라도 이 사건 처분은 대물적 처분으로서 대규모점포를 구성하는 '점포의 집단'에 대하여 이루어진 것이다. 그리고 대규모점포 및 준대규모점포(대규모점포등)의 개설등록을 하려는 자는 대규모점포등 개설등록신청서에 사업계획서, 상권영향평가서, 지역협력계획서를 행정청에 제출하도록 되어 있고 사업계획서에는 분양·직영 및 임대계획에 관한 사항을 포함한 시설의 명세 및 점포의 배치도를 포함하도록 하고 있다.[5] 그 밖에 대규모점포의 직영과 임대를 구분할 뿐만 아니라 대규모점포등의 관리자신고[6] 등 법령의 각 규정과 그 취지에 따르더라도 분양, 직영, 임대 점포 등 점포의 집단은 대규모점포를 구성하고

---

5) 유통산업발전법 시행규칙 제5조(대규모점포등의 개설등록 등) 제1항 1호 라목에서는 개설등록시 사업계획서에 분양, 직영 및 임대계획을 포함한 시설의 명세 및 점포의 배치도를 기재하도록 되어 있다.
6) 유통산업발전법 시행규칙 제6조(대규모점포등 관리자의 신고)를 참조할 것.

있다고 보아야 한다. 이에 의하면 임대매장을 포함한 단일한 처분의 대상으로 한 것이 위법하다는 논리가 성립한다고 볼 수만은 없다.

(2) 임대매장에 대한 절차법위반의 문제

법원은 점원의 도움없이 소비자에게 소매하는 것으로 볼 수 없는 임대매장에 대하여 불이익처분을 할 경우에는 대형마트와 별도로 처분을 하여야 하고 행정절차 역시 사전통지 및 의견제시절차를 별도로 부여하여야 하는데 이를 하지 않았으므로 실체법과 절차법위반이라는 논리를 전개하고 있다. 그러나 임대매장의 경우 대형마트가 자기책임으로 계약을 맺고 임대수익을 얻는 매장이고 임대매장들도 당연히 대형마트에 입지하여 다수 소비자들을 상대하게 되는 이점을 누리게 된다는 점 등을 고려할 때 대형마트와 대형마트에 입점해 있는 임대매장을 분리하여 처분을 하는 것은 행정청이 행정의 목적을 달성하는 데 상당히 번거롭게 될 가능성이 있다. 이러한 점을 고려하여 법령은 대규모점포등 개설자의 업무를 규정하고 이들을 관리자로서 행정청에 신고하도록 규정하고 있으며 휴업ㆍ폐업의 경우에도 대규모점포등 개설자로 하여금 신고하도록 규정하는 등 행정의 편의를 도모하는 규정을 두고 있다. 이러한 점이 행정절차법에 따른 행정절차의 이행에도 고려되어야 할 것으로 보인다.

예컨대, 유통산업발전법 제12조는 대규모점포등 개설자의 업무로서 상거래질서의 확립, 그 밖에 대규모점포등을 유지ㆍ관리하기 위하여 필요한 업무 등을 규정하면서 절반 이상 직영매장인 경우와 그렇지 않은 경우를 구분하여 대규모점포등 개설자의 업무를 하는 자를 규정하고 있다.[7] 즉, 매장이 분양된 대규모점포 및 등록 준대규모점포에서는 매장면적의 2분의 1 이상을 직영하는 자가 있는 경우에는 그 직영하는 자가, 매장면적의 2분의 1 이상을 직영하는 자가 없는 경우에는 입점상인 3분의 2 이상의 자가 동의하여 설립한 법인이나 협동조합, 자치관리단체 등이 대규모점포등 개설자의 업무를 하도록 규정하고 있다(유통산업발전법 제12조 제2항). 그리고 대규모점포등 개설등록 신청서에는 직영과 임대 등 운영방식을 분리하여 규정하고 있으나 매장의 전체 면적에는 임대 등 운영방식을 포함한 총면적을 기재하게 되어 있다(동법 시행규칙 별지 서식 제1호). 이들 규정의 의미

---

7) 유통산업발전법 제12조(대규모점포등 개설자의 업무 등)를 참조할 것.

는 임대매장을 가지고 있다 하더라도 임대매장을 제외한 직영매장만의 면적으로 대형매장을 계산하지 않는다는 것을 의미하는 것이고 따라서 직영매장과 임대매장을 합한 매장 전체를 대형마트 또는 준대형마트로 보는 취지임을 알 수 있다. 이에 따르면 임대매장에 사전통지 등을 하지 않았다고 하여 행정절차법을 준수하지 않은 것으로 보이지 않는다. 또한 대규모점포등 개설자가 대규모점포등을 휴업하거나 폐업하려는 경우에는 산업통상자원부령으로 정하는 바에 따라 특별자치시장·시장·군수·구청장에게 신고를 하도록 규정하고 있는 점(유통산업발전법 제13조의2), 그 밖에 대규모점포등 개설자의 업무를 수행하는 자는 업무를 수행하게 된 날부터 20일 이내에 대규모점포등 관리자신고서에 입점상인의 현황 등을 포함한 서류를 첨부하여 특별자치시장·시장·군수 또는 구청장에게 제출하도록 하고 있으며 법인, 조합, 자치관리단체 등의 명칭, 대표자, 소재지 등이 변경된 때에는 변경신고를 하여야 하는 점(대규모점포등 관리자의 신고, 동법 시행규칙 제6조),[8] 이러한 규정들과 대규모점포등의 사업계획서에 포함된 직영 및 임대계획[9] 등의 법령의 전체 취지를 고려할 때 대규모점포와 분리하여 임대매장에 대하여 별도로 행정절차를 거쳐야 하는 것으로 보이지는 않는다. 이에 따른다면 임대매장에 대하여 사전통지 등의 행정절차를 거치지 않았다 하더라도 그것만으로 행정절차법위반이 될 수 없다.

4. 재량권의 불행사 또는 해태에 대하여

서울고등법원은 이 사건 판결에서 유통산업발전법 제12조에 따라 대형마트 등에 대하여 영업시간제한 또는 의무휴업일을 지정하는 처분을 하기 위해서는 동 조항에 규정된 건전한 유통질서 확립, 근로자의 건강권 보호, 대규모점포등과 중소유통업의 상생발전뿐만 아니라 대형마트에 입점해 있는 중소자영업자들의 피해, 소비자의 선택권 침해 등을 고려하여야 하고 그에 대한 입증이 있어야 하는데 행정청이 그러한 점을 고려하지 않았고 이를 고려했다는 증거가 부족하다는 점에서 재량권을 행사하지 않았거나 해태하였다는 판단을 하고 있다.

그러나 동 조항에 규정된 건전한 유통질서 확립, 근로자의 건강권 보호, 대규모점포등과 중소유통업의 상생발전이 필요하다고 인정하는 경우에 대하여 구

---

8) 유통산업발전법 시행규칙 제6조(대규모점포등 관리자의 신고).
9) 유통산업발전법 시행규칙 제5조(대규모점포등의 개설등록 등) 제1항 1호 라목.

체적인 증거를 제시하고 그에 대해 상당한 정도로 입증까지 하여야 한다고 보아야 하는지는 의문이다.

건전한 유통질서의 확립, 근로자의 건강권보호, 상생발전 등의 목적은 사실 유통산업발전법과 조례제정 당시에 이미 고려되었기 때문에 근거가 마련된 사항에 대하여 또다시 정책 집행자가 처분을 하면서 그 모든 것들을 고려하고 또다시 조사해서 증거로 제시하라고 하는 것은 넌센스이다. 지역의 특수사정을 감안하여 처분의 강도를 결정할 수는 있지만 이미 입법 당시에 충분히 고려되었던 사항임을 법원이 오히려 충분히 고려하지 않았다는 점[10]에서 법원의 판단은 문제가 있는 것으로 보인다. 그러므로 건전한 유통질서의 확립, 근로자의 건강권보호, 상생발전 등에 대하여 인정할 증거가 없다는 이유로 법원이 배척한 것은 판단을 그르친 것이다. 대형마트가 들어서서 중소기업형 마트가 어려움을 겪고 있는 것은 이미 뉴스에 보도되어 알고 있는 사실이다. 두말할 필요없이 공지의 사실에 비견할 정도로 널리 알려져 있는 사실들이다. 2011년 말 등록된 대형마트는 446건, SSM은 2011년 8월 말 930건을 넘어서고 있다.[11] 이 둘을 합하여 이미 1,300건이 넘어서고 있는 것이다. 이를 고려하지 않았다는 것도 과도한 판단이고 건전한 유통질서확립이나 근로자의 건강권보호, 상생발전 등의 필요성 여부에 대해서 증거를 제시하라고 하는 것도 넌센스이다. 행정청이 건전한 유통질서의 확립, 근로자의 건강권보호, 상생발전 등을 위하여 대형마트 등의 영업시간제한, 의무휴업일 지정이 필요하다고 인정하였다는 증거는 피고 동대문구청장과 성동구청장의 처분의 구체적 경위 및 내용에 어느 정도 드러나 있다. 이 사건은 처분권주의와 변론주의, 자유심증주의가 원칙적으로 적용되어야 하는 순수한 민사사건이 아니다. 법원은 행정청이 대형마트의 규제필요성에 대하여 결정한 것을 일단 존중할 필요가 있었다. 이는 대한민국 법원의 인식수준과 관련된 문제이다.

---

10) 유통산업발전법의 법개정 현황과 경과에 대해서는 김광수, SSM 규제와 공존상생, 국가법연구 제9집 1호(2013년 2월), 39면 이하 참조.

11) 박충렬, 대형마트 및 SSM 영업제한 규제 도입을 둘러싼 논쟁, 이슈와 논점 425호(2012년 4월 4일) 참조.

5. 이 사건 조례조항 및 처분이 GATS 및 한-EU FTA에 위배된다는 점에 대하여

법원은 이 사건 처분이 근로자의 건강권 보호를 위한 조치로서 시장접근 제한조치 금지의 예외사유에 해당한다고 보기 어려워 GATS 및 한-EU FTA에 위배된다는 점을 지적하고 있다.

법원은 이 사건 조례조항에 대해서는, 영업시간 또는 영업일수를 제한함으로써 서비스 영업(이 사건의 경우 판매행위)의 총 수나 서비스 총 산출량(이 사건의 경우 매출총액)에 부정적인 영향을 미쳐 시장접근에 있어서 장애요인으로 작용할 가능성이 있는 것은 사실[12]이나 이 사건 조례 조항은 근로자의 건강권 보호를 목적으로 하는 구 유통산업발전법 제12조의2의 위임을 받아 제정된 것으로서, GATS 제14조 제(b)호 따른 시장접근 제한조치 금지의 예외사유에 해당된다고 볼 수 있으므로 이 사건 조례조항 자체가 GATS 및 한-EU FTA에 위배되어 위법하다고 단정할 수 없다고 하였다. 그러면서도 이 사건 처분에 대해서는 경쟁제한을 위한 위장된 제한의 수단으로 볼 여지가 크고 근로자들의 건강권 보호를 위한 조치는 시장접근 제한조치 금지의 예외사유에 해당하기 어렵고 이 사건 처분 중 홈플러스 주식회사, 홈플러스테스코 주식회사가 운영하는 대규모점포등에 대한 부분은 GATS를 위반하며 이와 유사한 규정을 하고 있는 한-EU FTA에도 위배된다고 하였다.

이처럼 법원은 위 사건처분에 대하여 근로자의 건강권 보호를 위한 조치를

---

12) GATS 제16조 제2항 제(c)호는 '경제적 수요심사 요건 형태 또는 쿼터 형태로 숫자단위로 표시된 서비스 영업의 총 수에 대한 제한, 서비스 총 산출량에 대한 제한을 유지하거나 채택할 수 없다'고 규정하고 있고, 한-EU FTA 제7.5조 제2항 제(c)호도 동일한 내용을 규정하고 있다. 또한 GATS 제14조는 일반적인 예외(General Exceptions)로서 자의적이거나 정당화될 수 없는 차별의 수단 또는 서비스 무역에 대한 위장된 제한이 아니라면 일정한 경우에 규제를 시행할 수 있도록 허용하고 있는데, 제(b)호에서 '인간, 동물 또는 식물의 생명 또는 건강을 보호하기 위하여 필요한 조치'를 그 허용요건으로 규정하고 있다. 한-EU FTA 서문은 '양 당사자가 이 협정에 반영된 대로, 적절하다고 판단하는 보호수준에 근거하여 정당한 공공정책 목적을 달성하기 위하여 필요한 조치가 부당한 차별 또는 국제무역에 대한 위장된 제한의 수단을 구성하지 아니하는 한 그러한 조치를 할 양 당사자의 권리를 인정'하고 있고, 한-EU FTA 제7.1조 제4항에서 '각 당사자는 정당한 정책 목적을 달성하기 위해 규제하고 새로운 규제를 도입할 권리를 보유한다'고 규정하고 있다. 서울고법 2014. 12. 12. 선고 2013누29294 판결 참조.

경쟁제한을 위장하는 제한수단으로 볼 여지가 크다고 보았는데 국내 행정청이 대부분 내국인일 가능성이 큰 근로자의 건강권을 보호하기 위한 조치[13]를 GATS 제14조 (b)의 인간의 건강을 보호하기 위하여 필요한 조치에서 단정적으로 제한해서는 안 된다고 본다면 법원의 위와 같은 판단은 지나친 것이라고 할 수 있다.[14]

6. 비례원칙 위반에 대하여

(1) 비례원칙의 남용 사례 : 수단의 적합성 자체를 부인함

법원은 행정청이 유통산업발전법률에 규정된 규제사유인 영업시간제한 및 의무휴업일 지정 처분을 한 것에 대하여 비례의 원칙을 근거로 재량권의 일탈·남용의 결론을 도출하고 있다. 그러나 행정법의 일반원칙으로서 비례원칙은 행정의 행위에 대하여 일정한 한계를 정해주는 기능을 한다. 법원은 일반원칙인 비례원칙을 지나치게 남용하고 있는 것으로 보인다. 이 판결은 대표적인 비례원칙의 남용사례로 남을 만하다.

법원은 특히 수단의 적합성 자체를 부인하고 있다. 영업시간제한 및 의무휴업일 지정은 법률에 규정된 내용이다. 법률에 규정된 수단을 행정청이 선택한 것에 대하여 수단의 적합성이 없다고 판단하기 위하여는 특별한 이유가 필요하다. 법원은 이 사건 처분이 근로자의 건강권보호나 상생발전을 위한 적합한 수단이라는 점을 인정하면서도 건전한 유통질서확립을 위한 합리적인 수단으로 보이지 않는다고 하면서 오히려 유통단계를 줄여 상품의 질을 보장하면서 소비자 가격을 인하하는 등 유통질서 개선에 긍정적인 역할을 하였다는 점을 근거로 하고 있다.

생각건대, 법률에 규정된 세 가지 목적 가운데 두 가지 목적에 맞는 수단의 선택이 나머지 다른 하나의 목적에 적합하지 않는다고 하여 수단의 적합성 전체를 부인할 수는 없다. 그리고 건전한 유통질서의 확립이라는 것을 판단하는 경우에도 유통질서에 포함된 대형마트 등의 대기업뿐만 아니라 중소기업이나 전통시

---

13) 외국인의 경우라도 마찬가지일 것이다. 외국인 근로자의 건강권 역시 보호받아야 하기 때문이다.

14) SSM 규제조치들은 국가의 정책목적 상 불가피한 조치이자 WTO협정상 각국에게 부여되고 있는 정당한 정책적 권한행사의 범주에 속한다. 그러함에도 대한민국법원이 이를 보호주의적이며 차별적인 무역규제 조치라고 스스로 자인하는 것은 문제가 있다. 이와 같은 지적에 대해서는 심영규, 기업형수퍼마켓(SSM) 규제에 대한 국제통상법적 고찰 ― "기업형수퍼마켓(SSM) 규제법"의 최근 개정 내용과 WTO 「서비스무역일반협정」(GATS) 규정을 중심으로 ―, 한양법학 제22권 1집(통권 33집), 2011년 2월, 437면 이하 참조.

장 등의 이해관계인들의 입장에서 건전한 것인지 여부를 판단하여야 한다. 건전성의 판단은 대형마트가 유통질서개선에 일정한 기여를 하는 것만으로 판단되어서는 안 된다. 건전성이라는 불확정법개념의 해석에 있어서는 어떤 사실이 그 요건에 해당하는가 여부를 일의적으로 판단하기 어려우며, 따라서 일정한 범위에서 행정청의 전문적·기술적·정책적 판단이 어느 정도 존중될 필요가 있다. 그럼에도 법령에 근거하여 그 필요성을 판단한 정책적 판단에 대하여 수단의 적합성 자체를 부인한 것은 이해하기 어렵다. 비례원칙심사에 있어서 지나치게 불합리하게 비례원칙을 과잉적용하고 있다. 비례원칙의 과잉적용으로 인한 적용의 남용이라고 하지 않을 수 없다. 더구나 이 사건 처분은 전통시장보존구역에 있는 대규모점포등을 대상으로 한 처분이고 영업시간제한 등의 수단은 그동안 정부가 전통시장 및 소상공인에 대한 지원을 하여 왔으나 그 효과가 뚜렷하지 않아, 거대자본을 직접 규제하기 위해 관련 규제법을 제정하여 도입한 수단이라고 할 수 있다.

이 정도의 사례에서 수단의 적합성 자체를 부인한다면 도대체 행정이 추구하는 공익은 어떻게 달성될 수 있단 말인가? 시장지배적인 위치에 있는 기업들에 대한 규제는 더 이상 할 수 없게 될 것이다. 영업시간의 제한이나 의무휴업일 지정이라는 수단의 선택은 전체적으로 비례원칙에 반하지 않는다. 뒤에서 보듯이, 외국의 입법례를 보더라도 이보다 훨씬 강한 규제에 대해서도 허용되고 있는 점을 본다면 더더욱 그러하다.

(2) 상당성의 원칙과 비례원칙의 불명확성

법원은 상당성의 원칙을 기준으로 이 사건 처분이 비례의 원칙에 위반하여 재량권을 일탈·남용한 것으로 판단하고 있다. 즉 법원은 불필요한 영업시간제한, 지방자치단체의 사정에 맞지 않는 의무휴업일지정이 상당성이 없다고 판단하고 소비자의 선택권을 과도하게 제한하며 나아가 저출산 등의 사회적 문제를 도외시 한 채 여성의 사회진출에 어려움을 더하는 방향으로 이 사건 각 처분을 한 것이 정당한 이익 형량의 결과라고 할 수 없으며 전통시장 상인들은 위 대규모점포의 근로자보다 일반적으로 근무환경이 더욱 열악하여 오히려 건강권 보호의 필요성이 더 클 것으로 예상되므로 피고들의 가치형량이 오히려 역전된 모습을 보이고 있다고 한다. 법원은 이와 함께 대규모점포에 입점한 임대매장, 대규모점포에 납품을 하는 납품업자의 피해나 일자리 감소로 인한 근로자들의 일자리상실,

특히 이 사건 처분을 통해 보호하고자 했던 여성근로자의 일자리 감소로 인한 피해를 매우 클 것으로 예상하고 있다.

그러나 위와 같은 법원의 판단에는 문제가 있어 보인다. 물론 이 사건 처분으로 인하여 대형마트의 영업시간이 제한되는 것 때문에 소비자의 선택권을 제한하거나 여성의 사회진출에 어려움을 더하는 측면이 있는 것은 사실이다. 그러나 그러한 소비자의 선택권이나 여성의 사회진출이 과도하게 제한되고 있는 것처럼 설시하면서 정당한 이익형량의 결과로 볼 수 없다고 하는 것은 오히려 지나친 것으로 보인다. 법원의 판단은 소비자의 선택권이나 여성의 사회진출을 강조하면서도 그로 인해 피해를 입는 전통시장이나 골목상권 등 자영업자들의 피해는 과소평가하고 있다는 점에서 균형을 잃고 있다. 사실 행정청의 처분 경위나 내용에서 보더라도 행정청이 이러한 문제를 전혀 고려하지 않은 것이 아니며 그와 관련해서는 입법부에서 이미 법률 제정당시에 상당한 논의를 거쳐 제정된 법률에 근거하여 처분을 한 것이니만큼 상당부분 행정청이 굳이 그 모든 것을 입증하지 않더라도 받아들여질 수 있는 사항들이다.

그리고 법원이 판단하듯이 전통시장 활성화를 위해서는 전통시장의 구매환경을 개선해서 자연스럽게 소비자들이 모여들게 하여야 함은 당연한 것이다. 그러나 이 사건 처분은 그러한 노력과 함께 병행하여야 하는 것이지 그러한 노력을 포기한 채 행해져야 할 것이 아니다.

한편 법원은 임대매장이나 납품업자의 피해뿐만 아니라 전통시장 근로자의 건강권의 보호 필요성이 클 것으로 예상하면서, 또 다른 한편으로 이 사건 처분으로 인하여 여성근로자의 일자리 감소로 인한 피해가 클 것으로 예상하고 있다. 그러나 법원이 결과적으로 대형마트 등 강자를 위한 판결을 하면서 마치 이 사건 처분으로 인하여 약자에 대한 피해가 과대한 것처럼 호도함으로써 약자를 보호하고자 하는 듯한 태도를 보이는 것은 견강부회가 아닐 수 없다.[15] 나아가 법원도 인정하고 있듯이 "이 사건 처분으로 인하여 달성되는 전통시장의 보호의 효과는 뚜렷하게 드러난다고 할 수 없고 아직까지 논란 중에 있어"라고 하는 부분[16]은

---

15) 상인들의 생존권이 위협받고 있는데도 이는 논란이 있는 것이라는 이유로 애써 무시하면서도 시장상인들의 건강권을 챙겨주는 듯하는 법원의 태도는 심각한 가치전도를 보여주고 있다. 법관들은 양극화가 심화되고 기업들의 이익은 늘어가는 반면 자영업자나 서민, 중산층의 이익이 갈수록 줄어들고 있는 사회현실에 대해서는 눈감고 있는 것이 아닌가 의심된다.
16) 법원은 판결이유에서 연세대학교 교수들이 조사자료는 객관적 자료조사를 토대로 과학

영업시간 등의 제한이 효과가 미약하다는 것을 의미한다고 보면 이는 오히려 전통시장의 보호효과가 미약함에도 불구하고 최소한의 조치를 취한 것을 반증하는 것일 수도 있다. 다시 말하면, 전통시장의 보호효과를 높이기 위해서는 더 강력한 규제를 하여야 함에도 대형마트의 이익을 고려하여 규제를 완화한 것이라고 볼 수 있다. 이는 이 사건 규제조치가 비례의 원칙에 반하지 않는 수단의 선택이라는 것을 의미하는 것이다. 비례원칙에 반하기보다는 비례원칙에 미치지 못하는 과소수단을 채택했다는 것을 반증하는 것이다. 이렇게 볼 때에도, 공공정책에 대하여 제대로 된 수단을 선택하지 못한데 대해서까지 비례원칙을 주장하는 것은 비례원칙의 남용이라 할 만하다.

당연하게도 비례원칙에 대해서는 불명확하다는 비판도 제기되고 있다.[17] 이러한 비판은 확실히 일리가 있는 것으로 보인다. 만약 비례원칙을 이 사건 판시와 같이 적용한다면 이는 고무줄처럼 원하는 사람의 마음에 따라 언제든지 변할 수 있는 원칙이 될 것이다.[18]

(3) 준대규모점포의 경우

법원은 준대규모점포의 경우 대규모점포와 영업장 규모, 취급물품, 주력판매상품, 영업장 위치, 주변상권과의 관계 등에서 차이를 보이므로 이익형량의 균형의 관점에서 달리 볼 여지가 있는 것으로 보고 있다. 법원은 준대규모점포가 소비자들의 접근성이 용이함을 강점으로 하여 골목별 소규모 상권을 유지해온 영세 슈퍼마켓 등의 생존을 크게 위협하고 있는 것으로 보고 소비자의 선택권 침해를 고려하더라도 법익균형성에 어긋났는지에 대하여 강한 의문이 든다고 하면서도 헌법상 기본권인 영업의 자유를 제한함에 있어서 외형적인 양적 제한은 극히 신중한 심

적 방법에 기초한 연구결과라고 평가하는 반면 시장경영진흥원, 소상공인진흥원 등의 조사결과는 우호적인 단체가 단기간 조사한 결과로서 폄하하고 있다. 서울고법 2014. 12. 12. 선고 2013누29294 판결 참조.

17) Beatson, Matthews, and Elliott, Administrative Law, Fourth Edition, Oxford, 2013, pp. 252.

18) 정치적 효율성과 경제적 효율성 개념 등 효율성의 개념이 다를 수 있고 다원주의를 따르느냐 공화주의를 따르느냐에 결과가 달라질 수 있다. 이 점에 대해서는 허성욱, 규제행정의 규범적·실증적 목적으로서 경제적 효율성과 정치적 효율성 ─SSM 규제에 대한 효율성 분석을 중심으로─, 한국법경제학회, 법경제학연구 제12권 제1호, 2015년 4월, 67면 이하 참조.

사를 요하고 국내법적 효력을 갖는 GATS와 한-EU FTA 조항에 내재된 헌법정신을 간과하여 국내 기업을 역차별하는 결과를 가져올 수 있으므로 평등원칙의 관점에서 볼 때 재량권행사의 하자가 없었다고 보기 어렵다는 결론을 내리고 있다.

위 판시내용을 보건대 법원은 비례원칙에 있어 법익균형성을 어느 정도 수긍하면서도 평등원칙에 위반하는 것으로 재량권행사의 하자를 긍정하는 결론에 이르고 있다.[19] 법원의 이러한 결론에 이르는 과정을 보면 비례원칙의 문제와 평등원칙의 문제를 혼용하여 다루고 있다는 점에서 문제가 없는 것은 아니나, 보다 중요한 것은 법원이 준대규모점포에 대한 이 사건 처분에 대하여 비례원칙에 어긋나지 않는다는 결론을 내리고 있다는 점이다. 즉, 법원은 위 처분이 법익균형성에 어긋나지 않은 것으로서 비례원칙에 위반되지 않는 것으로 보고 있기 때문이다. 다만 평등원칙에 위반한다고 보면서 막연하게 GATS와 한-EU FTA 조항에 내재된 헌법정신을 간과하여 국내 기업을 역차별하는 결과를 가져올 수 있다고 했는데 그 근거가 명확히 제시되지 않고 있다는 점에 문제가 있다. 이를 판시내용대로 이해하면 외국의 기업이 운영하는 준대규모점포에 대해서는 영업시간의 제한 등이 허용되지 않는데 국내기업이 운영하는 준대규모점포에 대해서만 영업시간의 제한 등 규제가 허용되는 것처럼 보이기 때문이다.

(4) 외국의 사례들

대형마트 위주로 유통시장의 재편이 이루어지고 이에 따라 대기업과 중소기업 간의 양극화가 심화된다고 하면 이는 자본주의를 건강하게 유지하는 것이 아니라 매우 불건전하게 만드는 것이 될 것이다. 이러한 관점에서 해외에서도 대형마트 등 대규모점포등에 대해서는 상당한 규제가 이루어지고 있다.[20]

먼저 우리의 경우 대규모점포의 규제를 3,000㎡ 이상을 기준으로 하고 있으나 프랑스는 1000㎡, 독일은 1,200㎡, 영국은 280㎡를 기준으로 하고 있다. 독일이나 영국, 유럽 등지에서는 이미 영업시간의 제한이 보편화되어 있으며 영업시간에 대

---

19) 법원은 법익균형성이 어긋난다는 점에 대해서 강한 의문을 가지면서도 결론은 달리 내리고 있다. 이 점에서 가치판단의 혼돈을 보여주고 있다.

20) 대형마트에 대한 해외 규제현황에 대해서는 신기동·이수진·이성룡, 대형소매점 규제의 해외동향과 정책대응, 경기개발연구원, 이슈 & 진단 제40호(2012. 3. 22)와 주하연·최윤정, 대형마트 진입규제 및 영업규제 정책에 대한 고찰 : OECD 국가들의 연구를 바탕으로, 산업조직연구 제23집 제1호(2015. 3), 67면 이하 참조.

한 제한도 우리보다 훨씬 더 강한 경우가 많다.[21] 예컨대, 대처가 그토록 신자유주의정책을 취해왔고 그 영향력이 아직도 남아있는 영국에서도 280㎡를 초과하는 넓이의 상점은 일요일에 오전 10시와 오후 6시 사이에 6시간 동안만 문을 열도록 허용하고 있다.[22] 독일에서는 더욱 강력하다. 아예 일요일과 공휴일에는 모든 상점의 영업이 전면 금지되고 평일과 토요일에는 영업시간이 제한된다.[23] 독일에서는 특히 중심상가(Einkaufszentren)나 대규모 점포업(groβflähige Einzelhandelsbetriebe)로서 그 종류나 위치, 범위에 따라 공간질서 및 주의 계획의 목표실현 또는 도시건축개발 및 도시건축질서에 대하여 단지 비본질적으로 영향을 미칠 수 없는 경우, 그 밖에 최종소비자에 대한 판매의 관점 및 그 영향의 관점에서 위에 언급한 대규모점포에 비견할 만한 대규모점포업들은 핵 지역(중심지구, Kerngebieten) 내가 아니면 그러한 점포들을 위해 확정된 특별 지구(Sondergebieten)에서만 허용되도록 규정되어 있다.[24]

---

21) 독일이나 프랑스, 영국 등의 사례와 같이 대규모점포를 굳이 복잡하게 분류할 필요없이 일정규모 이상의 점포에 대해서는 일괄적으로 적용하는 입법이 필요하다. 그러한 관점에서 '점원의 도움없이'라는 개념표지는 삭제해야 한다. 일정 규모 이상의 소매점포로 하면 족하다. 굳이 해석의 여지가 있는 개념을 포함함으로써 입법취지를 해할 필요가 없다. 이러한 이유인지 유통산업발전법 시행령이 개정되어 대규모점포의 분류에 관한 규정과 별표가 삭제되었다. 2013년 4월 22일 동 시행령 제3조 제1항 및 별표 제1호를 삭제하는 개정이 이루어짐.

22) 잉글랜드와 웨일즈에서는 일요일에 280㎡를 초과하는 넓이의 상점은 오전 10시와 오후 6시 사이에 6시간 동안만 문을 열도록 허용하고 있으며 부활절 일요일과 성탄절에는 문을 닫는다. 영국 정부 홈페이지 참조. https://www.gov.uk/trading-hours-for-retailers-the-law.

23) 독일은 법률로 모든 상점에 대한 영업시간을 제한하고 있다. 독일의 상점 영업시간 제한법(Gesetz über den Ladenschluß) 제3조에 따르면 영업시간을 다음과 같이 제한하고 있다. 즉, 1. 일요일과 공휴일에는 닫아야 한다. 2. 월요일부터 토요일까지는 오전 6시 이후에 열고 밤 8시부터는 닫아야 하며, 12월 24일에는 평일일 경우 새벽 6시 이후 열고 오후 2시부터 닫는다. 다만 빵집의 경우에는 평일 5시 30분에 개장해도 된다. 그리고 폐점시간에 들어와 있는 고객에게는 서비스 제공이 허용된다. 이에 대해서는 독일 법무부(BMJ) 홈페이지의 법령서비스를 참조할 것. http://www.gesetze-im-internet.de/bundesrecht/ladschlg/gesamt.pdf

24) 독일의 건축이용령(Verordnung üer die bauliche Nutzung der Grundstüke (Baunutzungsverordnung — BauNVO)) 제11조 제3항을 참조할 것.

Ⅳ. 공공정책에 대한 위협과 사법부의 역할

대형마트 등에 대한 영업시간 제한 및 의무휴업일 지정에 관한 문제는 국가 또는 지방자치단체의 공공정책에 대한 위협의 문제라는 점에서 중대한 사안이다. 서울고등법원의 2013누29294 판결은 지방자치단체의 공공정책의 시행이 사법부에 의해 저지될 위협이 될 수 있다는 점에서 심각하다. 이는 지방자치권을 위협할 뿐만 아니라 입법과 행정, 사법 간의 권력분립에 있어서도 근본적인 문제를 제기하고 있다.[25] 사법부가 과연 어느 정도 행정부의 정책을 판단할 수 있는가의 문제이기 때문이다. 또 다른 한편으로 위 판결은 행정법이 자칫하면 재벌 대기업 등 강자의 권리를 대변하는 행정법으로 전락하게 될 위험이 있다는 것을 보여주고 있는 판결이라 생각한다. 공공정책을 위협하는 두 가지 요소는 재벌과 권력으로 대표되는 두 권력이라고 할 수 있으나 이들 두 권력은 수시로 합체되어 나타나기도 한다. 사익으로 대변되는 경제적 이해관계를 관철하려는 자들과 그에 결탁한 부패한 관료로 대표되는 권력이 그것이다. 공공정책은 이를 통해서 위협을 받고 공동체는 위험에 빠진다. 이 과정에서 사법부는 이 위험으로부터 공공성을 지키는 최후의 보루로서 남아야 한다. 사법부가 법치국가적 중립성의 신화[26]에 빠져 있는 한 최후의 보루는 무너지고 만다. 법원마저 부패하거나 법원의 판단능력이 부족하면 결국 공동체 전체의 막대한 피해와 소수 가진 자들의 이익으로 귀결될 가능성이 커진다. 서울고등법원은 위 판결에서 법령의 전체취지나 체계적 해석을 제대로 하지 않고 문언에 엄격히 얽매어 해석하였으며 비례원칙을 남용하는 등 법적 판단능력의 부족을 드러내었다.

법원은 이전에도 문리적 해석에만 매달려 위와 같은 대형마트의 입점과 관련하여 건축불허가 처분에 대한 취소소송에서 대형매장의 편을 들어주면서 매장의 개설허가를 허용해준 적이 있었다. 그러더니 이제는 대형매장에 대한 최소한의 영업제한마저 못하게 만들었다. 법원의 판결이 앞으로도 이러할 것이라면 미래는 암울하다. 공공정책의 앞날에 법원의 판결은 큰 장애물이 되고 말 것이다.

비례원칙이야말로 대단한 균형감각을 필요로 하는 원칙이다. 사회, 경제적,

---

25) SSM 영업규제에 관한 지방자치단체의 자치입법의 문제점에 대해서는 김희곤, SSM 영업규제 조례를 둘러싼 자치입법의 문제점과 과제, 토지공법연구 제60집(2013. 2), 249면 이하 참조.
26) J.A.G. Griffith, The Politics of the Judiciary, Fourth Edition, Fontana Press, 1991, pp. 271.

문화적인 상황에 대한 신중하고도 균형잡힌 인식이 전제되어야 한다. 만약 개별적인 사안에서 그에 대한 인식이 부족하다고 판단한다면 사회경제적, 문화적 현실에 대한 상황에 대하여 고민하고 공부를 하여야 한다. 법은 현실을 반영하는 것이고 수많은 이해관계가 대립되는 과정에서 탄생하는 것이다.[27]

[참고문헌]

김광수, SSM 규제와 공존상생, 국가법연구 제9집 1호, 2013년 2월, 39-53면.

김희곤, SSM 영업규제조례를 둘러싼 자치입법의 문제점과 과제, 토지공법연구 제60, 2013년 2월, 249-284면.

박충렬, 대형마트 및 SSM 영업제한 규제 도입을 둘러싼 논쟁, 이슈와 논점 425호, 2012년 4월 4일.

신기동 · 이수진 · 이성룡, 대형소매점 규제의 해외동향과 정책대응, 경기개발연구원, 이슈 & 진단 제40호, 2012. 3. 22.

심영규, 기업형수퍼마켓(SSM) 규제에 대한 국제통상법적 고찰 — "기업형수퍼마켓(SSM) 규제법"의 최근 개정 내용과 WTO 「서비스무역일반협정」(GATS) 규정을 중심으로 —, 한양법학 제22권 1집(통권 33집), 2011년 2월, 437-467면.

주하연 · 최윤정, 대형마트 진입규제 및 영업규제 정책에 대한 고찰 : OECD 국가들의 연구를 바탕으로, 산업조직연구 제23집 제1호, 2015년 3월, 67-104면.

허성욱, 규제행정의 규범적 · 실증적 목적으로서 경제적 효율성과 정치적 효율성 — SSM 규제에 대한 효율성 분석을 중심으로 —, 한국법경제학회, 법경제학연구 제12권 제1호, 2015년 4월, 67-90면.

Beatson, Matthews, and Elliott, Administrative Law, Fourth Edition, Oxford, 2013.

Ruethers, Bernd, Rechtstherorie, 2 Aufl., Muenchen 2005.

Griffith, J.A.G., The Politics of the Judiciary, Fourth Edition, Fontana Press, 1991.

---

27) 대형마트 영업시간 제한 등에 관한 서울고등법원의 판결에 대한 필자의 판례평석(2015년 9월)이 있은 직후인 2015년 11월, 대법원은 "이 사건 각 처분 중 영업시간 제한 처분은 소비자의 이용빈도가 비교적 낮은 심야나 새벽 시간대의 영업만을 제한하는 것이고 의무휴업일 지정 처분은 한 달에 2일의 의무휴업만을 명하는 것이어서, 그로 인하여 원고들의 영업의 자유나 소비자의 선택권의 본질적 내용이 침해되었다고 보기는 어렵다"는 취지의 판결을 선고하였다(대법원 2015. 11. 19. 선고 2015두295 전원합의체 판결).

7. 규제재량과 행정법원의 통제[*][**]

I. 서론

재량과 그에 대한 법원의 통제 문제는 행정법 도그마틱의 영원한 주제라고 할 수 있다. 행정법은 행정에 대한 통제로서의 성격을 강하게 가지고 있는 학문이라고 할 수 있는데 이는 민사법원과 형사법원은 결정하고 행정법원은 통제한다는 말에서도 잘 드러난다.[1] 행정통제는 행정을 통한 사회 또는 시장의 통제 내지 규제의 측면도 있고 행정에 대한 입법과 사법에 의한 통제의 측면도 있다. 그 밖에 통제에는 거버넌스의 측면도 존재한다. 통제의 한 부분으로서 규제는 다양한 이해관계가 얽혀있고 이를 조정하여야 하는 어려운 과제가 포함된다. 규제분야에서 행정청은 강력한 권한을 행사하는 경우가 많고 그러한 권한 행사는 넓은 의미의 재량에 의해 뒷받침되고 있는 경우가 많다.

최근 독일에서는 '규제재량'이란 개념이 자주 사용되고 있고 실무에서는 점차 그 독자성을 확보해 나가고 있는 것으로 보인다. 재량은 구체적, 개별적 정의를 실현하는 한 수단으로서 행정청에게 일정한 선택과 결정의 여지를 부여하는 수단이다. 최근 독일에서는 특히 통신법분야를 중심으로 독일연방행정법원의 2007년 11월 28일 판결 이래 규제재량에 대하여 법원통제를 축소하려는 경향이 포착되고 있다. 이와 같은 경향에 대해서 법적인 검토가 필요해 보인다. 이를 계

---

[*] 이 글은 공법학연구 제15권 제1호(2014. 2), 207-241면에 실린 논문을 수정, 보완한 것임.
[**] 이 논문은 2011년도 정부(교육과학기술부)의 재원으로 한국연구재단의 지원을 받아 연구되었음(NRF-2011-332-B00522).

1) Vgl. Jan Oster, Normative Ermächtigungen im Regulierungsrecht, Baden-Baden 2010, S. 28.

기로 한편으로 종래의 재량논의의 발전상황에 대한 검토까지 아울러 요구되고 있기 때문에 그에 대한 고찰의 필요성도 있다.

이하에서는 독일연방행정법원에서의 논의를 단초로 하여 독일에서의 규제재량논의를 검토해 보고 종래 문제시 되었던 재량과 판단여지, 계획재량의 구분에 대하여 점검하면서 이와 관련한 법원의 통제밀도와의 연관성을 논의해보고자 한다.

Ⅱ. 행정법에서 규제와 규제재량, 법원통제의 의미

1. 행정법에서 규제의 의미(규제행정법)

행정법학은 아직도 재판을 위한 법, 즉 법적 분쟁에 중점을 두는 학문으로 인식되는 경향이 있다. 그러나 행정법은 행정법관계에 있어서의 권리·의무관계만을 다루는 법에 머물러서는 안 된다. 행정법은 행정청의 공익수행활동 전반을 통제하거나 행정정책과 행정활동을 조정하는 법으로서 이를 통해 행정작용의 민주성과 적법성을 보장하는 법이기도 하다.[2] 이러한 관점에서 행정과정을 정부의 규제작용을 중심으로 이해하는 미국의 행정법이론으로부터 영향을 받아, 행정법을 실질적인 행정통제의 법으로 기능하도록 하는 규제행정법론을 전개하기도 한다. 이러한 방향의 규제행정법론은 종래 행정법을 단순히 법원에서의 분쟁을 전제로 권리·의무를 획정하기 위한 법으로 보는 시각에서 벗어나 현실에서 발생하는 각종 사회·경제적 문제의 조정과 해결을 위한 법으로 볼 수 있게 해준다는 점에서 그 의미가 있다.[3] 이를 위해서 규제행정법은 국가권력의 견제뿐만 아니라 사회권력, 특히 경제권력의 견제 역할까지도 떠맡아야 한다.

그러나 실정법은 아직도 그러한 이상과는 상당히 동떨어져 있다. 예컨대, 행정규제기본법은 제2조에서 "행정규제"를 국가나 지방자치단체가 특정한 행정목적을 실현하기 위하여 국민의 권리를 제한하거나 의무를 부과하는 것으로서 법령 등이나 조례·규칙에 규정되는 사항으로 정의하고 있다. 따라서 국민의 권리를 제한하거나 의무를 부과하는 것이 아닌 한 행정규제가 아니며 행정규제기본법의 적용의 대상에서 제외된다. 이를 통해 행정규제법은 권리·의무관계를 중심으로

---

2) 김유환, 행정법과 규제정책, 법문사, 2012, 6면 참조.
3) 김유환, 앞의 책, 7면 이하 참조.

다루는 법으로 축소되고 이 법을 통한 사회·경제·문화적 문제의 조정과 해결은 관심사에서 멀어지고 만다. 규제재량의 문제는 규제의 의미와 규제행정법의 방향성과 관련하여 논의되어야 한다.

2. 규제재량의 일반개념과 법원통제

종래 규제재량(Regulierungsermessen)은 보통 규제행정에 대한 재량통제의 문제로 다루어졌으나 '규제재량'이란 용어를 독립적으로 사용하는 예는 많지 않다.[4] 우리 판례에서도 규제재량이라는 개념을 사용하지 않고 있는 것으로 보인다. 원래 규제재량이라 함은 규제와 재량의 합성어로서 규제분야에서의 재량을 뜻한다.[5] 그러므로 규제재량이라고 하여 규제분야에서의 독특한 재량 유형을 말하는 것이 아니고 규제분야에서 규제기관이 갖는 행위의 여지를 의미한다고 볼 수 있다. 그러나 최근 독일에서는 위와 같은 규제분야에 있어서의 재량이 특별한 유형으로서의 '규제재량'으로 이해되는 경향이 나타나고 있어서 우려할 만하다. 더구나 규제재량에서는 법원의 심사를 관련된 이익들 간의 형량에 제한함으로써 법원통제밀도의 축소로 이어진다는 점이 더욱 문제되고 있다.

법원통제는 법치행정하에서 권리보호 또는 기본권보호를 위해 행정작용에 대하여 행하여지는 사법통제를 의미한다. 프랑스의 경우 객관적 통제를 포함한다. 특히 재량과 관련하여 나타나는 통제밀도의 축소 문제는 행정과 사법의 권한 배분의 문제와도 관련된다.[6]

규제법상의 규제기관의 결정여지는 규제의 사물법칙과 헌법 및 법률의 규제위임을 근거로 하여 허용된다. 규제는 복잡한, 평가와 관련된 형성위임(Gestaltungsauftrag)이다. 판단의 여지나 형성의 여지가 없는 규제는 생각할 수 없다. 그러한 평가특권은 규제법에서는 일반 행정법에서처럼 예외가 아니라 규제행정청의 주요한 수단에 속한다. 미국 행정법에서도 규제재량(regulatory Discretion)의 문제가 논의되고 있으나 독일의 규제행정법에서 행정청의 평가특권 및 형량특권의 상위

---

4) 예컨대, 김유환, 미국행정법에서의 규제법규해석과 규제재량통제 — 한국적 상황에의 응용의 모색 —, 서울대학교 박사학위논문, 1992.
5) 행정법에서 넓은 의미의 재량이라 함은 행정행위로서의 재량뿐만 아니라 행정입법이나 행정사실행위, 절차 등에서의 재량까지를 포괄하는 의미이다.
6) 법원의 통제밀도와 관련해서는 김현준, 행정법원의 통제밀도, 공법학연구 제5권 제1호, 71면 이하를 참조할 것.

개념으로서 '규제재량(Regulierungsermessen)'이란 개념이 사용되고 있는 것은 미국 행정법의 영향을 받은 것으로 분석되기도 한다.[7] 규제재량은 불확정법개념들과 재량규정들, 계획법상 목적규정들, 그리고 경우에 따라서는 이들의 상호결합을 통해 실현된다. 그럼에도 불구하고 이 개념이 새로운 법제도인지에 대해서는 의문이 제기되고 있다. 아래에서 보듯이 독일에서 규제재량 개념은 독일연방행정법원이 2007년의 한 판결에서 사용하기 시작하여 그 이후 판결에서도 등장하고 있다. 아래에서는 독일에서 등장한 규제재량 개념의 발생과 그에 대한 논의를 법원 통제와 관련하여 검토하기로 한다.

III. 규제재량 개념의 발생

1. 독일 연방행정법원의 판결과 규제재량 개념의 채택

독일에서 규제재량 개념의 발생은 연방행정법원(BVerwG)의 판결에서 비롯되었다. 독일연방행정법원은 2007년 11월 28일 판결에서 처음으로 규제재량(Regu-lierungsermessen)이라는 개념을 사용하였다.[8] 동 판결은 통신업자인 City Carrier가 연방통신위원회(Bundesnetzagentur)[9]로 하여금 시장지배적 사업자인 통신회사에게 추가적인 규제의무를 부과할 것을 요구하는 의무이행소송을 법원에 제기하였으나 기각된 사건에 대한 상고심판결이었다(기각됨). 연방행정법원은 이 판결에서 독일통신법(TKG) 제13조, 제21조에 의한 규제처분과 관련하여 규제재량이라는 개

---

7) Vgl. Jan Oster, Normative Ermächtigungen im Regulierungsrecht, Baden-Baden 2010, S. 158.

8) BVerwG, Urteil des 6. Senats vom 28.11.2007-6 C 45/06. 독일에서 규제재량 개념이 처음 사용된 것은 Mathias Röhl의 책(Die Regulierung der Zusammenschaltung, 2002)에서였다. 이후 독일연방행정법원이 2004년 3월의 한 결정(BVerwG, NVwZ 2004, 1365)에서 이 용어를 채택한다. 다만 인용부호를 넣어서 사용하였다. 이에 대해서는 vgl. Alexander Proelß, Das Regulierungsermessen — eine Ausprägung des behördlichen Letztentscheidungs-rechts?, AöR 2011, S. 412.

9) 독일의 Bundesnetzagentur는 1996년의 독일 통신법(TKG)에 근거하여 설치된 "우편 및 통신에 대한 연방규제행정청(Regulierungsbehörde für Telekommunikation und Post)"이 이후 "전기, 가스, 통신, 우편, 철도에 대한 연방망위원회(Bundesnetzagentur für Elek-trizität, Gas, Telekommunikation, Post und Eisenbahnen)"로 개칭된 기관으로 연방경제기술부 산하의 독립적인 최고행정청이다. 이 글에서는 통신에 대한 규제와 관련된 내용을 다루므로 편의상 "연방통신위원회"로 칭하기로 한다. 자세한 것은 독일 연방망위원회법 (Bundesnetzagentur-Gestz)과 통신법(TKG) 제116조 이하를 참조할 것.

념을 사용했는데, 법원은 규제재량의 불가분의 요소를 다수의 불확정법개념에 의해 조정되는 형량으로 보았고 이는 불가피하게 결정여지와 결합되어 있다고 보았다. 연방행정법원은 연방통신위원회(BNetzA)가 참여자들의 이익을 조사했는지 여부, 형량에 본질적인 인식을 고려한 필요한 모든 인식을 획득했는지 여부, 이질적인 고려를 하지 않았는지 여부의 심사에 제한하였다. 이하 내용은 판결이유의 일부이다.

규제의무의 부과에 관한 결정은 공익과 사익들 간의 포괄적이고 복잡한 형량의 결과이다. 연방통신위원회는 통신법 제10조[10]와 제11조[11]에 따라 규제가 필요한 것으로 확인된 시장에서 규제활동과 관련하여 어떠한 결정재량은 없지만, 제13조 제1항[12]과 제3항[13]에서 규정된 조치들 가운데 어떤 조치를 하느냐 그리고 경우에 따라서는 그러한 조치들을 결합하느냐의 문제에서는 선택여지 및 형성의 여지가 있다. 연방통신위원회가 행하는 형량에 대한 기준들은 진입허용의무(Zugangsverpflichtigung)의 범위와 관련하여 훨씬 더 세분화되어 있다. 왜냐하면 통신법 제21조 제1항 제2문[14]에 따라 진입허용의무가 정당한지 여부 그리고 통신법 제2조 제2항에 의한 규제목표들과 적정한 관계에 있는지 여부를 심사할 때 7가지 포인트가 포함된 목록들을 그 밖의 형량관점들과 함께 고려하여야 하기 때문이다.

---

10) 독일통신법 제10조는 시장정의(Marktdefinition)에 관한 조항이다. 이에 따라 연방통신위원회는 통신법 제2조의 목표를 고려하여 규제대상이 되는 사항적, 공간적으로 중요한 통신시장을 확정한다(제1항).

11) 독일통신법 제11조는 시장분석(Marktanalyse)에 관해 규율한다. 즉, 연방통신위원회는 확정된 통신시장에서 유효한 경쟁(wirksamer Wettbewerb)이 존재하는지 여부에 대해 심사한다. 하나 또는 몇 개의 기업이 현저한 시장지배력을 가지는 경우 유효한 경쟁은 존재하지 않는다(제1항).

12) 독일통신법 제13조 제1항은 현저한 시장지배력을 가진 통신망운영자에게 차별금지의무나 투명성의무, 진입허용의무, 표준제시, 분리회계, 사용료 등과 관련된 의무를 부과하는 내용이다.

13) 독일통신법 제13조 제3항은 유럽공동체 지침에 의해 국경을 넘어가는 시장에서 그 국가의 규제행정청과 협의하여 어떤 의무를 부과할지 확정하는 것을 내용으로 한다.

14) 독일통신법 제21조 제1항은 연방통신위원회가 현저한 시장지배력을 가진 기업에 대하여 다른 기업의 진입을 허용할 의무를 부과할 수 있음(Kann-Vorschrift)을 규정하고 있는바, 제1항 제2문은 그러한 진입이 정당한지 여부와 규제목표와 적정한 관계에 있는지 여부를 7개의 항목을 특별히 고려하여 심사하도록 하고 있다. 특별히 고려할 7개 항목은 경쟁시설의 이용이나 설치에 있어 기술적, 경제적 수용가능성, 수용능력 관점에서 진입보장의 가능성, 시설소유권의 최초투자, 장기적인 경쟁확보의 필요성, 영업권이나 지적재산권, 유럽차원의 서비스제공, 이미 부과된 의무의 지속 여부 등이다. 자세한 것은 독일통신법 제21조를 참조할 것.

　이러한 규범구조는 다수의 불확정법개념들을 통해 조정된 형량을 그와 비로소 연결되는 재량활동과 분리하지 못하도록 하며 형량을 법원의 완전통제하에 두지 못하게 한다. 오히려 형량은 연방통신위원회에 부여된 규제재량 자체의 분리할 수 없는 요소이다. 당 법원은 불확정법개념을 구체화하는 것은 원칙적으로 법원의 일이며 행정청의 법적용을 무제한 심사해야 한다는 점을 간과하지 않는다. 오히려 법률에 규정된 결정프로그램이 고도로 복잡하거나 규율대상이 가진 특별한 역동성 때문에 너무 모호하고 행정결정을 집행함에 있어 그 구체화가 매우 어려워서 법원의 통제가 사법의 기능한계(Funktionsgrenzen der Rechtsprechung)에 부딪힐 수 있다. 법원의 심사의무는 행정에 대한 실체법적 구속 이상으로 미치지 않는다. 법원의 심사의무는 실체법이 행정청에게 헌법상 의문이 없는 방식으로 결정을 하도록 요구하되 그에 대하여 충분히 명확한 결정프로그램을 제시할 필요가 없는 곳에서 그 의무가 종결된다.

　이러한 배경에서 연방행정법원은, 다음과 같은 경우에 법률로부터 행정의 결정특권(Entscheidungsprärogative)을 추출해내었다. 즉, 행정청에 의해 내려지는 결정이 고도로 평가적 요소를 내포하고 있고 법률이 특별한 절차로 특별한 전문성을 가지고 결정하는 행정기관을 권한있는 기관으로 규정하는 경우, 특히 합의제 행정기관(Kollegialorgan)의 경우와 같이 가능한 견해차이를 내부적으로 조정하고 그로 인하여 내려지는 결정이 동시에 객관화되는 경우, 그러한 경우가 바로 이 사례이다.[15]

연방행정법원은 2008년 4월 2일 판결에서는 더 나아가 계획재량에서의 형량하자론을 그대로 적용하고 있다. 판결이유 중 관련된 부분만을 요약하면 다음과 같다.

　통신법 제21조 제1항 제1문에 따라 연방통신위원회는 시장 지배적 통신망운영자에 대하여 동조항의 일정한 요건 하에 타 업자에 대하여 진입(Zugang)을 보장할 의무를 부과할 수 있다. 그 진입의무가 정당한지 여부와 통신법 제2조 제2항에 따른 규제목표와 적정한 관계에 있는지 여부를 심사할 때 연방통신위원회는 7개의 항목을 포함하는 카탈로그를 넓은 형량의 관점으로 고려하여야 한다(동법 제21조 제1항 제2문). 이러한 다수의 불확정법개념에 의해 조정되는 포괄적인 형량은 연방통신위원회의 재량활동과 분리될 수 없으며 오히려 계획재량에 의존하여 그에게 부여된 규제재량의 요소이다. 규제재량은 형량을 전혀 하지 않은 경우 — 형량의 해태(Abwägungsausfall) —, 사안의 상황에 따라 형량에 포함시켜야 할 이익을 빠뜨린 경우 — 형량의 흠결(Abwägungsdefizit) —, 관련이익의 의미가 왜곡된 경우 — 형

---

15) BVerwG, Urteil des 6. Senats vom 28.11.2007-6 C 45/06.

량의 평가오류(Abwägungsfehleinschätzung) — , 각 이익의 객관적 비중과 비례관계에 있지 않은 방법으로 이익들 간의 균형이 이루어진 경우 — 형량불비례(Abwägungsdisproportionalität) — 에는 하자가 있다. 연방통신위원회는 그러한 재량하자를 범하지 않았다.[16]

2008년 10월 29일 판결에서도 연방행정법원은 통신법 제10조 및 제11조에 따라 시장을 정의(또는 확정)하고 시장을 분석함에 있어 연방통신위원회는 판단여지(Beurteilungsspielraum)를 갖는다고 판시하였고[17] 이후 같은 취지의 판결이 계속되고 있으며[18] 하급심법원에서도 일부 규제재량의 용어를 사용하는 예가 나타나고 있다.[19] 한편 통신 분야 이외의 에너지 분야에서 고등법원에서 규제재량이라는 개념이 사용된 경우도 있다.[20]

2. 독일연방헌법재판소의 2011년 12월 8일 결정

독일연방행정법원의 판결 이후 독일연방헌법재판소도 2011년 12월 8일 연방통신위원회의 규제의무부과와 관련된 헌법소원의 결정에서 규제재량의 문제를 다루고 있다. 이 결정에서 연방헌법재판소는 연방행정법원의 견해를 지지하고 있다.

이 사안은 연방통신위원회의 규제처분에 대하여 제기한 행정소송에서 연방통신위원회가 규제의무를 부과함에 있어 그에게 주어진 규제재량의 한계를 넘지

---

16) BVerwG, Urteil vom 2. April 2008-6 C 15/07.
17) BVerwG, Urteil vom 29. Oktober 2008-6 C 38/07. "통신법 제40조 제1항에 의한 운영자 선정 및 운영자 사전선정(Betreibervorauswahl)을 할 의무는 공공전화망에 대한 연결을 위한 시장에서 중대한 시장지배력을 가진 공급자에게 그 시장지배력이 공공전화연결을 위한 시장 가운데 하나에서 없는 경우 그리고 그곳에 존재하는 경쟁이 결정적으로 현재의 운영자선정의무에 기초하는 경우 부과된다. 통신법 제39조 제3항 제1문에 따라 최종이용자 사용료의 사후규제는 제17조 제1항, 제2항에 비추어 보편적 서비스지침(Universaldienstrichtlinie)을 법률에 의하여 직접 적용하지 못하며 연방통신위원회의 부과를 요한다. (이하 생략)"
18) BVerwG, Urteil vom 28. Januar 2009-6 C 39/07; BVerwG, Urteil vom 27. Januar 2010-6 C 22/08.(TKG 제9조, 제13조, 제21조 제1항에 의하여 연방통신위원회(Bundesnetzagentur)에 속하는 규제재량의 행사에서 행정법원은 모든 본질적인 이익들을 그의 비중과 함께 형량하였는지 그리고 그러한 이익들이 적절한 균형에 이르게 하였는지 여부를 심사하여야 한다); Urteil vom 14. Dezember 2011-6 C 36/10; Urteil vom 12. June 2013-6 C 10/12.
19) VG Köln, Urteil vom 22.08.2012-21 K 2317/11; VG Köln, Urteil vom 25.04.2012-21 K 1147/10.
20) OLG Düsseldorf, RdE 2011, 100(104).

않았다는 이유로 원고가 패소한바, 패소한 원고가 효과적인 권리보호에 관한 기본권 침해와 직업행사의 자유의 침해를 이유로 헌법소원을 제기한 사건이다. 헌법소원은 기각되었다. 그 요지는 다음과 같다.[21]

> 연방행정법원의 판결은 헌법소원청구권자의 효과적인 권리보호에 관한 기본권(기본법 제19조 제4항)을 침해하지 않는다. 효과적인 권리보호는 입법자가 행정에 대하여, 법원에 의한 행정작용의 법적 통제를 제한하는 형성의 여지와 재량여지, 판단여지를 열어주는 것을 배제하지 않는다. 만약 법률의 근거 결여로 인해 존재하지 않는 최종결정권(Letztentscheidungsrecht)을 승인하는 경우, 그리고 행정청의 결정의 적법성에 대한 충분한 심사를 하지 않은 경우라면 기본권침해가 있을 수 있다. 연방행정법원이 시장의 정의(확정, Marktdefinition) 및 시장분석(Marktanalyse)에서 연방통신위원회에 판단여지가 있다고 인정한 것은 헌법적으로 의문이 없다. 연방행정법원은 관련규정을 해석함에 있어 그 규정들에서 연방통신위원회의 광범위한 판단여지가 주어진다고 한 것은 합리적인 것으로 하는 승인된 해석방법론을 사용하고 있다.
> 또한 입법자에 의한 법원의 통제밀도 축소에 대하여도 적절한 이유가 존재한다. 통신법 제10조에 언급된, 규제를 위해 고려되는 시장을 확정하기 위한 기준들은 경제적 평가(Einschätzungen)에 의존한다. 조사대상이 된 시장에 유효한 경쟁이 존재하는지 여부에 대해서도 유사하다. 그러한 구성요건표지를 법원이 완전통제(Vollkontrolle)하기에는 현저한 어려움이 있다는 점 때문에 입법자가 연방통신위원회에 판단여지를 부여할 동기로서 허용될 수 있다. … (중략) … 또한 헌법소원청구권자의 직업행사의 자유도 침해되지 않았다.

Ⅳ. 규제재량의 논리와 그에 대한 비판적 고찰

1. 독일연방행정법원의 규제재량의 논리

독일연방행정법원은 통신법분야에서 통신법 제10조의 시장정의(Marktdefinition)에서뿐만 아니라 제11조의 시장분석(Marktanalyse)에 있어서도 연방통신위원회

---

21) Beschluss des Bundesverfassungsgerichts vom 8. Dezember 2011-1 BvR 1932/08. 엄밀히 말하면 연방헌법재판소는 규제재량이라는 표현을 쓰지않고 규제의 법률효과차원에서 '계획과 유사한 재량(planunsähnliche Ermessen)'이라는 표현을 사용하고 있다. 연방행정법원이 규제재량을 구성요건과 법률효과 차원에서 서로 분리될 수 없게 결합된 것으로 본 것과 대조된다. 이에 대해서는 vgl. Sachs, Michael/Jasper, Christian, Regulierungsermessen und Beurteilungsspielräume — Verfassungsrechtliche Grundlagen, NVwZ 2012, 649 ff.

에게 법원이 제한적으로만 심사할 수 있는 결정여지를 인정하였다.

연방행정법원은 2007년 11월 28일 판결에서 규제재량이라는 개념을 처음 사용하였다. 물론 동 판결은 일반적인 행정재량 및 계획재량에 비해서, 규제재량이라는 특별한 표현을 근거지우는, 특수한 재량이 규제행정법에 있는지 여부에 대해서는 아직 언급하지 않았지만 이어지는 2008년 4월의 판결과 2008년 10월 판결 등 이후 계속되는 판결에서 법원은 이 새로운 개념을 그대로 사용하고 있다.

규제재량에서 특징적인 것은 법률의 구성요건에 포함된 불확정법개념의 해석과 재량결정이 서로 결합되어 있다는 점이다. 규제재량에서는 불확정법개념에 의해 행해지는 구성요건 형량이 그와 연결된 재량행위와 분리될 수 없으며 법원의 통제는 형량하자론에 제한된다고 한다. 여기서 형량하자론은 물론 계획재량에서 행해지는 형량하자론을 의미한다. 결국 연방행정법원은 규제결정을 형량하자의 관점에서만 사법 통제를 하는 계획확정결정에 근접시켰기 때문에 법원의 통제밀도의 축소라는 결과를 가져왔다. 연방행정법원은 제한된 사법심사만을 인정하는 이유를 고도로 복잡한 법률상 결정프로그램과 규율대상의 역동성 등에 기인하는 사법의 기능한계(Funktionsgrenzen der Rechtsprechung)에서 찾고 있다.

이러한 논의는 이후 제기된 헌법소원에서 2011년 12월 연방헌법재판소에 의해 그대로 받아들여진다.[22] 규제재량에 대해서는 비록 비판이 이어지고 있지만 규제재량개념은 확고한 자리를 잡아가고 있는 듯하다.

---

22) 독일 연방헌법재판소가 연방행정법원의 규제재량의 논리를 그대로 승인한 것에 대해서는 비판이 제기되고 있다. 특히 Winkler는 연방통신망위원회의 행위에 대하여 점차로 법원의 사후심사가 박탈되고 있다는 점을 지적하고 구성요건에서의 판단여지와 법률효과의 선택에 있어서 재량을 구분하는 것은 법치국가와 권력분립을 위하여 특별한 가치를 가지고 있는데 연방헌법재판소는 이러한 점을 명확히 하지 못하였다는 점과 해석상 불명확성이나 사안의 복잡성, 정치적 연관성 등은 판단여지를 인정하기에 충분한 논거가 되지 못한다는 점, 민사법 영역에서 법원이 경제적 평가에 의존하지 않듯이 헌법재판소도 그러해야 하며, 이른바 시장에 대한 고도의 평가필요성을 인정하는 것도 헌법적으로 의문이고 이는 민주적 법치국가에서 규제처분이 고도의 침해강도를 가지고 있을 때에는 그 결정이 입법자에게 유보되어야 할 것이기 때문이라는 점을 들어 연방헌법재판소의 판결을 비판하고 있다. 이에 대해서는 Winkler, Anmerkung zum BVerfG, Beschluss vom 8.12.2011-1 BvR 1932/08, Multimedia und Recht Zeitschrift für Informations-, Telekommunikations- und Medienrecht(MMR), 2012, S. 186 ff.

2. 규제재량의 체계적 귀속

(1) 개괄적 문제제기

앞서 보았듯이 규제재량의 경우 독일통신법의 규범구조상 다수의 불확정법개념을 사용하고 있고 여기에는 판단여지가 인정되며 이는 재량결정과 분리될 수 없이 결합된다고 한다. 이와 같이 판단여지와 재량결정의 결합이 규제재량의 특징이다. 이는 종래의 구성요건측면에서의 판단여지와 법률효과측면에서의 재량이 결합된 이른바 융합규정과 매우 유사한 성격을 갖는다고 하겠다. 다만 규제재량을 단순히 융합규정으로 볼 수 없는 이유는 형량하자론에 따른 사법심사가 행해지기 때문이다. 그러므로 규제재량은 판단여지와 재량결정의 결합과 함께 형량하자론에 따른 법원통제밀도의 축소가 그 특징이다. 이것은 종래 2분론 또는 3분론의 어디에도 속하지 않는다. 그렇다면 독일 연방행정법원은 행정법 도그마틱에서 규제재량이라는 새로운 영역을 인정한 것이라고 의심해 볼 수 있다.

(2) 불확정법개념의 문제

독일 연방헌법재판소는 법원이 행정의 사실확정이나 법적 확인에 구속되는 것에 대하여 원칙적으로 기본법 제19조 제4항과 합치할 수 없다고 선언했지만 입법자에 의해 부여된 형성여지나 재량, 판단여지에 의해 법원에 의한 법적 통제가 제한되는 것을 배제하지 않았다.[23] 물론 형량요소 내지 평가요소를 가진 모든 불확정법개념에 대하여 법원의 심사를 배제하려했던 극단적인 방안이 독일에서 논의되기는 하였으나[24] 이는 비판에 부딪힌다.[25]

---

23) BVerfGE 129, 1, 21 f.

24) Ewer, Beschränkung der verwaltungsgerichtlichen Kontrolldichte bei der Anwendung unbestimmter Rechtsbegriffe — Zulässiges und geeignetes Mittel zur Beschleunigung behördlicher und gerichtlicher Verfahren, NVwZ 1994, S. 140 ff. 법안 "(1) 불확정법개념의 적용이 형량이나 진단, 평가를 요하는 경우 행정청에게는 판단여지가 귀속된다. (2) 법원은 행정청에게 판단여지가 귀속되는지, 법률에 규정된 한계를 넘었는지, 수권의 목적에 따른 방식으로 판단여지를 사용했는지 심사한다." 절차의 촉진, 신속과 관련하여 1994년에 Mecklenburg-Vorpommern 법무부장관에 의해 법안이 제안된다. 그 사이 "작은 국가(schlanken Staat)"를 향한 노력하에 다시 고려되게 되나 아직 법률로까지 제정되지는 않았다고 한다.

25) Sachs, in: Stelkens/Bonk/Sachs, Verwaltungsverfahrensgesetz, 8. Auflage 2014, VwVfG § 40, Rn 147-157.

불확정법개념은 법률로부터 도출되거나 해석을 통해 명료해질 수 있어야 한다. 입법자도 그러한 여지를 부여하는 데 자유롭지 않고 기본법 제19조 제4항에 대하여 충분한 근거를 필요로 한다. 불확정법개념은 원칙적으로 행정의 엄격한 법률구속을 전제로 한다. 한편 기속행정이나 재량행정의 규범에서 불확정법개념을 사용하는 것은 헌법적으로 허용되는 것으로 본다. 상황에 따라서는 각 법영역의 여건에 따라 관련자의 기본권을 고려하거나 개별사례에서 융통성에 의한 정의를 고려하기 위해서 불가피한 측면이 있는데 이는 법치국가원리에 의한 명확성원칙에 의해 요청되는 규범명확성이 유지되는 한에서 그러하다.[26] 해석문제가 남는다면 이것은 전통적인 해석방법에 의해 극복될 수 있고 남아있는 의문의 해명은 법적용기관에게 넘겨질 수 있다. 승인된 해석방법의 도움으로 그러한 의문에 대답하는 것은 행정청과 법원의 일이기 때문이다.[27]

(3) 규제재량과 판단여지 및 재량, 계획재량의 3분론(Trichotomie)

앞서 보았듯이 독일연방행정법원은 2007년 11월 28일의 판결에서 규제재량이라는 개념을 사용하면서 다수의 불확정법개념에 의한 형량과 계획재량에 유사한 형량하자이론을 근거로 원고의 청구를 기각하였다. 이로써 재량과 판단여지, 계획재량의 구분이 모호해지고 법원의 통제밀도가 축소되는 결과를 초래하였다. 여기서 규제재량이 체계적으로 재량과 판단여지, 계획재량의 어디에도 속하지 않는 새로운 개념인지를 검토하기 위해서 재량과 판단여지, 계획재량의 구분에 대하여 고찰해볼 필요가 있다.

영미법 체계뿐만 아니라 대부분의 국가에서는 재량과 판단여지, 계획재량의 문제를 엄격하게 구분하지 않고 있다. 이러한 구분은 주로 독일을 중심으로 한 오스트리아, 스위스 등지에서 행해지고 있다. 널리 알려진 바와 같이 독일의 지배적인 학설과 판례는 구성요건 측면의 판단여지와 법률효과 측면의 재량, 그리고

---

26) Vgl. Sachs, a.a.O., Rn. 152.
27) 이 외에도 보완하는 법규범을 통해 상세하게 규정하는 것도 당연히 허용된다. 또한 행정규칙을 통해서 불확정법개념을 구체화하는 것도 법률에 그러한 지적이 있을 경우 허용된다. 그리고 판례실무에서 구체화를 통해서도 명확성의 척도가 확보될 수 있다. 나아가 불확정법개념을 통일적으로 취급하기 위한 규범해석적 지침도 가능하다. 그 밖에 법적용의 불안정성은 전문가의 감정에 의해서도 보완될 수 있다. vgl. Sachs, a.a.O., Rn. 153 ff.

계획재량이라는 특수한 분야를 인정하는 이른바 3분론을 따르고 있다.[28]

이에 따르면 좁은 의미의 재량은 법규범의 구조상 법률효과 측면에서만 인정되며 구성요건 측면에서는 재량이 인정되지 않고 다만 구성요건에 불확정법개념을 사용할 경우에는 예외적인 사례들에서만 제한적으로 판단여지가 인정될 수 있다고 한다. 한편 계획행정의 분야에서는 다양한 이해관계가 충돌하고 미래예측적 고려가 요구되는 계획형성과 관련하여 행정에게 광범위한 형성의 자유가 주어질 뿐만 아니라 계획과 관련된 규범들은 전통적인 조건규범이라기보다는 목적-수단 정식으로서의 규범구조를 띠기 때문에 구성요건과 법률효과를 구분하여 볼수 없으므로 제3의 독자적인 유형으로 인정될 필요가 있고 여기에는 독특한 형량하자론이 적용된다고 한다.[29] 3분론은 이러한 점에서 재량과 판단여지, 계획재량을 구분하고 있다.

그러나 이에 대해서는 최근 재량과 판단여지의 차이가 부인되고 상대화되는 경향을 보이고 있다는 지적이 있다.[30] 그리고 법률효과재량의 경우에도 법률효과가 특정한—법적용자에 의해 확인되는—요건과 결부되기 때문에 구성요건과 법률효과는 분리될 수 없다는 견해도 있다.[31] 이론적으로 재량과 판단여지는 동일한 목적에 기여하기 위하여 행정과 법원이 기능적으로 분업을 하는 수단이기 때문에 통합될 수 있다는 견해도 있다.[32] 이 때 행정은 평가부분에 대하여 자기책임을 떠안고 법적인 한계를 긋는 것은 법관의 일로 남는다고 한다.

이 밖에도 특히 입법자가 융합규정(결합규정, Koppelungsvorschrift)을 두는 경우 구성요건 측면에서의 판단여지와 법률효과 측면에서의 재량을 엄격하게 구별

---

28) Vgl. Hartmut Maurer, Allgemeines Verwaltungsrecht, 16. Aufl., §7, Rn. 26.

29) Vgl. Hartmut Maurer, a.a.O., §7, Rn. 7 ff. 그 밖에 행정계획법분야에서의 형량명령론에 대해서는 김해룡, 법치국가원리로서의 형량명령, 외법논집 제34권 제1호(2010), 219면 이하를 참조할 것.

30) Hartmut Maurer, a.a.O., §7 Rn. 52 ff.

31) Vgl. Häffelin/Müller, Allgemeines Verwaltungsrecht, Zuerich, 2002, Rn. 452. 그 밖에 절차재량의 존재와 같은 것도 재량을 통일적으로 파악하게 하는 요인이 될 수 있다. vgl. Hermann Hill, Verfahrensermessen der Verwaltung, NVwZ 1985, S. 449 ff. Hill은 절차의 형식에 대해 특별한 규정이 없는 경우 행정절차는 특별한 형식에 구속되지 않는다고 규정한 행정절차법 제10조(Nichtförmlichkeit des Verwaltungsverfahrens)를 절차재량의 일반재량으로 보고 있다. 이는 행정절차법 제정이전에도 이미 승인되어 있었다. 법치국가적 행정절차의 원칙들이 적용되지 않거나 주법의 규정이 없을 경우 행정은 합목적성에 따라 절차를 형성할 수 있음이 승인되어 있었다.

32) Tschannen/Zimmerli, Allgemeines Verwaltungsrecht, Bern, 2005, §26, Rn. 32

하는 것이 어려워진다. 또한 판단여지와 재량, 계획재량은 모두 평가를 내포한 형량을 전제로 할 수 있다. 구성요건 측면의 판단여지에서는 항상 형량이 전제되는 것은 아니지만 입법자가 형량을 전제로 하는 규정을 할 수 있고 그러한 경우에는 재량과의 질적인 차이가 모호해진다.[33] 사실 구성요건의 심사는 늘 인식의 (kognitiv) 성격을 가지고 있고 재량의 행사는 항상 의지적(voluntativ) 성질을 갖는다는 테제는 유지되기 어려운 것으로 보인다.[34] 경우에 따라서는 구성요건 심사도 평가와 행정청의 의지형성의 요소를 내포하고 있는 경우가 있기 때문이다.[35] 그러한 관점에서 재량과 판단여지, 계획재량은 중첩되는 측면이 있다. 하지만 그렇다고 하여 3자가 완전히 일치하는 것은 아니다. 그러므로 재량과 계획재량의 차이는 질적인 차이라기보다는 양적인 차이에 불과한 측면이 있고 판단여지이론을 재량행위와 별도로 구분하여 인정하지 않고 통일적으로 파악하여 판단여지를 법률의 구성요건부분에 예외적으로 인정되는 재량의 한 내용으로 볼 수도 있다.[36]

이상에서 보듯이 재량과 판단여지의 차이가 부인되고 상대화되는 경향을 보이고 있는 점은 부인할 수 없으나 이에 대해서는 법적으로 동가치인 해결책들이 있을 수 있다는 점을 고려하지 않으며, 일반적 재량행사의 특수성이 적절히 다루어지지 않는다는 비판이 제기되고 있다.[37] 한편 계획재량과 관련해서도 구성요건

---

33) Jan Oster, Normative Ermächtigungen im Regulierungsrecht, Baden-Baden 2010, S. 62.

34) Jan Oster, a.a.O., S. 66.

35) 인식은 종합과 매개를 필요로 한다. 따라서 종합과 매개를 필요로 하는 인식단계에서 평가적 요소가 포함될 가능성이 있다. 이와 관련하여 독일 관념철학으로부터 일정한 시사점을 얻을 수 있다. 칸트의 인식론적 이원론에 의하면, 인식이란 이질적이며 서로 독립적인 두 능력, 즉 감성과 오성이 함께 작용한 결과로서 산출된다. 감성은 표상들을 수용하는 직관의 능력이고, 오성은 주어진 표상들을 개념을 통해 통일하는 사유의 능력이다. 이에 대하여 헤겔은 감성과 오성을 이질적이며 독립적인 것으로 보지 않고 직관 속에서도 사유가 작동하고 있으며 직관 속에도 사유의 내용이 존재한다고 함으로써 칸트의 이원론에 반대하고 사유가 직관에 의해 제약되지 않는 것으로 본다. 한편 인식은 종합과 매개를 필요로 한다는 점에서 칸트와 헤겔이 공통적이지만, 칸트는 제3의 표상인 상상력에 의해 매개되어 인식이 행해진다고 보는 반면에 헤겔은 사유를 매개로 하여 인식이 행해지는 것으로 본다. 이에 대해 자세한 것은 박배형, 칸트의 인식론적 이원론에 대한 헤겔의 비판, 헤겔연구 29호, 2011, 97면 이하를 참조할 것.

36) 우리의 경우도 이러한 지적이 있다. 류지태/박종수, 행정법신론 제14판, 박영사 2010, 87면 이하; 류지태, 재량행위론의 재고, 고시계 1990. 12, 99면 이하 참조.

37) Vgl. Hartmut Maurer, a.a.O., §7 Rn. 14 und 54. Maurer는 개별적 재량행사와 일반적 재량행사를 구분하고 있다. 일반적 재량행사는 상급행정청이 행정지침을 통해 하급행정청

과 법률효과측면으로 구분하여 볼 수 없는 규범구조적 특성을 가지고 있다는 점과 행정이 광범위한 형성의 자유를 누린다는 점이 강조되고 있다. 이러한 점에서 볼 때 독일에서는 재량과 판단여지, 계획재량을 구분하는 3분론이 여전히 지배적인 지위를 차지하고 있는 것으로 보인다.

(4) 규제재량과 융합규정

입법자가 동일한 관점을 구성요건 측면에서뿐만 아니라 법률효과 측면에서도 기준이 되도록 하나의 법규범에 불확정법개념과 재량을 서로 결합하는 융합규정(결합규정, Koppelungsvorschrift)을 두는 경우 구성요건 측면에서의 판단여지와 법률효과 측면에서의 재량을 엄격하게 구별하는 것이 어려워진다.[38] 독일 연방행정법원은 독일통신법(TKG) 제21조의 진입허용의무규정에 규제재량을 인정하고 있는데 동법 제21조는 구성요건에 불확정법개념을 규정하고 법률효과면에서 재량을 인정하고 있는 전형적인 융합규정에 해당한다. 왜냐하면 독일통신법 제21조 제1항 제1문은 연방통신위원회가 현저한 시장지배력을 가진 기업에 대하여 다른 기업의 진입을 허용할 의무를 부과할 수 있음(Kann-Vorschrift)을 규정하고 제1항 제2문은 그러한 진입이 정당한지 여부와 규제목표와 적정한 관계에 있는지 여부에 대하여 불확정법개념들로 이루어진 7개의 항목을 특별히 고려하여 심사하도록 하고 있기 때문이다. 여기서 특별히 고려할 항목들은 경쟁시설의 이용이나 설치에 있어 기술적, 경제적 수용가능성, 수용능력 관점에서 진입보장의 가능성, 장기적인 경쟁확보의 필요성 등이다.

독일연방행정법원은 이 사건에서 독일 통신법 제21조를 융합규정의 유형가운데 어디에 속하는지 명확히 언급하지 않고 있다. 다만 이 경우 불확정법개념에 의해 조정된 형량이 재량과 불가분하게 결합되어 있다고 표현하고 있다.[39] 이 점

의 통일적인 재량행사를 규정하는 경우를 말한다.

38) 융합규정 또는 결합규정의 문제에 대한 최근의 글로는 홍강훈, 결합규정(Koppelungs-vorschriften)의 해석방법에 관한 연구 ― 대법원 2010. 2. 25. 선고 2009두19960 판결의 비판적 분석 ―, 공법학연구 제13권 제3호, 177면 이하를 참조.

39) BVerwG, Urteil des 6. Senats vom 28.11.2007-6 C 45/06. "다수의 불확정법개념들을 통해 조정된 형량을 그와 비로소 연결되는 재량활동과 분리하지 못하도록 하며 형량을 법원의 완전통제 하에 두지 못하게 한다." 이에 대해서 판단수권과 재량수권이 상호대체가능한 융합규정이라고도 한다. vgl. Markus Ludwigs, Regulierungsermessen: Spielräume gerichtlich eingeschränkter Kontrolle im Regulierungsrecht, RdE 2013, S. 302.

을 고려한다면 통신법에서의 규제재량은 판단여지와 재량이 단일한 결정여지로 통합되는 사례이거나 이중의 결정여지가 인정되는 사례에 해당하는 것으로 보인다.[40] 다만 연방행정법원은 이러한 결정여지를 계획재량에 유사한 것으로 보고 형량하자론이 적용되는 것으로 판단하고 있다.[41]

(5) 행정의 최종결정권한의 수권

규제재량의 카테고리를 도입하는 문제는 행정청의 최종결정권의 체계에 대하여 새롭게 생각하도록 만든다. 독일통신법의 규정들과 같은 융합규정들에서는 판단여지와 재량의 구분이 별로 도움이 되지 않기 때문이다. 여기서 독일의 문헌들은 규제재량을 구성요건과 효과를 구분하여 그 귀속 여부를 논하는 2분론 또는 여기에 계획재량의 범주를 포함한 3분론의 범위를 벗어난 독립한 형태의 결정여지로 파악해야 할지 아니면 규제재량을 통일적인 재량으로 파악해야 할지 여부보다는 입법자가 행정에게 최종결정권한을 수권했느냐 여부에 대한 분석에 초점을 맞추고 있는 것을 발견할 수 있다.[42] Proelss와 Ludwigs는 독일통신법 사례에서 법규범의 내용을 분석함으로써 행정의 최종결정권을 긍정함으로써 규제재량에 관한 연방행정법원의 판례를 뒷받침하고 있다.[43] 행정의 최종결정권의 문제는 후술하는 법원의 통제밀도의 문제와 밀접한 관련이 있으나 기본적인 내용에 대해서는 여기서 살펴본다.

독일에서 행정결정의 법적, 사실적 문제에 대한 법원의 완전심사 원칙(헌법원칙)은 독일기본법(GG) 제19조 제4항의 효과적이고 유효한 권리보호의 권리로부터 도출된다. 따라서 그에 대한 예외로서 법원의 사법심사가 제한되려면 그에 대한 정당성을 필요로 한다. 그러므로 원칙적으로 법원은 행정이 행한 확인이나 평가에 구속되지 않는다. 이른바 규범적 수권이론(normative Ermächtigungslehre)은 법원의 완전통제를 원칙으로 하고 행정의 최종결정권의 예외를 인정하되 그 예외인

---

40) 융합규정(결합규정)의 유형과 내용에 대해서는 홍강훈, 앞의 논문, 182면 참조.

41) 앞의 2007년 11월 28일 판결 참조.

42) 이러한 점에서 접근하고 있는 문헌들로는 특히 vgl. Alexander Proelss, Das Regulierungsermessen — eine Ausprägung des behördlichen Letztentscheidungen?, AöR 136(2011), S. 402 ff.; Ferdinand Gaerditz, "Regulierungsermessen und verwaltungsgerichtliche Kontrolle, NVwZ 2009, S. 1005 ff.; vgl. Markus Ludwigs, Regulierungsermessen: Spielräume gerichtlich eingeschränkter Kontrolle im Regulierungsrecht, RdE 2013, S. 297 ff.

43) Ebenda.

정에는 정당화를 요구한다는 점에서 원칙과 예외의 관계(Regel-Ausnahme-Verhältnis)를 내용으로 한다. 연방헌법재판소에 따르면 실체법이 헌법상 의문스럽지 않은 방법으로 행정에게 어떤 결정을 요구하고 있으나 그에 대해 충분히 명확한 규정이 없는 경우 법원의 통제는 행해지지 않을 수 있다고 한다.[44] 규범적 수권론은 행정에게 최종결정권을 부여함으로써 법적인 척도를 구체화하고 보충할 수 있는 선택의 여지가 주어지는 것은 예외적으로 특별한 근거가 있을 때에만 법치국가 친화적이라는 전제를 근거로 한다. 그와 같은 충분한 근거가 있는 경우 입법자는 그러한 예외를 규정할 수 있다. 예컨대, 행정이 조직적, 인적, 사항적인 제반조건을 근거로 법원보다 전문적으로 우월한 판단권한을 가지는 경우나 결정과정에 필요한 전문가를 법원보다 더 잘 끌어들일 수 있는 경우가 그러하다. Hoffmann-Riem에 따르면 권력분립의 이념과 결합된 최상의 과제수행의 원칙이 그러한 한에서 현실화된다고 한다.[45]

행정에게 어떤 결정의 여지가 주어져 있는 사례들은 입법자가 법률로 행정에게 결정권한을 부여한 점에서 공통점을 가지고 있고 행정결정은 그러한 한에서 법원의 제한된 사법통제를 받는다고 한다. 행정에 대한 권한부여(수권)가 입증될 수 없는 경우 법원은 행정의 결정에 대하여 완전한 심사를 하여야 한다. 이는 결국 행정과 법원 간의 결정권의 분배문제라고 할 수 있는데[46] Gärditz는 이를 규범논리나 방법론 또는 사실상 통제가능성의 문제로 보지 않고 단순한 권한의 문제로 본다. 이에 따르면 행정재량과 계획재량은 구조적인 범주(strukturell-kategorial)의 문제가 아니라 행정의 결정의 자유의 정도에서 차이가 있게 된다.[47]

3. 행정법원의 통제밀도

독일연방행정법원의 태도에 따라 규제재량에 내재하는 형성여지를 계획재량과 같이 보고 형량하자론을 따라가는 것이 정당한지는 문제될 수 있다. 계획법에서 행정에게 부여된 최종결정권은 가장 포괄적이면서 통제의 척도는 가장 약하기 때문이다. 연방행정법원이 규제재량에 대하여 계획재량에 있어서의 형량하자론

---

44) BVerfGE 88, 40(61); Alexander Proelss, a.a.O., S. 413 und 415 f.

45) Hoffmann-Riem, Eigenständigkeit der Verwaltung, in: Hoffmann-Riem/Schmidt-Aßmann/Voßkuhle, Grundlagen des Verwaltungsrechts, Bd I, 2006, §10, Rn. 90.

46) Ferdinand Gaerditz, a.a.O., S. 1006.

47) Ebenda.

을 적용하는 데 대해서는 다음과 같은 점들이 문제될 수 있다.

(1) 사법의 기능적 한계와 전문적인 행정조직, 규율밀도 등의 논거

독일 연방행정법원에 의하면, 법원의 통제는 규제결정의 복잡성 때문에 그 기능한계에 부딪힌다는 점과 연방통신망위원회의 직무상 특수한 조직 때문에 규제재량에 대하여 법원이 매우 제한적으로만 심사할 수밖에 없다는 점을 근거로 하고 있다. 그러나 전문적 복잡성과 행정의 특별한 경험, 결정의 진단적 성격 (Prognosecharakter)을 근거로 하여 통제로부터 자유로운 결정의 여지를 정당화하기에는 충분치 않다.[48] 사실 합의제행정기관이 결정할 때 통제밀도를 축소하는 것이 고려될 수 있지만 연방통신위원회는 특수한(내부 다양한, 지시받지 않는) 행정조직이나 그에 상응한 가중된 절차를 가지고 있지 않기 때문에 설득력이 떨어진다는 비판이 제기된다.[49]

법원의 규제통제에 반대하는 논거로서 거론되는 것이 또한 취약한 규율밀도 (Regelungsdichte)이다. 법치국가적, 민주적인 법률유보는 해당 침해에 대한 수권이 충분히 규정되어 있을 것을 요하지만 한편으로는 기본권인 자유의 한계에 관한 결정이 일방적으로 행정의 재량에 맡겨지지 않을 것을 요구한다.[50]

(2) 계획형량의 유추문제

연방행정법원의 규제재량개념은 계획법상의 통제기준을 유추해서 끌어들인 것이지만 이는 총체적인 계획과 규제 간의 범주차이를 동일시한다는 점에서 문제가 있다.[51] 공간계획은 전통적으로 국가의 광범한 지역적 형성요구 및 구조화요구의 표현이다. 이에 반해 규제법은 시장개방을 통해 사인들 간의 유효한 경쟁을 가능하게 하라고 하는 제한된 위임일 뿐이고 경쟁을 대체하라는 위임이 아니다.

---

48) 행정법원의 견해는 카르텔법에서의 판례실무와는 대조적이다. 카르텔법원은 독일경쟁제한법(GWB) 제19조 제4항의 테두리에서 적정한 인프라진입보장이라는 유사 문제를 다루었다. 일반법원들(ordentliche Gerichte)은 연방카르텔청의 결정에 대하여 완전심사(통제, vollkontrolle)를 한다.

49) Ferdinand Gärditz, a.a.O., S. 1007.

50) Ferdinand Gärditz, a.a.O., S. 1009.

51) 이에 반해 계획과 규제의 유사성을 강조하면서 계획형량과 형량명령의 유추라는 결론에 동의하는 견해도 있다. vgl. Thomas Mayen, Das planungsrechtliche Abwägungsgebot im Telekommunikationsrecht — Dargestellt am Beispiel des §21 TKG, NVwZ 2008, S. 817 ff.

이를 근거로 Ferdinand Gärditz는 자유경쟁의 고유합리성은 고권적인 결정절차에
서 동시화될 수 없으며 자유로운 개인들의 시장행위가 계획될 수 없고 규제행정
이 계획경제 안에서 슬그머니 공간계획의 단순화된 유추추론으로 결론이 내려져
서는 안 된다고 하면서 법치국가는 개인의 자유에 기초하며 따라서 사적 경쟁을
위해 개방된 국가인데 이러한 방법을 취해서는 안 된다는 비판을 제기한다. 헌법
에 합치하는 특별한 규율목표를 실현하기 위해 자유권을 침해하는 것은 정당화가
필요하며 따라서 한편으로는 개인의 자유의 손실과 다른 한편으로는 강제된 경쟁
을 통해 추구되는 다른 시장행위자를 위한 행위가능성 등의 이익을 측정해보아야
한다고 한다. 그리하여 규제법에서도 그 출발점은 개인의 시장행위의 원칙적인 자
유이어야 하며 국가의 계획 형성의 자유가 아니라고 한다. 공공복리와 관련된 규
제입법의 교정(보정)으로서 관련 자유권들의 독립성은, 규제행정청의 형량과정이
법치국가적으로 지배되고 관련자들의 자유보호가 복합적이고 다극적인 형량에서
도 보일 수 있고 실제로도 유효하게 머무르도록 보장하는, 통제척도들(Kontroll-
maßstäbe)에서도 계속되어야 한다고 한다.[52] 이 견해에서 특히 Gärditz가 규제와
계획 간의 차이를 제대로 파악하지 않고 규제재량에 계획법상의 형량하자론을 유
추하는 것은 부분적으로만 유사한 사안에 유추의 방법론을 적용한 것이란 지적에
는 충분히 동의할 만하다. 그러나 그가 더 나아가 개인의 자유에 기초한 법치국가
를 근거로 규제법에서도 개인의 시장행위의 원칙적인 자유를 출발점으로 하여야
하며 국가의 계획형성의 자유가 출발점이 아니라고 하면서 자유권들의 독립성을
과도하게 강조한 것에 대해서는 법치국가원리를 자유시장주의에 대한 과신을 토
대로 하여 시장의 실패에 대한 국가개입의 가능성을 제한적으로 고려하고 있다는
점과 자본주의에 대한 지나친 신뢰를 전제로 하고 있다는 점에서, 그리고 독일 기
본법상의 사회적 시장주의원리와 사회적 법치국가원리를 매우 제한적으로 해석하
고 있다는 점에서 동의하기 어렵다. 따라서 경제민주화가 논의되고 있는 우리의
경우에도 위와 같은 논거들에 대해서는 취사선택하여야 할 것으로 보인다. 이 밖
에 재량과 관련된 사안에서 이익형량으로 해결하려는 경향에 대해서는 행정의 법
률적합성이 이익형량에 의해서 침해될 가능성이 있다는 비판이 제기될 수 있다.[53]

---

52) Ferdinand Gärditz, a.a.O., S. 1007.

53) 이계수, 규범과 행위 : 국가법인설의 극복과 행위중심적 행정법이론의 구축을 위한 시론,
    공법연구 제29집 제1호, 42면 이하 참조.

(3) 법원의 통제밀도와 권력분립 및 민주주의원리의 관점

행정의 결정여지 또는 재량문제의 핵심은 국가권력 상호간의 문제이기도 하다. 각국의 헌법질서에서 생성된 입법부와 행정부, 사법부 간의 권력분배 및 균형 관계가 그 나라의 재량이론에도 영향을 미친다. 특히 행정의 법원에 대한 관계는 행정이 얼마나 넓은 결정여지를 갖느냐를 결정한다. 이에 따라 행정재량의 정도에 대한 중요한 의미가 각각의 권리보호시스템에 부여된다.[54]

법원의 통제밀도의 문제는 한편으로는 법치국가와 의회민주주주의 차원에서, 민주주의 및 법치국가적인 법률유보의 원칙과 효과적인 권리보호차원에서 논쟁거리가 될 수 있으며 특히 민주적으로 선출된 정부(또는 지방정부)의 사회경제적 정책에 영향을 미칠 수 있다는 점이 지적될 수 있다. 우리의 경우에도 민주적 정당성을 획득한 지방정부의 정책사례에서 이것은 중대한 문제를 야기할 수 있음을 알 수 있다. 이에 대해서는 후술하기로 한다.

4. 규제재량과 일반화의 오류

나아가 규제재량이라는 개념을 우리의 경우에 그대로 받아들이는 데에는 개념의 일반화의 관점에서도 역시 문제가 있는 것으로 보인다. 무엇보다도 독일연방행정법원의 판결들에서 나타난 규제재량 개념은 모든 규제분야의 재량인 것처럼 오해될 소지가 있다. 그러나 독일연방행정법원의 판례는 주로 통신법분야에서의 사안들이기 때문에 이를 전 규제분야에 일반적으로 적용되는 '규제재량'이라는 개념으로 일반화시키기는 어렵다. 규제분야는 광범위하고 다양할 뿐만 아니라 같은 규제법 분야라도 규제의 내용과 형식, 강도가 다를 수 있기 때문이다.[55]

이와 관련하여 Ludwigs는 개별 법분야별로 검토를 요한다고 하면서 통신법분야에서는 규범구조상 행정청에게 최종결정권이 확인될 수 있으나 에너지분야에서는 행정청의 최종결정권이 규범적으로 배제되어 있다는 점[56]을 지적하고 있는데[57] 타당한 지적이다.

---

54) Juergen Schwarze, Europäisches Verwaltungsrecht, 2. erweiterte Aufl., Baden-Baden, 2005, S. 279.

55) 독일 연방행정법원이 전체시장의 규제에 대하여 포괄적인 판단여지를 승인한 것은 아니다. 이 점에 대해서는 vgl. Markus Ludwigs, Regulierungsermessen: Spielräume gerichtlich eingeschränkter Kontrolle im Regulierungsrecht, RdE 2013, S. 302.

56) 독일에너지관리법(EnWG) 제83조 제5항.

이 밖에도 독일에서의 논의전개과정을 지켜보면, 규제재량과 통제밀도의 관계에 대한 논증과정에서도 일반화의 오류가 발견된다. 특히 독일 연방행정법원의 규제재량에 대하여 Attendorn은 통제밀도의 축소라는 점에서 미국모델로 움직인 반면 프랑스와 영국에서의 전개양상과는 반대방향으로 움직였다고 하면서 영국과 프랑스에서는 강한 행정과 사법자제의 전통에서 출발하고 있지만 최근에는 규제법영역에서 법원의 통제밀도가 강화되었다고 보고 이에 따라 독일에서도 완전통제(Vollkontrolle)의 원칙에서 출발하여 — 계획법에 의존하는 대신에 — 직접 법률규정으로 들어가서 각각의 결정 및 통제프로그램을 찾아낼 것이 요청되고 있다고 하고 있다.[58] 그러나 그가 그러한 논거를 통해 의도하는 방향에 대해서는 동의할만한 부분이 있는 것은 사실이지만 독일의 규제재량에 관한 연방행정법원의 태도가 프랑스와 영국의 전개양상과 반대방향으로 움직였다고 일반화할 수 있을지는 의문이다.

5. 규제재량과 재량론의 유럽화경향

1990년대 행정법의 유럽화가 논의되던 당시에 독일법과 유럽법은 상당히 대조적인 면을 보였는데 최근에는 명백히 그 윤곽이 사라지고 있다는 지적이 있다.[59] 이는 하이델베르크 대학의 독일 및 유럽 행정법 연구소 소장인 볼프강 칼(Wolfgang Kahl)이 2011년 2월 10일 슈파이어 대학에서 개최된 국가학 학회의 발표에서 언급한 것이다. 그는 그러한 사례로서 바로 연방행정법원에 의해 도입된 규제재량을 들고 있다. 이에 따라 구성요건과 재량의 이분론이 사라지고 EuGH의 판결경향과 일치해가며 그에 따라 행정의 최종결정권과 관련된 사안에서 유럽연합 내에서 도그마틱의 수렴(Konvergenz) 현상이 나타나고 있는 것으로 본다. 결국 행정의 독립성은 더 인정하되 통제는 축소되는 방향으로, 즉 탈정치화된 전문관료주의(Expertokratie)와 독립적인 행정의 방향이 큰 추세가 되고 있다고 한다. 유럽통합이 법체계에도 영향을 미칠 수 있음을 보여주는 사례라고 할

---

57) Vgl. Markus Ludwigs, a.a.O., S. 297 ff. 동일한 취지로는 vgl. Alexander Proelss, a.a.O., S. 415 f.

58) Thorsten Attendorn, Das "Regulierungsermessen" — Ein deutscher "Sonderweg" bei der gerichtlichen Kontrolle tk-rechtlicher Regulierungsentscheidungen?, MMR 2009, S. 238 f.

59) Wolfgang Kahl, 35 Jahre Verwaltungsverfahrensgesetz — 35 Jahre Europäisierung des Verwaltungsverfahrensrechts, NVwZ 2011, S. 450 f.

수 있다.[60] 이를 통해 볼 때 도그마틱은 시간과 장소를 불문하고 지켜내야 할 절대적인 진리일 수 없음이 드러난다.

6. 미국 Chevron 판결에 의존한 논리

한편 독일의 규제재량개념은 다분히 미국의 Chevron 판결 등의 경향에 의존하고 있는 듯한 인상을 주고 있다.[61] 우리의 문헌 가운데도 동 판결을 법원의 사법심사 제한 논리를 끌어오는데 사용되기도 한다.[62] 독일의 Jan Oster는 미국의 Chevron 판결을 독일의 재량과 판단여지론에 대한 시사점을 줄 수 있을 것으로 평가하고 있다.[63] 이에 대하여 Chevron 판결이 가지는 한계를 지적하는 문헌도 있다. 동 판결이 레이건시대의 규제완화 경향을 반영하고 있는 판결이라는 점뿐만 아니라 Chevron 판결이 사법자제와 행정권 강화의 결과를 가져오는 데 기여하였지만 오히려 환경과 경제의 대립구도에서 경제에 유리한 판결도구로 이용됨으로써 환경법의 퇴보라는 결과를 초래했다는 비판이 제기된다.[64] 나아가 행정국가 경향에 대한 비판적 시각도 제기되고 있다.[65] 이러한 점들을 근거로 할 때 Chevron판결이 그 인용도나 중요성에 비추어 현실의 문제들을 해결하기보다는 그 반대방향으로 전개될 가능성도 없지 않아 보인다. 이러한 의미에서 미국의 규제재량의 논의를 그대로 받아들일 필요는 없어 보인다. 다만 절차상의 통제를 통한 보완에 대해서는 우리에게도 일정한 시사성이 있을 것이다.

---

60) Wolfgang Kahl, a.a.O., S. 450 f.
61) Chevron 판결에서 미연방대법원은 행정기관의 법해석을 심사하는 경우, 법원은 첫째, 소송의 쟁점에 대하여 의회가 직접적으로 언급하고 있는가를 확인해야 하고 만약 의회의 뜻이 명확한 경우에는 법원과 행정기관이 그것을 존중해야 하며 둘째, 만일 의회가 쟁점에 대하여 직접적으로 언급하고 있지 않을 경우에는 법원은 바로 독자적인 판단을 내리기 보다는 행정기관의 해석이 법의 허용되는 해석인지 여부를 심사하여야 한다고 하였다. (2단계론이라고 함)
62) Chevron 존중주의에 동조하는 경향으로는 김은주, 미국 행정법에 있어서 Chevron판결의 현대적 의의, 공법연구 제37집 제3호(2009년 2월), 311면 이하 참조. 반대경향으로는 이광윤, Chevron 판결의 파장과 행정국가, 미국헌법연구 제6호(1995), 215면 이하와 이비안, 불확정개념의 해석과 환경법의 퇴보 — 미국의 판례를 중심으로 —, 환경법연구 제34권 1호(2012), 259면 이하 참조.
63) 미국 버클리대학에서 석사학위를 한 독일의 Jan Oster는 그의 마인츠대학 박사학위논문에서 그의 논리를 강하게 뒷받침하고 있다.
64) 이비안, 앞의 논문, 259면 이하 참조.
65) 이광윤, 앞의 논문, 215면 이하.

V. 시사점

1. 규제재량의 체계적 귀속 및 인정 여부의 문제

독일 통신법과 관련하여 독일 연방행정법원이 사용한 규제재량 개념을 규제행정법의 다른 분야에도 적용할 수 있을 것인지는 의문이다. 이른바 '일반화의 오류'를 범할 수 있기 때문이다. 규제행정의 분야는 광범위하고 다양하기 때문에 통신법을 포함한 모든 규제행정법 영역에 '규제재량'이라는 독일 연방행정법원에 의해 창설된 의미를 갖는 용어를 사용하는 것은 무리이다. 그리하여 독일에서는 관할 행정청이 판단여지나 재량여지를 갖느냐의 문제는 각각의 법규범에 대하여 분리하여 확정하여야 한다는 논의가 진행되고 있다. 앞서 보았듯이 모든 분야를 포괄하는 일반적인 규제재량이란 존재할 수 없다.[66]

독일의 규제재량의 사례는 우리에게도 일정한 시사점을 줄 수 있다. 특히 독일식의 재량개념과 판단여지, 계획재량 등의 이론을 수입한 우리의 입장에서 규제재량이라는 새로운 범주의 개념이 위와 같은 3분론에 어떠한 영향을 미칠 것인지 관심을 가지지 않을 수 없다. 독일연방행정법원이 규제재량이란 개념을 사용함으로써 기존의 3분론을 유지하면서도 통일적인 재량개념으로 한발을 옮긴 것으로 볼 여지도 있다. 이것은 유럽통합이 장기간 지속되면서 법의 유럽화 경향을 반영한 것일 수 있기 때문이다.

연방행정법원의 규제재량에 대한 판결은 기능주의와 법치국가적인 절대주의 사이에서 합리적인 타협의 길을 간 것이라고 할 수도 있다.[67] 연방행정법원 판결 이후의 논의는 3분론에서 벗어나 있지 않고 오히려 법규범이 최종적인 결정 수권을 행정에게 부여하였는지에 초점을 맞추는 것으로 보인다. Proelss와 Ludwigs는 독일통신법 사례에서 법규범의 구조와 내용을 분석함으로써 행정의 최종결정권을 긍정하고 이에 근거하여 계획재량의 형량하자론을 유추한 연방행정법원의 판결을 지지하고 있는 듯하다.[68] 물론 Mayen처럼 계획과 규제일반의 유사성을 강조하는 견해[69]도 있긴 하지만 지금까지의 문헌은 주로 규제일반의 문제로서

---

66) Alexander Proelss, a.a.O., S. 412.
67) Alexander Proelss, a.a.O., S. 426.
68) Vgl. Alexander Proelss, a.a.O., S. 426; Markus Ludwigs, a.a.O., S. 301 ff.
69) Thomas Mayen, a.a.O., S. 835 ff.

다루기보다는 통신법상 규제로 한정하여 계획재량과 유사한 점을 도출한다.
Ludwigs는 기존의 카테고리를 극복하고 통일적인 행정재량으로 파악하고자 하
는데, 이것을 오히려 유럽화의 경향을 반영한 것으로 본다면 규제재량을 통일적
인 재량개념으로 파악할 수 있는 가능성도 엿보인다.[70]

2. 재량과 판단여지, 계획재량의 구분의 문제

우리의 학설은 독일의 지배적인 견해와 같이 구성요건측면의 판단여지와 법
률효과 측면의 재량, 그리고 계획재량이라는 특수한 분야를 인정하는 이른바 3분
론이 다수를 차지하고 있으나[71] 재량과 판단여지, 계획재량을 구분하지 않고 통
일적인 재량개념으로 파악하고자 하는 견해도 존재한다.[72]

이에 대하여 우리 대법원은 구성요건에 불확정법개념이 있는 경우에 이를
재량의 문제로 파악하고 있다.[73] 다만 서울고등법원의 판례 가운데에는 불확정
법개념에 대하여 판단여지가 있는 것으로 판시한 예가 있다.[74] 한편 대법원은 다
수의 판례에서 계획분야에 있어서 행정청이 가지는 광범위한 형성의 여지를 인정
하고 계획재량이란 개념을 사용하면서 형량명령의 내용을 포함한 비례의 원칙을
언급하고 있다.[75]

---

70) Vgl. Markus Ludwigs, a.a.O., S. 303.
71) 박균성, 행정법강의 제10판, 박영사, 2013, 219면 이하; 정하중, 행정법개론 제7판, 법문
    사, 2012, 183면 이하; 홍정선, 행정법특강 제7판, 박영사, 2007, 206면 이하; 김중권, 행
    정법, 법문사, 2013, 82면 이하.
72) 류지태, 재량행위론의 재고, 고시계 1990. 12, 99면 이하; 동인, 재량행위이론의 이해, 공
    법연구 제34집 제4호 제2권(2006. 2), 357면 이하; 류지태/박종수, 행정법신론, 제14판,
    박영사, 2010, 해당부분을 참조할 것.
73) 대법원 2010. 2. 25. 선고 2009두19960 판결 [건축허가불허가처분취소] "국토계획법 제
    56조 제1항 제2호의 규정에 의한 토지의 형질변경허가는 그 금지요건이 불확정개념으로
    규정되어 있어 그 금지요건에 해당하는지 여부를 판단함에 있어서 행정청에게 재량권이
    부여되어 있다고 할 것이므로, 국토계획법에 의하여 지정된 도시지역 안에서 토지의 형
    질변경행위를 수반하는 건축허가는 결국 재량행위에 속한다."
74) 서울고법 2013. 6. 20. 선고 2012누16291 판결 "민주화운동관련자명예회복및보상심의위
    원회에 법률요건상 불확정개념에 대하여 판단의 여지가 인정되는 경우에도 법원의 심사
    가 완전히 배제되는 것은 아니고, ① 전제되는 사실의 인정을 잘못하였다거나, ② 인정
    사실을 포섭하는 법적 평가에서 객관적인 판단기준을 위반하였다거나, ③ 평등원칙 등
    법의 일반원칙을 위반한 경우에는 위법한 처분이고, 따라서 법원의 심사대상이 된다."
75) 대법원은 다수의 판결에서 계획재량이란 용어를 사용하고 있다. 그리고 형량명령의 개념
    을 직접 사용하고 있지는 않지만 그 내용을 포함하고 있다. 대법원 1997. 9. 26. 선고 96
    누10096 판결 [택지개발예정지구지정처분취소등]; 대법원 1998. 4. 24. 선고 97누1501 판

법규범에서 불확정법개념을 사용하는 것은 불가피한 측면이 있으며 우리의 경우에도 이는 헌법적으로 허용되는 것으로 보고 있다. 물론 법치국가원리에 의한 명확성원칙에 의해 요청되는 규범명확성이 유지되는 한에서 그러하다.[76] 해석문제가 남는다면 이는 승인된 해석방법에 의해 극복될 수 있는 것으로 볼 수 있고 이것은 논리적으로도 명쾌하다.

영미법 체계뿐만 아니라 대부분의 국가에서는 재량과 판단여지, 계획재량의 문제를 엄격하게 구분하지 않고 있다. 이러한 구분은 주로 독일을 중심으로 한 오스트리아, 스위스 등지에서 행해지고 있는데 이는 우리에게도 상당한 영향을 주어 이미 오래전부터 재량과 판단여지, 계획재량을 구분하려는 시도가 있었고[77] 지금은 이들을 구분하는 견해가 다수를 차지하고 있는 것으로 보인다.

그러나 앞서 보았듯이 재량과 판단여지, 계획재량은 완전히 일치하는 것은 아니나 중첩되는 측면이 있고 재량과 판단여지와의 차이 그리고 재량과 계획재량의 차이는 질적인 차이라기보다는 양적인 차이에 불과한 측면도 있다. 따라서 판단여지이론을 재량행위와 별도로 구분하여 인정하지 않고 통일적으로 파악하여

결 [주택건설사업계획사전결정불허가처분취소등]; 대법원 2005. 3. 10. 선고 2002두5474 판결[도시계획변경결정취소청구]; 대법원 2007. 4. 12. 선고 2005두1893 판결[도시계획시설결정취소]; 대법원 2013. 11. 14. 선고 2010추73 판결 [새만금방조제일부구간귀속지방자치단체결정취소] 등.

76) 우리 헌법재판소도 구 지가공시 및 토지 등의 평가에 관한 법률 제9조 제1항 등 위헌소원(2009. 6. 25, 2007헌바60 전원재판부)에서 이를 인정하고 있다. "법률에서 일반적이거나 불확정된 개념이 사용된 경우에는 당해 법률의 입법목적과 당해 법률의 다른 규정들을 원용하거나 다른 규정과의 상호관계를 고려하여 합리적인 해석이 가능한지 여부에 따라 명확성 여부가 가려져야 한다(헌재 2001. 6. 28, 99헌바34, 판례집 13-1, 1255, 1265). 따라서 일반적 또는 불확정개념의 용어가 사용된 경우에도 동일한 법률의 다른 규정들을 원용하거나 다른 규정과의 상호관계를 고려하거나 이미 확립된 판례를 근거로 하는 등 정당한 해석방법을 통하여 그 규정의 해석 및 적용에 대한 신뢰성이 있는 원칙을 도출할 수 있어, 그 결과 개개인이 법률이 보호하려고 하는 가치 및 금지되는 행위의 태양과 이러한 행위에 대한 국가의 대응책을 예견할 수 있고 그 예측에 따라 자신의 행동에 대한 결의를 할 수 있는 정도라면 그 범위 내에서 명확성의 원칙은 유지된다(헌재 1992. 2. 25, 89헌가104, 판례집 4, 64, 79)."

77) 우리 학계에서도 판단여지와 재량개념의 구분에 대해서는 상당한 논의가 있었다. 1980년대 김남진 교수와 서원우 교수의 논쟁이 모범적인 사례에 해당한다. 이에 대해서는 김남진, 행정법에 있어서의 불확정개념의 해석과 적용, 경희법학 제17권 1호(1981), 19면 이하; 동인, 판단여지와 행정예측 — 서원우교수의 논문과 관련하여 — , 고시계 1982. 10, 79면 이하; 서원우, 불확정개념의 해석적용(상), 고시계 1982. 8, 12면 이하; 동인, 불확정개념의 해석적용(하), 고시계 1982. 9, 103면 이하; 동인, 판단여지와 재량개념 — 김남진 교수의 글을 읽고, 고시계 1982. 11, 12면 이하를 참조할 것.

판단여지를 법률의 구성요건부분에 예외적으로 인정되는 재량의 한 내용으로 볼 수도 있다.[78] 이러한 논리는 법도그마틱으로도 가능하다. 프랑스나 영미의 사례가 이를 입증하고 있다.

　여기서 재량과 판단여지, 계획재량의 3분법을 완전히 포기할 필요가 있는지에 대해서는 일도양단하여 말하기 어렵다. 어떤 법체계와 법이론을 채택하는가 하는 것은 그 나라의 독특한 사회경제적 배경과 관련되어 있다. 특히 독일의 경우가 그러하다. 독일에서도 바이마르공화국 시대까지는 법률효과측면에서뿐만 아니라 법률요건에 불확정법개념을 사용하는 경우에도 재량이 인정되었다. 이 점을 고려하면 독일도 당시까지는 유럽의 다른 나라와 유사한 재량개념을 사용하고 있었다고 할 수 있다. 독일이 재량론에서 독자적인 길을 가게 된 것은 2차 세계대전 중 나치정권시기의 행정의 자의적인 권한 남용의 경험에서 연유한 것이라고 할 수 있다. 이러한 역사적 경험 때문에 2차 대전 이후 기본법 제19조 제4항을 통해 공권력행사에 대한 포괄적인 사법심사를 보장하는 한편 학계와 판례에서도 재량에 대한 사법통제가 강조되었다.[79] 이 과정에서 특히 법률요건부분에서 사용되는 불확정법개념에 대하여 완전한 사법심사를 허용하고 재량은 법률효과부분에서만 인정되는 것으로 제한하는 방식이 시도되었다. 이후 1950년대 중반 독일경제 부흥과 함께 행정권에 대한 신뢰가 회복되고 행정청의 재량 또는 판단여지를 확대하자는 이론들이 등장하게 되는데 여기서 법률요건부분에 불확정법개념을 사용하는 경우에도 행정청에게 판단여지를 인정할 수 있다는 Bachof, Ule 등의 견해가 대두된다.[80]

　이러한 사회경제적, 역사적 배경뿐만 아니라 구성요건측면의 판단여지와 법

---

78) 류지태/박종수, 행정법신론 제14판, 박영사 2010, 87면 이하; 류지태, 재량행위론의 재고, 고시계 1990. 12, 99면 이하 참조.

79) 독일에서 기본법 제19조 4항이 재량행위이론 전개에 중요한 역할을 하였다는 점에 대해서는 류지태, 재량행위이론의 이해, 공법연구 제34집 제4호 제2권(2006. 2), 357면 이하 참조.

80) 정하중, 행정법개론, 184면 이하 참조. vgl. Bachof, JZ 1955, S. 97 ff.; Ule, Gedachtnis-schrift für Walter Jellinek, 1955, S. 309 ff. 물론 이후의 이론 전개에 있어서는 Bachof의 판단여지설이, 구성요건에 사용된 불확정법개념의 해석·적용에 대해서도 연방행정법원이 일괄적으로 재량으로 파악하여 사법심사의 대상에서 배제하는 것을 비판하기 위해 원용되는 측면도 있다. 이 점을 지적하는 문헌은 서정범, 불확정법개념과 판단여지, 김남진 교수 정년기념논문집(현대공법학의 재조명), 고려대학교 법학연구소, 법학논집 특별호, 1997, 138면.

률효과측면의 재량이 엄격하게 구분될 수 있는 영역은 여전히 존재할 수 있다는 점에서도 2분론 또는 3분론은 의미가 있을 수 있다. 특히 구성요건 측면의 불확정법개념이 평가에 관련된 형량을 전제로 하지 않고 순수한 인식의 문제인 경우가 그러하다. 또한 법률상 일정한 구성요건이 존재하는 경우에 행정청에게 일정한 행위자유를 부여하는지 여부(재량)와 그러한 행위의 전제인 구성요건의 판단에 대하여 행정청에게 어떤 여지가 귀속되는지 여부(판단여지)는 구별할 필요가 있어 보인다. 그리고 영미나 프랑스에서처럼 이를 재량의 문제로 파악하여 제한된 사법심사만을 허용하는 것보다는 재량과 판단여지를 구별하고 구성요건측면의 불확정개념에 대해서는 법원의 사법심사를 허용하되 극히 예외적인 경우에 판단여지를 인정함으로써 그러한 경우에만 행정청의 판단을 존중하는 실무를 정착시킬 수 있는 장점이 있을 것으로 보인다. 독일의 경우 연방헌법재판소의 판례들은 불확정법개념에 대한 판단여지를 인정하여야 할 경우에도 기본권관련성이나 적법절차의 요구 등을 통해 통제의 밀도를 강화하는 경향을 보이고 있다.[81] 이를 통해 기본권을 보호하고 사인의 권리를 보호할 수 있는 장점이 있을 것으로 보인다.[82]

반면 미국에서는 불확정개념에 대한 판단작용 또는 해석작용도 재량행위의 일종으로 보고 있다.[83] 프랑스에서도 독일식의 재량과 불확정법개념의 구분은 하지 않는다. 프랑스식 재량권(Pouvoir Discrétionnaire)의 관념에 의하면 프랑스 행정은 넓은 형성의 여지를 갖는데 행정법원에 의하여 제한적으로만 심사받으며 행정작용의 효율성을 위해 심사받는다. 그러므로 행정의 엄격한 구속이 받아들여지는 경우는 드물다. 프랑스에서 재량은 완화된 법적 구속일 뿐이다.[84] 프랑스의 경우, 고속도로 노선구간에 대한 계획결정의 취소가 문제된 Ville Nouvelle Est

---

81) 이에 대해서는 홍준형, 행정법상 불확정법개념과 판단여지의 한계 ― 최근 독일에서의 판례 및 이론동향을 중심으로 ―, 행정논총 33(1), 1995. 6, 79면 이하 참조.
82) 물론 이 경우 입법자가 불확정개념을 사용함으로써 행정에게 판단수권을 부여한 경우 법원의 사법심사에 의해 입법자의 입법의도가 몰각되는 경우도 있을 수 있다.
83) 김민호, 재량행위의 통제에 관한 미국의 최근 판례분석, 성균관법학 제16권 3호, 175면.
84) 프랑스에서의 권리보호시스템의 기본방향은 객관적인 통제에 대한 것이며 주관적 권리의 주장에 대한 것이 아니다. 유럽의 권리관철 모델에 대한 모범적인 역할을 한다. 여기서 법원은 그 결정을 통해 행정에게 어떠한 지시도 내려서는 안된다는 원칙이 적용된다. 재량권의 행사는 전통적으로 법원에 의해 심사되지 않았는데 그 이유는 법원이 행정의 자리를 찬탈하게 될 것이라는 우려 때문이었다. Vgl. Juergen Schwarze, a.a.O., S. 267 ff.; Thorsten Attendorn, Das „Regulierungsermessen" ― Ein deutscher „Sonderweg" bei der gerichtlichen Kontrolle tk-rechtlicher Regulierungsentscheidungen?, MMR 2009, S. 240 f.

사건에 대한 결정[85])에서 꽁세유데따는 '수용의 공공이익' 개념에 대하여 법원의 완전심사를 받도록 하였고 마찬가지로 꽁세유데따는 출판물의 '청소년유해성'에 대하여 완전(vollständig) 심사를 한 바 있다.[86]) 이 밖에 경제행정법에서도 행정청의 불확정법개념의 해석 · 적용에 대하여 완전심사를 한 판결들이 있다.[87])

결국 재량과 판단여지, 계획재량의 3분론을 따를지, 아니면 통일적인 재량론을 따를지는 그 나라의 독특한 사회경제적, 역사적 배경과 함께, 학계와 판례실무에서 얼마나 컨센서스(Consensus)가 이루어지느냐에 달려 있는 것으로 보인다. 독일어 사용권에서 도그마틱으로 굳어진 것으로 보이는 재량과 판단여지, 계획재량을 구분하는 3분론은 독일의 고유한 경험에서 나오는 독특한 구조라고 할 수 있다. 이러한 구조는 도그마틱에 있어서 체계적인 장점과 권리보호에 유리한 측면도 있다. 그러나 독일에서도 재량과 판단여지의 구분은 유지되지만 결론에 있어서는 접근하는 상대화 경향이나 융합규정(또는 결합규정)의 경우에는 또다시 그 해결책을 세분화해야 되는 문제, 입법자의 의도가 구성요건 측면의 불확정법개념이나 재량여지 가운데 어느 쪽을 통해서도 도달될 수 있는 점[88]) 등으로 인하여 엄격한 2분론 또는 3분론으로 해결하는 것이 어려워지고 있는데다가 최근에는 연방행정법원에 의해 규제재량의 개념이 등장하면서 규제재량을 체계적으로 3분론에 귀속시키기보다는 통일적인 재량개념으로 파악할 수 있다는 견해[89])가 나오는 것을 보면 독일에서의 논의가 3분론의 구조를 확고히 하는 방향으로 계속 유지될지 아직은 미지수이다.

---

85) C.E. 28.5.1971, Rec. S. 409.

86) C.E. 5.12.1956, Thibault, Rec. S. 463. 이에 반하여 독일연방행정법원은 이와 유사한 사안에서 행정의 평가에 대하여 통제로부터 자유로운 판단여지를 인정하였다. Vgl. Jürgen Schwarze, a.a.O., S. 250.

87) 재무경제장관의 반덤핑결정에 대해 기준이 된, 프랑스 경제분야에 대한 '본질적인 손해' 개념이 문제된 사안에서 꽁세유데따는 그러한 손해위험의 존재를 부인하고 관련조치를 취소하였다. 'Manufacture de produits chimiques de Tournan', C.E. 4.3.1966. Rec. S. 174. 한편 우편통신규제위원회(ARCEP)의 결정에 관한 법원의 통제는 엄격하게 심사된다. 적법성뿐만 아니라 그 이유의 타당성도 심사된다. 예컨대, 수수료 통제에 관한 최근 결정에서는 강한 법원의 통제가 행해졌다고 한다. vgl. Thorsten Attendorn, a.a.O., S. 240 f.

88) Vgl. Hartmut Maurer, §7 Rn. 47 ff.

89) Markus Ludwigs, a.a.O., S. 303.

3. 법원의 통제밀도의 문제

먼저 사법의 기능적 한계와 전문적인 행정조직, 규율밀도 등의 논거는 우리
의 경우에도 법원의 통제밀도를 축소하는 논거로 원용될 수 있을 것이다. 그러나
이에 대해서는 문언의 구조나, 규범구조, 행정의 결정구조, 사안구조, 행정의 책
임성 등에 따라 통제밀도를 약화시켜야 한다는 논리에 반대하고 오히려 기본권보
호와 재판청구권의 보장을 위해 통제밀도를 강화할 필요가 있다는 주장이 제기된
다.[90] 다른 한편 법원의 판단기준인 비례의 원칙에 의한 심사를 엄격한 심사, 일
반심사, 완화된 심사로 하자는 제안도 나오고 있는데,[91] 이는 프랑스에서의 재량
심사와 유사한 구조라고 할 수 있다.

사실 독일연방행정법원이 규제재량이라는 개념을 사용함으로써 규제기관의
재량에 대한 법원의 통제밀도를 축소한 사례는 독일에서 "행정"에 대한 올바른 이
해를 둘러싼 논쟁과도 관련이 있는데, 이것을 Proelss는 기능주의(Funktionalismus)의
추종자들과 법치국가적 절대주의(Absolutismus)의 추종자들 간의 논쟁이라고 표현
하고 있다. 결국 독일연방행정법원의 규제재량에 관한 판결은 이러한 두 흐름들
사이에서 적당한 타협을 한 것이라고 할 수 있다.[92]

법원의 통제밀도의 문제는 다른 한편으로 기본권보호, 권리의 효과적인 보
호의 차원에서 법치국가원리를 절대적으로 추구하는 경우 민주주의원리의 관점
에서 중대한 문제를 야기할 수 있다. 특히 민주적으로 선출된 정부(또는 지방정
부)의 사회경제적 정책에 영향을 미칠 수 있고 이는 입법과 행정, 사법의 관계에
중대한 문제를 제기한다. 민주적 정당성을 획득한 지방정부가 일정한 정책을 추
진하는 사례들에서 이미 이러한 문제는 현실적으로 등장하고 있다. 예컨대 창원

---

90) 김현준, 행정법원의 통제밀도, 공법학연구 제5권 제1호, 71면 이하.
91) 안동인, 비례원칙과 사법판단권의 범위 — 행정재량권의 통제원리로서 비례원칙을 중심
    으로 —, 행정법연구 제34호, 2012년 12월, 1면 이하 참조.
92) 독일 연방행정법원은 행정청이 사실관계를 충분하고 적절하게 조사했는지 여부와 절차
    규정을 준수했는지, 행정청이 자신의 결정과 그 형량에 대해서 충분하면서도 납득할 수
    있게 근거를 제시하였는지, 형량하자가 없었는지 여부에 심사를 제한하였으나 다른 한
    편으로 관련자들의 기본권을 충분히 보장하였고 논리일관하게 통신법 제21조 제1항 등
    규범의 보호규범적 성격을 인정하였다. 결국 행정의 결정독점도 인정하지 않았고 법원
    의 통제를 완전히 축소하지도 않았다는 점에서 타협적 성격을 인정할 수 있을 것이다.
    이에 대해 자세한 것은 vgl. Proelss, a.a.O., S. 426.

시의 건축불허가에 대한 행정소송에서 결국 롯데마트 측이 승소한 사건은 지방
자치단체의 건축 및 도시계획과 관련한 정책에 대하여 중대한 문제를 야기한 사
안이었다.93) 이 사건 이후 다른 지방자치단체들이 대형마트와 소송에서 1심에
패소한 후 항소를 포기하는 경우가 있었고94) 심지어 지방자치단체장이 대형마트
건축불허가처분을 한 데 대하여 직권남용죄로 기소되어 벌금형을 받은 사례까지
있다.95)

　　불확정법개념과 재량이 결합한 융합규정(또는 결합규정)의 경우에도 법원의 통
제밀도에 따라서는 정부 또는 지방자치단체의 정책에 반하는 문제가 발생할 수 있다.
난개발 및 도시슬럼화를 방지하기 위한 계획적인 개발을 이유로 지방자치단체가 건
축불허가처분을 한 사안에서 원심은 재량일탈, 남용에 해당하는 것으로 위법하다는
판단을 하였으나 대법원에서는 재량의 일탈, 남용에 해당하지 않는다는 판단을 한 대
법원 2010. 2. 25. 선고 2009두19960 판결96)은 좋은 사례가 될 수 있다.97)

---

93) 창원지법에서는 불확정법개념을 재량으로 판단하고 재량의 일탈남용 여부가 문제되었으
　　나 이후 논점이 바뀌게 된다. "국토계획법 제56조 제1항 제1호에 의한 건축허가는 그 금
　　지요건이 불확정개념으로 되어 있어 그 금지요건에 해당하는지를 판단함에 있어서 행정
　　청에게 재량권이 부여되어 있으므로, 국토계획법에 의하여 지정된 도시지역 안에서의
　　건축허가는 위 금지요건에 해당하는지를 판단하는 범위 내에서는 결국 재량행위에 속한
　　다" 창원지법 2009. 7. 2. 선고 2008구합3065 판결[건축불허가처분취소] 항소〈롯데마트
　　창원점 건축 불허가 사건〉.
94) 남원시 사례. 전북매일신문 2012년 2월 13일자.
95) 울산북구청장의 사례. 국제신문 2013년 1월 17일자.
96) 서초구의 사례. 대법원 2010. 2. 25. 선고 2009두19960 판결 [건축허가불허가처분취소]
　　판결이유 중에서 다음 참조. "나머지 원고들이 주장하는 제반 사항들을 고려하더라도,
　　도시기반시설이 미비하고 난개발 및 도시슬럼화를 방지하기 위한 계획적인 개발이 검토
　　되고 있다는 이유를 들어 나머지 원고들의 건축허가신청을 거부한 피고의 이 사건 처분
　　에 사실오인이나 비례·평등의 원칙 위배 등 재량권의 범위를 일탈·남용한 위법이 있
　　다고 볼 수는 없다 할 것이다. 그렇다면, 나머지 원고들에 대한 이 사건 불허가 처분을
　　위법하다고 판단한 원심판결에는 토지형질변경허가의 필요 여부나 재량행위의 사법심
　　사에 관한 법리를 오해하여 판결에 영향을 미친 위법이 있고, 이는 판결에 영향을 미쳤
　　음이 분명하다."
97) 이 판결에 대하여는 홍강훈, 앞의 논문, 177면 이하가 비판적으로 보고 있다. 여기서 관
　　련규정에 대하여 결론적으로 재량행위가 아닌 기속행위로 보아야 한다고 주장하고 있
　　다. 이 글은 상당히 논리일관한 논증을 하고 있지만 결론에 대해서는 지방자치의 정책에
　　대한 법원의 통제밀도의 문제가 제기될 수 있어 재고의 여지가 있어 보이고 또한 이 글
　　은 대법원의 위 판례를 이 글에서 분류하는 (4) 논증의 동일성 유형에 해당하는 것으로
　　보고 있으나 (4)의 유형은 구성요건에 판단여지없는 불확정법개념과 법률효과에 있어서
　　재량인 경우가 그에 해당하나 관련규정은 법률효과에 있어서 재량인지 여부가 불명확한

한편 규제의 실제에서는 구성요건에서 불확정법개념을 사용하고 판단여지가 인정되는 경우라도 법률효과측면의 재량과 결합되지 않는 경우도 있을 수 있다. 즉 기본권 제한방법에 관한 입법형식에서 불확정요건에 확정효과를 부여하는 경우, 예컨대 부정한 방법으로 부령이 정한 기준에 미달하면 등록을 취소하여야 한다는 입법형식을 취하는 경우와 관련하여 헌법재판소의 다수의견은 자동차대여업 등록제도의 취지를 관철하고자 하는 것으로 그 목적의 정당성 및 방법의 적절성이 인정되고, 임의적 취소제도로는 입법목적을 효과적으로 달성할 수 없고, 공익에 비하면 침해되는 사익이 더 중대하다고 할 수 없다는 이유로 이 사건 법률조항이 청구인의 직업선택의 자유를 침해하지 않는다고 하였으나[98] 반대의견은 이러한 입법 형식은 기본권 보장과 관련해 지극히 신중히 선택해야 한다고 보고 있다.[99] 왜냐하면 이 경우에는 일정요건만 충족되면 법 집행기관이 법률에 따라 당연히(재량의 여지없이) 기본권의 제한을 해야 하고, 그 처분이 부당하다하여 법원에 제소를 한다 해도 법원조차 법률자체가 위헌이 아닌 이상 원칙적으로 이에

경우에 해당하여 오히려 이 글에서 주장하는 대로 Soll 규정과 유사하게 해석하면 원칙적 기속규정에 해당하기 때문에 법률효과에 있어서 기속행위인 경우에 해당하게 되어 논증의 동일성 유형에 속하지 않는 것으로 생각된다.

98) 여객자동차운수사업법 제76조 제1항 제4호 위헌소원(2006. 12. 28, 2005헌바87 전원재판부) "자동차대여업자가 부정한 방법으로 등록을 한 경우 자동차대여업등록을 필요적으로 취소하도록 한 이 사건 법률조항은 자동차대여업 등록제도의 취지를 관철하고자 하는 것으로 그 목적의 정당성 및 방법의 적절성이 인정되고, 임의적 취소제도로는 입법목적을 효과적으로 달성할 수 없고, 등록기준을 사정에 따라 달리 적용함으로써 등록제도가 유명무실하게 될 뿐만 아니라, 등록이 취소된 후 2년이 경과하면 다시 등록을 할 수 있음을 고려하면 피해최소성원칙에도 부합하며, 등록 취소로 인해 자동차대여업자가 더 이상 자동차대여업을 영위하지 못하는 등 손해를 입는다고 해도 등록제를 통하여 자동차대여업의 건전한 발전과 국민의 안전을 도모하고자 하는 공익에 비하면 침해되는 사익이 더 중대하다고 할 수는 없으므로 이 사건 법률조항은 청구인의 직업선택의 자유를 침해하지 않는다."

99) 여객자동차운수사업법 제76조 제1항 제4호 위헌소원(2006. 12. 28, 2005헌바87 전원재판부) — 재판관 김종대의 반대의견 — "이 사건 법률조항은 법률요건에 있어서는 자동차대여업 등록기준에 대한 여객자동차운수사업법 제30조가 필요적 취소의 전제요건이 되는 등록요건을 포괄적으로 하위법령에 위임하여 포괄위임입법금지원칙에 위반되고, '부정한 방법'이라는 불확정적인 개념을 등록취소요건으로 삼고 있으며, 법률효과에 있어서는 임의적 취소제도로도 부정한 등록의 방지라는 입법목적을 달성할 수 있고, 필요적 취소제도로는 등록 이후에 형성된 등록자 사업체의 사회경제적 가치를 전혀 고려하지 못하고, 이로 인해 고용자의 해고라는 또 다른 공익을 침해하므로 요건과 효과가 비례원칙에 어긋나 위헌이다."

따라야 하기 때문이다.

이러한 사례들은 입법자의 공익이라는 목표와 개인의 기본권간의 충돌이 발생하는 경우라고 할 수 있다. 이 경우 법원이 법률의 엄격한 해석·적용을 통해 입법자가 가지고 있었던 원래의 의도가 몰각될 수도 있다. 즉, 법원의 통제밀도의 강화는 법제정자인 입법자가 의도하지 않았던 방향으로 결과가 나타날 수 있다. 이는 공익과 사익간의 충돌이 일어나는 지점으로서 여기서도 의회민주주주의와 법원의 통제밀도의 관계가 문제될 수 있다.

Ⅵ. 결론

독일의 학설과 판례에서 종래 구성요건과 재량의 엄격한 2분론(Dichotomie) 또는 재량과 판단여지, 계획재량의 3분론(Trichotomie)은 확고한 위치를 차지하고 있는 것으로 보이고 있다. 그러나 최근 독일연방행정법원이 받아들인 규제재량의 개념은 그러한 2분론 또는 3분론에 작은 파문을 던지고 있다. 여기서 규제재량의 체계적 위치를 어디에 둘 것인지가 문제되지 않을 수 없다.

이상에서 살펴보았듯이 규제재량에 재량의 특수한 유형으로서 독자적 성격을 부여하는 데에는 많은 비판이 따르고 있다. 넓은 의미의 규제재량은 종래 다수견해인 재량과 판단여지 등이 포함된 행정청의 결정여지이다. 이에 대하여 계획재량에 특유한 형량명령이론을 적용함으로써 법원의 통제를 축소하는 것에 대해서는 계획과 규제의 차이를 충분히 고려하지 않은 채 계획법에서의 형량명령이론을 규제법에서도 그대로 추종하는 것이므로 앞서 본 바와 같은 비판이 제기될 수 있다. 그러한 점에서 독일연방행정법원의 견해에는 동의하지 않는다.

최근의 유럽통합으로 인한 법제통합의 경향으로 볼 때 재량과 판단여지의 구분 필요성이 약화된 것은 사실이다. 유럽통합으로 인한 유럽화의 영향이 미치고 있는 것으로 보인다. 미국뿐만 아니라 영국과 프랑스 등 유럽의 많은 나라들이 그러한 구분을 하지 않고 있다. 재량과 판단여지를 구분하지 않으면서도 불확정법개념에 대한 강한 통제를 하는 사례도 있다. 법치국가원리를 모든 불확정법개념의 적용에 대하여 법원이 완전 심사해야 하는 것으로 이해하는 것은 Bachof가 말했듯이, 착오(Irrtum)일 수 있다. 법원의 완전심사요구는 불가피하게 결정과 책임의 분열을 초래할 것이고 이는 결코 법치국가적이라고 할 수 없을 것이기 때문이다.100) 그 반대도 문제이다. 판단여지가 인정되는 불확정법개념을 사용했다고 하여 법원의 통제에서 완전히 벗어날 수 없다. 그런 의미에서 본다면, 재량과 판단여지라는 용어가 본질적인 것은 아니다. 재량과 판단여지를 구별하지 않고 통일적인 재량으로 파악하면서도 불확정법개념에 대해서 법원의 완전심사를 인정하는 프랑스의 경우는 사례에 따라서는 재량과 판단여지를 구분하되 예외적인 경우에만 불확정법개념에 대하여 판단여지를 인정하는 독일의 경우보다 더 강한 법원통제밀도를 가질 수 있는 체계라고 할 수 있다.101) 그러므로 재량과 판단여지를 구분하는 것은 이론상으로 필요가 있지만 그러한 용어를 사용한다고 하여 법원의 통제밀도의 강약에 차이가 있는 필연적인 연관성을 인정하기는 어려운 것으로 보인다. 다만 이론상 양자를 구분함으로써 구성요건상의 불확정법개념에 대하여 법원이 전면통제를 하는 것을 원칙으로 하고 판단여지가 인정될 수 있는 예외적인 사례들에 대해서만 제한심사를 할 수 있게 한다면 도그마틱에 있어 체계적으로 유리함을 얻을 수 있는 측면이 있다. 또한 독일과 같이 국가주도적인 경제발전의 경험을 가지고 있는 우리로서는 재량과 판단여지의 구분을 통해 행정작용에 대한 법원통제를 강화하고 국민의 기본권 또는 권리를 보호할 필요성이 강하게 요청된다. 물론 여기에는 다시 법원과 법관의 독립성이 얼마나 보장되느냐의 문제가 남아있다.

한편 독일 연방행정법원이 통신법에서 규제재량을 인정한 판례에 대해서는 규제에 있어서 행정과제의 특수한 복잡성 앞에서 성급하게 굴복했고 따라서 널리 통제로부터 자유로운 전문가관료주의(Expertokratie)의 발생을 초래하게 했다는 비판이 제기된 바 있다.102) 그리하여 통제밀도를 제고하기 위한 방안으로서는 입법자가 규제밀도를 제고하는 방안이 제안되기도 한다. 규제완화의 경향으로 입법자에 의한 규제철폐가 법원의 통제밀도로 이어질 가능성이 있기 때문이다. 그러므로 입법을 통해서 법률의 내용을 구체화할 필요성도 있다. 행정입법자도 입

---

100) Otto Bachof, Begriff und Wesen des sozialen Rechtsstaates, in: Ernst Forsthoff(Hrsg.), Rechtsstaatlichkeit und Sozialstaatlichkeit, Darmstadt, 1968, S. 244.

101) 꽁세유데따는 출판물의 '청소년유해성'에 대하여 완전(vollstaendig) 심사를 한 바 있다. C.E. 5.12.1956, Thibault, Rec. S. 463. 이에 반하여 독일연방행정법원은 이와 유사한 사안에서 행정의 평가에 대하여 통제로부터 자유로운 판단여지를 인정하였다. Vgl. Juergen Schwarze, a.a.O., S. 250.

102) Attendorn과 Gärditz 등의 비판을 참조할 것.

법을 함에 있어 규제밀도를 완화하여 재량 내지 판단여지의 가능성을 부여함에 있어서는 신중할 필요가 있다. 그 밖에 행정부내부의 재량통제[103]와 행정절차에 의한 접근도 중요하다. 최근에는 모든 판단기준이 공익과 사익 간의 형량이론으로 이전되는 경향에 대하여 비판적인 시각도 나타나고 있다. 사실 독일연방행정법원이 규제재량에 관한 판결을 하면서 시장지배적 사업자인 시장의 강자에 유리한 판결을 내린 경우도 있다. 연방통신위원회가 시장지배적 사업자로 판단했음에도 그에 대해 규제의무를 부과하지 않았고 이를 법원이 용인한 것이다. 이러한 사례를 볼 때 시장의 강자에게 유리하고 약자에 불리한 결론이 나올 가능성은 얼마든지 있다. 행정소송이 사법제도에 접근가능한 자들이나 기업들에게 그들의 이익을 관철하는 수단으로 전락하는 점에 대해서도 깊이 고민할 필요가 있다.

[참고문헌]

김남진, 행정법에 있어서의 불확정개념의 해석과 적용, 경희법학 제17권 1호(1981), 19면 이하.

김남진, 판단여지와 행정예측 — 서원우교수의 논문과 관련하여 —, 고시계 1982. 10, 79면 이하.

김민호, 재량행위의 통제에 관한 미국의 최근 판례분석, 성균관법학 제16권 3호, 175면 이하.

김유환, 행정법과 규제정책, 법문사, 2012.

김유환, 미국행정법에서의 규제법규해석과 규제재량통제 — 한국적 상황에의 응용의 모색 —, 서울대학교 박사학위논문, 1992.

김은주, 미국 행정법에 있어서 Chevron판결의 현대적 의의, 공법연구 제37집 제3호 (2009년 2월), 311면 이하.

김중권, 행정법, 법문사, 2013.

김해룡, 법치국가원리로서 형량명령, 외법논집 제34권 1호(2010. 2), 219면 이하.

김현준, 계획법에서의 형량명령, 공법연구, 제30집 제2호, 357면 이하.

김현준, 행정법원의 통제밀도, 공법학연구 제5권 제1호, 71면 이하.

김형남, 미국 행정법상 행정적 재량통제, 공법연구 제26집 제2호(1998), 313면 이하.

---

103) 김형남, 미국 행정법상 행정적 재량통제, 공법연구 제26집 제2호(1998), 313면 이하.

류지태, 재량행위론의 재고, 고시계 1990. 12, 99면 이하.

류지태, 재량행위이론의 이해, 공법연구 제34집 제4호 제2권(2006. 2), 357면 이하.

류지태/박종수, 행정법신론, 제14판, 박영사, 2010.

박균성, 행정법강의, 제10판, 박영사, 2013.

박배형, 칸트의 인식론적 이원론에 대한 헤겔의 비판, 헤겔연구 29호, 2011, 97면
    이하.

서원우, 불확정개념의 해석적용(상), 고시계 1982. 8, 12면 이하.

서원우, 불확정개념의 해석적용(하), 고시계 1982. 9, 103면 이하.

서원우, 판단여지와 재량개념 — 김남진 교수의 글을 읽고, 고시계 1982. 11, 12면 이
    하.

서정범, 불확정법개념과 판단여지, 김남진 교수 정년기념논문집(현대공법학의 재조
    명), 고려대학교 법학연구소, 법학논집 특별호, 1997, 109면 이하.

안동인, 비례원칙과 사법판단권의 범위 — 행정재량권의 통제원리로서 비례원칙을
    중심으로 — , 행정법연구 제34호, 2012년 12월, 1면 이하.

이계수, 규범과 행위 : 국가법인설의 극복과 행위중심적 행정법이론의 구축을 위한
    시론, 공법연구 제29집 제1호, 42면 이하.

이광윤, Chevron 판결의 파장과 행정국가, 미국헌법연구 제6호(1995), 215면 이하.

이비안, 불확정개념의 해석과 환경법의 퇴보 — 미국의 판례를 중심으로 — , 환경법
    연구 제34권 1호(2012), 259면 이하.

정하중, 행정법개론, 제7판, 법문사, 2012.

홍강훈, 결합규정(Koppelungsvorschriften)의 해석방법에 관한 연구 — 대법원 2010.
    2. 25. 선고 2009두19960 판결의 비판적 분석 — , 공법학연구 제13권 제3호,
    177면 이하.

홍정선, 행정법특강, 제7판, 박영사, 2007.

홍준형, 행정법상 불확정법개념과 판단여지의 한계 — 최근 독일에서의 판례 및 이
    론동향을 중심으로 — , 행정논총 33(1), 1995. 6, 79면 이하.

Attendorn, Thorsten, Das „Regulierungsermessen" — Ein deutscher „Sonderweg" bei
    der gerichtlichen Kontrolle tk-rechtlicher Regulierungsentscheidungen?, MMR
    2009, S. 238 ff.

Attendorn, Thorsten, Die BNetzA und die Rechtsprechung des BVerwG zur
    "Frequenzregulierung", NVwZ 2012, S. 135 ff.

Bachof, Otto, Begriff und Wesen des sozialen Rechtsstaates, in: Ernst Forsthoff(Hrsg.),
    Rechtsstaatlichkeit und Sozialstaaltichkeit, Darmstadt, 1968, S. 244 ff.

Gärditz, Ferdinand, "Regulierungsermessen und verwaltungsgerichtliche Kontrolle", NVwZ 2009, S. 1005 ff.

Hoffmann-Riem, Eigenständigkeit der Verwaltung, in: Hoffmann-Riem/Schmidt-Aßmann/ Voßkuhle, Grundlagen des Verwaltungsrechts, Bd I, 2006.

Kahl, Wolfgang, 35 Jahre Verwaltungsverfahrensgesetz — 35 Jahre Europäisierung des Verwaltungsverfahrensrechts, NVwZ 2011, S. 449 ff.

Ludwigs, Markus, Regulierungsermessen: Spielräume gerichtlich eingeschränkter Kontrolle im Regulierungsrecht, RdE 2013, S. 297 ff.

Maurer, Hartmut, Allgemeines Verwaltungsrecht, 16. Aufl., 2006.

Mayen, Thomas, Das planungsrechtliche Abwägungsgebot im Telekommunikationsrecht — Dargestellt am Beispiel des §21 TKG, NVwZ 2008, S. 817 ff.

Oster, Jan, Normative Ermächtigungen im Regulierungsrecht, Baden-Baden 2010.

Proelß, Alexander, Das Regulierungsermessen — eine Ausprägung des behördlichen Letztentscheidungsrechts?, AöR 2011, S. 402 ff.

Sachs, Michael/Jasper, Christian, Regulierungsermessen und Beurteilungsspielräume — Verfassungsrechtliche Grundlagen, NVwZ 2012, 649 ff.

Schwarze, Jürgen, Europäisches Verwaltungsrecht, 2. erweiterte Aufl., Baden-Baden, 2005.

Wieland, Joachim, Regulierungsermessen im Spannungsverhältnis zwischen deutschem und Unionsrecht, DÖV, 2011, S. 705 ff.

Winkler, Viktor, Anmerkung zum BVerfG, Beschluss vom 8.12.2011 — 1 BvR 1932/08, Multimedia und Recht Zeitschrift für Informations —, Telekommunikations- und Medienrecht(MMR), 2012, S. 186 ff.

8. 국가책임과 국가배상* **
— 대법원의 긴급조치 및 국가배상 관련 판결들에 대한 비판적 고찰—

I. 서론

최근 대법원은 긴급조치에 대하여 위헌·무효선언[1]을 하면서도 국가배상책임은 인정하지 않는 판결들을 내리고 있다. 특히 대법원 2015. 3. 26. 선고 2012다48824 판결과 대법원 2014. 10. 27. 선고 2013다217962 판결 등에서 대법원은 긴급조치가 고도의 정치적 행위로서 통치행위라는 것을 근거로 대통령의 법적 책임을 부인하거나 형벌에 관한 법령이 헌법재판소의 위헌결정으로 소급하여 효력을 상실하거나 법원에서 위헌·무효로 선언된 경우, 위헌 선언 전 위 법령에 기초하여 수사가 개시되어 공소가 제기되고 유죄판결이 선고되었다는 사정만으로 국가의 손해배상책임이 발생하지 않는다고 하면서 긴급조치에 의하여 수사를 진행하고 공소를 제기한 수사기관의 직무행위나 유죄판결을 선고한 법관의 재판상 직무행위가 공무원의 고의 또는 과실에 의한 불법행위에 해당하지 않는다고 판시하였다. 그리고 공무원의 불법행위의 경우 법을 준수하지 않은 경우에는 불

---

* 이 글은 민주법학 제59호(2015. 11), 41-91면에 실린 논문을 수정, 보완한 것임.
** 이 글은 2015년 6월 22일 민변과 민주법연이 공동주관한 대법원 긴급조치 국가배상판결 규탄 토론회("대법원, 민주주의의 무덤이 되다")에서 발표한 글을 수정, 보완한 것임.
1) 이에 대해서는 긴급조치 제1호에 대한 대법원 2010. 12. 16. 선고 2010도5986 전원합의체 판결[대통령긴급조치위반·반공법위반]; 긴급조치 제1호, 제2호, 제9호에 대한 헌법재판소 2013. 3. 21, 2010헌바70·132·170(병합) 결정 — 구 헌법 제53조 등 위헌소원; 긴급조치 제9호에 대한 대법원 2013. 4. 18.자 2011초기689 전원합의체 결정; 긴급조치 제4호에 대한 대법원 2013. 5. 16. 선고 2011도2631 전원합의체 판결[대통령긴급조치위반·반공법위반]〈대통령 긴급조치 제4호 위반 사건〉 등을 참조할 것.

법행위의 성립을 인정하면서도 소멸시효가 완성되었다는 이유로 배상책임을 부인하였다. 결국 당시 유신시대 긴급조치위반을 이유로 체포감금되거나 유죄판결을 받은 피해자들은 국가의 불법행위에 대하여 피해를 입고 위와 같은 이유로 국가배상마저 받지 못하게 된 것이다. 당시 긴급조치위반으로 인한 피해자들은 요건을 갖춘 경우에만 단지 피해자보상청구가 인정되는데 그칠 수밖에 없는 구조이다. 이러한 대법원 판결들은 하급심에서 긴급조치와 관련하여 국가배상청구권을 적극적으로 인정하는 판결들과 대비되고 있다.[2]

이하에서는 대법원 2015. 3. 26. 선고 2012다48824 판결, 대법원 2014. 10. 27. 선고 2013다217962 판결 등을 중심으로 국가배상책임과 관련한 대법원의 논리를 비판적으로 고찰해 본다.

Ⅱ. 긴급조치와 국가배상책임에 관한 대법원의 논리

긴급조치와 관련해서는 2010년과 2013년에 긴급조치 1호, 2호, 4호, 9호에 대하여 대법원과 헌법재판소가 이미 위헌·무효의 판결 및 결정을 한 바 있다.[3] 이후 긴급조치위반으로 체포감금되었거나 유죄판결을 받은 피해자와 가족들이 국가배상청구소송을 제기하게 된다.

대법원은 이에 대하여 대법원 2015. 3. 26. 선고 2012다48824 판결[4]과 대법원 2014. 10. 27. 선고 2013다217962 판결 등에서 다음과 같은 논리로 피해자들의 국가배상청구를 받아들이지 않고 있다.

대법원은 긴급조치는 위헌·무효이나 대통령의 긴급조치권발동은 통치행위

---

2) 서울중앙지법(제11민사부) 2015. 9. 11. 선고 2013가합544225 판결; 서울고등법원은 2013. 11. 7. 선고 2013나21408 판결; 대전지법 2012. 5. 3. 선고 2012나974 판결 등.

3) 긴급조치에 대한 위헌판단의 관할권문제와 관련하여 대법원은 유신헌법에 근거한 긴급조치는 국회의 입법권 행사라는 실질을 전혀 가지지 못한 것으로서, 헌법재판소의 위헌심판대상이 되는 '법률'에 해당한다고 할 수 없고, 긴급조치의 위헌 여부에 대한 심사권은 최종적으로 대법원에 속한다고 보아 헌법재판소와 달리 보고 있다. 대법원 2010. 12. 16. 선고 2010도5986 전원합의체 판결[대통령긴급조치위반·반공법위반]. 이에 대한 반대의견으로는 정태호, 유신헌법에 의한 긴급조치의 위헌제청적격성에 관한 관견, 헌법학연구 제17권 제4호(2011. 12), 395면 이하를 참조할 것.

4) 원고가 서울대학교에 재학 중이던 1978. 6.경 중앙정보부 소속 공무원에게 긴급조치위반 혐의로 체포되어 약 20여 일간 불법구금 되었음을 이유로 국가를 상대로 손해배상을 청구한 사안임.

로서 국민 개개인에 대하여 법적 책임을 지지 않는다는 논리구조를 취하고 있다.

대법원은 또한 당시 유신헌법과 위헌·무효판결을 받기 전의 긴급조치 등 법령을 준수하였다는 이유로 공무원의 고의·과실에 의한 불법행위를 부인하고 있다.

한편 대법원은 긴급조치위반을 이유로 한 유죄판결에 대한 재심사건에 대해서는 국가배상청구를 위하여 6개월이라는 짧은 소멸시효를 인정하였고 긴급조치 위반을 이유로 하여 유죄판결을 받지 않은 사건인 대법원 2015. 3. 26. 선고 2012 다48824 판결에서는 권리를 행사할 수 없는 객관적 장애사유가 있었다고 보기 어렵다는 이유로 소멸시효가 완성된 것으로 보고 있다.

Ⅲ. 대법원 판결의 기본적인 문제점

1. 유신헌법과 유신체제에 대한 정당화

(1) 불법국가로서 유신헌법체제에 대한 판단 해태

1961년 5.16군사쿠데타로 집권한 박정희 정권은 1969년 헌법을 개정하여 3선이 가능하도록 하였고 1972년 10월 유신으로 유신헌법을 만들어 장기집권의 시나리오를 완성해 나간다.

역사적으로 확인되고 있듯이, 유신체제와 유신헌법제정은 그 자체가 불법적인 과정을 통한 것이었다. 1971년 대선에 의해 가까스로 당선된 박정희는 장기집권을 위한 획책을 하고 그 결과 유신헌법이 탄생하게 된다.

유신헌법은 헌정사상 7차로 개정된 제4공화국의 헌법이다. 대통령 박정희는 1972년 10월 17일 '조국의 평화적 통일'을 뒷받침한다는 명분으로 정치체제 개혁을 선언하여 초헌법적인 국가긴급권을 발동하여 국회를 해산하고 정치활동을 금지하는 동시에 전국적인 비상계엄령을 선포한 뒤, 10일 이내에 헌법개정안을 작성하여 국민투표로써 확정하도록 지시한다. 이어 1972년 10월 27일 비상국무회의에서 유신헌법이 의결, 공고되었고 개헌반대 발언이 완전히 봉쇄된 가운데 11월 21일 실시된 국민투표에서 투표율 92.9%, 찬성 91.5%로 확정되어 12월 27일부터 시행에 들어간다. 유신헌법의 주요내용을 보면 다음과 같다: 대통령은 통일주체국민회의에서 토론없이 무기명투표로 선거한다. 국회의원의 1/3을 대통령이 추천, 통일주체국민회의에서 선출한다. 통일주체국민회의는 국회가 발의·의결한 헌법개정안을 최종적으로 의결·확정한다. 긴급조치권 및 국회해산권 등 대통령에게 초헌법적 권한을 부여하고, 대통령 임기를 6년으로 연장하고 중임제한조항을 철폐하여 대통령의 집권을 용이하게 하는 등 장기집권체제를 강화한다.

이와 같이 유신헌법은 대통령의 권한 강화와 장기집권을 위한 것으로서 절차와 내용에 있어서 초헌법적이고 위헌적인 헌법이었다. 유신헌법의 제정과정과 내용은 대법원도 스스로 확인하고 있는 입헌적 법치주의국가의 기본원칙에도 맞지 않다. 즉, 입헌적 법치주의국가의 기본원칙은 어떠한 국가행위나 국가작용도 헌법과 법률에 근거하여 그 테두리 안에서 합헌적·합법적으로 행하여질 것을 요구하기 때문이다.[5] 대법원은 유신헌법 제53조에 근거한 긴급조치를 위헌무효로 선언하면서도 유신헌법 자체에 대해서는 그 헌법개정과정에서의 폭력적 불법성을 판단하지 않음으로써 유신헌법과 유신체제를 정당화하고 있다.

반민주적인 독재의 장기집권의도에 분노한 국민들은 저항하였고 국민들의 그러한 정당한 저항에 대하여 당시 대통령이던 박정희는 유신헌법 제53조에 규정되어 있던 긴급조치를 발동하여 저항을 무마하고자 시도한다. 긴급조치는 1974년 1월부터 1975년 5월 사이에 1호부터 9호까지 집중적으로 발동되었고 긴급조치 제9호는 김재규에 의하여 박정희가 시해된 10.26사건으로 종말을 고하게 된다. 긴급조치에 의하여 헌법상의 국민의 자유와 권리는 잠정적으로 정지되었고 국가폭력행위가 정당화되었다.

이 사건에서 문제되었던 긴급조치 제9호는 국민들이 정당한 저항을 위해 행하는 집회시위나 방송, 출판행위뿐만 아니라 출판물을 소지, 배포, 전시하는 일체의 행위를 처벌하였고 그러한 행위를 하는 자의 해임 또는 제적뿐만 아니라 직장폐쇄, 휴교, 휴업, 정간, 폐간, 해산이나 허가 취소 등의 조치를 취할 수 있었고 긴급조치에 위반한 자에 대해서는 1년 이상의 징역에 처할 수 있었고 심지어 예비음모한 자에 대해서도 처벌하였고 긴급조치에 위반하는 자에 대해서는 영장 없이도 체포, 구속, 압수, 수색할 수 있게 하는 등 폭력적 조치를 포함한 것이었다.[6]

---

5) 대법원 2010. 12. 16. 선고 2010도5986 전원합의체 판결[대통령긴급조치위반·반공법위반].
6) 긴급조치 제9호 ① 다음 각 호의 행위를 금한다. 가. 유언비어를 날조, 유포하거나 사실을 왜곡하여 전파하는 행위 나. 집회·시위 또는 신문, 방송, 통신 등 공중전파 수단이나 문서, 도화, 음반 등 표현물에 의하여 대한민국 헌법을 부정·반대·왜곡 또는 비방하거나 그 개정 또는 폐지를 주장·청원·선동 또는 선전하는 행위 (중략) ⑧ 이 조치 또는 이에 의한 주무부장관의 조치에 위반한 자는 법관의 영장 없이 체포·구속·압수 또는

이로써 실로 극악한 불법국가의 전형을 보여주었다.

독일의 법학자 파피어(H.J. Papier)는 법치국가의 중요한 특징은 역설적으로 작용한다는 점이라고 지적한 바 있다. 즉, 법치국가는 국가가 불법적으로 행위할 가능성을 늘 염두에 두어야 하며 이러한 배경 하에서만 행정소송법이나 국가배상법과 같은 법영역들뿐만 아니라 헌법재판소와 같은 제도들도 이해될 수 있다고 한다. 법치국가적 사고에 기인하지 않는 국가의 행위를 처리해야 하는 경우에 법치국가는 특별한 도전에 직면하게 된다. 그러한 '불법국가(Unrechtsstaaten)' 또는 최소한 '비법치국가(Nicht-Rechtsstaaten)에서 공권력의 주체인 권력자는 어떠한 법질서나 헌법질서를 받아들이지 않는다. 법은 오히려 권력유지와 행사를 위한 순수한 도구로 전락하게 되며 법의 과제는 노골적으로 지배이데올로기의 관철에 한정된다고 하였다.[7] 이것은 또한 유신독재하에서 긴급조치로 권력을 유지하고자 했던 불법국가의 실체이기도 하다.[8]

대법원은 긴급조치 제1호, 제4호, 제9호 등에 대한 판결에서 긴급조치권 발동이 입법부에 의한 입법의 실질을 갖지 못한 것으로 보고 긴급조치에 관한 위헌성을 판단하면서 유신헌법을 근거로 하여 대통령의 긴급조치권발동에 기한 긴급조치의 위헌·무효를 선언하고 있다(헌법재판소도 유신헌법을 근거로 하기는 마찬가지이다). 대법원은 유신헌법 제53조에 근거하여 긴급조치권 발동의 절차와 내용을 판단하고 있으나 이는 유신헌법의 정당성을 인정하는 전제에서 출발하고 있다는 점에서 문제가 있다.

수색할 수 있다. (중략) ⑬ 이 조치에 의한 주무부장관의 명령이나 조치는 사법적 심사의 대상이 되지 아니한다.

7) Hans-Jürgen Papier/Johannes Möller, Die rechtsstaatliche Bewältigung von Regime-Unrecht nach 1945 und nach 1989, NJW 1999, 3289.

8) 라드브루흐는 규범에 대한 신뢰보호는 그 규범이 정의라고는 도대체 추구하지 않는 곳에서는 전혀 존재하지 않는다고 한다. 그리하여 그는 정의를 추구하는 것을 신뢰의 원칙과 관련된 통상적인 용어사용의 한 요소로 간주한다. 극단적인 예외사례에서만 — 규범제정자의 입장에서 이미 — 어떤 규범이 정의를 추구하지 않는다고 말할 수 있다고 한다. Vgl. Kurt Seelmann, Rechtsphilosophie, 3. Aufl., 2004, §2, Rn. 26 f. 이를 적용해보면 유신헌법과 긴급조치는 규범제정자의 입장에서 이미 정의를 추구하지 않는 규범이므로 법이 아니라고 할 수 있다. 이와 관련하여서는 헌법재판소의 입법부작위 위헌확인(헌재 2003. 5. 15, 2000헌마192·508(병합) 전원재판부)과 관련한 재판관 권성의 반대의견이 주목할 만하다.

다만 불법국가에 해당하느냐 여부에 대해서는 논란이 있을 수 있다. 불법국가의 개념을 어떻게 보느냐에 따라 달라질 수 있기 때문이다. 헌법재판소가 판시하고 있듯이 최소한 법치국가로서의 징표에 해당하는 내용이 없었다는 점, 즉, 폭력적, 자의적 지배였다는 점과 기본권 존중 등이 부재하였다는 점9)에서 정상적인 법치국가는 아니었던 것으로 보인다.10) 대법원이 스스로 유신헌법 자체에 대한 판단을 할 수 없다고 하더라도 헌법재판소에 유신헌법의 위헌심판을 청구하였어야 하리라고 본다.11)

(2) 유신헌법 제53조와 사법심사배제가 갖는 의미

긴급조치 제1호에서 제9호까지를 가능하게 했던 근거는 유신헌법 제53조이다.12) 헌법에 규정되어 있는 국민의 자유와 권리를 잠정적으로 정지하고 정부나

---

9) 헌재 1990. 4. 2. 89헌가113, 판례집 2, 49[한정합헌](국가보안법 제7조에 대한 위헌심판). 유신헌법은 입헌주의헌법이라고 불릴 만한 어떠한 자격도 주어질 수 없다고 하면서 유신헌법의 불법성을 논증하는 글로는 김선택, 유신헌법 제53조와 동조에 근거한 긴급조치 제1, 2, 9호의 위헌 여부에 관한 의견, 헌법연구 제2권 제1호(2015. 3), 214-217면 등 참조. 그 밖에 유신헌법이 국민주권의 원리와 권력분립원리, 법치주의원리, 입헌주의, 민주공화국 국가형태 등에 위배된다고 보는 견해로는 임지봉, 유신헌법과 한국민주주의, 공법학연구, 제13권 제1호(2012), 183면 이하와 김선택, 유신헌법의 불법성논증, 고려법학 제49호(2007), 175면 이하를 참조할 것.

10) 개별규범 또는 규범체계가 불법 또는 부정의의 일정한 한계를 일탈한 경우에 법적 성격을 상실한다. 개별규범과 관련하여 잘 알려진 라드브루흐의 공식(법률적 불법)에 따르면, 정의와 법적 안정성이 충돌할 때, 실정법이 내용적으로 불법이고 합목적이지 않은 경우에도 실정법의 정의에 대한 모순의 정도가 참을 수 없을 만큼 되어서 그 법률이 부정의한 법으로서 정의를 벗어났는지를 기준으로 삼는다. 이 공식은 독일 연방헌법재판소와 연방법원의 판결에 기초가 되고 있다. 그 밖에 법체계와 필수적 관계를 맺을 수 있는 도덕적 요청의 예로서는 풀러(Fuller)의 법의 내부적 도덕이론(internal morality of law)과 일정한 근본적 정의기준을 충족하지 않는 규범체계는 결코 법질서가 아니라는 회페(Otfried Hoeffe)의 견해가 있다. 자세한 것은 Robert Alexy/이준일 역, 법의 개념과 효력, 지산, 2000, 36면을 참조할 것. 이에 반해 마우스(Ingeborg Maus)는 나치의 수권법 자체가 민주적 정당성을 지니지 못한 것이므로 부정의나 부당성은 개별 법률의 문제가 아니라 나치체제 전체의 문제라는 점을 지적한다. 마우스는 라드브루흐의 개별적 평가방식 보다는 민주적 정당성을 기준으로 나치법 전체의 효력을 부정하는 총체적 평가방식이 바람직한 것으로 본다. 이에 대해서 자세한 것은 이재승, 국가범죄, 앨피, 2010, 476면 이하 참조.

11) 다만 헌법에 대한 위헌심사가능성은 지면관계상 여기서 자세히 다루지 않는다.

12) 유신헌법 제53조[헌법 제8호, 시행 1972. 12. 27] ① 대통령은 천재·지변 또는 중대한 재정·경제상의 위기에 처하거나, 국가의 안전보장 또는 공공의 안녕질서가 중대한 위협을 받거나 받을 우려가 있어, 신속한 조치를 할 필요가 있다고 판단할 때에는 내정·외

법원의 권한에 관하여 긴급조치를 할 수 있도록 규정하고 있는 유신헌법 제53조의 규정은 그 내용에 있어서 정의롭지 못하며 그 요건에 있어서 매우 불명확하고 그 절차에 있어서 매우 일방적이고 포괄적으로 대통령에게 제왕적 권한을 백지위임하고 있으며 이는 법에 의한 지배가 아니라 대통령에 의한 지배를 가능하게 하는 것으로서 법치주의를 부정하는 것이라고 할 수 있다.

그리고 여기서 간과해서는 안 될 중대한 문제는 유신헌법 제53조 제4항이 긴급조치에 대해서는 사법심사의 대상에서 아예 배제하고 있다는 점이다. 동조 제4항의 사법심사배제규정은 제1항의 포괄위임과 결합하여 대통령의 여하한 권한행사에 대하여 포괄적인 사법면제를 규정한 것이다. 대통령에게 자의적인 '조치에 의한 지배'를 인정하고, 그러한 조치에 대하여 일체의 사법심사를 배제해버림으로써 대통령을 법의 지배가 미치지 못하는 성역에 위치할 수 있게 제도적으로 완벽하게 보호하는 구조이다. 유신헌법은 민주공화국의 대통령이라고는 할 수 없는 전제군주제의 군주를 연상하게 하는 지위를 제도화하고 있다.[13]

유신헌법 제53조 제4항이 규정한 사법심사배제의 의미는 긴급조치권이 제53조 제1항과 제2항에 따라 요건을 갖추어 대통령의 긴급조치권이 정상적으로 발동된 경우에 그에 대한 사법심사를 배제한다는 의미로 해석하여야 한다. 그러므로 긴급조치권의 발동목적이나 내용, 긴급조치권발동 상황 등에 비추어 명백히 헌법상 발동요건을 갖추지 못한 위헌적인 긴급조치권발동에 대해서까지 사법심사를 배제한다고 해석해서는 안 된다. 이것은 헌법을 규범조화적으로 해석하는 결과 도출되는 것이다.[14]

(3) 통상적으로 사법구제절차가 불가능한 사례에 해당

유신헌법 제53조를 근거로 하여 헌법에 규정된 국민의 자유와 권리에 대한 잠정적 정지를 위한 조치들이 행해졌다. 그것도 유신반대투쟁이 격화되던 74년부

교·국방·경제·재정·사법 등 국정전반에 걸쳐 필요한 긴급조치를 할 수 있다. ② 대통령은 제1항의 경우에 필요하다고 인정할 때에는 이 헌법에 규정되어 있는 국민의 자유와 권리를 잠정적으로 정지하는 긴급조치를 할 수 있고, 정부나 법원의 권한에 관하여 긴급조치를 할 수 있다. (중략) ④ 제1항과 제2항의 긴급조치는 사법적 심사의 대상이 되지 아니한다.

13) 김선택, 유신헌법 제53조와 동조에 근거한 긴급조치 제1, 2, 9호의 위헌 여부에 관한 의견, 헌법연구 제2권 제1호(2015. 3), 223면.
14) 이에 대해서는 같은 취지로 이미 대전지법 2012나974 판결에서 지적된 바 있다.

터 박정희대통령이 사망한 79년까지 무려 5년 동안이나 국민의 기본권이 제한되는 조치가 일상적으로 행해졌다. 그러나 유신헌법의 긴급조치를 근거로 하는 모든 조치들에 대한 사법구제절차가 배제되도록 하는 규정을 헌법에 직접 규정함으로써 통상적인 사법구제절차를 통해서 국민의 자신의 기본권침해에 대하여 구제받을 수 있는 가능성이 부정된 것이나 다름없다. 개인에게 국가기관이 조직을 통하여 집단적으로 자행하거나 또는 국가권력의 비호나 묵인하에 조직적으로 자행된 기본권 침해에 대한 구제는 통상의 법절차에 의해서는 사실상 달성하기 어려운 점은 통상의 사법구제절차의 가능성이 부정되었다는 관점에서 고려되어야 한다. 더구나 유신헌법 제53조는 긴급조치에 대한 사법심사를 아예 배제하였다는 점에서 당시의 상황은 쿠데타 세력이 장기집권을 획책하면서 국민의 저항을 봉쇄하는 조치를 가능하게 하는 것으로서 통상의 구제가 불가능한 상황이었다.

　　참고로 6.25 당시 국가에 의해 조직적으로 저질러진 문경학살사건 또는 함평학살사건과 관련한 사건에서 권성 헌법재판관의 소수의견[15]과 문경학살사건에 관한 대법원 판례[16]를 주목할 필요가 있다.

2. 헌법 제10조 제2문 국가의 기본권 보장의무를 적절히 고려하지 않음

(1) 헌법 제10조 제2문의 의미 — 국가의 기본적 인권 확인 및 보장의무

　　긴급조치 관련 국가배상사건의 일부 하급심판결들에서 헌법상 기본권보장의무 또는 기본권보호의무로부터 의미있는 결과를 도출하고 있는 반면에 대법원은 긴급조치와 관련한 사례들에서 헌법 제10조 제2문의 기본권보장의무에 대하여 그 의미를 거의 부여하지 않고 있는 것으로 보인다. 인권의 보루로서 대법원의

---

15) 입법부작위 위헌확인(헌재 2003. 5. 15, 2000헌마192·508(병합) 전원재판부) 재판관 권성의 반대의견. "국가기관이 조직을 통하여 집단적으로 자행한, 또는 국가권력의 비호나 묵인 하에 조직적으로 자행된, 기본권침해에 대한 구제는 통상의 법절차에 의하여서는 사실상 달성하기 어렵다. (중략) 기본권침해의 사태를 야기한 국가권력이 집권을 계속하는 동안에는 국가를 상대로 개인이 적기(適期)에 권리를 행사하거나 통상의 쟁송을 제기하여 구제를 받는 것이 대개는 불가능하기 때문이다."

16) 대법원 2011. 9. 8. 선고 2009다66969 판결[손해배상(기)] 문경학살사건. 이른바 '문경학살 사건' 희생자들의 유족들이 국가를 상대로 손해배상을 구한 사안에서, 개인에게 국가기관이 조직을 통하여 집단적으로 자행하거나 또는 국가권력의 비호나 묵인하에 조직적으로 자행된 기본권 침해에 대한 구제는 통상의 법절차에 의해서는 사실상 달성하기 어려운 점 등에 비추어 위 과거사정리위원회의 진실규명결정이 있었던 때까지는 객관적으로 유족들이 권리를 행사할 수 없는 장애사유가 있었다고 보아야 함을 인정한 바 있다.

위상과 전혀 어울리지 않는 태도를 보이고 있다.

헌법학자들의 경우 아직 헌법 제10조 제2문에 대하여 많은 관심을 가지고 있는 것으로 보이지 않으나 최근 소수의 학자들이 점차 관심을 높이고 있다는 점이 주목된다.[17] 헌법학자들 가운데는 일부 헌법 제10조 제2문을 단지 기본권 보호의무로 축소하여 해석하는 경우도 보이고 있으나 헌법 제10조 제2문을 그렇게 보는 것은 문언에 비추어 옳지 않다. 우리 헌법 제10조 제2문에 따르면 "국가는 개인이 가지는 불가침의 기본적 인권을 확인하고 이를 보장할 의무를 진다"고 명시적으로 선언하고 있기 때문이다. 이는 현행헌법 제10조뿐만 아니라 유신헌법 제8조에도 규정되어 있다.[18]

헌법 제10조 제2문은 국가의 기본적 인권에 대한 확인의무와 기본적 인권의 보장의무로 구성되어 있다. 제10조 제2문 전단의 국가의 기본적 인권의 확인의무는 헌법에 열거된 기본적 인권의 존재를 확인할 뿐만 아니라 헌법에 열거되지 아니한 기본적 인권의 존재를 발견하고 인정하는 의무를 의미한다.[19] 헌법 제10조 제2문 후단의 국가의 기본권보장의무는 국가가 소극적으로 기본권을 침해해서는 아니되는 의무, 그리고 적극적으로 기본권을 실현시킬 의무 나아가 국가 아닌 사인에 의하여 기본권이 침해되지 아니하도록 보호할 의무 등으로 구체화된다.[20] 특히 후단의 기본권 보장의무의 개념은 국가가 개인이 가지는 기본적인 인권의 실현을 위해서 적극적으로 노력한다고 하는 의미이다. 기본권의 보장을 위해서 국가가 법률을 제정하고, 제도를 마련하며, 구체적으로 그 실현을 위해서 노력할 뿐만 아니라, 제3자에 의하여 기본권적 법익이 침해되거나 될 수 있는 경우에는 이를 방지하기 위해서도 노력하고, 또한 기본권침해가 이미 발생한 경우에는 그

---

17) 표명환, 헌법 제10조 제2문의 불가침의 기본적 인권을 확인하고 보장할 국가의 의무, 토지공법연구 제53집(2011. 5), 340면 이하; 방승주, 헌법 제10조, 대한민국헌법주석서 I (총강 및 기본권부분), 231면 이하; 허완중. 기본적 인권을 확인하고 보장할 국가의 의무. 저스티스(2010), 68면 이하 등.

18) 유신헌법 제8조 : 모든 국민은 인간으로서의 존엄과 가치를 가지며, 이를 위하여 국가는 국민의 기본적 인권을 최대한으로 보장할 의무를 진다(大韓民國憲法 전부개정 1972. 12. 27[헌법 제8호, 시행 1972. 12. 27])

19) 기본권 확인의무에 대하여 자세한 것은 표명환, 헌법 제10조 제2문의 불가침의 기본적 인권을 확인하고 보장할 국가의 의무, 토지공법연구 제53집(2011. 5), 340면 이하를 참조할 것.

20) 이와 동일한 취지로는 표명환, 입법자의 기본권보장의무와 의무이행의 심사기준, 토지공법연구 제62집(2013. 8), 401면 참조.

복구를 위해서도 국가가 적극적으로 나서서 노력해야 한다고 하는 포괄적인 기본권실현의무라고 할 수 있다.[21]

국가의 기본권보장의무는 헌법 제10조 제2문에서 직접 국가에게 부과한 의무이다. 이는 헌법제정권력자인 국민이 국가에게 직접 부과한 의무라고 할 수 있다. 모든 국가권력은 이러한 의무로부터 자유로울 수 없다. 기본권은 모든 국가권력을 구속하기 때문이다. 기본권은 국민이 국가에 대하여 주관적 권리로서 주장하지 않아도 이미 객관적 규범으로서 국가에 대해서 일정한 과제와 의무를 부과한다. 이는 입법, 행정, 사법에 대하여 모두 적용된다. 기본권은 우선 입법권을 구속한다. 입법자는 민주적 정당성에 기초하여 국가의사형성에 넓은 재량이 보장되지만 기본권을 통제를 받게 되므로 입법자는 기본권의 한계를 넘을 수 없는 소극적 의미와 함께 기본권의 실현을 위한 과제와 의무를 진다는 적극적 의미를 지닌다. 또한 법률을 집행하고 해석하는 집행부와 사법부도 기본권에 구속되기 때문에 기본권을 법률의 집행과 해석의 지침으로 삼아야 한다. 그런 의미에서 헌법 제10조 제2문은 모든 국가권력의 기본권 구속의무를 명시하고 있는 것이라고 볼 수 있다.[22]

헌법재판소도 "국민의 기본권은 국가권력에 의하여 침해되어서는 아니된다는 의미에서 소극적 방어권으로서의 의미를 가지고 있을 뿐만 아니라, 헌법 제10조에서 국가는 개인이 가지는 불가침의 기본적 인권을 확인하고 이를 보장할 의무를 진다고 선언함으로써, 국가는 나아가 적극적으로 국민의 기본권을 보호할 의무를 부담하고 있다는 의미에서 기본권은 국가권력에 대한 객관적 규범 내지 가치질서로서의 의미를 함께 갖는다. 객관적 가치질서로서의 기본권은 입법·사법·행정의 모든 국가기능의 방향을 제시하는 지침으로서 작용하므로, 국가기관에게 기본권의 객관적 내용을 실현할 의무를 부여한다"고 결정한 바 있다.[23]

다른 사건에서도 헌법재판소는 "헌법 제10조 제2문에 근거하여 국가는 국민의 기본권을 침해하지 않고 이를 최대한 보호해야 할 의무를 가지며, 만약 국가가 불법적으로 국민의 기본권을 침해하는 경우 그러한 기본권을 보호해 주어야 할 행위의무를 진다. 또한 이러한 행위의무를 이행하기 위하여 국가가 관련 법률

---

21) 방승주, 헌법 제10조, 대한민국헌법주석서 I (총강 및 기본권부분), 231면 이하 참조.
22) 같은 취지로 이준일, 헌법학강의, 홍문사, 2005, 319면.
23) 형사소송법 제312조 제1항 단서 위헌소원(헌재 1995. 6. 29, 93헌바45 전원재판부).

을 제정하여야 할 입법의무가 헌법해석상 발생한다"[24]라고 하여, 기본권에 대한 입법자의 행위의무를 강조하고 있다.

헌법 제10조 제2문에 따른 이와 같은 국가의 기본권보장의무의 이행은 기본권의 '최대보장'의 이념에 입각하고 있다. 헌법재판소도 앞서 본 결정에서 "국가는 국민의 기본권을 침해하지 않고 이를 최대한 보호해야 할 의무를 가지며…"라고 하여, 국가의 기본권보장의무의 목표를 제시하고 있다.[25] 또한 현행헌법이 "국가는 개인이 가지는 불가침의 기본적 인권을 확인하고 이를 보장할 의무를 진다"라고 규정하고 있는 반면에 제3공화국 헌법에서는 "국가는 국민의 기본적 인권을 최대한으로 보장할 의무를 진다"라고까지 규정한 바 있다.

(2) 기본권보호의무와 구별

기본권 보호의무는 헌법상 보호되는 기본권적 법익을 제3자의 위법한 가해나 가해의 위험으로부터 국가가 보호해야 하는 의무를 말한다.[26] 기본권 보장의무는 제3자의 기본권적 법익에 대한 침해를 전제로 하는 것은 아니기 때문에 독일의 기본권보호의무의 개념보다 더 넓은 개념이라고 할 수 있다.[27]

기본권보호의무의 헌법적 근거로서는 주관적 공권으로서의 방어권설, 객관법적 내용설, 국가과제로서의 안전설, 인간의 존엄에 대한 존중과 보호설 등이 거론된다. 대개는 기본권이 주관적 공권일 뿐만 아니라 객관적 가치질서로서의 성격을 갖는다는 기본권의 이중성으로부터 기본권보호의무를 도출하는 경우가 많다.[28] 비록 학설의 대립이 있으나 이 점으로부터 기본권의 대사인적 효력까지 나

---

24) 입법부작위 위헌확인(헌재 2003. 5. 15, 2000헌마192,508).

25) 헌재 2003. 5. 15, 2000헌마192,508. 같은 취지의 서술로서는 표명환, 입법자의 기본권보장의무와 의무이행의 심사기준, 토지공법연구 제62집(2013. 8), 406면.

26) 기본권 보호의무는 사실 기본권보장의무의 한 내용에 속한다. 표명환, 입법자의 기본권보장의무와 의무이행의 심사기준, 토지공법연구 제62집(2013. 8), 405면. 기본권보장의무를 국가가 기본권적 법익을 보장하기 위하여 지는 의무의 총칭으로 보는 견해도 있다. 이에 따르면 기본권보장의무는 기본권주체에 따라 기본권존중의무, 기본권구조의무, 기본권보호의무, 국제적 보호의무, 자연재해방재의무 등으로 구분할 수 있다고 한다. 이에 관하여 자세한 것은 허완중. 기본적 인권을 확인하고 보장할 국가의 의무, 저스티스 (2010), 68면 이하 등.

27) 방승주, 앞의 책, 231면.

28) 이부하, 국가의 기본권보호의무와 과소보호금지원칙, 인하대학교 법학연구 제17집 제2호 (2014. 6. 30), 39면 이하와 표명환, 입법자의 기본권보장의무와 의무이행의 심사기준, 토지공법연구 제62집(2013. 8), 405면 등 참조.

오게 된다.[29]

기본권보호의무의 심사기준으로서 과소보호금지원칙이 적용된다. 과소보호금지원칙을 통하여 국가가 국민의 기본권보호의무를 수행하는데 적어도 적절하고 효율적인 최소한의 보호조치를 취했는지 여부를 심사하게 된다.

사실 위와 같은 학설의 대립이 있으나 기본권 보호의무의 근거는 헌법 제10조 제2문으로부터 직접 도출될 수 있는 것으로 보인다. 다시 말해 헌법 제10조는 사인 간 직접효력의 근거가 될 수 있다. 다만 헌법 제10조가 모든 기본권에 대한 '국가의 직접적 개입'의 근거규정으로 나아가는 경우 가치편향으로의 무한한 확장의 위험이 있으므로 그 범위와 내용을 확정하는 노력이 필요하다.[30] 참고로 기본권 보호의무 관련 판례로서 소개되는 것으로는 교통사고처리특례법 제4조 제1항에 대한 위헌확인 등 사건이다.[31]

(3) 적극적 의무로서 기본권보장의무와 인권의 대전환

헌법 제10조 2문의 국가의 기본권보장의무는 국가가 소극적으로 기본권을 침해해서는 아니되는 의무, 그리고 적극적으로 기본권을 실현시킬 의무 나아가 국가 아닌 사인에 의하여 기본권이 침해되지 아니하도록 보호할 의무 등으로 구체화될 수 있다.[32] 기본권보장의무는 국가가 기본권을 침해해서는 안 되는 소극적 의무에 그치지 않는다. 적극적으로 기본권을 실현시킬 의무가 국가에 있다는 점에 주목하여야 한다.

그러한 점에서 영국 옥스포드대학의 교수인 샌드라 프레드먼은 최근 「인권의 대전환」이라는 저서에서 인권공화국을 위한 법과 국가의 역할에 대하여 새로운 관점을 보여주고 있다. 개인의 자유를 위해 국가가 자기억제의무를 실천해야

---

29) 기본권보호의무와 기본권의 제3자효 간에는 공통점과 차이점이 존재한다. 이에 대해서는 이부하, 국가의 기본권보호의무와 과소보호금지원칙, 인하대학교 법학연구 제17집 제2호(2014. 6. 30), 45면 이하.

30) 민주주의법학연구회 편, 헌법해석과 헌법실천, 관악사, 1997, 210면 참조.

31) 헌법재판소는 과소보호금지의 원칙을 기준으로 판단하고 있다. 교통사고처리특례법 제4조 제1항 등 위헌확인(2009. 2. 26, 2005헌마764, 2008헌마118(병합) 전원재판부); 交通事故處理特例法 제4조 등에 대한 憲法訴願 등(1997. 1. 16, 90헌마110 · 136(병합) 전원재판부).

32) 표명환, 입법자의 기본권보장의무와 의무이행의 심사기준, 토지공법연구 제62집(2013. 8), 401면 참조.

할 분야에서는 함부로 개입하고 국가가 적극적 의무를 행해야 할 경우에는 수수
방관하는 모순된 상황이 벌어지고 있는 우리의 현실은 인권에 대한 대전환을 필
요로 하고 있다. 샌드라 프레드먼은 기존에 시민적·정치적 권리는 소극적 권리
로, 경제적·사회적 권리는 적극적 권리로 분류하는 방식은 낡은 것이라고 한다.
그리하여 모든 인권은 국가의 소극적 의무와 적극적 의무를 동시에 발생시킨다고
한다.33) 이러한 관점에서 볼 때에도, 우리 헌법 제10조 제2문이야말로 기본권 인
권에 대하여 국가의 소극적 의무뿐만 아니라 적극적 의무까지도 명시하고 있는
중요한 조항이라는 점이 확인된다.

　　이로부터 나오는 결론으로서, 헌법 제10조 제2문으로부터 국가가 기본권침
해를 해서는 안 된다는 소극적 의무뿐만 아니라 기본권이 침해되었을 경우 그에
대한 기본권침해를 구제하기 위한 절차와 내용이 갖춰지도록 적극적으로 노력해
야할 의무가 도출된다는 점이 중요하다. 이 점은 국가배상청구권의 인정, 소멸시
효의 문제에까지도 영향을 미칠 수 있다.

3. 인권과 민주주의의 최후의 보루로서 사법부의 역할 방기

　　대법원은 긴급조치와 관련된 사례에서 긴급조치가 위헌무효임을 확인하면서
도 대통령의 통치행위라는 이유나 당시 법령을 준수한 공무원의 고의과실에 의한
불법행위를 인정할수 없다는 이유, 또는 권리를 행사할 수 없는 객관적 장애사유
가 없었으므로 소멸시효가 완성되었다는 이유 등을 들어 국가배상을 부인하고 있
다. 이 과정에서 하급심판결들이 인정하고 있는 기본권보장의무에 관한 헌법 제
10조의 의미를 전혀 고려하지 않고 있음은 앞서 지적한 바와 같다. 이러한 대법
원의 태도로 미루어 볼 때 대법원이 인권과 민주주의의 최후보루로서 사법부의
역할을 방기한 것이라고 할 수 있다. 그렇다면 대법원이 과연 그러한 사법부의
역할을 할 자격이 있는지 심히 의심스럽다.

　　앞서 본 「인권의 대전환」에서 샌드라 프레드먼은 인권을 실현하는 데 법률
과 사법부가 어떤 역할을 해야 할 것인가를 명확히 규명하고 있다. 즉, 법과 정치

---

33) 국가의 적극적 의무는 '원칙'의 문제이다. 원칙은 최적화를 향한 요구이다. 원칙의 규범
　　력은 법적, 현실적 가능성을 감안하되 원칙의 내용을 최대한 실현하도록 요구할 수 있는
　　일관된 힘에서 나온다. 샌드라 프레드먼/조효제 옮김, 인권의 대전환, 교양인, 2009, 31
　　면 이하 참조.

를 나누는 통상적인 이분법을 배격하고 법원의 궁극적 역할이 인권을 보장하도록 국가에 촉구함으로써 민주주의 체제를 보존하고 지원하는 것이라는 점을 강조한다. 단순히 사법부가 정치적 의도를 품고 적극적으로 법창조를 시도하거나 사법부가 행정부에 대한 통제를 강화하는 것을 지지하는 것이 아니라 오히려 사법부는 민주주의 체제를 지키기 위해 국가가 자신의 의무를 방기하지 않도록 주의깊게 관찰하고 국가가 스스로 내세웠던 바를 제대로 실천하는지를 감시하는 역할을 해야 한다고 한다. 샌드라 프레드먼은 법원의 이러한 적극적 행동주의를 어떤 정치적 이념이 아니라 인권과 민주주의의 관점에서 도출하고 있다.[34]

그러한 점에서 특히 인도대법원이 사법적 경로를 통해 인권을 실천하는 모습을 눈여겨 볼 필요가 있다. 인도대법원은 공익소송의 문을 널리 개방하고 원고적격의 범위를 넓히고 법원이 주도적으로 사실확인과정을 진행하여, 법원이 감독권한을 행사할 수 있는 강제명령을 발해서 행정부가 법원의 명령을 준수하는지 감시하는 등 역할을 함으로써 법원이 민주적 압력을 위한 촉매제 역할을 하였다.[35]

그리고 예컨대, 기본권의 대사인적 효력이나 국가의 적극적 의무를 인정하는 경우에 국가의 의무의 측면이 강조되는데 기본권의 대사인적 효력에 관한 간접효력설이나 직접효력설은 모두 법관의 기본권존중의무라는 국가의 의무가 전면에 있기 때문에 국민의 권리로서의 구성이 가능하고 보호의무와 같은 국가의 적극적 의무도 국민의 권리로 확대될 수 있다는 점에서[36] 보다 전향적인 태도가 요구된다.

Ⅳ. 긴급조치와 통치행위의 논리

1. 긴급조치와 통치행위이론

유신시대 행해진 대통령 긴급조치는 고도의 정치성을 지니는 행위로서 통치행위라는 이유로 오랫동안 일체의 사법심사의 대상이 되지 않았다.

대법원은 2015. 3. 26. 선고 2012다48824 판결에서 긴급조치 제9호가 사후적으로 법원에서 위헌·무효로 선언되었다고 하더라도, 유신헌법에 근거한 대통령의 긴급조치권 행사는 고도의 정치성을 띤 국가행위라고 함으로써 통치행위성을

---

34) 샌드라 프레드먼/조효제 옮김, 인권의 대전환, 교양인, 2009, 24면 이하 참조.
35) 샌드라 프레드먼/조효제 옮김, 인권의 대전환, 교양인, 2009, 45면과 295면 이하 참조.
36) 이 점에 관해서는 이준일, 헌법학강의, 홍문사, 2005, 321면.

긍정하고 있다.

10.26 직후 대법원은 계엄선포행위에 대해서도 같은 이유로 통치행위성을 긍정하면서 사법심사를 배제하고 있다.[37] 이후에도 대통령의 계엄선포가 사법심사의 대상이 될 수 있는지 여부에 관하여 대법원은 같은 태도를 취하였다.[38]

긴급조치에 대한 사법심사는 앞서 보았듯이 2010년에야 대법원 2010.12.16. 선고 2010도5986 전원합의체 판결에서 비로소 시도되었다.[39]

위와 같이 통치행위에 관한 사법심사에 대한 대법원의 태도가 바뀌게 된 계기가 된 것은 1996년 김영삼 대통령의 금융실명제에 관한 긴급재정경제명령 등에 대한 헌법재판소의 위헌확인 사건에서였다.[40] 이후 대북송금사건에 관한 대법원 2004. 3. 26. 선고 2003도7878 판결에서 대법원은 비록 제한적이기는 하지만 통치행위에 대해서도 사법심사를 긍정하게 된다.[41]

---

37) 즉, "대통령의 계엄선포행위는 고도의 정치적, 군사적 성격을 띠는 행위라고 할 것이어서, 그 선포의 당, 부당을 판단할 권한은 헌법상 계엄의 해제요구권이 있는 국회만이 가지고 있다 할 것이고 그 선포가 당연무효의 경우라면 모르되, 사법기관인 법원이 계엄선포의 요건 구비 여부나, 선포의 당, 부당을 심사하는 것은 사법권의 내재적인 본질적 한계를 넘어서는 것이 되어 적절한 바가 못 된다"고 판단하여 계엄선포 요건의 구비여부조차 사법권의 본질적 한계를 벗어난 것이라 하여 사법권을 포기하였다. 대법원 1979. 12. 7.자 79초70 재정[재판권쟁의에관한재정신청].

38) 대법원 1980. 8. 26. 선고 80도1278 판결[계엄포고위반 · 계엄포고위반교사 · 계엄포고위반방조]; 대법원 1981. 4. 28. 선고 81도874 판결[계엄법위반].

39) "법치주의의 원칙상 통치행위라 하더라도 헌법과 법률에 근거하여야 하고 그에 위배되어서는 아니된다. (중략) 그러므로 기본권 보장의 최후 보루인 법원으로서는 마땅히 긴급조치 제1호에 규정된 형벌법규에 대하여 사법심사권을 행사함으로써, 대통령의 긴급조치권 행사로 인하여 국민의 기본권이 침해되고 나아가 우리나라 헌법의 근본이념인 자유민주적 기본질서가 부정되는 사태가 발생하지 않도록 그 책무를 다하여야 할 것이다." 대법원 2010. 12. 16. 선고 2010도5986 전원합의체 판결.

40) 헌재 1996. 2. 29, 93헌마186 모든 국가작용은 국민의 기본권적 가치를 실현하기 위한 수단이라는 한계를 반드시 지켜야 하는 것이고, 헌법재판소는 헌법의 수호와 국민의 기본권 보장을 사명으로 하는 국가기관이므로 비록 고도의 정치적 결단에 의하여 행해지는 국가작용이라고 할지라도 그것이 국민의 기본권 침해와 직접 관련되는 경우에는 당연히 헌법재판소의 심판대상이 된다.

41) 대법원 2004. 3. 26. 선고 2003도7878 판결(대북송금사건). 통치행위의 개념을 인정한다고 하더라도 과도한 사법심사의 자제가 기본권을 보장하고 법치주의 이념을 구현하여야 할 법원의 책무를 태만히 하거나 포기하는 것이 되지 않도록 그 인정을 지극히 신중하게 하여야 한다.

2. 긴급조치와 통치행위

고도의 정치적 결단에 의하여 행하여지는 국가작용이라고 할지라도 그것이 국민의 기본권 침해와 직접 관련되는 경우에는 당연히 헌법재판소의 심판대상이 될 뿐만 아니라 국민의 권리를 침해하고 손해를 야기한 경우에는 법원의 심판대상이 됨은 당연하다.

생각건대, 굳이 통치행위란 개념을 인정할 필요가 있는지 의문이다. 통치행위란 개념을 인정하여 그에 해당하는 것은 법률적합성의 원칙을 적용하지 않을 뿐만 아니라 사법심사의 대상에서도 제외시키는 것은 제도의 연혁으로 볼 때 그다지 순수한 의도가 있는 것으로 보이지 않을 뿐만 아니라 현대 법치국가원리와도 어울리지 않는다. 국가기관의 모든 행위는 헌법과 법률에 반하지 않아야 한다. 법원은 그러한 행위가 헌법과 법률의 범위 내에서 행한 행위인지 여부를 판단하면 된다.[42] 다만, 정치적인 행위나 정책에 대해서는 헌법과 법률의 테두리 내에서 형성의 여지가 주어져 있기 때문에 사법부가 판단하기에 쉽지 않은 문제일 뿐이다. 무엇보다도 국가기관의 고도의 정치적인 행위가 헌법과 법률의 한계를 준수하였는지 여부는 사법부가 판단하여야 하며 특히 국민의 기본권을 제한하는 국가기관의 행위는 사법심사를 통한 통제의 대상에서 벗어나서는 안 된다.

긴급조치는 헌법에 정해진 절차와 한계를 벗어나 발동한 것으로서 유신헌법에 비추어보아도 명백히 위헌일 뿐만 아니라 오늘날의 헌법에 비추어보면 더더욱 그러하다. 단지 고도의 정치적 행위라는 이유로 국민에 대하여 책임지지 않는다는 것은 그동안 헌법재판소와 대법원의 통치행위에 관한 태도에 비추어보더라도 납득하기 어렵다. 대통령의 명백한 고의·과실에 의한 행위임에도 그에 대한 국가배상책임을 인정하지 않는 것은 대법원이 인권의 보루로서의 사법부로서의 책무를 포기한 행위라고 하지 않을 수 없다. 위헌인 발동행위에 기초하여 발동한 긴급조치는 위헌무효이며 이에 따른 법적 책임도 면제될 수 없다.[43]

---

42) 같은 취지로는 김성수, 일반행정법, 홍문사, 2010, 53면.
43) 그 밖에 통치행위에 관한 상세한 비판에 대해서는 한상희, 통치행위와 긴급조치 : 그 사법심사의 문제, 민변과 민주법연이 공동주관한 대법원 긴급조치 국가배상판결 규탄 토론회, "대법원, 민주주의의 무덤이 되다", 자료집, 2015. 6. 22, 7면 이하를 참조할 것.

Ⅴ. 통치행위로서 긴급조치, 정치적 책임과 법적 책임

1. 정치적 책임의 한계와 법적 책임

대통령의 긴급조치 발령행위 자체가 국가배상법상의 불법행위에 해당하는지 여부에 관하여 하급심과 달리 대법원은 2012다48824호 판결에서 "대통령은 국가긴급권의 행사에 관하여 원칙적으로 국민 전체에 대한 관계에서 정치적 책임을 질 뿐 국민 개개인의 권리에 대응하여 법적 의무를 지는 것은 아니므로, 대통령의 이러한 권력행사가 국민 개개인에 대한 관계에서 민사상 불법행위를 구성한다고는 볼 수 없다"고 판단하였다.

대법원은 고도의 정치성을 띤 행위의 경우에 정치적으로 논의를 거쳐 해결하여야 할 문제는 가급적 사법이 자제를 하여야 한다는 태도를 취하고 있다. 그러나 입헌적 법치주의국가의 기본원칙은 어떠한 국가행위나 국가작용도 헌법과 법률에 근거하여 그 테두리 안에서 합헌적·합법적으로 행하여질 것을 요구하고, 이러한 합헌성과 합법성의 판단은 본질적으로 사법의 권능에 속하는 것이다. 다만 고도의 정치성을 띤 국가행위에 대하여는 이른바 통치행위라 하여 법원 스스로 사법심사권의 행사를 억제하여 그 심사대상에서 제외하는 영역이 있을 수 있다. 그러나 이와 같이 통치행위의 개념을 인정한다고 하더라도 과도한 사법심사의 자제가 기본권을 보장하고 법치주의 이념을 구현하여야 할 법원의 책무를 태만히 하거나 포기하는 것이 되지 않도록 그 인정을 지극히 신중하게 하여야 한다(대법원 2004. 3. 26. 선고 2003도7878 판결 등 참조).

헌법재판소도 이라크 파병결정과 관련하여 "그 성격상 국방 및 외교에 관련된 고도의 정치적 결단을 요하는 문제로서, 헌법과 법률이 정한 절차를 지켜 이루어진 것임이 명백하므로, 대통령과 국회의 판단은 존중되어야 하고 헌법재판소가 사법적 기준만으로 이를 심판하는 것은 자제되어야 한다. 이에 대하여는 설혹 사법적 심사의 회피로 자의적 결정이 방치될 수도 있다는 우려가 있을 수 있으나 그러한 대통령과 국회의 판단은 궁극적으로는 선거를 통해 국민에 의한 평가와 심판을 받게 될 것이다."[44]

---

44) 헌재 2004. 4. 29, 2003헌마814.

헌재는 또한 금융실명제에 관한 긴급재정경제명령 사건에서 "통치행위를 포함하여 모든 국가작용은 국민의 기본권적 가치를 실현하기 위한 수단이라는 한계를 반드시 지켜야 하는 것"이라고 결정한 바 있다.[45)]

한편 고도의 정치성을 띤 행위라고 하여 그 책임을 정치적 책임에 한정해야 한다는 논리필연성은 존재하지 않는다. 합헌적인 긴급조치권발동만이 정치적으로 허용될 수 있는 것이지 위헌적인 긴급조치권 발동이 정치적으로 허용되는 것은 아니다. 더군다나 위 긴급조치권 발동은 명백히 헌법에 반하는 조치이었다는 점이 밝혀졌다. 대통령의 고의에 의한 위헌적인 긴급조치권발동이었다. 그럼에도 대통령이 정치적 책임만을 질 뿐 법적 책임은 지지 않는다는 해괴한 논리는 어디에서 나오는 것인가?

비록 통치행위의 개념을 인정한다고 할지라도 그러한 행위는 합헌적 법질서에 합치하여야 하고 그러한 경우에만, 즉 합헌적, 합법적인 한에서만 허용된다. 이 경우에는 정치적 행위는 정치적 책임으로 끝날 수 있을 것이다. 그러나 그러한 고도의 정치적 행위가 합헌적 법질서에 합치하지 않는 경우에 그는 불법을 저지르는 것이 되며, 이 경우에는 이미 정치적 책임을 지는 문제를 넘어서서 법적인 책임을 져야 하는 문제가 된다.

목적과 절차, 내용이 정당한 긴급조치만이 헌법상 허용된다는 점에서 위헌적인 긴급조치를 발동한 대통령의 행위는 그 자체로서 허용되지 않는 불법행위를 한 것이다. 대통령의 긴급조치권발동행위로 인한 불법행위는 국민 개개인에 대하여 광범위하게 영향을 미치게 된다.

대통령의 위헌적인 긴급조치권 발동행위는 위헌·무효로서 위법이라고 할 수 있다. 국가공권력을 행사하는 자는 헌법과 법률, 명령 등 법령에 위반하여 행위하여서는 안 된다는 의미에서 법률우위의 원칙의 지배를 받는다. 대법원과 헌법재판소는 앞서 본 사례들에서 이미 긴급조치를 위헌무효로 선언하고 있고 긴급조치권의 발동이 헌법상의 절차적 요건과 내용적 요건을 충족하지 못하였음을 인정하고 있다. 이로 미루어 볼 때, 대통령의 긴급조치권 발동행위에 있어 대통령의 고의 또는 과실을 인정함에 어려움이 없고 위헌·무효인 행위로서 위법행위에 해당한다.

---

45) 헌재 1996. 2. 29, 93헌마186.

통치행위라는 관념을 부정하는 것이 타당하나 대법원 스스로 인정하고 있듯이 고도의 정치적 행위인 통치행위를 인정한다고 하더라도 기본권을 침해하는 경우에는 사법심사의 대상이 되며 공무원인 대통령의 법적인 책임 여부를 확인하여야 한다. 그렇다면 공무원인 대통령이 고의 또는 과실로 위법하게 직무상의 행위인 긴급조치권을 발동한 경우 국가배상책임을 인정하는 데 하등의 문제가 없다.

이는 특히 헌법 제10조 제2문의 기본권보장의무 및 헌법의 기본권 조항들, 헌법 제11조의 사회적 특수계급의 인정금지, 헌법 제69조의 대통령의 선서에 관한 규정 등을 근거로 할 때 더더욱 그러하며 그러므로 대통령에 대해서만 법적 책임이 배제될 수 없고 오히려 기본권을 보장해야할 책임이 있는 지위에 있는 대통령이 국민의 기본권침해를 조장하고 지시했다는 점에서 더 엄격한 법적 책임이 부과되어야 한다.

2. 긴급조치권발동이 헌법문언에 명백히 반하는 특수한 경우

한편, 대법원은 2015. 3. 26. 선고 2012다48824 판결에서 "유신헌법에 근거한 대통령의 긴급조치권 행사는 고도의 정치성을 띤 국가행위로서 대통령은 국가긴급권의 행사에 관하여 원칙적으로 국민전체에 대한 관계에서 정치적 책임을 질 뿐 국민 개개인의 권리에 대응하여 법적 의무를 지는 것은 아니므로, 대통령의 이러한 권력행사가 국민 개개인에 대한 관계에서 민사상 불법행위를 구성한다고는 볼 수 없다"는 취지의 판결을 하면서 대법원 2008. 5. 29. 선고 2004다33469 판결을 인용하고 있다. 그리하여 하급심에서도 이러한 판결의 취지가 인용되고 있다.

"우리 헌법이 채택하고 있는 대의민주주의하에서 대통령은 국가의 원수이자 행정부의 수반으로서 국정의 최고책임자로서의 지위를 가지고, 평상시의 헌법질서에 따른 권력행사방법으로는 대처할 수 없는 중대한 위기상황이 발생한 경우 이를 수습함으로써 국가의 존립을 보장하기 위하여 국가긴급권을 가지는데, 대통령은 위 국가긴급권의 행사에 관하여 원칙적으로 국민 전체에 대한 관계에서 정치적 책임을 질 뿐 국민개개인의 권리에 대응하여 법적 의무를 지는 것은 아니므로, 대통령의 국가긴급권 행사는 그 내용이 헌법의 문언에 명백히 위반됨에도 불구하고 대통령이 당해 국가긴급권을 행사한 것과 같은 특수한 경우가 아닌 한 국가배상법 제2조 제1항 소정의 위법행위에 해당된다고 볼 수 없다고 할 것이다(대법원 1997. 6. 13. 선고 96다56115 판결; 대법원 2008. 5. 29. 선고 2004다33469 판결의 취지 참조).”

그러나 여기서 주목할 것은 “대통령의 국가긴급권 행사는 그 내용이 헌법의 문언에 명백히 위반됨에도 불구하고 대통령이 당해 국가긴급권을 행사한 것과 같은 특수한 경우가 아닌 한 국가배상법 제2조 제1항 소정의 위법행위에 해당된다고 볼 수 없다”는 부분이다. 대법원 스스로가 인정하고 있듯이 대통령의 긴급조치권 발동행위는 그 목적이나 내용, 상황의 측면에서 헌법을 위반한 것이 명백하다. 즉 당시 대통령의 국가긴급권행사는 그 목적이나 내용, 상황으로 볼 때 위헌임이 명백함에도 불구하고 긴급조치를 발동한 특수한 경우에 해당하여 국가배상법 제2조 제1항 소정의 위법행위에 해당된다.[46]

3. 대통령의 책임을 국회의원의 정치적 책임과 같이 보는 문제

대법원이 긴급조치관련 국가배상사건에서 인용하고 있는 대법원 2008. 5. 29. 선고 2004다33469 판결[47]과 이 인용판결에서 참조한 대법원 1997. 6. 13. 선고 96다56115 판결[48]은 사실 대통령에 대한 국가배상법상의 위법행위를 다룬 사건들이 아니다. 위 판결들은 국회의원의 입법행위와 관련한 국가배상책임을 다룬 사건들임에 주목할 필요가 있다. 대법원은 이 판결들에서 국회의원의 입법행위와 관련한 책임과 관련하여 국민개개인에 대하여 정치적 책임만을 인정하고 법적 책임을 인정하지 않고 있다.[49]

대법원은 국회의원의 입법행위에 대한 위의 판결들과 같이 대통령의 긴급조치권 발동에 대하여도 국민 개개인에 대하여 법적 책임을 지는 것이 아니라 정치

---

46) 이 점은 최근 서울중앙지법(제11민사부) 2015. 9. 11. 선고 2013가합544225 판결에서도 잘 지적하고 있는 바이다. 자세한 것은 위 판결을 참조할 것.

47) 이른바 ‘거창사건’임.

48) 구 사회안전법 소정의 보안처분 관련 사건임.

49) “우리 헌법이 채택하고 있는 의회민주주의하에서 국회는 다원적 의견이나 각가지 이익을 반영시킨 토론과정을 거쳐 다수결의 원리에 따라 통일적인 국가의사를 형성하는 역할을 담당하는 국가기관으로서 그 과정에 참여한 국회의원은 입법에 관하여 원칙적으로 국민 전체에 대한 관계에서 정치적 책임을 질 뿐 국민 개개인의 권리에 대응하여 법적 의무를 지는 것은 아니므로, 국회의원의 입법행위는 그 입법 내용이 헌법의 문언에 명백히 위반됨에도 불구하고 국회가 굳이 당해 입법을 한 것과 같은 특수한 경우가 아닌 한 국가배상법 제2조 제1항 소정의 위법행위에 해당된다고 볼 수 없다.” 대법원 1997. 6. 13. 선고 96다56115 판결[손해배상(기)]; 같은 취지의 대법원 2008. 5. 29. 선고 2004다33469 판결.

적 책임만을 진다고 판시하고 있다. 그러나 대통령의 긴급조치권발동행위와 국회에서의 입법행위는 달리보아야 한다. 즉, 대통령의 긴급조치 발동행위에 대한 책임은 의회민주주의하에서 국회에서의 토론과정을 거쳐 다수결원리에 따라 결정되는 입법행위와는 구별되어야 한다. 다수결원리에 따른 결정과정에 참여한 국회의원이 입법에 관하여 정치적 책임을 질 뿐 국민개개인에 대하여 법적 의무를 지지 않는다는 점은 수긍할 수 있으나 이를 대통령의 경우에도 똑같이 적용하려고 하는 시도는 받아들이기 어렵다. 무엇보다도 대통령의 입법행위와 국회의원의 입법행위는 전혀 다른 사안이다. 국회의원은 입법기관이기는 하지만 입법행위를 함에 있어서 국회에서의 토론과정을 거쳐야 하며 다수결원리에 복종하여야 한다. 반면에 대통령의 발령된 긴급조치를 법률과 동등한 것으로 본다고 하더라도 대통령의 긴급조치 발동권의 행사는 국회에서의 토론과정을 거쳐 다수결원리에 따라 결정되는 것이 아니며 대통령이 단독으로 권한을 행사하여 결정된다. 더더구나 당시 대통령에게는 막강한 권한이 부여되어 있었고 심각한 권력집중으로 인한 권한남용이 문제될 정도였다. 대통령의 단독으로 결정되는 입법행위와 다수결투표를 통해 결정되는 국회의원 개개인의 입법행위를 동등하게 다룰 수 없다. 양자는 정치적 책임과 법적 책임의 범위와 내용에 있어서 평가를 달리하여야 한다.

그러나 무엇보다도 중요한 것은, 대법원의 위 판결에서 잘 언급되어 있듯이,[50] 다수결원리에 복종하는 국회의원의 경우에도 특수한 경우에는 위법행위가 인정되는 경우가 있다는 점이다. 이 점에 주목하여야 한다. 즉, 대법원이 스스로 인정하고 있듯이, 국회의원이 입법행위를 함에 있어서도 그 입법내용이 헌법의 문언에 명백히 위반되는 데도 불구하고 국회가 굳이 당해 입법을 한 것과 같은 특수한 경우에는 국가배상법 제2조 제1항 소정의 위법행위에 해당한다고 보고 있다. 이에 미루어 볼 때에도 명백히 헌법에 반하는 긴급조치를 발동한 대통령의 행위는 위법성을 면치 못하며 국가배상법 제2조 제1항 소정의 위법행위에 해당함을 부인할 수 없다. 따라서 위헌·무효인 긴급조치를 발동함으로써 국민의 기본권을 침해하고 손해를 야기한 대통령은 정치적 책임만이 아니라 법적인 책임까지 져야 하는 것이다.[51]

---

50) 대법원 1997. 6. 13. 선고 96다56115 판결[손해배상(기)].
51) 사실 이와 같이 대통령의 고의(과실)에 의한 불법행위가 인정되는 경우에는 대통령 개인의 법적 책임과는 별도로 국가배상책임을 인정하는데 하등의 문제가 없다.

4. 긴급조치와 긴급조치권 발동행위의 자의적인 분리

대법원이 긴급조치 관련 사건에서 긴급조치가 위헌무효라는 것과 긴급조치 발동행위를 구분하는 이유는 위헌무효로서 위법하다는 평가를 받는 긴급조치 자체와 긴급조치발동행위 자체가 위헌무효는 아니므로 위법하지 않다는 논리구조를 취하기 위함이다. 그러나 이것이 가능한가? 긴급조치 자체가 위헌·무효일 뿐만 아니라 위헌무효인 긴급조치를 발동한 행위 역시 위헌·무효인 행위이다. 예컨대 행정청이 일정한 처분, 예를 들어 허가 또는 허가취소 처분을 한다고 할 때 행정청이 허가발령행위 자체와 법령에 근거하여 발령된 처분인 허가 또는 허가취소를 별도로 분리하여 판단하는가? 전혀 그렇지 않다. 허가 또는 허가취소의 위법성을 다루면서 허가 발령행위, 예컨대 재량권 행사의 일탈·남용 여부를 판단하는 것이다. 재량권의 일탈·남용이 인정된다면 그 처분의 위법성은 인정되는 것이다. 예컨대, 행정입법의 경우도 위법한 절차로 발령되거나 법률의 위임범위를 벗어난 경우 그 절차상, 내용상의 하자로 인하여 행정입법 자체가 무효로 되는 것이다. 대통령의 긴급조치도 긴급조치발령행위가 위헌적인 절차와 내용으로 발령된 것이 인정되면 그 긴급조치의 위헌·무효가 인정되는 것이다. 따라서 헌법상 긴급조치발령의 요건을 갖추어 긴급조치권을 발동했는지 여부가 기준이 된다. 헌재와 대법원은 긴급조치발동의 절차적 요건과 실체적 요건을 갖추지 못하고 발동된 긴급조치에 대하여 위헌·무효임을 선언하였다. 따라서 위헌·무효인 긴급조치를 발동한 대통령의 행위는 당연히 헌법위반이고 위법이 되는 것이다. 이미 대통령의 긴급조치발동에 대해서는 긴급조치의 위헌·무효를 판단하는 과정에서 법적 판단이 이루어진 것이다. 그럼에도 대법원은 마치 대통령의 긴급조치 발동행위에 대해서 전혀 법적 판단이 이루어지지 않은 것으로 가정하여 긴급조치 발동행위는 고도의 정치성을 띤 통치행위로서 사법적 판단의 대상이 될 수 없고 그 위법성 내지 적법성 여부가 판단될 수 없는 행위인 것처럼 판시하고 있다.

물론 긴급조치 발동행위와 긴급조치가 전혀 분리될 수 없는 것은 아니다. 이후 발동된 긴급조치를 근거로 한 집행행위는 발동행위 자체를 근거로 하는 것은 아니기 때문이다. 그러나 대법원과 헌재는 발동요건을 갖추지 않은 긴급조치라는 점을 근거로 위헌·무효를 선언하고 있다. 발동요건을 갖추지 못했다는 것은 긴급조치권발동 자체가 위헌·무효인 행위이고 이후 긴급조치도 위헌·무효임을 선언한 것이다. 이렇게 행위와 행위의 결과를 모두 위헌이라고 본 것이다. 긴급조치 자체가 국민의 기본권에 대한 매우 포괄적인 금지 및 제한사항을 포함하고 있고 법률과 동등한 지위를 가지고 있으므로 긴급조치권을 발동하는 행위와 그로 인하여 발동이 된 긴급조치를 구분하여야 할 것으로 생각할 가능성도 있으나 본질적으로 긴급조치 발동행위에 기인한 긴급조치 자체가 가진 포괄적인 제한 및 금지조치를 포함한다는 점에 주목한다면 이를 분리하여 판단하려는 의도가 의심스럽다. 긴급조치 위헌·무효의 판단에 그 발동행위의 위헌·무효 판단이 포함되어 있다고 보아야 한다.

Ⅵ. 공무원의 법령준수와 국가배상책임의 성립 문제

1. 대법원의 논리

대법원은 위헌무효인 긴급조치에 근거하여 행위한 공무원의 직무 집행행위에 대하여 당시 긴급조치가 위헌무효로 선언되기 전이기 때문에 당시의 긴급조치에 따라 공무를 집행한 것으로서 공무원의 고의·과실에 의한 불법행위가 인정될 수 없다고 판시하고 있다.

대법원은 2015년 3월 21일의 2012다48824호 판결에서 중앙정보부 소속 공무원이 수사권이 없음에도 불구하고 원고가 대통령의 긴급조치를 위반하였다는 혐의로 체포·구금한 행위는 불법행위에 해당하는 것으로 보았으나 다만 소멸시효 완성을 이유로 국가배상을 인정하지 않았다. 여기서 불법행위를 인정한 것은 중정 소속 공무원이 법령에 권한이 없는 행위를 함으로써 법을 준수하지 않았기 때문이다.

대법원은 2014. 10. 27. 선고 2013다217962 판결에서도 행위당시의 법령을 준수하였는지 여부를 중요시하고 있는데, "당시 시행 중이던 긴급조치 제9호에 의하여 영장 없이 피의자를 체포·구금하여 수사를 진행하고 공소를 제기한 수사기관의 직무행위나 긴급조치 제9호를 적용하여 유죄판결을 선고한 법관의 재판상 직무행위는 유신헌법 제53조 제4항이 "제1항과 제2항의 긴급조치는 사법적 심사의 대상이 되지 아니한다"고 규정하고 있었고 긴급조치 제9호가 위헌·무효임이 선언되지 아니하였던 이상, 공무원의 고의 또는 과실에 의한 불법행위에 해당한다고 보기 어렵다"고 판시하였다.

그러나 법령을 준수했다면 공무원의 고의·과실에 의한 불법행위는 인정될 수 없는가에 대해서는 달리 볼 여지가 있다. 이는 첫째, 위법성과 관련하여 법령 준수한 공무원의 불법행위 부인의 논리로서 대법원이 채택하고 있는 행위불법설의 측면에서 검토가 필요한 문제이고 둘째, 공무원의 고의·과실의 측면에서 검토를 요하는 문제이다.

2. 공무원의 법령준수와 국가배상부인의 논리 : 국가의 조직적 불법행위를 정당화하는 논리

공무원의 법령준수의무는 정당한 절차를 통해서 제정된 합헌적인 법에 대해서 법을 준수하도록 명하는 것이지 정당한 절차를 거치지 않고 불법적인 내용의 법을 제정하고 이를 준수하도록 하는 것이 아니다. 이는 법치국가의 원리에 합치하지 않을 뿐만 아니라 국가의 조직적 불법행위를 정당화하는 논리이다.

헌법재판소의 결정에 따른다고 하더라도 법치국가는 모든 폭력적, 자의적 지배를 배제하고 기본권 존중 등을 기본 요소로 하는 국가를 말한다.[52] 그러나 유신헌법과 긴급조치는 폭력적, 자의적 지배를 목표로 하는 헌법이며 조치였다. 말하자면 폭력적, 자의적 지배에 저항하는 국민들의 표현의 자유를 억압하고 신체의 자유 등 기본권을 침해하는 폭력적 조치였으며 이미 법치국가로서의 정당성을 상실하였다.[53] 따라서 국가의 그러한 조치는 이미 공무원에게 법을 준수하라고 명할 수 있는 정당한 근거가 처음부터 존재하지 않는 조치였다. 이러한 조치를 통해 국민을 억압하고 기본권을 유린하고서는 당시 법을 집행한 공무원이 당

---

52) 헌재 1990. 4. 2, 89헌가113, 판례집 2, 49[한정합헌](국가보안법 제7조에 대한 위헌심판) "자유민주적(自由民主的) 기본질서(基本秩序)에 위해(危害)를 준다 함은 모든 폭력적 지배와 자의적 지배, 즉 반국가단체의 일인독재 내지 일당독재를 배제하고 다수의 의사에 의한 국민의 자치, 자유·평등의 기본원칙에 의한 법치주의적 통치질서의 유지를 어렵게 만드는 것으로서 구체적으로는 기본적 인권의 존중, 권력분립, 의회제도, 복수정당제도, 선거제도, 사유재산과 시장경제를 골간으로 한 경제질서 및 사법권의 독립 등 우리의 내부체제를 파괴·변혁시키려는 것이다." 이와 유사한 최근 결정례로서 헌재 2014. 12. 19. 2013헌다1, 판례집 26-2하, 1[인용(해산)](통합진보당해산사건).

53) 유신체제를 지탱한 원리 가운데 하나는 자유민주적 기본질서였다. 그것은 때로는 북쪽에 대한 체제우위의 결정적 징표로, 때로는 남한 체제비판을 무마하기 위한 이데올로기 반비판의 무기로, 기본권유린을 정당화하기 위한 수단으로 악용되었다. 자유민주적 기본질서에 대한 실체에 대하여서는 국순옥, 자유민주적 기본질서란 무엇인가, 민주주의법학연구회 편, 헌법해석과 헌법실천, 관악사, 1997, 32면 이하를 참조할 것.

시 형식적인 법령을 준수하여 행위하였다는 이유만으로 국가배상청구권이 성립하지 않는다는 논리는 납득할 수 없는 구조를 가지고 있다. 단지 당시에 위헌·무효가 선언되지 않았다고 하여 공무원의 고의·과실에 의한 불법행위가 될 수 없다고 주장하는 것이 가능한 일인가?

사실 불법적인 지배체제하에서 공무원들은 대체로 강압적 조직 내에서의 권력구도에 따라 지배권력의 의사지배하에서 행위하게 된다. 법관이나 공무원, 법공동체는, 법이론적으로 전혀 의문이 없는 방법으로, 그러한 불법적인 법률들이 전혀 구속력이 없다는 통찰에 이르게 된다고 할지라도 그들은 그럼에도 불구하고 그러한 불법을 행하게 된다. 왜냐하면 전체주의 체제는 입헌국가보다 복종을 강제할 수 있는 더 효과적인 수단을 가지고 있으며 좌천 또는 강등(Degrading), 추방, 물리적 파괴 또는 심리적 파괴 등의 수단을 가지고 협박할 수 있는 자는, 경험칙상 법에 복종하는 자들의 법률복종에 대하여 고민할 필요가 없기 때문이다. 또한 법률을 공포하거나 공적으로 알리는 등으로 피지배자들의 혐오를 자극하지 않는 수단을 선택하기도 함으로써 법률을 준수하게 할 수도 있다.[54] 사실 나치의 유대인 학살이나 스탈린 치하의 대규모추방, 대량학살 등 국가권력이 저지른 범죄들은 대부분 법률을 통해 합법화된 것이 아니라 국민들의 폭력에 대한 두려움이나 국가 건설 또는 적으로부터의 보호를 위해 필요하다는 국민들의 강한 믿음에 의존하고 있다. 그런 체제에 대한 저항은 대단히 큰 개인적인 용기와 희생을 필요로 한다.[55] 그러한 용기와 희생은 더구나 지배체제를 떠받치는, 법적인 집행을 관철하는 자들에게는 요구할 수 없는 덕목일 것이다. 그러므로 불법체제하에서 공무원들의 법령준수는 강압적인 조직지배 하에서 이루어진다고 할 수 있을 것이다.

그럼에도 정당한 절차에 의해 합법적으로 제정된 법을 준수하라는 명령에 따라 공무원의 법령준수의무가 발생하는 것인데, 정당한 절차가 없었고 위헌적 내용을 포함한 법을 준수하여야 하는 경우라면 공무원의 법령준수의무 자체가 발생하지 않는다고 보아야 한다. 물론 입법행위에는 다소 사소한 절차위반과 내용상의 흠결이 있을 수 있지만 대체로 국민들이 수긍할 만한 절차와 내용을 가지고 제정되지만 명백히 위헌인 절차와 위헌적인 내용을 포함하는 법령을 제정하는 경

---

54) Vgl. Bernd Ruethers, Rechtstheorie, 2. Aufl., Muenchen, S. 331, Rn. 489.

55) Vgl. Bernd Ruethers, a.a.O., S. 331 f, Rn. 489.

우에는 수인한도를 넘어서는 위헌적인 절차와 내용을 갖는 불법국가로 전락하게 되는 것이다.

그러한 위헌적인 절차와 내용을 갖는 법령임에도 이를 준수하여야 한다고 하는 것은 법실증주의의 전형적인 태도이다. 규범정립권이 자의적인 법의 내용에 관한 처분권까지도 의미한다고 보는 실증주의적 태도는 전체주의적인 왜곡에 대하여 어떠한 법적인 한계도 제시하지 못한다. 법치국가와 불법체제는 그 불법이 법적으로(legal) 명령되는 경우 법률실증주의자로서는 구별할 수 없는 것이 되고 만다. 이 경우 법률적 불법에 대하여 법적인 근거를 가질 수 있는 저항권이라는 것은 존재할 수 없을 것이다.[56]

명백히 위헌인 내용의 법령이나 위헌소지가 있는 법령에 대해서는 이를 따를 의무는 발생하지 않는다. 오히려 그러한 법령준수를 거부하거나 지연하여야 한다. 나아가 행정법에서 '재량의 영으로의 축소 이론'에 따르면, 국민의 생명, 신체에 대한 위험이 발생할 우려가 있는 경우 국가기관의 재량은 축소된다. 기본권보장의무 또는 기본권보호의무가 있는 국가기관으로서는 스스로 국민의 기본권을 침해하는 경우에는 더 말할 것도 없고, 다른 국가기관의 기본권 침해에 대하여 기본권 침해가 발생하지 않도록 막아야 할 뿐만 아니라 발생한 기본권 침해에 대하여 적극적으로 기본권을 실현하는 조치를 하여야 한다.

3. 행위불법설의 논리와 광의의 행위불법설이 갖는 의미

대법원의 긴급조치에 관한 판례의 태도로 볼 때, 이와 같은 대법원의 논리는 위헌·무효선언이 있기 전 긴급조치는 아직은 유효한 것이기 때문에 당시 긴급조치에 따라 공무원이 법을 준수하였다면 그는 고의·과실로 불법행위를 한 것이 아니라는 논리나 대법원은 공무원의 위법행위에 대하여 다분히 행위불법설의 태도를 취하는 것으로서 행위의 결과에 대한 불법행위책임을 전적으로 부인하는 것이다.

행위불법설은 가해행위가 법규범에 합치하고 있는가 여부에 따라 위법성 여부를 판단한다. 공무원의 행위가 객관적인 법규범에 따라 행하여졌다면 행정작용의 집행과정에서 비록 개인의 권리가 침해되더라도 위법하지 않게 된다. 이러한

---

56) Vgl. Bernd Ruethers, a.a.O., S. 338, Rn. 492.

태도를 취하고 있는 대법원 판례도 있다.[57] 이렇게 형식적 의미의 법령준수 여부만을 따지는 행위불법설에 따르면 국가배상의 범위가 매우 좁아진다.

이 때문에 학설은 협의의 행위불법설을 따르지 않고 광의의 행위불법설을 따른다.[58] 광의의 행위불법설은 행위자체의 법 위반뿐만 아니라 공무원의 직무상 손해방지의무 또는 안전관리의무 위반을 포함한다. 이 경우 근거법규와 관계법규 및 조리를 종합적으로 고려한다.[59]

이에 대하여 결과불법설은 피해결과에 착안하여 공무원의 행위로 인하여 개인의 권리가 침해된 이상 그 결과를 정당화할 만한 다른 사유가 없는 한 국가배상책임이 인정된다. 이는 사법상 불법행위법에서의 위법성과 동일시하는 것이다. 사인 간에는 타인의 권리침해가 원칙적으로 허용되지 않는다는 점을 근거로 하고 있으나 이는 국가가 사인의 권리를 침해하는 경우에도 적용될 수 있을 것이다.[60]

국가배상사건에서 대법원 판례의 주류는 광의의 행위불법설을 취하고 있는 것으로 보인다.[61]

대법원 판례는 국가배상책임에 있어서 공무원의 가해행위는 형식적인 법령을 준수한 것만으로 적법한 것이 아니라 인권존중, 권력남용금지, 신의성실, 공서

---

57) 경찰관이 교통법규 등을 위반하고 도주하는 차량을 순찰차로 추적하는 직무를 집행하는 중에 그 도주 차량의 주행에 의하여 제3자가 손해를 입은 사건에서 대법원은 "공무원의 직무집행이 법령이 정한 요건과 절차에 따라 이루어진 것이라면 특별한 사정이 없는 한 이는 법령에 적합한 것이고 그 과정에서 개인의 권리가 침해되는 일이 생긴다고 하여 그 법령적합성이 곧바로 부정되는 것은 아니다"(대법원 2000. 11. 10. 선고 2000다 26807, 26814 판결)고 판시하고 있다.

58) 이에 대해서는 광의의 행위불법설에서 제시하는 위법성 판단기준이 통상의 행정법 일반원칙이나 헌법적 관점에서 당연히 포함될 수 있다는 이유로 행위불법설을 광의와 협의로 나누는 것에 대해 의문을 제기하는 견해도 있다. 김중권, 행정법, 법문사, 2013, 668면 참조..

59) 박균성, 행정법론(상), 박영사, 2011, 723면.

60) 이 밖에 상대적 위법성설은 행위불법설과 결과불법설을 절충하여 국가배상법상의 위법을 행위 자체의 위법뿐만 아니라 피침해이익의 성격과 침해의 정도 및 가해행위의 태양 등을 종합적으로 고려하여 행위가 객관적으로 정당성을 결여하고 있는 것을 의미한다고 본다. 일본의 다수설과 판례의 입장이다. 이러한 학설 소개에 대해서는 정하중, 행정법개론[제7판], 법문사, 2012, 542면과 박균성, 행정법론(상), 박영사, 2011, 723면 이하 참조. 다만 결과불법설과 행위불법설 외에 상대적 위법성설로 3분하고 있는 견해에 대해서는 상대적 위법성설이 관점에 따라 가변적이라는 이유로 논리적으로 문제가 있다는 지적이 있다. 이에 대해서는 김철용, 행정법 I, 박영사, 2010, 492면 각주 4) 참조.

61) 대법원 2013. 5. 9. 선고 2013다200438 판결[위자료]; 대법원 2009. 12. 24. 선고 2009다 70180 판결[손해배상(기)]

양속 등에도 위반하지 않는 등 그 행위가 객관적인 정당성을 결여하지 않아야 한다고 보고 있다. 법령준수의 의미를 넓게 인정하고 있는 이 판례들은 광의의 행위불법설을 취하는 것으로 보인다.

따라서 공무원의 행위가 형식적인 법령을 준수하였다고 하여 곧바로 적법한 것으로 되는 것이 아니라 인권존중, 권력남용금지, 신의성실, 공서양속 등의 위반도 포함하여 그 행위가 객관적인 정당성을 결여하지 않아야 적법한 것으로 평가된다.

하급심들의 판결들도 이런 취지를 따르고 있는 것으로 보인다. 2007년 6월 7일 선고한 서울고법의 판결은 이와 같은 취지의 판결이다.[62] 다만 이 판결에서는 광의의 행위불법설을 따르면서 직무의무위반의 경우 위법성을 인정한다. 근거 법령에 따른 공권력의 행사라 하더라도 공권력 행사의 방법 또는 수단 등이 직무상 의무에 위반하여 국민에게 손해를 가한 경우에는 그 행위 전체를 위법한 것으로 평가하여 국가배상책임을 인정하고 있다.

마찬가지로 2009년 10월 8일의 서울중앙지법 판례도 같은 취지의 판결을 하고 있다.[63] 그 밖에 판례 중에는 국가의 기본권보호의무로부터 도출되는 초법규적 위해방지의무를 인정함으로써 좁은 의미의 행위위법설이 갖고 있는 협애성을 보완하고 있는 판례도 있다.[64]

대법원은 대부분의 국가배상책임사건에서 광의의 행위불법설을 취하여 위법성의 문제를 엄격한 법령위반만을 의미하는 것이 아니라 인권존중, 권리남용금지, 신의성실, 공서약속을 포함하여 객관적 정당성을 결한 경우로 판단하고 있다. 이에 따른다면 대법원이 긴급조치와 관련한 사건들에서 유독 좁은 의미의 행위불법설을 취한 것은 이례적이라고 하지 않을 수 없다. 이 문제는 특히 긴급조치를

62) 서울고법 2007. 6. 7. 선고 2006나68348 판결[손해배상(기)] 상고.
63) 서울중앙지방법원 2009. 10. 8. 선고 2008가합101525 판결[항소 : 손해배상(기)] 불법시위를 진압하는 경찰관들의 직무집행이 법령을 위반한 것이라고 하기 위하여는 그 시위진압이 불필요하거나 또는 불법시위의 태양 및 시위 장소의 상황 등에서 예측되는 피해 발생의 구체적 위험성의 내용에 비추어 시위진압의 계속 수행 내지 그 방법 등이 현저히 합리성을 결하여 이를 위법하다고 평가할 수 있는 경우이어야 한다.
64) 정하중, 행정법개론[제7판], 법문사, 2012, 543면 이하 참조. 대법원 1998. 10. 13. 선고 98다18520 판결[손해배상(의)] 국민의 생명, 신체, 재산 등을 보호하는 것을 본래적 사명으로 하는 국가가 초법규적, 일차적으로 그 위험 배제에 나서지 아니하면 국민의 생명, 신체, 재산 등을 보호할 수 없는 경우에는 형식적 의미의 법령에 근거가 없더라도 국가나 관련 공무원에 대하여 그러한 위험을 배제할 작위의무를 인정할 수 있을 것이지만, … (이하 생략).

근거로 하여 국가권력이 국민의 신체의 자유나 표현의 자유 등 기본권을 심각하게 침해한 사례라는 점을 주목해야 한다. 기본권은 모든 국가권력을 구속하고 모든 국가권력기관과 공무원은 헌법 제10조 제2문에 따른 기본권보장의무를 진다는 점을 고려할 때 대법원은 기본권 존중의무 및 인권존중의무를 가진 사법기관이라는 점에서 오히려 평소의 판례들에서처럼 광의의 행위불법설을 취했어야 했을 것이다. 따라서 인권을 존중하여 집행하여야 하는 공무원이 인권존중과는 거리가 먼 위헌적인 긴급조치에 근거하여 인권존중의무를 위반하여 개인을 체포하는 등 신체의 자유를 제한하고 유죄판결을 받도록 하였다면 이러한 공무원의 행위는 위법한 행위로 평가될 수밖에 없을 것이다.

4. 공무원의 고의 · 과실의 문제

(1) 공무원의 고의 · 과실인정 가능성

또 하나의 문제는 대법원이 위 판결에서 행위불법설적인 태도를 취하고 있으나, 행위불법설은 행위의 위법성과 관련되는 문제인데도 이를 고의 · 과실의 문제와 혼동하고 있다는 점에서 문제가 없는 것은 아니다. 대법원은 공무원이 법령을 준수하여 행위하였으면 가해행위에 대한 고의 · 과실의 문제도 함께 판단하여 고의 · 과실을 부인하는 태도를 취하고 있는 것으로 보인다.[65]

사후에 위헌 · 무효선언된 긴급조치에 따라 법을 준수한 공무원에 대해서는 고의 · 과실을 인정할 수 없는 것인지와 긴급조치관련 사건들에서 공무원 개인의 고의 · 과실을 대법원 스스로 단정하여 부인할 수 있는 것인지, 공무원에 대한 면책을 대법원이 할 수 있는지 여부에 대하여 고민해 보지 않을 수 없다. 대법원이 법을 준수한 공무원에 대하여 고의 · 과실을 부인하는 것은 공무원이 법을 준수하기만 한다면 공무원의 불법행위는 어떤 경우에도 인정될 수 없다는 규범을 새로이 창설하는 것이나 마찬가지이다. 왜냐하면 공무원의 고의 · 과실 유무는 형식적인 법령을 준수하는 것만으로 부인되는 문제가 아니고 법의 불법성 및 행위의 불법성을 인식하면서도 불법행위로 나아갔다는 이유로 그에 대한 비난가능성이 인

---

65) 헌법에 규정된 국가배상책임 규정은 공무원의 불법행위로 인한 손해에 대한 국가배상책임을 규정하고 있을 뿐 공무원의 고의 · 과실 여부를 명시적으로 규정하지 않고 있다. 1972년 유신헌법에서 비로소 공무원의 불법행위로 인한 국가배상책임을 법률에 의하여 정하도록 규정한 이래로 동 규정이 지금까지 이어지고 있다. 이에 따라 제정된 국가배상법 제2조에는 공무원의 고의 또는 과실에 의한 불법행위가 규정되어 있다.

정되는 문제이며 이에 대해서는 입증을 요하는 문제이기 때문이다.

대법원의 주류적 판례경향인 광의의 행위불법설에 따르면 사실 형식적인 의미의 법령을 준수하였다고 하여 곧바로 적법한 행위가 되는 것으로 보아서는 안 된다. 인권존중이나 권리남용금지, 신의성실, 공서양속까지를 포함하여 객관적 정당성을 결여하고 있는지 여부를 판단하여야 한다. 그러한 객관적 정당성을 결여한 경우에는 위법한 것으로 볼 수 있게 된다. 이 경우 당시 긴급조치에 따라 직무를 수행하는 공무원들은 형식적인 법령을 준수하여 행위한다는 인식을 하면서도 인권존중, 권리남용금지, 신의성실, 공서양속까지 포함하여 자신의 행위가 객관적 정당성이 있는지에 대해서는 회의를 하고 있는 경우도 많았을 것이다. '위에서 시키니까 하기는 싫지만 어쩔 수 없이 하는 경우'가 그에 해당할 것이다. 또는 그러한 일을 자주하다보니 자신의 행위에 대한 회의 자체를 하지 않게 되는 경우도 있었을 것이다. 그렇다면 당시 공무원들은 위법성에 대한 인식을 하면서도 인권을 침해하는 것을 용인 또는 묵인하였다는 점에서 미필적 고의 또는 과실로 위법행위를 하였을 가능성이 있다.

특히 법관이나 검찰 등의 법률전문가는 법률 자체의 위헌성에 대한 인식가능성에 있어서 법의 문외한인 일반인과 다를 것이다. 그러므로 법률전문가들이 위헌적인 긴급조치에 따라 직무를 수행함으로써 직무의 상대방에 대하여 기본권침해 및 손해발생 등의 결과발생에 대해서 인식하면서도 용인하였을 경우에는 미필적 고의를 인정할 수 있거나, 부주의하게 그러한 점들에 대하여 인식하지 못했다면, 설사 고의가 인정되지 않는다 하더라도 과실이 인정될 수 있을 것이다. 최소한 미필적 고의의 인정가능성, 부주의에 의한 과실의 인정가능성 등이 존재한다.

더구나 인권존중, 권리남용금지, 신의성실, 공서양속 등의 경우에도 위법성을 인정하는 대법원의 태도에 기초하여 본다면, 고의, 과실 여부 및 위법성의 인식이나 착오에 있어서도 형식적 법령준수만을 기준으로 하여 그 인식가능성을 판단해서는 안 될 것이다.

대법원이 만약 가해행위를 한 공무원 개인을 중심으로 고의 또는 과실에 의한 위법행위인지 여부를 판단하려 한다면 공무원 각자가 법령 및 행위의 위법성을 인식하였는지 여부를 판단하여야 할 것이다. 그러나 대법원은 그에 대한 판단조차 전혀 하지 않은 채 형식적인 법령을 준수하였다는 이유만으로 만연히 공무원의 고의·과실에 의한 위법행위로 볼 수 없다는 논리를 펼치고 있다. 사실 30

년이 지난 시점에서 그것을 입증한다는 것 자체가 거의 불가능하다고 할 수 있다. 이러한 이유로 고의·과실에 대한 새로운 모색이 필요하게 된다.

(2) 과실의 객관화

당시의 긴급조치에 따라 법령을 준수하여 공무원이 직무를 집행하였다고 하여 공무원의 고의·과실에 의한 불법행위를 부인하는 대법원의 논리가 타당한지에 대해서는 검토를 요한다.

현행 국가배상법 제2조가 과실책임주의를 취하고 있음을 부인할 수 없다.[66] 그러나 공무원의 고의·과실을 요한다는 것을 근거로 하여 국가배상책임이 공무원의 주관적인 책임능력에 좌우되도록 하는 것은 피해자구제의 관점에서 바람직하지 않다.[67] 그리하여 국가배상법에서 공무원의 주관적인 책임요소를 요구하지 않는 입법례도 발견된다.[68] 한편 학설은 조직적 과실이나 객관적 과실을 인정하거나 입증책임을 완화함으로써 이를 극복하고자 한다. 특히 과실을 객관화(Objektivierung)하거나 탈개별화(entindividualisierung)하려는 다음과 같은 경향이 확인된다.[69]

① 과실을 주관적 심리상태로 보기보다는 객관적 주의의무위반으로 파악하여 당해 공무원의 주의력이 아니라 그 직종의 평균적 주의력을 과실의 판단기준으로 하려는 견해는 공무원의 직무상 요구되는 일반적인 주의의무위반으로 과실의 내용을 추상화한다. 이에 따르면 직종에 따라 보다 높은 주의의무가 부과될 수 있게 된다.

② 과실의 추정(Schuldvermutungen)을 인정하는 견해, 이에 따르면 법원이 직무의무위반 사실로부터 관련 공무원의 과실의 존재를 추론하는 방법을 통해 효과

---

66) 과실책임주의를 관철할 경우 발생하는 난점 때문에 국가배상법 제2조 제1항의 고의·과실을 제2항의 구상권행사의 요건으로 봄으로써 주관적 책임요소를 탈색시키려는 시도가 있다. 김중권, 행정법, 법문사, 2013, 664면 참조.

67) 이에 대해서는 김동희, 행정법Ⅰ, (제14판), 박영사, 2008, 520면 등 국내 교과서에서 지적하는 바이다.

68) 예컨대, 스위스 국가배상법 제3조 제1항은 "공무원이 직무활동 중 제3자에게 위법하게 가한 손해에 대해 연방은 공무원의 유책성을 고려함이 없이 책임을 진다"고 규정하고 있고 유럽연합법 역시 행위자의 유책성을 요하지 않는다고 한다. 이에 대해서는 김중권, 행정법, 법문사, 2013, 664면 이하 참조.

69) Vgl. Fritz Ossenbuehl, Staatshaftungsrecht, 5. Aufl., Muenchen, 1998, S. 76.

적인 과실추정이 행해진다. 이른바 일응의 추정(prima facie)으로서 위법하게 손해
가 발생한 것을 입증하면 과실은 일응 추정되며 피고 측에서 반증해야 배상책임
을 면하게 된다.

③ 이른바 '조직과실(Organisationsverschulden)'을 인정함으로써 과실표지를 객
관화하는 방법이 있다. 이 경우 과실은 더 이상 개별, 구체적인 사람과 관련되는
것이 아니라 행정기구의 기능결함 또는 기능의 불완전함 자체에 귀속된다. 이 경
우 과실은 동시에 익명화되며 그 성질이 상실되고 원래의 인적 비난가능성의 의
미내용은 단지 명목만 남는다.[70) 가해공무원을 반드시 특정할 필요가 없다.

④ 주관적 책임요소로서의 과실을 엄격히 해석하지 않고 '공무원의 위법행위
로 인한 국가작용의 흠' 정도로 완화시키려는 견해[71) 또는 국가 등 행정주체의
작용이 정상적 수준에 미달한 상태 또는 객관적 관념으로서의 '국가작용의 흠'으
로 보는 견해[72)

⑤ 이 밖에도 위법성과 과실을 통합하여 일원적으로 보려는 견해가 있다. 이
것은 민법의 불법행위론에서 주장되는 것으로서 이 견해에 따르면 위법성과 과실
중 어느 하나가 입증되면 다른 요건은 당연히 인정된다고 본다.[73)

(3) 특히 '조직과실'이론으로부터 얻을 수 있는 시사점

위와 같이 과실을 객관화하려는 이론 가운데 특히 조직과실이 주목할 만하
다. 우리나라에서도 최근 주로 의료과오와 관련하여 조직과실의 이론이 주장되고
있는 것으로 보인다.[74)

조직과실이란 국가배상법상의 과실요건에 대하여 행정기관에 일체로서 과실
이 있었는가 여부를 따지는 것을 말한다. 조직과실의 경우 손해발생의 원인행위로
된 일련의 공권력 행사과정에 관련된 공무원 모두의 과실이 문제로 되어 그 가운
데 어느 한 곳에라도 과실이 존재하는 경우에는 하나의 행정활동을 행한 조직 전
체에 과실이 인정될 수 있게 된다. 조직과실은 가해공무원의 특정이 곤란한 경우

70) Fritz Ossenbuehl, Staatshaftungsrecht, 5. Aufl., Muenchen, 1998, S. 76 f.
71) 김도창 교수의 견해, 이에 대해서는 김동희, 앞의 책, 520면 참조.
72) 김동희, 앞의 책, 521면 이하.
73) 김동희, 앞의 책, 521면 이하의 견해 소개 참조.
74) 임창선, 조영제 부작용에 대한 조직책임, 방사선기술과학 Vol.30 No.2(2007), 89면 이하; 박주현, 의료조직 과실에 관한 연구. 민사법학 제41(2008), 129면 이하 참조.

나 행정활동을 하는 시스템 자체에 과오가 존재하는 경우 등에 인정될 수 있다.[75]

의료사고와 관련해서는 분업적 의료행위로 인한 환자의 손해위험이 증대함에 따라 피해자의 충분한 보호를 위하여 위험증가에 상응하여 병원이 보다 높은 주의의무를 져야한다는 논의가 이루어지고 있다. 이것은 종래의 의료과오 개념을 보다 객관화, 엄격화하는 방법을 통해서도 가능하고 조직과실이라는 고유한 의무군의 확립을 통하여서도 가능하다.[76] 병원의 책임은 종래 사용자책임과 법인책임 등이 있으나 사용자 책임은 피용자의 과실이 인정되지 않을 경우 병원에게 책임이 귀속될 수 없는 구조를 가지고 있어 문제이다. 팀의료사고에서 합리적인 책임귀속을 위해서는 행위자 중심의 책임귀속의 법리에서 벗어나 새로운 책임귀속 근거를 마련하여야 한다.[77] 조직과실은 적절한 조직설치와 직무분담을 하지 않았다고 하는 협의의 조직과실과 조직체 구성원이 행한 구체적 행위에 대하여 적절한 감시 감독을 소홀히 한 경우도 포함되는 넓은 의미의 조직과실로 구분된다. 조직과실은 조직체 활동상의 과오로 인한 피해에 대한 책임을 직접 조직체에게 묻는다는 것이다. 조직과실론에 의하면 조직활동을 분담하는 각 개인의 행위와 피해 사이의 인과관계가 불분명하더라도 의료기관의 조직활동과 피해 사이의 인과관계는 보다 쉽게 확정될 수 있게 된다.[78][79]

이러한 '조직과실'의 법리는 국가권력에 의한 조직적인 불법행위의 경우에도 적용될 수 있을 것으로 보인다. 국가의 법령 등 시스템 자체의 구조적인 문제로 인하여 조직적으로 기본권 침해 등 불법행위가 발생할 수 있는 가능성이 있는 경우는 일반적인 불법행위의 고의·과실에 관한 법리로는 해결할 수 없다. 과실을

75) 이계수, 행정법(워크북), 147면 참조.
76) 김상중, 분업적 의료행위와 민사책임, 민사법학 제51호(2010. 12), 307면 참조.
77) 박주현, 의료조직 과실에 관한 연구. 민사법학 제41호(2008. 6), 130면 참조.
78) [예시된 사례] 어느 병원의 신생아실에서 유아가 결핵균에 감염된 경우, 감염원(感染源)이 된 개인은 확정될 수 없어 개인책임의 추궁은 불가능하더라도 병원의 조직활동과 피해와의 사이에 인과관계는 쉽게 확정될 수 있다. 그리하여 병원의 부주의한 위생관리로 신생아가 감염되어 발병한 경우에는 병원 측에 과실책임을 추궁할 수 있게 된다. 임창선, 조영제 부작용에 대한 조직책임, 방사선기술과학 Vol.30 No.2(2007), 90면 참조.
79) 예컨대, 의료기관개설자는 보건의료기본법 제5조와 의료법 제1조, 제4조 등의 근거규정을 통하여 의료에 대한 질적 보장을 확보해야 할 의무가 있으며 합목적적으로 조직을 편성하여 인적, 물적시설을 확보하여야 하며 인적 관리, 물적관리, 환자보호 등과 관련된 조직의무를 다하여야 한다. 만약 의료기관개설자가 위와 같은 조직의무에 있어 위반이 있으면 불법행위법상의 책임을 지게 된다고 한다. 임창선, 위의 논문, 90면 이하 참조.

객관화하는 방법에 의하여서만 국가에 대한 과실책임의 귀속이 가능해진다. 무엇보다도 조직적으로 행해지는 불법행위의 경우에는 조직과실을 인정함으로써 불법행위의 책임귀속이 가능해지게 된다.

긴급조치 관련 국가배상사건에서 잘 알려져 있듯이, 대통령이 61년 쿠데타로 정권을 장악한 후, 1969년 3선개헌을 하고 1972년 국회를 해산한 후 비상국무회의를 통하여 기초작업을 한 후 초헌법적인 유신헌법을 제정하여 그에 근거한 위헌적인 긴급조치를 발동하였으며, 국회는 그에 대한 어떠한 통제도 행하지 않았고 검찰이나 경찰, 정보기관은 위헌적인 긴급조치와 각종 악법에 근거하여 시민의 저항을 무마하기 위하여 시민을 체포·감금하는 등 기본권을 침해하는 행위를 하였으며 법관은 그에 대하여 어떠한 인권이 침해되고 있다는 어떠한 문제의식도 없이, 아무런 이의 없이 시민들을 유죄로 판결하였다. 법원마저 시민을 유죄로 판결하는 이러한 국가권력의 조직적이고도 광범위한 기본권침해 행위에 대하여 시민들은 어떠한 방법이 있었을 것인가? 시민들의 합리적 권리구제가능성이 배제된 이러한 사건들에서 발견되는 것은 사실 국가권력의 노골적이면서도 조직적인 불법행위이다.

(4) 록신의 조직지배설

록신(Roxin)이 1963년 발표한 조직지배설은 독일에서 체제범죄 또는 마피아와 같은 불법조직의 수뇌부에 대한 간접정범의 죄책을 인정하는 중심이론이 되었다. 독일에서 주로 불법적 조직의 수뇌부 처벌원리로 발전되어 온 조직지배설은 최근에 기업이라는 합법적인 민간조직을 통해 자행되는 다양한 유형의 범죄에 대한 적용가능성 여부에 대한 논의로까지 이어지고 있다.[80]

록신은 정범과 공범의 구분에 관한 지배적 학설인 행위지배설에서 출발하여 정범의 여러 유형들을 하나의 행위지배로 설명하는 것을 지양하고 직접정범과 공동정범, 간접정범에 있어 각각 차별화된 행위지배의 형태를 갖는 것으로 이론구성한다. 행위지배는 직접정범의 경우 '실행지배', 공동정범의 경우 '기능적 행위지배', 간접정범의 경우 '우월적인 의사나 지식을 통한 지배'를 특징으로 하는데 이 가운데 간접정범에 있어서 행위지배인 의사지배는 i) 행위자를 강제(Nötigung)하거나, ii) 행위자의 착오(Irrtum)를 이용하거나, iii) 조직적 권력구조(organisatorische

---

80) 김동률, 기업범죄 영역에 대한 조직지배설의 적용가능성 — 독일의 연방대법원 판례와 학계의 논의를 중심으로 —, 87면 이하.

Machtapparate)를 활용하는 세 가지의 형태로 실현될 수 있다. 록신이 조직지배 (Organisationsherrschaft)라고 지칭하였던 조직지배설은 간접정범의 행위지배의 형 태인 의사지배가 행위자에 대한 강제나 행위자의 착오뿐만 아니라 강압적 조직 내의 권력구도를 통해서도 인정될 수 있다는 이론이다.[81]

　　록신은 조직지배가 인정되기 위한 요건으로서 처음에는 두 가지를 들었으나 나중에 뒤의 두 가지를 더 추가하여 네 가지 요건으로 정리한다:[82]

- 도구의 무제한적인 '대체가능성'[83]
- 당해 권력기구가 전혀 법에 구애받지 않는 상태에 있는 불법조직일 것
- 배후자가 지시권한을 가지고 이를 행사할 것
- 도구의 현저히 상승된 범죄수행태세[84]

　　록신의 조직지배설은 국가사회주의 불법체제의 청산에 있어 불법적인 명령 을 내린 배후자에 대한 간접정범 인정을 위한 논의, 연방대법원의 독일 통일 이 후 국경수비대 사건 관련 판결 등에서 받아들여졌다. 록신의 행위지배설은 국제 적으로도 2002년 발효된 헤이그 국제형사재판소 운영에 관한 로마 규약(IStGH) 제 25조 3항a의 이론적 기반이 되어 '다른 이를 통해(through another person) 범죄하 는' 간접정범의 개념을 도입하였을 뿐 아니라 간접정범이 '책임있는 도구를 이용 하는 경우에도' 성립할 수 있음을 규정하여 '정범 뒤의 정범'의 개념을 인정하게 되었으며 이는 국제 판례들[85]에서도 받아들여지고 있다.

---

81) 김동률, 앞의 논문, 89면 이하 참조.
82) 김동률, 앞의 논문, 90면 이하 참조.
83) 범죄적 권력 조직 내에서 직접행위자가 거대한 기계장치에 있어 교체가능한 하나의 톱 니바퀴(einauswechselbares Radchen)처럼 취급될 수 있고 이러한 실행행위자에 대한 무 한한 교체가능성이 인정될 때 해당 조직 내에서 권력의 기어를 잡고 있는 명령권자에게 조직지배를 인정할 수 있다. 자세한 것은 김동률, 앞의 논문 90면 참조.
84) 도구도 명령의 내용에 상관없이 이를 일단 이행하려는 현저히 상승된 범죄수행태세 (wesentlich erhöhte Tatbereitschaft)에 있어야 한다는 것이다.
85) 2003년 콩고의 보고로 마을주민 200여 명에 대한 무장학살을 자행한 반군지도자들에 대 한 2008년 9월 30일 판결과 페루대법원이 페루 전 대통령 알베르토 후지모리의 임기 중 코리나 특공대가 자행한 민간인 학살범죄에 대하여 국가권력을 장악하고 최고의 명령권 을 가지고 있던 후지모리에게 간접정범의 책임을 인정한 2009년 4월 7일 판결 등. 이에 대해 자세한 것은 김동률, 앞의 논문 92면 참조.

이러한 록신의 조직지배설에 따른다면, 유신헌법체제하에서 긴급조치에 따른 직무를 수행한 공무원들은 전혀 법에 구애받지 않는 상태에 있었던 박정희 독재정권 하에서 명령을 수행하고자 하는 현저히 상승된 범죄수행태세를 갖는 등 강압적 조직 내의 권력구도를 통한 의사지배 하에서 행위를 하였다고 볼 수 있을 것이다.[86]

(5) 헌법 제10조 제2문의 기본권보장의무와 조직지배 또는 조직과실의 인정

앞서 살펴보았듯이, 헌법 제10조 제2문의 기본권보장의무를 다시 한번 주목할 필요가 있다.

특히 국가권력에 의하여 조직적으로 행해진 불법행위의 경우에는 국가권력기관과 공무원들의 개개인의 불법행위를 일일이 입증하는 것이 결코 용이하지 않은 일이다. 사실 위헌적인 긴급조치권을 발동한 대통령뿐만 아니라, 당시 법령을 준수한 공무원, 그러한 위헌적 조치를 제지하지 않은 국회, 당시 유신헌법과 긴급조치 등에 근거하여 판결을 내린 법관[87] 등 국가기관이 기본권을 존중하고 보장할 의무를 다하지 않은 채 만연히 국민의 기본권침해를 의도하거나 방조하는 태도를 보였다. 국가권력과 공무원, 법관 등 전체가 조직적으로 국민의 기본권을 유린하는데 일조를 한 것이다. 앞서 보았던 록신의 조직지배설에 따를 경우 도구의 무제한적인 대체가능성, 당해 권력기구가 전혀 법에 구애받지 않는 상태에 있는 불법조직, 배후자가 지시권한을 가지고 이를 행사, 도구의 현저히 상승된 범죄수행태세 등의 요건을 갖추었다고 할 수 있을 것이다. 유신체제하에서의 공무원들은 조직지배의 상태하에서 국민의 기본권을 유린하는 행위를 한 것이었다고 인정

---

86) 그런 의미에서 대법원이 대법원 2011. 9. 8. 선고 2009다66969 판결[손해배상(기)]에서 이른바 '문경학살 사건' 희생자들의 유족들이 국가를 상대로 손해배상을 구한 사안에서, 개인에게 국가기관이 조직을 통하여 집단적으로 자행하거나 또는 국가권력의 비호나 묵인하에 조직적으로 자행된 기본권 침해에 대한 구제는 통상의 법절차에 의해서는 사실상 달성하기 어려운 점 등을 인정하고 있는 점은 조직지배설의 논리와 유사하다는 점에서 주목을 끌 만하다.

87) 법관의 불법행위에 대한 위법성을 극히 제한하고 있는 현행의 판례 태도는 문제가 있다. 오히려 엄격하게 인정할 필요가 있다. 이에 대해서는 전극수, 법관의 재판에서의 불법행위에 대한 국가배상책임과 법관의 책임, 외법논집 제34권 제1호(2010. 2), 259-277면 참조. 최소한 인권 침해의 소지가 있음을 알 수 있었다고 한다면 법관은 책임에서 벗어날 수 없을 것이다. 이는 법관의 기본권존중의무에서 도출된다.

할 수 있을 것이다.

헌법의 기본권과 헌법 제10조 제2문의 기본권보장의무는 모든 국가권력을 구속한다. 당시의 공무원과 국가권력은 헌법상 기본권조항 및 헌법 제10조 제2문의 기본권보장의무에 반하여 행위한 것으로서 형식상의 법령을 준수한다는 이유로 긴급조치의 위헌성에 대한 고려를 회피 또는 배제한 채 기본권침해의 결과발생을 인식하면서도 용인하거나— 공무원 자신의 개인적인 영달을 위하여 하건 국가의 폭력에 대한 두려움을 이유로 하건 상관없이, 전혀 법에 구애받지 않는 상태에 있는 불법조직의 조직지배하에서 — 인권침해가능성을 외면 또는 배제한 것이나 다름없으므로 가해행위에 대한 미필적 고의 또는 조직적 과실이 인정될 수 있는 사안이다.

(6) 소결

긴급조치 사건과 관련하여 대법원은 위헌무효선언되기 전의 긴급조치에 따라 직무행위를 한 공무원에 대하여 고의·과실에 의한 불법행위를 인정할 수 없다고 단정하고 있다. 대법원은 공무원이 형식적인 법령을 준수하는 경우 공무원의 고의·과실을 부정할 뿐만 아니라 위법성에 있어서도 협의의 행위불법설을 취하여 위법성을 부인하고 있다.

고의·과실의 경우 객관화된 과실이론이나 조직적 과실이론을 통해 긴급조치에 따라 행위한 공무원의 고의 또는 과실이 인정될 수 있으며 위법성에 있어서도 대법원이 주로 취하고 있는 광의의 행위불법설에 따라 엄격한 의미의 법령 위반뿐만 아니라 인권존중, 권력남용금지, 신의성실, 공서양속 등의 위반도 포함하여 널리 그 행위가 객관적인 정당성을 결여하고 있음을 인정하였어야 한다. 대법원은 좁은 의미의 고의·과실론을 취하였을 뿐만 아니라 대부분의 판결에서 스스로 채택하여왔던 광의의 행위불법설을 따르지 않고 매우 좁은 의미의 행위불법설에 따라 공무원이 당시의 형식적인 법령을 준수하였다는 이유로 국가배상을 부인하고 있다.

국가가 위헌무효인 법률을 제정하여 공무원이 준수하도록 강제하고 공무원은 법령준수의무 때문에 준수할 수밖에 없는 상황, 공무원은 당시 법령을 준수하였으므로 고의과실에 의한 불법행위가 되지 않는다는 논리, 누구도 책임지지 않는 구조. 이와 같이 권력을 장악한 국가권력이 조직적으로 불법행위를 저지르고 스스로 처벌받지도 않고 국가배상마저도 하지 않으려는 논리는 (법원이 그대로 인정하는 것은 법원 역시 그러한 불법적인 구조에 기여하는 것이나 다름없다) 비판받아 마땅하다. 특히 국가권력에 의하여 조직적으로 행해진 불법행위의 경우에는 국가권력기관과 공무원들의 개개인의 불법행위를 일일이 입증하는 것 자체가 매우 불합리한 일이 될 수 있다. 사실 위헌적인 긴급조치권을 발동한 대통령뿐만 아니라, 당시 법령을 준수한 공무원 등 국가기관이 기본권을 존중하고 보장할 의무를 다하지 않은 채 만연히 국민의 기본권침해를 의도하거나 방조하는 태도를 보인 것은 록신의 조직지배설에 따를 경우 조직지배의 상태하에서 행위를 한 것이었다. 공무원은 복종의무 및 법령준수의무에 따라 행위할 수밖에 없는 구조이지만 합법적인 법률에 복종할 의무가 있을 뿐 불법적인 법률에 복종할 의무가 없다. 그럼에도 불가피하게 강요되는 현실에 굴복하여 행위하는 경우라고 할 수 있으므로 조직지배하에 행위한 것이라고 할 수 있을 것이다. 그러므로 당시의 공무원과 국가권력은 헌법의 기본권조항 및 헌법 제10조 제2문의 기본권보장의무에 반하여, 전혀 법에 구애받지 않는 상태에 있는 불법조직의 조직지배하에서 인권침해를 한 것이므로 그들의 가해행위에 대해서는 불법행위의 정범으로서의 미필적 고의가 인정되거나 최소한 조직적 과실이 인정될 수 있을 것이다.

5. 국가배상책임의 본질

위에서 국가배상법상의 요건을 검토하였으나 위 모든 국가배상법상의 요건을 따지기 전에 보다 근본적으로 국가배상책임의 본질에 대하여 고민해 볼 필요가 있다.

(1) 국가배상책임의 본질에 관한 학설

국가배상책임의 본질에 관한 이론은 역사적으로 왕은 불법을 행할 수 없다는 국가무책임사상으로부터 공무원의 불법행위를 국가가 대신하여 책임을 진다는 대위책임설을 거쳐 국가 스스로 불법행위에 대하여 책임이 있다는 자기책임설로 변천하고 있는 추세에 있다.

국가배상책임과 관련해서 과거 국가무책임사상에 근거하는 이론으로서 위임이론(Mandatstheorie)이 있다.[88] 이는 국가가 공무원에게 공무를 위임한 것으로 보

---

88) Vgl. Hartmut Maurer, Allgemeines Verwaltungsrecht, §26. Rn. 3.

는 이론으로서 이 경우에는 적법한 행위에 대한 위임만 있기 때문에 위법한 행위
에 대해서는 위임이 없는 것으로 보며 따라서 위임의 범위를 벗어난 행위에 대해
서는 국가가 책임지지 않는다.

그러나 만약 이 위임이론이 현대에도 적용된다면 전혀 이치에 맞지 않을 것
이다. 사실 긴급조치사례의 대부분은 긴급조치에 따르도록 공무원에게 위임된 행
위를 집행한 결과 피해가 발생하는 구조이다. 즉, 법령에 따라 위헌·무효인 행위
를 하도록 위임한 것이다. 위법행위가 아니라 적법한 행위의 위임만을 전제로 하
는 위임이론에 따르면 이 경우 애당초 위임이 없는 것으로 보아야 할 것이다. 즉,
법령을 준수하였다고 하더라도 공무원의 고의·과실에 의한 위법행위마저 부인
할 수 있는 사안이 아니다. 구조 자체가 다르다. 이러한 위임이론은 19세기 중반
에 들어서 극복되었다.

대위책임설에 의하면 공무원이 불법행위의 성립요건을 갖춘 경우에 피해자
보호 및 행정의 원활한 기능수행 등을 위하여 국가가 대신하여 배상책임을 인수
하는 구조이다. 이 설에 따르면 공무원의 고의 또는 과실이 없는 한 국가는 대신
하여 책임지지 않는 구조이다.

이에 대하여 자기책임설은 기본적으로 국가가 스스로의 불법행위에 대하여
책임을 지는 구조이다. 자기책임설은 다시 기관행위설과 위험책임설로 나뉜다.
기관행위설은 공무원의 행위를 기관행위로 보아 국가의 자기책임을 인정하는데
여기서도 다시 공무원의 경과실의 경우에는 기관행위로 보고 공무원의 고의, 중
과실의 경우에는 기관행위로 볼 수 없으나 직무행위로서의 외관을 가지고 있으므
로 기관행위로 본다는 견해(절충설 또는 신자기책임설)가 나뉜다.[89]

위험책임설은 국가는 위법행위를 할 가능성이 있는 권한을 공무원에게 부여
하였으므로 그 위법행위에 대하여 스스로 책임을 지는 것으로 일종의 위험책임으
로서 자기책임이라고 한다.[90]

생각건대, 대위책임설은 국가무책임사상에서 연유하는 것이다. 이는 오늘날
의 법치국가 헌법구조에 부합하지 않는 것으로 비판받고 있다.[91] 국가에 의한 책
임인수는 손해를 입은 시민이 지불능력이 있는 국가를 채무자로 얻게 된다는 측

---

89) 박균성, 행정법강의 제12판, 박영사, 2015, 492면 이하 참조.
90) 홍정선, 행정법특강 제13판, 박영사, 2014, 530면 이하 참조.
91) 김학성, 헌법학원론, 박영사, 2011, 569면 참조.

면과 공무원이 손해배상을 위한 대비를 할 필요가 없이 행정의 기능이 원활히 수행될 수 있다는 측면이 고려된 것이라고 할 수 있다.

그러나 무엇보다도 국가책임의 중요한 근거는 법치국가원리이다. 국가책임은 법치국가적으로 요청된다. 법치국가원리는 권리침해가 가능한 한 회피되어야 하며 그럼에도 권리침해가 발생하는 경우 그 권리침해가 감수되어야 하는 것이 아니라 제거되거나 배상되어야 함을 요구한다.[92] 그러므로 국가배상책임은 국가가 공무원을 대신하여 지는 책임이 아니라 국가가 스스로 법치국가로서 존재하고 유지되기 위한 책임으로서 어디까지나 국가의 자기책임으로 구성하는 것이 타당하다. 이것은 대다수 공법학자들의 주류적 견해이기도 하다.

참고로 독일의 경우 대위책임구조의 국가배상제도를 두고 있으나 공무원의 고의·과실을 책임요건으로 하고 금전배상주의를 취하고 있는 등의 취약점을 극복하기 위하여 판례를 통하여 공무원 개인의 과실을 객관화하여 조직과실화하였고, 무과실책임제도인 수용유사침해의 법리를 발전시켰으며 금전배상주의의 단점을 극복하기 위하여 결과제거청구권을 발전시켰다. 독일은 1981년에 신국가배상법을 제정하여 대위책임구조를 폐기하고 자기책임제도를 도입하였고 기본권침해의 경우에는 무과실책임을 인정하였으며 금전배상과 아울러 결과제거청구권을 인정하였다. 동법은 실질적 법치국가원리에 기초한 현대적인 국가배상법의 모범이 될 수 있었으나 연방의 입법권한에 속하지 않는다는 이유로 1982년 10월 위헌으로 결정되고 말았다.[93]

(2) 공법상 법률관계의 구조와 국가의 자기책임

국가의 자기책임을 인정해야 하는 것은 다른 측면에서도 도출될 수 있다. 즉, 전통적으로 대내관계와 대외관계를 분리하는 행정법 도그마틱을 주목할 필요가 있다. 헌법과 행정법에서 국가와 개인 간의 관계에서 법률관계가 발생할 수 있는 바, 공법상 법률관계 또는 행정상 법률관계는 내부관계와 외부관계로 나뉘는 것이 특징이다. 즉, 국가 내부관계와 국가 외부관계로 구분된다. 특히 공법상의 법률관계 또는 행정상 법률관계에서 국가 또는 공공단체와 같은 행정주체는 대외적인 법률관계의 한쪽 당사자로 등장한다. 이러한 공법상 법률관계에서 국민이 국

---

92) Vgl. Hartmut Maurer, Allgemeines Verwaltungsrecht, §25, Rn. 664.
93) 이에 대해서는 정하중, 행정법총론 제7판, 법문사, 2012, 523면 참조.

가 또는 공공단체 등의 행정주체와 법률관계를 맺는 경우는 계약이나 일방적 의사표시에 의하여 법률관계가 발생하거나 또는 공무원의 불법행위에 의하여 법률관계가 발생하는 경우일 것이다. 특히 불법행위로 인한 공법상 법률관계에서 국가 공무원의 불법행위로 국민이 손해를 입었다면 그 법률관계는 국가와 국민 간의 법률관계로서 성립하게 된다. 즉 대외적 법률관계에서는 국가와 국민 간에 법률관계가 성립하게 되는 것이다. 물론 국가의 대내적 법률관계에서는 국가와 공무원간의 구상관계와 같은 법률관계가 성립할 수 있을 것이다. 즉, 공무원 개인과 국민 간에는 직접적으로 어떤 법률관계가 성립하지 않는다. 그러므로 공법상의 외부법관계(外部法關係)에서 공무원은 국민에 대하여 권리의무의 귀속주체가 아니기 때문에 공무원이 국민에 대하여 공법상의 의무를 부담한다거나 국민에 대한 그러한 의무를 위반한다는 것은 개념적으로 성립할 수 없다. 공무원은 단지 국가가 국민에 대하여 가지고 있는 권리와 의무의 집행자로서 등장하는 것일 뿐 그것의 법적 효과는 적법, 위법여하에 상관없이 모두 국가에 귀속되는 것이다. 국가는 공무원에 의하여 적법 또는 위법의 행위가 행하여졌다고 할지라도 국가 자신의 법적 의무위반에 대하여 피해자인 개인에게 스스로 책임을 져야 한다. 이러한 공법상의 법률관계로부터 국가가 국민에 대하여 직접적인 책임을 지는 구조가 성립한다. 따라서 공무원 개인이 국민에 대하여 직접적인 책임을 지는 구조가 성립하지 않는다.[94]

지방자치단체의 경우는 지방자치법 제3조에 "지방자치단체는 법인으로 한다"는 명시적인 규정이 있으나 국가에 대해서는 그러한 명시적 규정이 발견되지 않는다. 국가에 대해서는 학설에 따라 국가법인설에 의하여 국가를 법인으로 보는 것이 헌법과 행정법의 지배적인 견해이다. 물론 판례에서도 국가를 행정주체로 보아 마치 법인과 같이 인(人)으로서 권리·의무의 귀속주체로 인정하고 있는 것으로 보인다.

비록 대법원 판례가 국가배상사건에서 공무원 개인책임을 인정함에 있어서 고의·중과실의 경우에는 마치 공무원 개인이 책임을 지는 것처럼 이론구성하는 식으로 판례변경을 하였으나 국가법인설 및 공법상의 법률관계의 구조를 이론적으로 일관되게 관철해야 한다면 그러한 판례가 계속 유지될 수 있을지는 의문이다.

---

94) 이러한 취지에 대해서는 정하중, 행정법의 이론과 실제, 법문사, 2012, 348면 이하 참조.

(3) 소결

결론적으로 공법상의 법률관계의 구조나 법인으로서의 국가(국가법인설), 법인으로서의 지방자치단체(지방자치법 제3조) 등을 근거로 할 때 사인인 개인에 대하여 공무원이 불법행위를 한 경우에는 그 공무원이 고의, 과실에 의하건 적법행위 또는 불법행위를 하건 관계없이 공무원 개인이 책임을 지도록 하는 것이 아니라 대외적으로 그 공무원이 속하는 국가 또는 지방자치단체, 공공단체가 손해를 입은 개인에 대하여 직접 책임을 지도록 하는 구조를 갖는 것이 현재의 헌법, 행정법이론을 논리일관하게 관철하는 것이라고 할 수 있을 것이다.[95]

Ⅶ. 긴급조치와 국가배상청구권의 소멸시효 문제

특히 대법원 2012다48824 판결에서 대법원은 당시 중정소속 공무원이 원고가 긴급조치를 위반하였다는 혐의로 체포·구금한 행위가 공무원의 불법행위에 해당함을 인정하면서도 소멸시효가 완성되었다는 이유로 손해배상청구권을 배척하였다. 그 근거로는 위 사건은 유죄판결을 받은 경우가 아니어서 재심절차를 통해 손해배상을 받을 수 있는 사안이 아니라는 점, 원고의 체포·구금상태가 종료된 후 이 사건 소 제기 시까지 30년 이상이 경과한 점 등에 비추어 보면, 원심이 들고 있는 사유만으로는 원고가 피고에 대하여 이 사건 손해배상청구권을 행사할 수 없는 객관적 장애사유가 있었다고 보기 어렵다고 본 점 등을 근거로 하였으나 위 사건이 당시의 유신체제하에서 통상적인 사법적 구제절차가 가능할 수 있었는지, 실효적 권리구제가 인정될 수 있었는지, 기본권보장의무를 지는 국가가 권리구제를 위하여 적극적 기본권실현의무를 다했는지 등의 검토가 필요하다.

다만, 여기서는 효과적인 권리구제가 존재하지 않는 기간에는 시효규정이 적용될 수 없으며 이는 헌법 제10조 제2문 기본권보장의무와 관련하여서도 도출될

---

95) 그러나 국가법인설에 대해서는 비판이 제기되고 있다. 자기책임설의 근거가 되는 국가법인설은 사실 법인실재설에 따를 때 공무원의 행위가 적법, 위법여하를 불문하고 모두 국가에 귀속한다는 논리구성이 가능하다. 만약 법인의제설에 따른다면 기관의 행위를 법인의 행위로 귀속할 것인지 여부는 법정책의 문제로 이해되기 때문에 공무원의 위법행위가 당연히 법인인 국가에 귀속되지는 않는다. 독일에서 1830년대 알브레히트에 의해 제기된 국가법인설은 19세기 중반 이래 독일의 독특한 정치환경 속에서 독일의 공법학에 영향을 미쳤으나 국가주권설 등 체제옹호적인 학설로 기능한다. 이에 대해서는 강경선·이계수, 행정법Ⅰ, 한국방송통신대학교출판부, 2010, 132면 이하를 참조.

수 있다는 점과 대법원이 소멸시효 완성을 고려함에 있어서 법리에 따르기보다는 매우 정치적 판단을 하지 않았는지 의문스러우며 대법원은 정책판단이나 국가의 재정적 여력을 판단하는 기관이 아니라 법적인 판단을 하는 기관이라는 점만 지적하기로 한다.96)

Ⅷ. 결론

위에서 살펴보았듯이 대법원은 긴급조치에 관한 판결에서 긴급조치에 대하여 위헌·무효선언을 한 바 있고 이후 긴급조치위반을 이유로 하여 체포·감금되거나 유죄판결을 받은 자들이 제기한 일련의 국가배상청구소송에서 대법원은 대통령의 통치행위라는 이유로 또는 공무원이 당시 법령을 준수하였다는 이유로 국가배상청구를 부인하거나 불법행위임을 인정하더라도 소멸시효가 완성되었다는 이유로 국가배상을 인정하지 않는 태도를 취하고 있다.

대법원은 긴급조치위헌무효판결을 통해 유신체제를 정당화하고 있다. 국가권력은 헌법의 기본권 조항에 기속될 뿐만 아니라 헌법 제10조 제2문에 따라 기본권보장의무를 지고 있다. 이러한 관점은 국가권력이 국민의 기본권침해를 해서는 안된다는 소극적 의무뿐만 아니라 국민의 기본권을 적극적으로 실현해야 한다는 적극적 의무까지도 부담한다는 점을 명확히 하고 있다.

긴급조치위반 사건들에서 법을 집행한 공무원들은 대부분 강압적 조직지배하에서 행위하였다. 대법원이 긴급조치와 관련한 국가배상사건에서 위의 관점에서 도출되는 법관의 기본권존중의무를 조금이라도 고려했다면 그러한 참담한 판결은 나올 수 없었을 것이다. 오히려 하급심판결들에서 법관들은 기본권보장의무와 기본권 존중의무를 제대로 이해하였고 불법적인 체제아래서 조직지배하에 공무원들이 법령을 준수하였기 때문에 국가의 불법행위가 성립하는 데 아무런 지장이 없다는 점을 인정하였다. 법학방법론으로 저명한 라렌츠는 법관의 정의로운 판결을 하기 위한 노력을 해석을 결정하는 주요한 요인 중의 하나로서 언급하고 있다.97) 긴급조치위반을 이유로 고통을 당한 피해자들의 국가배상청구를 받아들

---

96) 사실 국가배상청구권의 소멸시효문제에 관해서만 서술하는데도 양이 많은 관계로 지면 관계상 여기서는 줄이기로 한다.

97) 라렌츠/허일태 역, 법학방법론, 세종출판사, 2000 참조.

인 하급심 판결들은 판사들의 정의로운 판결을 하기 위한 노력과 변호사들의 정의를 향한 열정의 결과였다. 그렇다면 그와는 전혀 다른 결론을 도출하고 있는 대법원 판사들의 태도는 무엇으로 설명할 수 있을 것인가. 억압적이고 폭력적 통치구조 하에서 고통을 입은 피해자들을 앞에 두고 그들은 과연 정의로운 판결에 대한 고민을 하기라도 했던 것인지 의문스럽지 않을 수 없다.

역사에서 그리고 현실에서 진정한 화해와 통합은 과거의 진실을 밝혀내고 반성하며 정당한 배상과 보상을 하는 등의 절차를 통해 이루어진다. 위에서 논란이 되었던 관련된 논점들에 대하여 모두 사법부에서 다투게 하는 것은 희생자와 유가족에게 이중의 고통을 지우는 것이며 소모적이다. 그러므로 국회에서 과거사와 관련된 사례들을 유형별로 분류하여 손해배상을 하도록 하는 법률을 제정하는 것이 불필요한 논란을 줄이는 근원적이고 신속한 해결책이라고 본다.

입법이 구체화되지 않는 동안 국가는 국가의 인권침해로 인한 피해자들에게 권리구제를 받을 수 있다는 점을 소상히 알리고 그들에게 소송비용까지도 마련해서 소송할 수 있게 도와주어야 한다.[98] 이것이 가해자로서 국가가 피해자 및 유족에게 진정한 용서를 비는 방법이다. 가해자가 진실로 죄를 고백하고 참회하면서 용서를 구할 때에 피해자는 비로소 관용을 베풀 수 있을 것이다.

유신독재시대 박정희의 긴급조치와 대법원과 헌법재판소의 긴급조치 위헌무효선언, 통치행위의 문제, 국가배상책임의 성립 여부에 관한 고찰은 대법원의 논리에 대한 비판적인 작업의 일환이다. 그러나 사회적 관계나 사회적 갈등을 법으로 규율하는 것이 현실적인 삶의 복잡성에 비추어 지나치게 추상적이라는 비판에서 보이듯이 법이 갈등의 근원적인 뿌리까지 해결해주지 못한다.[99]

이런 점에서 과거 독재정권에 의해 저질러진 국가폭력이 재심판결과 국가배상청구사건을 중심으로 논의되면서 과거청산의 동력이 총체적 시각을 상실해가고 있다는 지적[100]은 아픈 현실이다. 생각건대, 배반의 역사를 청산하는 것이 우리에게 닥친 총체적인 문제를 극복하는 출발점인 것으로 보인다.

과거 독재치하에서 행해졌던 국가불법행위에 대한 과거사 청산이 행해져야

---

98) 이재승, 앞의 논문, 214면 참조.
99) Vgl. Kurt Seelmann, Rechtsphilosophie, 3. Aufl., 2004, §1, Rn. 26.
100) 이재승, 법적인 맥락에서 인혁당재건위 사건의 평가, 4.9재단 백서 1권 — 원심재판과 과거사관련기관 보고서 편, 30면 참조.

할 뿐만 아니라 수사권을 남용하고 인권을 유린하였으며 재판을 통하여 독재정권에 동조, 묵인하고 정권의 유지에 기여한 검찰과 법관들에 대한 과거 청산을 하는 것도 우리 시대의 과제이다. 그러나 유감스럽게도 현실은 우리를 배반하고 있다. 여기서 다룬 긴급조치위반사건과 관련하여 긴급조치에 대하여 위헌무효선언을 하면서도 하급심에서의 반성과는 별도로 대법원은 과거 독재시대와 이후의 불법 부당한 판결에 대하여 전혀 반성이 없다. 오히려 강기훈 유서대필사건의 관련 검사가 청와대의 공직자가 되고, 박종철군 고문치사사건을 조작, 은폐하는데 관여했던 검사가 대법관이 되었으며 공안몰이를 하고 통진당해산을 주도한 법무부장관이 국무총리까지 되는 현실은 절망스럽기까지 하다. 사법부의 과거청산은 불가피한 과제가 되었다. 이는 단지 법관을 처벌하는 것을 목적으로 하기보다는 스스로 저지른 불법부당한 재판에 대한 고백을 통해서 시작하여야 한다. 이에 대해서 사법부의 독립성을 훼손한다는 문제를 제기할 수 있으나, 문제의 선후를 따져볼 때, 사법부의 독립성을 훼손한 것은 정치적 이유로 또는 개인적인 일신의 영달을 이유로, 단지 독재에 의해 가해질 위협이나 인사상 불이익에 대한 두려움을 이유로 정치적 재판을 하는데 앞장선 판사들이다. 이는 인권과 정의를 바로 세우지 못한 검찰 역시 마찬가지이다.

[참고문헌]

강경선 · 이계수, 행정법 I, 한국방송통신대학교출판부, 2010.
국순옥, 자유민주적 기본질서란 무엇인가, 민주주의법학연구회 편, 헌법해석과 헌법
　　　실천, 관악사, 1997, 32면 이하.
김동률, 기업범죄 영역에 대한 조직지배설의 적용가능성 ― 독일의 연방대법원 판례
　　　와 학계의 논의를 중심으로 ―, 이화여자대학교 법학논집 제18권 제3호
　　　(2014. 3), 87-111면.
김동희, 행정법 I 제14판, 박영사, 2008.
김상중, 분업적 의료행위와 민사책임, 민사법학 제51호(2010. 12), 307면 이하.
김선택, 유신헌법 제53조와 동조에 근거한 긴급조치 제1, 2, 9호의 위헌여부에 관한
　　　의견, 헌법연구 제2권 제1호(2015. 3), 173-232면.
_____, 유신헌법의 불법성논증, 고려법학 제49호(2007), 175-207면.

김성수, 일반행정법, 홍문사, 2010.

김중권, 행정법, 법문사, 2013.

김철용, 행정법 I, 박영사, 2010.

김학성, 헌법학원론, 박영사, 2011.

라렌츠/허일태 역, 법학방법론, 세종출판사, 2000.

민주주의법학연구회 편, 헌법해석과 헌법실천, 관악사, 1997.

박균성, 행정법강의 제12판, 박영사, 2015.

_____, 행정법론(상), 박영사, 2011.

박주현, 의료조직 과실에 관한 연구, 민사법학 제41(2008), 129면 이하.

방승주, 헌법 제10조, 대한민국헌법주석서 I (총강 및 기본권부분), 214-235면.

샌드라 프레드먼/조효제 옮김, 인권의 대전환, 교양인, 2009.

이부하, 국가의 기본권보호의무와 과소보호금지원칙, 인하대학교 법학연구 제17집 제2호(2014. 6. 30), 39-64면.

이재승, 국가범죄, 앨피, 2010.

_____, 법적인 맥락에서 인혁당재건위 사건의 평가, 4.9재단 백서 1권 ─ 원심재판 과 과거사관련기관 보고서 편, 28-59면.

_____, 집단살해에서 소멸시효와 신의칙, 민주법학 제53호(2013. 11), 181-220면.

이준일, 헌법학강의, 홍문사, 2005.

임지봉, 유신헌법과 한국민주주의, 공법학연구, 제13권 제1호(2012), 183-201면.

임창선, 조영제 부작용에 대한 조직책임, 방사선기술과학 Vol.30 No.2(2007), 89면 이하.

정태호, 유신헌법에 의한 긴급조치의 위헌제청적격성에 관한 관견, 헌법학연구 제17 권 제4호(2011. 12), 395-435면.

정하중, 행정법개론[제7판], 법문사, 2012.

정하중, 행정법의 이론과 실제, 법문사, 2012.

표명환, 헌법 제10조 제2문의 불가침의 기본적 인권을 확인하고 보장할 국가의 의 무, 토지공법연구 제53집(2011. 5), 340-353면.

한상희, 통치행위와 긴급조치 : 그 사법심사의 문제, 민변과 민주법연이 공동주관한 대법원 긴급조치 국가배상판결 규탄 토론회, "대법원, 민주주의의 무덤이 되다", 자료집, 2015. 6. 22, 7면 이하.

허완중, 기본적 인권을 확인하고 보장할 국가의 의무, 저스티스(2010), 68-105면.

홍정선, 행정법특강 제13판, 박영사, 2014.

Alexy, Robert/이준일 역, 법의 개념과 효력, 지산, 2000.

Maurer, Hartmut, Allgemeines Verwaltungsrecht, 18. Aufl., Muenchen, 2011.

Ossenbuehl, Fritz, Staatshaftungsrecht, 5. Aufl., Muenchen, 1998.

Papier, Hans-Jürgen/Möller, Johannes, Die rechtsstaatliche Bewältigung von Regime-
　　　Unrecht nach 1945 und nach 1989, NJW 1999, 3291 ff.

Ruethers, Bernd, Rechtstheorie, 2. Aufl., Muenchen, 2005.

Seelmann, Kurt, Rechtsphilosophie, 3. Aufl., 2004.

9. 행정소송의 패러다임과 제도개혁[*][**]

Ⅰ. 서론

행정법과 행정소송법은 새로운 도전에 직면하여 있다. 양극적인 관계에서 다극적인 관계로의 변화, 다극적인 사익들 간의 이해관계조정과 조종학으로서의 행정법의 역할변화, 행정의 과제변천과 새로운 모색의 필요성, 대내외적인 여건의 변화 등이 패러다임(Paradigm)의 변화를 요구하고 있다.[1]

행정법 관련 사건들은 최종적으로는 행정소송을 통해 해결되므로 실무뿐만 아니라 이론에서도 분쟁해결절차로서의 행정소송절차가 중시되고 소송절차에서 법관의 역할뿐만 아니라 행정소송제도의 개혁이 행정법 발전에 지대한 영향을 미치게 된다. 그러므로 법치국가적 행정법의 전개 및 발전은 행정소송제도의 개혁과

* 이 글은 공법연구 제40집 제3호(2012), 33-65면에 실린 논문을 수정, 보완한 것임.
** 이 논문은 2008년도 강원대학교 학술연구조성비로 수행된 연구임(120080760). This research was supported by the Kangwon National University (No. 120080760). 이 논문의 내용은 2011년 12월 15일 공법학회와 헌법재판연구원, 법학전문대학원협의회 공동주최로 개최된 학술대회 "공법소송의 이론적 쟁점"에서 발표된 것을 수정·보완한 것임.
1) **아리스토텔레스**는 귀납과 연역 사이에 존재하는 추론 및 논증절차를 패러다임(Paradigma)이라고 표현하였다. **토마스 쿤(Th. S. Kuhn)**은 어떤 학문분야에서 일정한 시간 내에 적용되는, 그 배경이 의문시될 수 없는 기초전제 내지 확신을 패러다임으로 표현하였다. 쿤은 자연과학에 영원히 통용되는 법칙이 있다는 견해를 비판하였다. 오히려 어떤 패러다임이 다른 패러다임에 의하여 해체되는 패러다임의 전환을 가져온다고 하였다. 이에 대해서는 vgl. Alexander Ulfig, Lexikon der philosophischen Begriffe, Komet Verlag, 1997, S. 302. 이 글에서는 대체로 쿤의 견해에 따라 '현재 우리 행정소송법분야에서 확고하게 굳어져 있는 기초전제나 확신'을 패러다임으로 표현하고자 한다.

밀접한 관련이 있다. 사실 행정법과 행정절차법, 행정소송법은 도그마틱에 있어서
도 서로 밀접하게 연관되어 있다. 오늘날 소송법과 소송법이 미치는 영역에 대해
서 법의 명료성과 신뢰성이 요구되고 있지만 사회의 빠른 변화로 인한 다양한 지
식과 수많은 법률의 제정, 광범위한 법의 세분화는 커다란 도전이 되고 있다. 특별
히 주목하지 않는 한 증가하는 입법의 경향을 다 관찰하기가 어려울 지경이다. 이
로 인해 입법자의 업적으로서 원래 토대가 되었던 입법이념은 위협을 받는다.[2] 이
밖에도 다양한 변수들이 전통적인 행정법에 대해서 변화를 요구하고 있다.

　　빠르게 변하는 주변 상황에 맞춰 행정의 역할이 다양하게 대응해야 할 필요
성이 있음에도 그 뒷받침이 되어야 할 우리 행정소송법은 1984년과 1994년 개정
된 이래 몇 차례 개정시도를 거치면서도 아직 그 열매를 맺지 못하고 있다. 낡은
틀로 새로운 세계에 도전하고 있는 셈이다. 이하에서는 그 간에 있었던 대법원과
법무부의 행정소송법 개정노력을 바탕으로 하여 논점을 정리해보고 새로운 방향
을 제시하면서 몇 가지 논쟁거리를 만들어 보고자 한다.

II. 행정소송의 패러다임과 소송제도

1. 전통적인 논의구조와 그 한계

(1) 권리구제와 적법성 통제, 주관소송과 객관소송의 틀

　　대법원의 행정소송법 개정안에 관한 논의를 보면, 크게 독일식 행정소송체계
를 지향하는가, 프랑스식 행정소송체계를 지향하는가 하는 문제로 대별되는 것을
볼 수 있다. 독일식 체계는 개인의 권리보호에 중점을 두고 프랑스식 행정소송체
계는 행정의 적법성 통제에 중점을 두고 있다. 이에 따라 양자는 주관소송과 객
관소송의 틀로 구분된다.

　　이 문제는 행정소송의 목적과 이념을 어디에 둘 것인가와 관련된다. 전체 공
법 및 행정법체계에서 행정소송의 위치는 어디에 있고 이러한 행정소송제도를 통
해서 무엇을 얻으려고 하는 것인가? 어떤 제도를 알기 위해서는 그 역사적 배경
과 작용을 탐구해 보아야 한다.

　　물론 이러한 기본적인 틀은 중요하다. 다만 어느 한쪽에 우위를 두는 것이지

---

2) Schoch/Schmidt-Assmann/Pietzner, Verwaltungsgerichtsordnung, 21. Erg. 2011, Vorwort.

다른 쪽을 배제하는 것은 아니다.

우리 항고소송의 성격에 대해서 객관소송으로 보아야 한다는 견해3)는 무엇보다도 본안에서 권리침해는 다투지 않고 위법성만을 다툰다는 점을 근거로 한다. 통설에 따라 항고소송의 원고적격을 법률상 이익이 침해당한 자로 하더라도 이는 소송요건의 문제에 그치고 본안판단에 영향을 주는 것이 아니다. 독일의 경우와 같이 개개의 위법사유에 따른 근거규정의 사익보호성을 따지는 권리침해와 위법성의 견련성(Rechtswidrigkeitszusammenhang)은 요구되지 않는다고 한다.4)

처분의 위법성은 처분으로 인해 권리 또는 이익을 침해받은 자가 그 처분이 위법하다는 것을 주장하는 것이므로 객관적 위법성이라기보다는 주관적 위법성이라는 비판이 제기된다.5)

그러나 다른 측면에서 보면 본안에서 위법성만을 심사한다는 점은 우리 행정소송법이 주관소송이면서도 객관소송으로서의 가능성을 함께 내포하고 있다는 것을 의미한다. 이것은 우리에게 일정한 시사점을 주는데,6) 항고소송의 경우, 특히 취소소송에서 처분의 취소를 구할 권리 또는 이익이 있는 자에게 원고적격을 인정하게 된다면 주관소송의 우위를 유지하면서 객관소송으로서도 기능할 수 있게 된다.

(2) 논의구조의 한계

개혁안을 둘러싼 논의는 한편에서는 주관소송의 틀을 고수하려고 하고 객관소송으로 가는 것을 받아들이려 하지 않으며 반대편에서는 이를 바꾸려고 한다. 이러한 논의방식은 주관소송과 객관소송이라는 틀에 갇혀 있게 되는 한계를 갖고 있다. 주관소송과 객관소송의 틀을 고수하려고 하는 근본이유는 무엇인가. 행정소송은 법과 인권, 민주주의의 보루로서의 법원에게 인정된 제도이고 사법부에게 무엇을 기대할 수 있는지 여부가 중요하다. 어느 나라도 순수한 주관소송과 객관소송의 틀을 유지하고 있지는 않다.7) 다만 주관소송과 객관소송의 경향을 더 가

---

3) 박정훈, 행정소송법 개혁의 과제, 서울대학교 법학 제45권 제3호, 376면 이하; 동인, 행정소송법 개정의 주요쟁점, 공법연구 제31집 제3호 참조.
4) 이원우, 항고소송의 원고적격과 협의의 소의 이익 확대를 위한 행정소송법 개정방안, 행정법연구 제8호, 247면.
5) 김중권, 행정소송법 개정 소고, 법률신문 2003. 1. 27.
6) 이원우, 앞의 글, 247면 이하 참조.

지고 있을 뿐 주관소송과 객관소송이 서로 혼재된 모습을 띠고 있다. 그렇다면 주관소송의 틀을 깨뜨리지 않고 개혁을 할 수 있는 가능성도 있다. 제도를 만들어가는 일에서는 새로이 창조해가는 측면도 인정되어야 한다. 우리 식의 독특한 행정소송제도도 가능한 것이다. 따지고 보면 독일과 프랑스, 영국, 미국, 스위스 등은 각자 자신들만의 독특한 제도를 가지고 있다. 이들 제도는 그들의 역사와 전통에 따라 형성된 제도들이다. 물론 상호영향을 주고받으며 서로 상대방의 제도를 받아들이기도 한다. 그러나 그것은 그들 나름대로의 고유한 상황변화를 바탕에 두고 있다.

2. 법과 인권, 민주주의의 보루로서 법원

(1) 사법적극주의와 사법소극주의의 문제

법원은 행정부의 정책결정에 대하여 어느 정도로 개입할 수 있는가와 관련하여 사법적극주의와 사법소극주의의 문제가 제기된다. 사법적극주의와 사법소극주의라는 말은 자주 사용되는 용어이지만 그 개념정의는 명확하지 않은 상태이다. 특히 미국을 중심으로 이에 대한 논의가 활발한데, 미국에서는 선판례에 얽매이지 않고 선판례를 자주 뒤집느냐 아니면 선판례에 배치되는 판결을 자제하느냐에 따라 전자를 사법적극주의, 후자를 사법소극주의라고 표현하기도 하고 또는 사법부가 헌법이나 법률의 문어적 의미에 얽매이지 않고 창조적인 헌법·법률해석을 통해 정책형성에 개입하는 것을 사법적극주의로, 헌법이나 법규정의 문언에 따라 좁게 해석함으로써 판결에 의한 정책결정이나 정책선택을 회피하는 사법부의 태도를 사법소극주의로 이해하기도 한다. 국내의 법학문헌들은 대체로 미국에서의 이러한 개념정의들을 그대로 받아들이고 있다.[8] 우리 법학계와 실무에서는 대체로 입법부나 집행부의 의사결정은 최대한 존중되어야 한다는 의미에서 사법

---

7) 류지태, 프랑스 행정법에 비추어 본 행정소송법 개정논의, 고려법학 제40호(2003. 5), 128면.
8) 임지봉, 사법적극주의와 사법소극주의, 고시계 2001. 7, 5면 이하. 이에 대하여 권력분립 원리와 관련시켜 새로운 개념정의를 내리는 견해도 있다. 이에 의하면, 판결을 통해 행정부나 입법부의 의사결정에 개입하고 반대하기보다는 자주 '사법부 자제'의 미명하에 심리 자체를 회피하거나 두 부의 의사결정을 존중하고 이에 동조하는 판결을 내리는 사법부의 태도나 철학을 사법소극주의로 정의하고 권력분립원리가 기초하고 있는 견제와 균형의 이상을 실현하기 위해 행정부나 입법부의 의사결정에 곧잘 반대를 제기하여 두 부의 권력남용을 적극적으로 견제하는 사법부의 태도를 사법적극주의로 정의한다. 이러한 견해는 임지봉, 사법적극주의와 사법소극주의, 고시계 2001. 7, 4면 이하.

부가 그에 관한 가치판단을 자제하는 것이 바람직하다고 인식하는 사법소극주의
가 지배적인 것으로 보인다.

그러나 법원과 헌법재판소는 어떤 경우에는 매우 소극적인 경향을 보이지만
때로는 매우 적극적으로 개입하는 경우도 있다. 어떤 경우 이미 사법은 충분히
적극적인 모습을 보이고 있다. 의도적이든 의도적이지 않든 법원은 행정에 의한
정책의 설정 및 결정과정에 대해 이미 개입을 하여 왔다.9) 정도의 차이가 있을
뿐이다. 이것은 불가피한 측면도 있다. 이해관계가 대립되는 사회세력들이 갈등
을 스스로 해결하지 못하고 법원이나 헌법재판소에 가져오는 것도 한 이유이다.
다양한 이유로 우리 법원과 헌법재판소는 자의적이든 타의적이든 이미 여러 사건
에서 적극적인 개입을 한 바 있다. 예컨대, 새만금사건이나 행정수도이전 판결 등
에서 그러하였다. 때로는 부정적인 모습이 부각되어 이 때문에 사법국가화의 경
향을 보인다는 비판을 받기도 한다. 그러나 사법은 법치주의와 민주주의, 그리고
인권을 보호하는 데에는 적극적일 필요가 있다. 사법은 신중하면서도 조심스럽지
만 인권을 보호하고 심의민주주의를 촉진하는 공론의 장을 제공하여야 한다.

(2) 법과 인권, 민주주의의 보루로서 법원

법원은 법과 인권, 민주주의의 보루이다.10) 법원은 법과 인권을 수호하고 민
주주의가 제대로 작동할 수 있도록 촉매역할을 할 수 있다. 이러한 관점에서 사
법부가 어떤 기능을 수행해야 옳은가라는 근본적인 문제에 대해 고민해 보아야
한다. 사법부가 잘 하고 있는지를 평가하려면 과연 사법부에 대하여 무엇을 기대
할 수 있고 기대해야 하는가라는 기본적인 패러다임에 비추어 평가하여야 한다.
법원은 정치활동이나 입법과정을 대체할 수 없고 행정부의 실패를 시정할 능력도
없다. 그러나 법원은 민주적 압력을 위한 촉매역할을 할 수는 있다. 예컨대 공익
소송절차는 보통사람이 정부에 책임을 물을 수 있도록 해준다. 정부를 법원에 출
석시켜 그들의 행위를 설명하고 정당화하도록 강제함으로써 정치적 책무성을 엄
격하게 물을 수 있다. 그리고 정부로 하여금 시민사회의 목소리를 경청하고 시민
사회와 소통하도록 촉구함으로써 심의민주주의가 촉진될 수 있다. 또한 소송을

---

9) 홍준형, 공공정책에 대한 사법적 결정의 법이론적 한계(Ⅰ) ― 대법원의 새만금사건 판결
   을 중심으로 ―, 법제 2006. 4, 46면 이하.
10) 샌드라 프래드먼/조효제 옮김, 인권의 대전환, 2009, 336면 이하.

통해서 자기 목소리를 내지 못하는 사람들에게 평등한 참여권을 보장해 줄 수 있다. 이렇듯 사법부를 평등한 시민들 간의 사회적 대화를 촉진할 수 있는 도구로서 구성하는 것이 공익소송의 저변에 깔려있는 이상이다. 공익소송의 이상을 추구하게 되면 사회적 대화에 참여한 서로 다른 관점들 간의 역동적인 상호작용에 근거해서 의사결정을 내리게 될 것이다.[11]

그동안 법원이 독립한 제3자로서 공정한 판결을 하려고 많은 노력을 기울여 왔다는 점은 인정할 만하다. 그러나 그렇지 못한 점도 분명 있다. 사법부가 잘 하고 있는지, 법원이 진정으로 사회적 대화의 공간을 마련하고 있는지, 막강한 권한을 행사하면서도 책무성은 없는 일종의 권력기관으로 변하지 않았는지[12] 자문해 보아야 한다. 법과 정치의 구별은 사법으로 하여금 소극성을 띠게 한다. 물론 굳이 정치적으로 해결할 수 있는 문제에 대해서 사법권이 개입할 필요는 적다. 그러나 정치적으로 자기 목소리를 낼 수 없고 소외받는 사회적 약자가 최종적으로 호소할 수 있는 곳은 바로 법원이다. 법원은 이들에게 심의, 토론의 장을 만들어 주어야 한다. 공론의 장을 만들어 주고 최소한 거기서 대등하게 논의할 수 있는 기회를 주어야 한다. 법원이나 헌법재판소가 스스로 정치를 하라는 것이 아니라 제대로 정치를 하도록 견제하는 기능을 제대로 하라는 것이다.[13] 법원이 스스로 정치적이 되어서는 안 되지만 정치적인 문제나 정책결정에 대해 정당한 절차와 합의과정을 거쳐 결정하도록 가이드라인을 제시할 수 있어야 한다. 예컨대, 국회의 날치기현상에 대해서는 모두들 부정적으로 생각하지만 실제 그러한 날치기사건이 법원에 올라가면 법원은 매우 소극적으로 판단한다. 예컨대, 헌법재판소의 태도를 보라. 헌재가 날치기행위는 입법부의 정당한 절차를 통한 입법행위가 아니라는 시그널을 주었더라면 그러한 행위는 없어지거나 최소한 줄어들었을 것이다.[14] 국회는 보다 진지하게 상대방을 설득하려 할 것이고 국민을 납득시키려 노

---

11) 샌드라 프래드먼/조효제 옮김, 앞의 책, 297면 참조.
12) 샌드라 프래드먼/조효제 옮김, 같은 곳.
13) 김종서, 헌법재판소의 정치성 — 날치기사건을 중심으로 —, 민주법학 제13호(1997), 297면 이하 참조.
14) 이른바 '날치기 사건'은 국회의원과 국회의장 간의 권한쟁의의 형태로 제기된다. 헌재 2008. 4. 24, 2006헌라2 전원재판부; 2009. 10. 29, 2009헌라8·9·10(병합) 전원재판부. 이 사건에서 헌법재판소는 방송법안의 경우 질의·토론 절차가 생략되어 심의·표결권을 침해한 절차의 하자가 이미 중대한 경우이므로 국회법 제92조(일사부재의) 위반의 점도 부가적 사유로 삼아, 가결선포행위의 무효를 선언하여야 함에도 불구하고 무효선언

력할 것이다. 사법부로서는 정치과정의 기능을 법원이 대체하려고 하기보다는 정치과정을 활성화하도록 돕는 것이 이상적이다.[15]

3. 헌법과 행정법 — '구체화된 헌법'으로서 행정법의 의미와 한계 : 헌법화 (Konstituitionalisierung)의 경향 —

자유주의 법치국가원리에 기초한 행정법의 틀에서 탈피할 필요가 있다. 시민의 권리에 대한 해석과 관련하여 사회민주주의는 사회적 권리라는 맥락을 강조하는 반면 자유주의는 사적 권리에 초점을 둔다는 점에서 차이가 있다.[16] 이러한 점은 행정소송의 원고적격에도 일정한 시사점을 준다.

행정법은 구체화된 헌법이라는 점 때문에 헌법의 변화로 인해 수정을 경험하게 된다. 물론 헌법화의 위험성이 문제될 수 있으나 헌법은 행정법에 일정한 틀을 제공해 준다.

(1) 행정소송법의 헌법적 기초

오늘날 행정소송법을 제대로 이해하려면 헌법으로부터 출발해야 한다. 행정통제를 독립한 법관에 맡기려는 노력은 19세기 자유주의운동의 핵심적인 요구였고 법치국가 및 기본권보장의 기본적인 전제로 인식되었다. 오늘날 기본권과 헌법의 지도원리들은 행정법원에 대한 최상위의 심사척도를 형성한다.[17] 그러나 헌법은 그 시대와 상황에 의해 제약을 받는다. 예컨대, 87년 헌법은 국민의 요구를 충분히 반영하지 못하고 여야의 타협에 의해 개정됨으로써 한계를 가지고 있다.

1) 법치국가원리

독립한 법원은 법치국가의 기초로 표현된다. 이는 독립한 법원에 의한 유효한 통제없이는 법치국가의 기초원리가 관철될 수 없을 것이라는 의미이다. 헌법소송과 함께 행정소송은 행정의 법률구속 및 법의 우위를 확보한다. 그러므로 행정소송은 법치국가에서 국가권력의 한계를 정하는 불가결한 형태이다. 그러나 행정소송은 오늘날 통제의 측면에만 제한되어 있지 않으며 오히려 입법활동을 위한

을 하지 않음으로서 위법행위를 추인하고 만다.
15) 샌드라 프래드먼/조효제 옮김, 앞의 책, 339면 참조.
16) 곽준혁, 경계와 편견을 넘어서, 한길사, 2010, 177면.
17) Hufen, Verwaltungsprozessrecht, 6. Aufl., München, 2005, §1 Rn. 4.

본질적인 동인이 되기도 한다. 행정소송과 관련해서도 권력분립은 단순한 권력의 분리가 아니라 국가의 결정 및 그 집행에 참여하는 세력들의 상호 통제와 영향 및 균형을 의미한다. 행정소송제도는 헌법에 규정된 법관의 독립 등 법치국가원리에 포함되거나 그로부터 도출된 내용들에 의해 보장된다.[18]

2) 민주주의원리

시간과 장소에 구속된 한정적 지배원리로 이해되는 민주주의원리는 국가과제를 부여받은 국가기관 및 공직자에 대해 국민으로부터 끊임없는 정당성이라는 고리를 요구한다. 행정소송을 통한 통제는 국가작용의 정당성을 확보하는 중요한 도구이다. 행정소송은 민주적인 법률에 대한 행정의 구속 및 소수보호만을 보장하는 것이 아니라 공개된 여론의 의사형성 및 논의과정에서 민주적인 국민의사가 형성될 수 있도록 기여한다.[19]

민주주의는 인간해방을 지향하는 다수자 저항운동이기도 하다.[20] 강단헌법학은 주권의 실체를 국가권력으로 보고 있으나 과거와 달리 국가권력과의 관계에서뿐만 아니라 사회권력과의 관계에서도 민주주의적 통제가 필요하다. 그리하여 기본권의 제3자효라는 이론구성을 통하여 우회적으로 풀지 않고 사회권력을 민주주의 시각에서 정공법으로 다루어야 한다는 주장도 제기되고 있다. 우리 헌법의 테두리에서 민주주의의 외연을 수평적으로 확장하여야 한다.[21] 주권의 주체인 국민에게 귀속되는 모든 권력을 사회권력까지 아우르는 포괄적 의미로 이해할 필요가 있어 보인다.

3) 사회국가원리

행정법원은 침해행정뿐만 아니라 급부행정도 통제한다. 이것은 사회보장실무에 대해서뿐만 아니라 전체행정활동 및 그 절차에 대해서도 적용된다. 행정소송은 이를 통해 사회국가 및 인간존엄에 의해 요청된 사회적 최저생계의 유지를 확보한다. 행정소송비용 자체도 소송당사자의 최저생계비 및 소송상 기회균등을 위태롭게 해서는 안 된다. 사회국가에서는 넓은 범위에서 볼 때 고권적 침해를 통제하고 국가의 침해로부터 개인의 자유영역을 보장하는 것만이 문제되는 것이

---

18) Hufen, a.a.O., §1 Rn. 5 ff.
19) Hufen, a.a.O., §1 Rn. 11.
20) 국순옥, 제3회 대안헌법이론 2, 민주법학 제27호, 2005, 325면 이하 참조.
21) 국순옥, 제3회 대안헌법이론 2, 민주법학 제27호, 2005, 343면 이하 참조.

아니라 개인의 자유는 국가의 급부나 공적인 제도에의 접근, 위험이나 좋지 않은 상황이 발생하지 않도록 하는 모든 조치 등에 의존한다는 점이 강조된다.[22]

4) 기본권

기본권은 헌법재판에 의해서만 보호되는 것은 아니다. 기본권이 일상적인 행정실무에서 존중되지 않거나 행정쟁송을 통해 보장되지 않으면 기본권은 그 의미를 잃게 될 것이다. 행정소송은 기본권을 관철시키는 중요한 제도이다. 전체적으로 기본권의 보호는 상당부분 행정소송에서 실현된다. 합헌적인 구체적인 법률이 있으면 먼저 기본권에 호소할 필요는 없지만 행정소송에서 기본권의 직접적인 효력을 구체적인 법률규정에 의존하게 하기보다는 직접 적용되는 주관적 권리로서 기본권을 개별법 규정과는 독립적으로 행정소송에서 존중하여야 한다.[23]

(2) 헌법재판과 행정소송

헌법재판제도가 도입된 이래 헌법재판은 행정법이론의 형성에도 영향을 미치고 있다. 이를 통해 동시에 법원에 의한 행정소송에 대하여 자극제의 역할도 하고 있다. 이러한 점 때문에 헌법재판을 새로운 행정법 패러다임의 모색을 위한 모티브로서 상정하기도 한다.[24] 헌법재판소는 권력적 사실행위나 규제적 행정지도에 대해서 공권력에 의한 처분으로 인정함으로써 법원이 그간 소극적 태도로 일관해 온 사안들에 대해 적극적인 결정을 내렸다. 법원이 주로 미시적인 차원에서 행정사건에 대하여 접근한 반면 헌법재판소는 거시적인 차원에서 문제의 본질에 접근하려고 노력하였다.[25] 이러한 점은 매우 긍정적인 것으로서 환영할 만하다.

그러나 주관적 권리의 확보와 자유주의의 신장만을 지나치게 강조하는 헌법재판실무와 행정법이론은 부정적 영향을 미칠 가능성도 있다.[26] 행정법이 특히 강력한 권력이 되어가고 있는 경제권력이나 사회권력에 대한 통제기능을 잘 발휘하지 못할 수도 있다.

---

22) Hufen, a.a.O., §1 Rn. 13 f.
23) 독일 기본법 제1조 3항에 의거한다. 동조항은 "기본권은 직접 적용되는 법으로서 입법, 행정, 사법을 구속한다"고 규정하고 있다. Hufen, a.a.O., §1 Rn. 17.
24) 김유환, 헌법재판과 행정법의 관계, 공법연구 제27집 제1호, 83면 이하 참조.
25) 박정훈, 헌법과 행정법, 공법연구 제32집 제1호, 2003년 11월, 1면 이하.
26) 이계수, 헌법재판과 행정법이론, 공법연구 제37집 제2호, 2008년 12월, 173면 이하.

4. 사법의 본질에 의한 한계로서 법률상 쟁송의 문제

행정소송의 한계로서 법률상 쟁송은 행정소송의 본질적 한계로서 파악되고 있다. 그 근거는 법원조직법 제2조이다. 동조는 "법원은 헌법에 특별한 규정이 있는 경우를 제외한 일체의 법률상의 쟁송을 심판하고 이 법과 다른 법률에 의하여 법원에 속하는 권한을 가진다"고 규정하고 '법률상의 쟁송' 개념을 사용하고 있다.

독일은 공권력에 의한 권리침해에 대한 권리구제절차를 마련하도록 기본법에 규정하고 있다(독일기본법 제19조 제4항). 즉, 공권력에 의한 주관적 권리침해에 대해서 헌법적인 권리구제보장 규정을 두고 있다.[27] 우리 헌법은 헌법과 법률이 정한 법관에 의하여 법률에 의한 재판을 받을 권리를 보장하고 있다. 주관적 권리침해로 제한하는 독일식 구조와는 다르다. 또한 법률상 쟁송이 권리의무에 관한 주관적 쟁송에 국한되는 것은 아니다. 외국의 경우에는 반사적 이익에 관한 쟁송을 허용하고 있는 입법례도 있기 때문에 이를 사법의 본질상 한계로 보기 어렵다.[28]

Ⅲ. 행정소송법 개정안과 쟁점들

1. 개정안의 비교

이미 수많은 문헌에서 언급했으므로 그러한 문헌을 참조하기 바라고 여기서는 생략하기로 한다. 대법원 개정안과 법무부 개정안의 가장 큰 차이점은 원고적격과 대상적격이므로 이하에서는 주로 이를 중심으로 서술하기로 한다.

2. 대상적격의 문제 : '행정행위 등'

(1) 대법원 개정안의 태도

대법원 개정안은 "취소소송은 행정행위 등을 대상으로 한다"고 규정하여 종래의 처분이라는 개념을 사용하지 않고 '행정행위 등'이라는 개념을 사용하고 있다. 여기서 '행정행위 등'이라 함은 "행정청이 행하는 법적·사실적 행위로서의

---

27) 독일 기본법 제19조 제4항은 "누구든지 공권력에 의하여 자신의 권리가 침해되는 경우, 그에게는 권리구제의 길(Rchtsweg)이 열려 있다"고 규정하고 있다. 따라서 공권력에 의한 주관적 권리의 침해가 전제되어 있다.

28) 이 점에 대해서는 이원우, 앞의 글, 246면.

공권력의 행사 또는 그 거부와 그 밖에 이에 준하는 행정작용(이하 "행정행위"라 한다) 및 행정심판에 대한 재결"을 말한다(제2조 1항 제1호). 그리고 행정행위 중 국가기관의 명령·규칙 및 지방자치단체의 조례·규칙을 "명령 등"이라고 하여 행정입법을 행정행위에 포함시키고 있다. 이에 따라 사실행위뿐만 아니라 행정입법에 대해서도 항고소송을 인정하게 된다.[29]

(2) 권력적 사실행위의 문제

처분개념에 사실행위를 포함하는 것으로 하는 것도 한 방법이다. 기존에 권력적 사실행위에 대해서는 처분성을 인정하는 것이 지배적인 견해이었던 만큼 이러한 점을 고려하여 처분에 포함하더라도 문제되지는 않을 것으로 본다.[30] 특히 권력적 사실행위의 경우 하명과 집행행위의 결합으로 보는 견해에 의하면 당연히 처분에 포함되게 될 것이다. 권력적 사실행위에 대해서는 헌법재판소의 부담을 줄여주어야 한다는 논거도 제시된다.[31]

(3) 법규명령의 항고소송대상성 문제
1) 현행법상 가능성

헌법은 행정입법에 대해서 법원이 구체적 사건과 관련없이 추상적으로 심사 통제하는 것을 허용하지 않는다고 해석된다. 다만 행정입법의 형식이지만 국민의 구체적인 권리의무에 영향을 미치는 등 그 실질이 처분의 성질을 가지는 경우에만 예외적으로 항고소송의 대상적격을 인정하고 있다.[32]

행정입법의 부작위에 대해서는 대법원과 헌법재판소가 견해를 달리하고 있다. 대법원은 행정입법 부작위에 대해 행정소송의 대상이 되지 않는 것으로 보는 반면 헌법재판소는 행정입법 부작위가 기본권을 침해한 것으로 위헌이라고 결정한 바 있다.[33]

---

29) 행정소송법 개정안의 주요내용에 대해서는 박균성, 행정소송법 개정안의 주요내용과 의미, 참조.
30) 이에 대해서는 문헌을 참조할 것.
31) 김하열. 이에 대해서는 석종현, 행정소송법 개정(안)의 처분개념, 고시계 2007. 11, 37면 참조.
32) 예컨대, 분교폐지조례에 대한 판결. 대법원 1996. 9. 20. 선고 95누8003 판결.
33) 김남진, 행정입법에 대한 사법적 통제 — 행정소송법의 개정과 관련하여, 고시연구 2005. 10, 16면 이하.

즉, "헌법소원제도는 주관적인 권리구제뿐만 아니라 객관적인 헌법질서보장의 기능도 겸하고 있으므로, 설사 주관적인 권리보호의 이익이 없는 경우라고 하더라도 동종의 기본권침해가 반복될 위험이 있거나 헌법질서의 유지·수호를 위하여 헌법적 해명이 중대한 의미를 지니고 있을 때에는 예외적으로 심판청구의 이익이 인정된다. 산업재해보상보험법 제4조 제2호 단서 및 근로기준법시행령 제4조는 근로기준법과 같은법 시행령에 의하여 근로자의 평균임금을 산정할 수 없는 경우에 노동부장관으로 하여금 평균임금을 정하여 고시하도록 규정하고 있으므로, 노동부장관으로서는 그 취지에 따라 평균임금을 정하여 고시하는 내용의 행정입법을 하여야 할 의무가 있다"고 하면서, "노동부장관의 그러한 작위의무는 직접 헌법에 의하여 부여된 것은 아니나, 법률이 행정입법을 당연한 전제로 규정하고 있음에도 불구하고 행정권이 그 취지에 따라 행정입법을 하지 아니함으로써 법령의 공백상태를 방치하고 있는 경우에는 행정권에 의하여 입법권이 침해되는 결과가 되는 것이므로, 노동부장관의 그러한 행정입법 작위의무는 헌법적 의무라고 보아야 한다"고 결정하였다.[34]

헌재의 위 결정은 국가에 의한 소극적 방어권을 넘어서 국가의 적극적 의무[35]를 인정한 판례로서 헌재가 인권의 보루로서의 소임을 다한 하나의 사례로 평가할 수 있다. 이와는 대조적으로 대법원은 행정입법부작위와 관련한 사례에서 매우 소극적인 태도를 보이고 있다. 즉, 대법원은, 안동댐 건설로 인하여 급격한 이상기후의 발생 등으로 많은 손실을 입고 있는 안동지역의 댐 피해대책위원회 위원장이 제기한 부작위위법확인소송에서, "특정다목적댐법 제41조에 의하면 다목적댐 건설로 인한 손실보상 의무가 국가에게 있고 같은 법 제42조에 의하면 손실보상 절차와 그 방법 등 필요한 사항은 대통령령으로 규정하도록 되어 있음에도 피고가 이를 제정하지 아니한 것은 행정입법부작위에 해당하는 것이어서 그 부작위위법확인을 구한다고 주장하나, 행정소송은 구체적 사건에 대한 법률상 분쟁을 법에 의하여 해결함으로써 법적 안정을 기하자는 것이므로 부작위위법확인소송의 대상이 될 수 있는 것은 구체적 권리의무에 관한 분쟁이어야 하고 추상적인 법령에 관하여 제정의 여부 등은 그 자체로서 국민의 구체적인 권리의무에 직접적 변동을 초래하는 것이 아니어서 행정소송의 대상이 될 수 없으므로 이 사건

---

34) 헌재 2002. 7. 18, 2000헌마707. 평균임금결정·고시부작위 위헌확인.
35) 권리에 대응하는 의무는 하나만 있는 것이 아니다.

소는 부적법하다"고 판시하였다.36)

2) 개정안에 대한 비판

대법원의 행정소송법 개정안이 행정입법을 항고소송의 대상에 포함시킨 데 대하여는 많은 비판이 제기되었다. 행정작용의 행위형식이나 법적 성질상의 차이를 묻지 않고 모두 항고소송이라는 단일한 권리구제방식으로 해결하려 한다는 점, 법규명령이 취소됨으로 인해 발생하는 법적 불안정성 문제, 법원 간에 결론이 달라질 가능성, 신중한 절차적 통제를 거쳐 제·개정된 법규명령이 항상 쟁송의 위험에 노출되는 데서 오는 불안과 비효율 문제, 법규명령에 의한 통제는 행정입법의 절차적 통제수단에 의하는 것이 정도라는 등의 비판 등은 귀담아 들을 만하다.37)

다만 법규명령에 대한 절차적 통제방법이 정도라는 원칙론에는 동의하더라도 실제에 있어서는 행정입법에 대한 절차적 통제가 제대로 이루어지지 않고 있는 점은 어떻게 할 것인가? 통법부 또는 거수기로 전락한 의회에 의한 법률 제·개정이나 날치기 입법 등으로 그 정당성이 의심스러운 상황, 의회의 위기 등으로 인해 입법에 대한 권한이 입법부에서 행정부로 넘어가는 현상을 잘 보여주는 것이 행정입법이다. 이와 같이 절차적 통제의 한 축을 이루는 의회통제의 실효성이 약화되어 있고 행정내부의 절차적 통제도 실질적이 되지 못하는 경우가 많다. 이를 보완해야 할 필요성이 있다. 그러한 관점에서 본다면 법원에 의한 규범통제의 필요성은 여전히 인정될 수 있으며 법원에 의한 통제도 넓은 의미에서는 절차적 통제의 일부에 속한다. 결론적으로 개정안이 '한지붕 세가족'으로 비판을 받듯이, 성질이 각기 다른 행정작용을 하나의 '행정행위 등'으로 포괄하려는 것은 무리인 것으로 보인다. 법규명령은 일반적·추상적 규율이므로 처분개념을 넓혀서 '행정행위 등'의 개념에 포함하기보다는 독자적인 소송유형을 마련하여 통제하는 것이

---

36) 대법원 1992. 5. 8. 선고 91누11261 판결[행정입법부작위처분위법확인].
37) 이러한 비판 등에 대해서는 홍준형, 항고소송의 대상확대 — 행정소송법 개정시안에 대한 입법론적 고찰, 공법연구 제33집 제5호(2005. 6), 479면 이하 참조; 정하중, 행정소송법의 개정방향, 공법연구 제31집 제3호(2003.3). 11면 이하; 동인, 행정소송법개정안의 문제점, 고시연구 2004. 12, 15면 이하; 김남진, 행정입법에 대한 사법적 통제 — 행정소송법의 개정과 관련하여, 고시연구 2005. 10, 19면 이하; 동인, 일본의 행정사건소송법개정과 한국의 행정소송법개정안, 고시연구, 2005. 2, 19면 이하; 김중권, 행정소송법개정안의 문제점에 대한 관견, 법률신문 제3322호(2004. 12. 13); 석종현, 행정소송법 개정(안)의 처분개념 — 법무부개정안을 중심으로 —, 고시계 2007. 11, 24면 이하; 한견우, 행정소송법 개정의 기본방향, 한국행정법학회 제3회 학술대회 발제문, 2011. 7. 9, 48면 이하.

바람직할 것으로 보인다.[38]

3) 규범통제절차와 헌법상 허용 여부

독일에서 행정소송에 의한 규범통제절차는 세 가지 기능을 갖는다고 한다. 즉, 객관적인 불복기능, 개인적인 권리보호기능, 소송경제의 기능을 갖는다.

첫째, 규범통제절차는 주관적인 공권의 침해방지에만 기여하는 것은 아니기 때문에 객관적인 불복절차(ein objektives Beanstandungsverfahren)로서 법치국가의 실현에 기여한다. 둘째, 규범통제절차는 동시에 권리보호절차로서 규범적 불법의 방지에 기여하며 따라서 직접적으로 개인의 권리보호에 기여한다. 셋째, 한편 규범통제절차는 소송경제에도 기여하는 측면이 있다. 규범통제절차를 통해 개별적인 규범의 효력을 둘러싸고 다투어지는 수많은 개별적인 소송을 예방한다. 하나의 절차에서 법규범의 무효가 일반적으로 구속력있게 확정될 수 있다면 나중에 행정소송절차에서 규범의 무효 여부가 선결문제로서 다투어지지 않을 것이기 때문에 행정법원의 부담을 경감시키게 된다.[39] 이에 따르게 되면 독일의 규범통제소송은 객관소송이면서 주관소송으로서의 성격도 아울러 가지고 있는 것으로 보인다.

이러한 차원에서 행정소송으로 법규명령에 대한 규범통제절차를 별도로 마련할 필요성은 충분히 있다. 다만 우리 헌법이 그러한 소송을 행정소송(항고소송)으로서 허용하고 있는지 여부는 다시 검토하여야 한다. 즉, 항고소송형태의 규범폐지소송을 별도로 인정할 수 있는지 여부가 문제된다. 여기서 헌법 제107조 제2항의 해석문제, 법규명령통제의 관할문제, 헌법 제111조 제1항 제5호의 해석문제 등이 제기된다.[40]

법원이 법규명령을 항고소송에서 다룰 수 있는지의 문제는 헌법이 허용하는 테두리 내에서 법과 인권, 민주주의의 보루인 두 기관 간의 역할분배(법원과 헌법재판소의 역할분배)의 문제이다. 헌법 제107조 제2항은 재판이 전제가 되는 사건에 대해서만 대법원이 최종심사권을 가지는 것으로 보아야 한다. 그러므로 행정소송

---

38) 김남철, 법규명령에 대한 항고소송의 문제점, 공법학연구 제6권 제1호(2005), 231면 참조.
39) Thomas Wuertenberger, Verwaltungsprozessrecht, 2. Aufl., Muenchen, 2006, §26 Rn. 5-7.
40) 이러한 점들에 대해서는 이미 여러 문헌에서 소개되었으므로 여기서는 자세히 언급하지 않음. 그에 대해서는 김남철, 법규명령에 대한 항고소송의 문제점, 공법학연구 제6권 제1호, 232면 이하; 홍준형, 항고소송의 대상확대 ― 행정소송법 개정시안에 대한 입법론적 고찰, 공법연구 제33집 제5호(2005. 6), 479면 이하를 참조할 것.

법에서 행정입법의 통제를 전면적으로 법원이 담당하는 것으로 규정한다면 이는 헌법 제107조에 반할 수 있다.[41] 법정책적으로도 법원이 법규명령에 대한 규범통제를 전담한다고 하여 법과 인권을 보호하고 민주주의를 촉진하는 차원에서 반드시 최선의 결과가 나오리란 보장이 없다. 법원이 그러한 기관으로서의 소명을 의식하고 그에 대한 의지를 보여야 하는 문제일 뿐 아니라 그것을 뒷받침하는 인적·물적 토대도 문제되기 때문이다. 법원에 의한 2심제의 이점 등이 있긴 하나[42] 행정소송이나 특히 '공익소송' 등과 관련하여 법과 인권의 수호기관으로서 종래 법원의 소극적 태도를 고려해 보면 현재로서는 오히려 헌법재판소에서 규범통제를 담당하는 것이 더 나을 수도 있다. 헌법재판소는 몇 가지 사안에서 보았듯이 훨씬 적극적인 태도를 보여주었기 때문이다. 물론 이것은 과도기의 방안일 수 있다. 법원이 인권과 민주주의 수호기관으로서 분발함과 함께 독일과 같이 행정소송제도의 인적·물적 토대까지 완비된 경우에는 단계적으로 법원에게 그 역할이 넘어가더라도 무방할 것으로 보인다.[43] 장기적으로 볼 때, 헌법재판소는 헌법분쟁에 대해서 다툼을 해결하고 행정법원은 헌법분쟁이 아닌 행정법적 분쟁에 대해서 다툼을 해결하도록 하는 것이 합리적이기 때문이다.[44] 이 경우 법규명령을 항고소송의 대상으로 하는 다수 안보다는 명령 등의 폐지소송 형태의 새로운 항고소송의 유형을 별도로 두는 소수의 방안이 더 합리적인 것으로 보인다.[45]

(4) 소결 및 입법론

처분의 개념문제는 원고적격과는 논의의 지평이 다르다. 원고적격은 원고만이 통과할 수 있는 유일한 문이라고 한다면, 대상적격으로서의 처분개념은 다양한 행정작용에 대하여 각각의 행정작용에 상응하는 소송유형을 별도로 마련함으로써 별도의 통로를 제공할 수 있는 길이 있다. 하나의 처분개념에 다양한 행정작용을 포함시킴으로써 비대해진 몸으로 처분이라는 문을 통과해야 하는 위험을

---

41) 김하열 교수의 견해에 따름. 이에 대한 소개는 석종현, 앞의 글, 37면 참조.
42) 박정훈, 행정소송법 개정의 주요 쟁점, 공법연구 제31집 제3호, 참조.
43) 이러한 점에서 지금 바로 법원이 그 역할을 담당하여야 한다는 견해는 다소 무리가 있는 것으로 보인다.
44) 이 점은 한견우, 앞의 글, 59면.
45) 어떠한 요건하에 허용할 것인지의 문제에 대해서는, 홍준형, 앞의 글, 479면 이하; 한견우, 앞의 글, 51면 참조.

부담할 필요가 없다. 행정법이론체계의 혼란이 초래될 수도 있는 위험을 회피하고 소송유형을 다양화하는 방향으로 가게 되면 새로운 '행정행위 등'이라는 개념을 만들 실익이 사라지게 된다. 물론 이 경우에도 사실행위에 대해서는 처분의 개념에 포함시킬 필요가 인정되나 법규명령에 대해서는 독자적인 소송유형을 마련하여 통제하는 것이 바람직할 것으로 보인다.

[입법론]

대법원 개정안에서는 처분개념에 사실행위뿐만 아니라 행정입법까지 포함하고 있다. 소송의 대상적격을 넓힘으로써 권리보호의 폭을 넓힐 수 있다는 점에는 동의하나 처분에 지나치게 많은 것들을 담으려고 하는 것은 무리인 것 같다. 행정입법을 처분에 포함시키려고 할 것이 아니라 행정입법에 대한 규범통제절차를 행정소송에 마련하는 방법으로 해결하는 것이 그동안의 행정소송법 체계를 유지하면서도 개혁을 하는 방법으로 생각된다.[46] 그렇다면 다음과 같은 방안이 제시될 수 있다.

(안1) 처분의 개념을 "행정청에 의한 공권력의 행사 또는 거부, 그 밖에 이에 준하는 행정작용"으로 정의한다. 사실행위는 포함하되 행정입법은 제외한다.

(안2) "처분이라 함은 행정청이 행하는 구체적 사실에 관한 법집행행위로서 공권력의 행사 또는 그 거부와 그 밖에 이에 준하는 행정작용을 말한다." 그동안의 학문적 성과를 폐기하고 전혀 새로운 길을 가기보다는 그 간의 학문적 노력을 존중할 필요성에서 이 방안도 가능하다. 만약 처분개념을 많이 넓히지 않더라도 해결할 수 있는 길이 있다면 그에 의하는 것이 바람직한 것일 수 있다.

여기서는 제시된 안 가운데 (안1)을 따르고자 한다. (안1)은 (안2)보다 처분개념이 많이 넓어지는 장점이 있다. 다만, 행정입법에 대한 다툼은 규범통제제도를 도입하는 것으로 해결한다. 또한 사실행위에 대해서 다툴 수 있게 하더라도 사실행위는 법적인 효력을 갖지 않는 것으로 취급되기 때문에 소송으로 다투기가 사실상 쉽지 않다는 문제가 있다. 취소소송을 통해 취소한다 한들 이미 집행되어

---

46) 스위스 행정법상 처분개념이 하나의 근거가 될 수 있다.

버린 '기성의 사실'은 회복하기 어렵다.[47] 사실행위로 인한 권리 또는 이익의 침해에 대해서는 집행정지가 가능하게 하고 부작위(금지)청구소송을 제기하거나 이행소송을 제기할 수 있게 하는 것이 타당하다.

3. 원고적격의 문제

(1) 개정안의 태도

대법원 개정안은 취소소송의 원고적격을 "취소소송은 처분 등의 취소를 구할 법적으로 정당한 이익이 있는 자가 제기할 수 있다. 처분 등의 효과가 기간의 경과 그 밖의 사유로 인하여 소멸된 뒤에도 같다"고 규정한다.

한편 법무부 개정안은 "취소소송은 처분 등의 취소를 구할 정당한 이익이 있는 자가 제기할 수 있다. 처분 등의 효과가 기간의 경과, 처분등의 집행, 그 밖의 사유로 인하여 소멸된 뒤에도 그 처분 등의 취소로 인하여 회복되는 정당한 이익이 있는 자의 경우에는 같다"고 규정한다.

(2) 개정의 필요성

현행 원고적격 규정은 '법률상 이익이 있는 자'라는 표현을 사용함으로써 원고적격이 지나치게 좁다. 이에 학계에서 원고적격을 넓히기 위한 견해들이 제시되었으나 해석을 통하여 '법률상 이익'이라는 문언의 한계를 넘기는 쉽지 않은 일이었다. 더구나 대법원은 법률상 이익이라는 개념을 매우 좁게 해석하고 있다. 이러한 점이 소송에의 접근을 차단하는 요인이 되어 왔다.

그동안 학계와 실무는 이른바 '보호규범론'의 틀에 갇혀 있었다. 그러나 근거법률에 의해 보호된 이익이 침해된 경우에 원고적격을 인정하다가 점차 관계법률에 의해 보호된 이익에 대해서도 원고적격을 인정하고 있고 몇몇 사례에서는 기본권에서도 원고적격의 근거를 도출하기도 하였다.

---

47) 사실행위나 비공식적 행정작용 등에서 권리보호의 문제가 아직은 만족스럽게 해결된 것이 아니다. 참고로 유럽인권협약 제13조는 국가기관에 의한 효과적인 쟁송권을 보장하도록 하고 있는데 유럽국가들에서 권리보호를 처분에 제한하여 사실행위 등을 배제하게 되면 이는 인권협약의 내용과 배치된다. 스위스나 독일은 헌법상 권리보호보장을 직접 규정하고 있기 때문에 그러한 권리보호의 흠결이 있을 경우 곧바로 헌법규정과 합치 여부의 문제가 제기된다. vgl. Ulrich Häfelin/Georg Müller, Allgemeines Verwaltungsrecht, Zürich 2002, S. 157, Rn. 737 f.

이러한 태도로 인해 행정소송이 지나치게 주관적인 권리보호 위주의 경향으로 흐르게 함으로써 행정소송의 행정통제 내지는 적법성통제 기능이 제대로 발휘되지 못하였다. 위법한 행정행위가 있어도 이를 다툴 자가 없는 경우에는 행정의 적법성 통제가 불가하기 때문에 이러한 경우에는 보다 널리 원고적격을 인정해야 할 필요가 있다.[48]

우리 사회에 법적인 해결수단을 강구하려 하지 않고 '사실상 힘'에 의한 물리력으로 해결하려는 경향이 있는 것은 법적인 수단이 없거나 있더라도 매우 제한되어 있는 데도 원인이 있다. 피해를 입은 자들이 최종적으로 하소연해서 구제받을 수 있는 길이 없기 때문에 사회갈등을 내재화하지 못하고 갈등이 잠재되어 잠복된다. 그러므로 법적인 해결책을 강구하도록 하기 위해서는 법원의 문을 넓게 개방해야 한다.[49] 이러한 점에서도 원고적격은 확대되어야 할 필요가 있다.

또한 인권의 보호 및 심의민주주의 차원에서도 법원은 사회 및 정치의 장에서 소외된 자들에게 공론의 장을 제공할 필요가 있다.

(3) 현행 행정소송 원고적격 규정의 문제점

개인의 권리구제와 행정의 적법성 통제는 행정소송이 추구하는 두 가지 중요한 목표이고 이념이다. 현행법은 원고적격을 '법률상 이익'이 있는 자에게만 인정함으로써 소송요건단계에서 볼 때, 개인의 적법성 통제보다는 개인의 권리구제에 중점을 두고 있는 것으로 보인다. 법률상 이익에 대해서는 법률상 보호된 이익으로 해석하는 견해가 다수이다. 이 견해는 법률상 이익을 권리로 보지 않지만 현대에 와서 공권의 개념이 확대됨으로 인해 권리와 법률상 이익이 같은 것으로 보아도 무방하게 되었다고 한다. 이에 대해서 보호가치이익설은 소송법상 보호가치 있는 이익은 항고소송을 통해 보호해주려고 한다. 이에 따르면 원고적격의 인정범위가 더 넓어진다.

원고적격이 넓어지고 있는 현상은 무엇을 의미하는가? 과거에 단순히 사실적 경제적 이익으로만 생각되던 것들이 점차 법적 이익 내지 법률상 이익으로 인정되고 있다.

1984년 행정소송법 개정으로 원고적격을 '법률상 이익있는 자'로 개정함으로

---

48) 한견우, 앞의 글, 70면.
49) 한견우, 같은 곳.

써 사실 대법원에게는 종래와 다른 태도를 견지할 수 있는 기회가 주어졌다. 그러나 대법원은 그러한 기회를 전혀 사용하지 않은 채 종래의 태도를 고집하였다. 그 이후 원고적격을 넓히려는 모습을 보이고는 있으나 여전히 일정한 선을 긋고 있다. 새만금사건에서는 환경권을 근거로 한 법률상 이익을 인정하지 않는 등 소극적인 태도를 보였다.

'법률상 이익'에 대한 대법원 판례의 태도는 넓어지고는 있으나 아직 좁다. 법률상 이익은 법률상 직접적이고 구체적인 이익을 말하고 간접적이거나 사실적인 이익은 단순한 반사적 이익일 분 법률상 이익은 아니라고 한다. 이에 따르면 예컨대, 주민이 누리는 천혜의 자연경관에 대한 이익은 반사적 이익이 될 가능성이 높을 것이다. 대법원은 이익을 주로 경제적 이익을 의미하는 것으로 보고 있다(그러나 또 한편으로는 단순한 경제적 이익은 법률상 이익이 아니라고 본다).[50] 즉, 재산권의 가치에 치중하고 있어 근대 민법의 소유권절대의 원칙에 머물고 있는 것으로 보인다. 따라서 과거에 환경상의 이익 등은 원고적격에서 고려되지 않을 가능성이 컸다.

예링(Jhering)은 권리란 법률이 사실적인 효용이나 이익을 그의 보호하에 받아들임으로써 보호된 상태로 된 이익이라고 하였다. 그러므로 권리란 법으로 보호된 이익(rechtliche geschuetzte Interesse)이다. 권리의 핵심으로서의 이익과 법에 의한 보호(또는 권리보호)가 합쳐진 것이다. 이러한 예링의 권리 개념은 공권이론에 결정적 영향을 미쳤다.[51] 독일에서는 행정법원의 일관되지 않은 태도, 각 주마다 견해차이가 존재하였고 같은 주에서도 시간이 지남에 따라 반사적 이익이 권리로 변화할 수 있는 것으로 인정되었다.[52]

법으로 보호된 이익만이 보호할 가치가 있는 이익이라고 단정할 수 없다. 법으로 보호되지 않는 이익도 보호할 가치가 있을 수 있다. 입법의 미비로 법으로 보호받지 못하고 있을 수 있기 때문이다. 민사소송에 있어서는 이행의 소의 경우 자기의 이행청구권을 주장하는 자가 원고적격을 가진다. 이행청구권이 있는지 여

---

50) 노선연장허가에 대한 이익은 경제적 이익일까, 법적 이익일까? 또는 경제적 이익이면서 법적 이익인가? 그렇다면 언제 법적인 이익이 될까, 그 기준은 규범보호이론일까? 과거에 단순히 경제적 이익으로 보지 않았던가? 연탄공장 주변의 주민들의 이익 등 단순한 경제적 이익이 법적인 이익으로 되어가는데 그 계기는 무엇인가? 등 의문은 계속된다.
51) 정하중, 독일공법학에 있어서 권리의 개념, 행정법연구 2000년 하반기, 25면.
52) 정하중, 앞의 글, 35면.

부는 본안에서 다루어진다. 확인의 소에 있어서도 그 청구에 대하여 확인의 이익을 가지는 자가 원고적격자가 된다. 그러나 행정소송의 취소소송에서는 '취소를 구할 법률상 이익이 있는 자'가 원고적격을 가진다. 민사소송의 이행의 소에서와 같이 하려면 '취소를 구할 법률상 이익이 있다고 주장하는 자'를 원고적격으로 인정해야 할 것이다.

어떤 자에게 영업허가를 내주는 경우 그와 경쟁관계에 있는 다른 자는 단순한 사실상의 이익 또는 경제적 이익이 침해되는 것이다. 이러한 경제적 이익은 법으로 보호받지 못하는 것일 수도 있고 법으로 보호받는 이익일 수도 있다. 그러나 법으로 보호받건 받지 않건 그의 경제적 이익은 침해되는 것이고 그 침해된 이익에 대해서 보호해달라고 소송을 제기할 수 있어야 한다. 경쟁자인 상대방에게 이익의 침해에 대하여 손해배상을 청구하거나 영업을 하지 말아달라는 금지를 청구할 수 있는 권리는 없지만 행정청이 상대방에게 영업허가를 함으로써 나의 이익이 침해되었으니 법원에서 그 영업허가가 잘못되었음을 심사하여 달라고 청구할 수 있어야 한다. 상대방에게 영업을 허가해 준 행정청에 대하여 그 허가가 위법함을 이유로 법원에 취소소송을 제기하는 것을 막아서는 안 된다(그 위법함은 무엇을 의미하는가? 권리침해를 말하는가? 권리침해와 위법성은 구별된다. 다만 원고적격과 위법성의 견련성이 인정된다는 주장있음). 권리가 있다면 대립되는 의무가 있을 것이다. ― 그러나 양자관계에서는 이러한 논리가 성립하나 다극적 관계에서는 이러한 논리가 성립하지 않을 수 있다. ― 경쟁관계에 있는 자에 대해 행정청이 행한 영업허가로 인하여 상대방은 이익이 침해되는 것이며 다만 그러한 이익이 법으로 보호된 이익이냐 법으로 보호되지 않는 이익이냐의 문제가 있을 뿐이다. 이 경우 상대방은 행정청에 대하여 허가의 취소를 구할 권리가 침해되었다고 보아야 하는가? 또는 허가를 취소할 권리가 있어야만 하는가? 물론 보호규범이론에 의하여 법적으로 보호되는 이익이 침해되었다면 별 문제없을 것이다. 그러나 법적으로 보호되지 않았다고 하여 단순한 반사적 이익이 되고 그러한 이익은 침해되지 않는다는 말인가? 또는 반사적 이익의 침해이기 때문에 법적으로 보호해줄 수 없다는 것인가? 그렇다면 '연탄공장 사건'에서 보듯이 단순한 반사적 이익이었던 것이 어찌하여 어느 순간에 법에 의하여 보호되는 이익으로 전환된다는 말인가? 그 순간에 이익의 실체가 달라졌단 말인가? 이익의 실체는 변함이 없는데 법이 달라졌거나 법해석이 달라졌단 말인가? 과연 해석에 의해 이익의 실체가 달라질 수 있는가? 반사적 이익이었던 것이 법관의 해석에 의하여 권리로 변한다는 것인가? 이처럼 의문이 꼬리에 꼬리를 문다. 요지는 보호규범이론이라는 것이 명확하지 않다는 것이다. 법의 해석에 의하여 달라질 가능성을 내포하고 있다. 따라서 불명확한 기준에 의하여 반사적 이익과 법에 의해 보호된 이익을 구별해야 하는 문제가 제기된다.

여기서 해석이 관건이라면 법문언의 한계 내에서 법관의 창조적 해석가능성이 인정되어야 한다.53) '취소를 구할 법률상 이익이 있는 자'의 해석과 관련하여, 취소를 구할 법률상 이익이 있는 자로 표현되어 있을 뿐 자신의 직접적 이익이 침해된 자로 표현되어 있지 않다는 점에 주목할 필요가 있다. 일본에서도 행정소송법을 개정하면서 법률상 이익에 대한 부분을 그대로 둔 것은 그러한 점 때문에 굳이 개정할 필요성을 느끼지 않았던 것으로 보인다.

국가권력으로부터 개인을 방어하는 것이 과거 자유주의의 화두였다면 이제는 사회의 거대권력의 횡포로부터 시민을 보호하는 것이 주요 관심사가 되어가고 있다. 이에 따라 사회권력에 대한 국가의 규제 내지 통제필요성은 커진다. 다만 현재 헌법이론으로는 기본권의 대사인적 효력에 의하여 간접적으로 방어할 수 있을 뿐이다. 예컨대, 경쟁자 소송에서 힘의 불균형이나 가진 자들에 유리한 룰(기득권자, 즉 기존업자에 유리한 시스템)을 어떻게 정당화할 것인가? 그 정당성의 문제가 논의되어야 한다.

(4) 독일에서의 주관적 공권의 확대시도
1) 독일 기본법 제19조 제4항과 두 가지 확대모델

독일의 행정소송은 전통적으로 개인의 권리구제에 초점을 맞추고 있는 입법례에 속한다. 과거 프로이센 중심의 북독일에서는 행정의 적법성 통제에 중점을 둔 행정소송제도가 있었고 남독일에서는 개인의 권리구제에 중점을 두는 시스템이 있었으나 결국 남독일 시스템이 채택되었다. 이러한 전통과 나치의

---

53) 여기서 법관의 창조적 해석이란 물론 법문의 허용된 한계를 넘지 않는 한에서의 창의적인 해석을 의미한다. 해석은 기계적인 과정이 아니라 논증과정이기 때문에 이 과정은 늘 해석자 스스로의 창조적이고(schoepferisch) 평가적인 부분을 포함하며 그러한 한에서 주관적인 요소라는 표지를 갖는다. vgl. Tschanneman/Ziemerli/Kiener, Allgemeines Verwaltungsrecht, Bern 2000, §24, S. 135; Pierre Tschannen/Ulrich Zimmerli, Allgemeines Verwaltungsrecht, Bern 2005, §25, Rn. 4.

경험에서 연유하여 2차 대전 후 기본법이 제정되면서 제19조 제4항에 개인의 권리침해에 대해서는 소송에 의한 구제의 길이 열려있어야 한다는 조항이 들어가게 된다.[54]

　　기본법 제19조 제4항은 종래 언급되는 내용대로 하면, 민중소송과 단체소송(이기적 또는 이타적)을 보장하고 있지 않다. 왜냐하면 여기서는 자신의 권리관련성(eigene Rechtsbetroffenheit) 없이 제3자의 권리 또는 공익이 주장되기 때문이다. 그러나 입법자는, 기본권으로 표현된 실체법적인 최소한을 넘어서, 보호가능한 주관적 공권의 범주를 확대할 권한이 있으며 그 결과 기본법 제19조 제4항에 의하여 이러한 법적 지위(Rechtsposition)는 법원에 의한 소송형태로 보호된다. 마찬가지로 기본법 제19조 제4항의 제한된 표현을 통해 입법자는 개인의 (법적으로 승인된) 권리를 추구할 법적으로 보호된 개별 이익과 함께 소송법적으로 법원에 소송을 제기할 수 있는 소 제기권능(Initiativebefugnisse)을 개인(자연인 또는 법인)에게 부여하는 것이 금지되어 있지 않다.[55]

　　두 가지 확대모델은 독일 행정소송법(VwGO) 제42조 제2항의 소권에 관한 규정을 예로 들어 설명될 수 있다. 법률차원에서 새로운 주관적 공권을 법률로 규정함으로써 행정소송을 통해 그 침해를 주장할 수 있는 법영역이 ― 실체법적으로 ― 확대된다. 이 경우 그러한 실체법적 확대는 결코 전형적으로 사적인 "자신의(eigene)" 이익과 관련될 필요는 없다. 이것은 즉 참여권(Teilhabe- und Beteiligungsrechte)의 형태로 공익적인 사안에까지도 확대될 수 있다. 즉, 직접적으로 개별적인 자신의 권리영역(Eigenrechtsspaere)을 창설하지 않으며 그러한 한에서 이미 그 자체로서 주관적 권리의 의미를 갖지 않는 공익적 사안에까지도 확대될 수 있다는 것이다. 그래서 독일 환경정보법(UIG) 제3조 제1항에 의하여 누구나, 특정한 자신의(eigenes) 법적 이익을 설명할 필요없이 정보제공의무가 있는 기관에 존재하는 환경정보에 대하여 자유롭게 접근할 권리(법적 청구권)를 갖는다. 더더구나 독일연방정보법(IFG) 제1조 제1항은 연방의 행정기관이 보유하는 정보에 대한 접근 청구권의 근거를 마련하고 있다.[56]

---

54) Dazu, vgl. Enders, in: Epping/Hilgruber(Hrsg.), Beck'scher Online-Kommentar GG, 2011, Art. 19, Rn. 1 ff.

55) Enders, a.a.O., Art. 19, Rn. 66.

56) 독일 연방정보법(IFG) 제1조 제1항 "이 법률에 따라 누구든지 행정기관의 정보에 대한 접근청구권을 연방행정기관에 대하여 가진다."

연방자연보호법(BNatSchG) 제58조의 규정도 똑같은—실체법적인-규정방법
을 취하고 있다. 그에 의하면 승인된 단체(Vereine)는 법률상 자연보호에 관련된
절차에 참여할 자신의 청구권(주관적 공권)을 가진다(입장표명, 보고서 등 열람). 그
렇게 부여된 주관적인 참여권으로부터 기본법 제19조 4항에 의해 파악되는 법적
지위 즉, 소송을 통한 권리구제가능성이 도출된다.[57]

이와 함께 법률은 독일 행정소송법 제42조 제2항 전단에 의해 진정한 소송법
상 가능성을 열어준다. 즉, —기본법 제19조 제4항에 의해 전제된— 침해가능성
이 있는 주관적 공권을 명시적으로 포기하고 개인에게 법원에 의한 권리보호를
매개할 소송법상 가능성을 열어준다("법률이 달리 규정하지 않는 한").[58] 연방자연보
호법(BNatSchG) 제61조가 이러한 태도를 취하는데, 이에 따르면, 동법 제59조와
제60조에 의해 승인된 단체에게는 자연보호와 관련된 구체적으로 표현된 행정청
의 결정에 대하여 자신의 권리가 침해되지 않아도 소송을 제기할 (소송상) 권능이
부여된다. 환경관련 사건에서 환경권리구제법(Umweltrechtsbehelfgesetz)도 동일한
취지로 동법 제3조에 의해 승인된 단체들에 대해 그러한 권능을 부여한다. 그러
므로 이들 단체들도 자신의 권리가 침해되었다는 주장을 할 필요없이 행정소송법
에 의해 소송을 제기할 수 있다.[59]

유럽연합법이 유럽연합의 객관적인 법질서를 효과적으로 관철하기 위하여
개인의 법적 지위부여를 목표로 하는 경우, "기능적 주관화(funktionale Subjektivie-
rung)"와 법의 관리자 또는 적법성의 관리자로서 시민(Buerger als Sachwalter des
Rechts)이 문제된다. 그 의무의 전환방식 내지 방법은 회원국 입법자에게 주어져
있다. 입법자는 개별적 권리영역의 확대방식을 취할 수 있다. 마찬가지로 그는 그
러한 실체법상 자기권리영역의 확대와 한계를 그으면서도 결과에 있어서는 동일
한 법적 효력을 가지는, 형식상 소제기권(Initiativberechtigung)을 창설함으로써 소
송법상 권리보호가능성을 증대시킬 수 있다.[60]

유럽연합법이 스스로 명령 또는 지침을 통하여 개별적인 유럽연합시민에게
법적 지위를 창설한다면, 그것은 적용우위 효력에 의하여 소권을 허용하는, 주관

---

57) Enders, a.a.O., Art. 19 Rn. 67.
58) 독일행정소송법 제42조 제2항 "법률이 달리 규정하지 않는 한, 원고가 행정행위 또는 그
    거부나 부작위를 통해 자신의 권리가 침해되었다고 주장할 때만 소송은 허용된다."
59) Enders, a.a.O., Art. 19 Rn. 68.
60) Enders, a.a.O., Art. 19 Rn. 69.

적 공권으로 표현된 법적인 힘을 직접 부여하게 된다. 전통적인 보호규범이론에 의하면 주관적 공권의 내용은 상관이 없다. 동 이론에 의하면 개인(dem Einzelnen)에게 부여된 법적인 힘(Rechtsmacht)이 결정적으로 문제되는 것이지 "자기 자신의 (eigen)" 승인되고 보호된 실체법상 이익으로서의 개별적인 성격이 문제되는 것은 아니다.[61]

2) 주관적 공권과 공익의 관철

주관적 공권은 현대 행정법에서 개별적인 이익뿐만 아니라 공익의 관철을 위해서도 주어질 수 있다. 두 가지 측면은 결합할 수 있다. 그 결과 개인의 권리 추구가 의식적으로 공익의 실현을 가능하게 하거나 경우에 따라 자극을 통해 강화되기도 한다. 따라서 주관적 공권은 개인적인 불가침의 보장 내지 자기결정에 기여할 뿐만 아니라 공익의 관철 내지는 공익의 증진을 위해 시민을 동원하는 데 기여하기도 한다. 그러한 시민의 변화가 부르조와(bourgeois)로서뿐만 아니라 공적 시민(citoyen)으로서의 개개인의 지위를 확고하게 한다.[62]

물론 주관적 공권을 이렇게 이해하는 것은 전통적인 시각과는 다르다. 전래의 주관적 공권이론의 전형적인 본질 표지는 그것이 개인적인 이익, 즉, 사익에 기여한다는 점에 있다. 이러한 이론은 엘리네크에서 기인하는데, 그는 민법구조에 의존하여 독일 입헌주의의 헌법적 조건하에서 개인적 공권의 가능성을 창설하려고 시도하였다. 그는 거기서 시민의 사적 영역의 보호를 위하여 — 자유와 재산의 보호 — 국가의 권한을 의회의 법률로 구속하는 것을 인정하고 개인적인 것을 초월하는 공적 내지 정치적 영역에 대해서는 법적 책임이 귀속되는, 당시 국가법의 기본모델과 결부시켰다. 이러한 구분에 따라 주관적 공권의 승인은 원칙적으로 개인적 이익의 보호에 제한하였다. 행정에 관한 정치적 이해의 대용물로서 시간이 경과하면서 점차 개인적 권리보호가 강화되는 방향으로 전개되었고 이것은 1945년 이후 나치의 경험에 대한 반응으로서 강화되어 — 독일행정법의 업적으로 파악될 수 있다. 그러나 이러한 관념은 오늘날까지 협소한 것으로 고착화되어 정치적 참여권(Teilhaberecht)을 파악할 수 없거나 많은 노력을 해야만 겨우 파악할 수 있다. 주관적 공권에 관한 전통적인 이론은 행정과 시민의 관계를

---

61) Enders, a.a.O., Art. 19 Rn. 70.
62) Masing, in: Hoffmann-Riem/Schmidt-Assmann/Vosskuhle(Hrsg.), Grundlagen des Verwaltungsrechts, Bd. I, §7 Rn. 102.

탈정치화된 것으로 구성하여 개인의 보호에만 관련된다. 전권을 대리하는 (prokuratorisch) 권리 내지 참여적(partizipatorisch) 권리는 그와는 이질적인 것으로 남게 된다.[63)]

　　주관적 공권의 이와 같은 전통적 협소함은 낡은 것으로 간주된다.[64)] 이미 옐리네크(G. Jellinek)조차도 자신의 이론을 수정하여 개별적인 이익을 보호할 필요가 없이 법적인 힘을 부여하는 단순한 "형식적(formell)" 주관적 공권의 카테고리를 필요로 하였다. 독일 기본법하에서 행정법의 전개는 그러한 개별적인 권능(Befugnis)을 점차로 확대하였고 그것을 부분적으로 이미 주관적 공권으로서 이해하고 있다. 주관적 공권은 오늘날 개별적인 이익을 보호하는 것으로 정의되지 않고 전권을 대리하는(prokuratorisch) 법적 지위의 부여가 중점이 될 수 있다. 이는 이제는 행정과 시민의 관계까지도 파악하는 광의의 민주주의관념과도 상응하며 현대사회의 조건하에서 법률의 조정능력의 축소 및 이러한 조건하에서 동시에 국가에 대한 과도한 요구 및 국가의 탈정치화된 법의 실행방식(Rechtsimplementierung)이라는 낡은 모델에 대한 과도한 요구 내지 법의 세계화, 유럽연합의 동인과도 상응한다. 독일이론이 협소하다는 것은 유럽법을 통해서도 명백하게 되었고 조정학적인 전망으로 보더라도 권리의 보장이 더 이상 개인단위(Individuum)로 파악될 수가 없다.[65)] 그에 따라 주관적 공권이 개별적 이익을 보호하는 것뿐만 아니라 ― 전권을 대리하는 개개인의 법적 지위를 승인하여 ― 광범위한 공공복리를 관철하는 것이기도 하다.

(5) 단체소송의 문제

　　독일행정소송법 제42조 제2항과 같은 유보조항을 두어야 한다. 우리의 경우도 독일과 같이 이타적 단체소송을 허용할 필요가 있다.

(6) 입법론
[입법론]

　　입법론으로서 다음과 같은 몇 가지 방안이 생각될 수 있다.

---

63) Masing, a.a.O., §7 Rn. 103.
64) Masing, a.a.O., §7 Rn. 104.
65) Masing, a.a.O., §7 Rn. 104.

(1안) 누구든지 처분의 취소를 구할 정당한 이익(또는 보호가치있는 이익)이 있는
 자는 소송을 제기할 수 있다.[66]
(2안) 누구든지 처분의 취소를 구할 권리 또는 이익이 있는 자는 소송을 제기할
 수 있다.
(3안) "법률에 다른 규정이 없는 한, … 공권력의 행사에 의하여 권리 또는 이익이
 침해되었다고 주장하는 자는 취소소송을 제기할 수 있다.

　(1안)이 지금으로서는 다수가 받아들일 수 있는 절충안으로 생각된다. 그러
나 여기서는 도발적인 주장을 함으로써 논쟁거리를 만들고자 한다. 즉 (1안)으로
가지 않고 (2안)과 (3안)으로 가게 된다면 확실히 논쟁의 대상이 될 것이다.[67]
　(2안)과 (3안)의 근거는 행정소송법 제1조가 "이 법은 행정소송절차를 통하
여 … 공권력의 행사·불행사 등으로 인한 국민의 권리 또는 이익의 침해를 구제
하고…"라고 규정하고 있다는 점이다. 즉, 이익의 침해까지 구제하는 것이 행정소
송법 제1조(목적)와 부합한다.
　사실상 이익, 경제적 이익이 점차 법적 이익으로 전환되어 온 사례들을 보더
라도 이익과 권리의 경계는 명확하지 않다. (2안)과 (3안)으로 가게 되면 확실히
주관소송으로서의 성격이 엷어지고 주관소송보다는 객관소송의 성격을 띠게 된
다. 그러나 법원의 문호를 대폭 개방하려고 생각했다면 굳이 '정당한 이익'이라고
표현할 필요도 없다. '정당한 이익'인지 여부는 법원이 판단하면 된다. 소를 통해
서 다툴 수 있는 이익(소를 통해 구제받을 필요가 있는 이익)인지 여부는 협의의 소
의 이익의 문제이므로 굳이 '정당한'이라는 수식어가 필요 없게 된다. 또한 본안
에서 판단할 수 있는 기회는 여전히 남아 있다. 민중소송배제는 이 과정에서 이
루어지게 된다.
　한편 이 경우의 이익은 개인적 이익에 한정되지 않는다. 처분의 취소를 구할
가장 적합하고 정당한 지위에 있는 자가 원고적격을 갖는다.[68] 독일에서 언급되는
것처럼 전권을 대리하는 개개인의 법적 지위를 받아들일 필요를 인정하게 된다.[69]

66) 법무부 개정안과 유사함. 대법원 개정안은 '법적으로 정당한 이익'이 있는 자로 표현하고
　있음.
67) (2안)과 (3안)은 필자의 견해임.
68) 박정훈, 행정소송법 개정의 주요 쟁점, 공법연구 제31집 제3호, 48면.
69) Masing, in: Hoffmann-Riem/Schmidt-Assmann/Vosskuhle(Hrsg.), Grundlagen des Verwal-

이렇게 되면 시민단체의 단체소송이나 소비자단체의 소송도 허용될 수 있다.

이익이 침해되었다는 것을 입증해야 하는지 여부가 문제된다(입증책임문제). 그러나 이 경우에는 엄격한 입증을 요구해서는 안 된다. 독일에서와 같이 이른바 '가능성이론'에 의하여 원고의 주장에 의하여 원고의 주관적 권리 또는 이익의 침해가 가능하다면 이것으로 충분한 것으로 보아야 한다. 독일 연방행정법원은 이것을 반대로 표현하고 있는데(negativ): "어떤 고찰방법에 의하더라도 원고가 주장한 권리가 명백히 그에게 귀속될 수 없거나 그 권리가 침해될 수 없을 때에만 소권이 배제된다." 그러므로 가능성심사는 세 가지 관점에 미친다. 권리의 존재가능성, 주장된 권리가 원고에게 귀속가능할 것, 이러한 주관적 권리의 침해가능성.70)

그 밖에 상대방은 당연히 원고적격이 인정된다. 이는 독일의 수범자이론에 근거한 것인데, 이에 따르면 원고가 부담적 행정행위의 상대방(受範者, Adressat)이라면 독일 행정소송법 제42조 제2항의 요건은 통상적으로 별 문제없이 존재한다. 왜냐하면 원고는 이 경우에 최소한 자신의 일반적 행위자유에 관한 기본권(기본법 제2조 제1항)이 침해되었다고 주장할 수 있기 때문이다.71)

단지 이익만 있으면 소송을 제기할 수 있는 체계를 가진 나라로는 여러 나라들이 있다. 예컨대, 프랑스의 경우는 소의 이익을 요구하나, 법률규정은 없고 판례는 개인적이고 직접적인 이익을 요구하고 있다. 누구든지 처분의 위법성을 이유로 취소를 구할 이해관계(이익, interest)있는 자이면 소송을 제기할 수 있다. 납세자가 국가예산에 대해 소송도 가능하다.

영국의 경우 충분한 이익(sufficient interest)을 요구한다.72) 미국의 경우는 사실상 손해(injury in fact)와 이익의 범위(zone of interest)73)에 있을 것을 요구한다.

(2안) 또는 (3안)으로 가서 '권리 또는 이익의 침해주장'으로 넓게 인정하되 그러한 주장을 법원에서 충분히 논의할 수 있는 기회를 주는 것은 심의민주주의의 차원에서도 요청된다(물론 법원의 권한강화와 사법국가화 경향을 강화하는 측면이 있음은 부인할 수 없다).

---

tungsrechts, Bd. I, §7 Rn. 104.

70) Hubertus Gersdorf, Verwaltungsprozessrecht, 2. Aufl., Heidelberg, 2003, Rn. 33 f.

71) Hubertus Gersdorf, a.a.O., Rn. 38.

72) William Wade, Administrative Law, Oxford, 2004, 660 pp.

73) 이상의 내용은 박정훈, 세계 속의 우리나라 행정소송 · 행정심판 · 행정절차, 저스티스 통권 제92호, 326면 이하 참조.

이 경우 객관소송으로 가는 것이라는 비판이 있을 수도 있다. 그러나 객관소송의 방향으로 한 걸음 나아가는 것을 두려워해야 할 이유가 없다. 객관소송으로 가는 것은 헌법적으로도 배제되어 있지 않다. 독일은 기본법 제19조 4항에 '권리침해'에 대한 소송을 인정하도록 규정하고 있지만[74] 우리 헌법은 제27조에 단지 '헌법과 법률이 정한 법관에 의하여 법률에 의한 재판을 받을 권리'를 인정하고 있을 뿐 권리침해라는 문구 자체를 사용하고 있지 않다. 다만 법원조직법 제2조에 '법률상 쟁송'을 심판하도록 규정하고 있을 뿐이다. 그것도 동법 제2조 후문에는 '이 법과 다른 법률에 의하여 법원에 속하는 권한을 가진다'라고 법률상 쟁송에 대한 예외규정을 둘 수 있는 여지를 주고 있다. 따라서 '다른 법률'인 행정소송법에서 객관소송을 규정한다고 하더라도 위 법원조직법에 저촉되는 것이 아니다. 이에 따라 행정소송법에는 이미 민중소송과 기관소송의 형태로 객관소송이 인정되고 있다.

여기서 어느 한쪽으로만 가야 한다고 생각할 필요는 없다. 양쪽의 장점을 모두 취할 수도 있다. 물론 양쪽의 단점이 모두 나타날 수 있음을 부인할 수 없지만 말이다. 주관소송으로서의 성격은 그대로 유지하되 객관소송의 가능성을 확대하는 것이다. 즉, 주관소송으로서의 우위는 지키면서 객관소송으로 한발 움직이는 것이다. 만약 의무이행소송이나 부작위청구소송을 입법화하는 경우에는 주관소송의 입지도 확대된다.

이러한 방법을 취하면 행정소송법 제12조 후문의 문제도 해결되므로 후문은 삭제해도 된다. 처분의 취소를 구할 이익이 있는 자가 제기하도록 하면 된다. 처분의 취소를 구할 권리 또는 이익이 있는 자로 규정한다면 독일처럼 특별한 규정이 없더라도 단체소송이 허용될 수 있다(입법례 : 프랑스의 단체소송).[75]

4. 당사자능력의 문제

국립대학 등 국가 내부기관의 권리의무주체성을 인정하는 문제를 행정소송법에 규정할 필요가 있다. 국립대학은 교육과학기술부에 의해서 시정명령과 제재처분을 받으면서도 그에 대해 소송을 제기할 길이 막혀 있다. 이 경우는 결국 헌

---

74) 독일기본법 제19조 제4항에도 불구하고 객관소송이 배제되어 있는 것은 아니다.
75) 이원우, 항고소송의 원고적격과 협의의 소의 이익 확대를 위한 행정소송법 개정방안, 행정법연구 제8호, 233면 이하 참조.

법소원으로 가게 된다. 대법원은 헌법재판소에 그 기회를 넘기는 꼴이 된다. 대법원의 지나치게 소극적인 태도 때문이다. 법관의 창조적 법해석이 필요하다. 행정법에서 내부관계와 외부관계라는 낡은 도식이 깨어져야 할 것으로 보인다. 이 점은 시정되어야 한다. 독일과 같이 당사자능력에 관한 법조문을 두는 것도 한 방법으로 보인다.

5. 소송유형 : 의무이행소송과 부작위청구소송

의무이행소송과 부작위청구소송의 허용요건과 한계에 대해 검토하기 전에 다양한 유형의 소송형태를 마련하는 것은 어떤 의미가 있는가를 살펴보아야 할 것이다. 늘 두 가지 가능성을 고려하여야 한다(첫째는 민주주의에 순기능, 둘째는 민주주의에 역기능—공동체의 이익 훼손, 공화주의이론 및 심의민주주의이론과 관련됨). 다양한 유형의 소송형태를 마련함으로써 시민들에게 무기를 제공하지만 그 반대로 그러한 무기를 자신의 사적인 이익을 위해 공익을 희생하는 데 사용하기도 하는 문제도 있다. 이러한 점을 전제에 두고 의무이행소송과 부작위청구소송에 대해서 개정안이 검토되어야 한다. 다만 여기서는 화두만을 던져두기로 하고 지면관계상 구체적인 검토는 차후로 미루기로 한다.

Ⅳ. 기타 행정소송제도 개혁을 위해 필요한 인적·물적기반의 확충

1. 행정법원의 조직

(1) 행정법원 조직 확대 및 독립성 확보의 필요성

행정법원의 조직확대는 행정소송절차에의 접근가능성을 제고한다는 차원에서 헌법적 차원으로 논의가 확대될 수 있다. 법원에 대한 국민의 접근권 및 사법의 민주화, 사법권력의 근원이 바로 국민이라는 점을 고려[76]하면 지나치게 중앙집권화된 국가사법은 바람직하지 않은 것으로 보인다. 따라서 최소한 국민이 사법접근성의 미비로 재판청구권을 포기하는 일이 생기지 않도록 지역적으로 분산되고 분권화되어야 하는 문제에 대해 고민할 필요가 있다.

1994년 행정소송법 개정을 통해 행정법원을 신설한 것은 때늦은 감은 있었

---

76) 이국운, 분권사법과 자치사법 — 실천적 모색 —, 부산대학교 법학연구 제49권 제1호(통권 제59호), 2008. 8, 369면 이하 참조.

지만 행정소송을 다루는 독립한 법원의 필요성을 고려한 것이었다. 그러나 아직 서울 행정법원을 제외하고는 지방법원에 독립한 행정법원이 설치되어 있지 않아서 아직 미분화상태라고 할 수 있다. 각 지역에도 독립한 행정법원을 설치함으로써 행정소송을 실질적으로 이용할 수 있게 하는 물적 토대가 필요하다. 아래에서는 행정법원 확대의 필요성을 얘기하기 위하여 독일과 프랑스의 행정법원 수만을 비교법적으로 고찰해 보았다.

(2) 독일의 행정법원

[표 1] 연방과 주의 행정법원수(2009년 1월 1일 기준)[77]

주	헌법재판	보통법원			행정법원	
	헌법재판소	지방법원지원	지방법원	고등법원	행정법원	고등행정법원
BW	1	108	17	2	4	1
BY	1	73	22	3	6	1
BE	1	11	1	1	1	1
BB	1	25	4	1	3	1
HB	1	3	1	1	1	1
HH	1	8	1	1	1	1
HE	1	46	9	1	5	1
MV	1	21	4	1	2	1
NI	1	80	11	3	7	1
NW	1	130	19	3	7	1
RP	1	46	8	2	4	1
SL	1	10	1	1	1	1
SN	1	30	6	1	3	1
ST	1	25	4	1	2	1
SH	1	24	4	1	1	1
TH	1	23	4	1	3	1
총계	16	663	116	24	51	15
연방	연방헌법재판소	연방법원, 연방특허법원			연방행정법원	

* 위 표의 왼쪽 첫 번째 칸은 각 주의 약어임. BW=바덴뷔르템베르크, BY=바이에른, BE=베를린, BB=브란덴부르크, HB=브레멘, HH=함부르크, HE=헤센, MV=메클렌부르크포폼머른, NI=니더작센, NW=노르트라인베스트팔렌, RP=라인란트팔츠, SL=자알란트, SN=작센, ST=작센안할트, SH=슐레스비히홀스타인, TH=튀링엔

---

77) 표는 문병효, 법원조직에 관한 비교법적 고찰 — 독일과 프랑스를 중심으로 —, 강원법학 제29권(2009. 12), 232면 참조.

(3) 프랑스의 행정법원

[표 2] 프랑스 항소행정법원과 지방행정법원[78]

항소행정법원	관할 지방행정법원	창설연도
보르도(Bordeaux)	보르도, 칸느 등 13개	1989
드웨(Douai)	아미앵, 릴	1999
리용(Lyon)	끌레르몽폐랑, 디종, 그레노블 드 리용	1989
마르세이유(Marseille)	바스티아, 마르세이유 등 5개	1997
낭시(Nancy)	스트라스부르, 낭시 등 4개	1989
낭트(Nante)	낭트, 오를레앙 등 3개	1989
파리(Paris)	파리 등 4개	1989
베르사이유(Versailles)	베르사이유	2004

2. 인력충원문제

행정법원의 조직 확대로 인해 인력부족이 예상된다. 로스쿨제도가 시행되고 변호사시험합격자를 배출하게 되면 이들의 인력활용방법을 강구하여야 할 것이다.

그리고 기왕에 로스쿨에 변호사 자격을 가진 실무교수들이 포진해 있기 때문에 이들을 활용하는 것도 하나의 방법이 될 것이다. 로스쿨이 어느 정도 정착되고 나면 로스쿨 교수들에 대해서 겸직금지를 해제하고 독일처럼 이들을 각 지역의 법관으로 임명하는 것도 고려해 볼 수 있을 것이다. 그렇게 하는 것이 법조일원화의 차원에서 그들의 전문성을 활용할 뿐만 아니라 외부 인력충원을 통해 법관의 서열구조를 완화하고 창의적인 판결을 기대할 수도 있다는 점에서 바람직한 것으로 보인다.

V. 결론

행정소송의 패러다임을 다룬다는 거대한 포부를 가지고 시작되었던 글이었으나 짧은 시간에 한계를 극복하기에는 역부족이었던 같다. 현재 학계와 실무에서 행정소송법을 개정하자는 데에는 광범위하게 공감대가 형성되어 있는 것으로

---

78) 표는 문병효, 앞의 글, 240면 참조.

보인다. 이러한 논의가 계속되어 온 것과 그리고 논의과정에서 열정을 바친 학자들과 실무계의 노력에 경의를 표하면서 우리 행정소송법이 조만간 개정될 것이라는 희망을 가진다. 우리의 행정소송법 개정논의에서는 종래 개인적 권리구제의 틀을 갖춘 독일식 행정소송체계와 행정의 적법성 통제에 우위를 둔 프랑스식 체계가 대립하는 양상을 보인다. 그러나 양 체제는 각 나라의 전통과 역사의 바탕 위에서 오늘에 까지 이어져 오면서 약간의 수정과 변화를 거쳤고 최근 유럽연합의 통합을 계기로 서로 접근하는 양상까지 보이고 있다. 우리가 이 가운데 어느 시스템을 취하느냐 하는 문제는 현재 우리가 가지고 있는 시스템의 장점과 단점을 먼저 살펴보는 것이 긴요하다. 우리 시스템은 많은 단점에도 불구하고 장점도 아울러 가지고 있다. 그리고 지금까지 기울여온 학문적 노력이라는 자산도 소중하다. 이러한 자산을 보존하면서 시스템을 개혁하는 지혜가 필요하다. 우리 행정소송의 단점은 특히 원고적격과 처분개념이 좁다는 점이다. 그러므로 본문에서 언급한 바와 같이 원고적격의 범위를 넓히는 것이 필요하고 그러기 위해서는 이익이라는 개념을 전향적으로 받아들일 필요가 있다. 처분개념과 관련해서는 이를 넓힘으로써 행정입법까지도 포함하는 것으로 하는 방법이 있으나 이는 그동안 축적되어 온 우리 행정소송법의 틀을 전면적으로 바꾸어야 하는 부담이 매우 크다. 따라서 처분개념을 너무 넓히기보다는 행정작용에 따른 권리구제방법을 다양화하는 것이 바람직할 것으로 보인다. 다시 말하면 원고적격의 범위를 넓히는 것은 행정소송법 도그마틱의 틀을 크게 바꾸지 않고도 가능하므로 그러한 한도에서 넓히더라도 큰 부담이 없지만 처분개념의 확대는 행정작용유형에 따른 행정소송법 전반의 변화를 초래하므로 그 틀을 바꾸지 않는 범위에서만 허용하는 것이 시스템에 부담을 많이 주지 않고 행정소송을 개혁하는 방법으로 생각된다.

무엇보다 법원과 헌법재판소는 법과 인권의 보루이다. 거시적 패러다임을 가지고 우리 행정소송의 미래를 살펴보아야 할 필요가 있다. 또한 행정소송만으로 모든 사회적 갈등을 해결할 수 있는 것이 아니다. 그러므로 행정소송법을 개혁함에 있어서는 입법부와 행정부의 관계, 법원 외에서의 다양한 갈등조정절차, 비사법적 의무준수 메커니즘[79] 등도 함께 고려하여야 한다. 마지막으로 법원의 인적·물적 토대를 갖추는 것도 중요하므로 함께 논의하여야 할 필요가 있다.

---

79) 샌드라 프래드먼/조효제 옮김, 앞의 책, 343면 이하 참조.

[참고문헌]

곽준혁, 경계와 편견을 넘어서, 한길사, 2010.

국순옥, 제3회 대안헌법이론 2, 민주법학 제27호, 2005, 325면 이하.

김남진, 일본의 행정사건소송법개정과 한국의 행정소송법개정안, 고시연구, 2005. 2, 19면 이하.

김남진, 행정입법에 대한 사법적 통제 — 행정소송법의 개정과 관련하여, 고시연구 2005. 10, 16면 이하.

김남철, 법규명령에 대한 항고소송의 문제점, 공법학연구 제6권 제1호(2005), 231면 이하.

김유환, 헌법재판과 행정법의 관계, 공법연구 제27집 제1호, 83면 이하.

김종서, 헌법재판소의 정치성 — 날치기사건을 중심으로 — , 민주법학 제13호(1997), 297면 이하.

김중권, 행정소송법개정안의 문제점에 대한 관견, 법률신문 제3322호(2004. 12. 13).

김중권, 행정소송법 개정 소고, 법률신문 2003. 1. 27.

류지태, 프랑스 행정법에 비추어 본 행정소송법 개정논의, 고려법학 제40호(2003. 5), 128면.

문병효, 법원조직에 관한 비교법적 고찰 — 독일과 프랑스를 중심으로 — , 강원법학 제29권(2009. 12), 232면 이하.

박정훈, 세계 속의 우리나라 행정소송·행정심판·행정절차, 저스티스 통권 제92호, 326면 이하.

박정훈, 행정소송법 개정의 주요쟁점, 공법연구 제31집 제3호,

박정훈, 행정소송법 개혁의 과제, 서울대학교 법학 제45권 제3호, 376면 이하.

박정훈, 헌법과 행정법, 공법연구 제32집 제1호, 2003년 11월, 1면 이하.

샌드라 프래드먼/조효제 옮김, 인권의 대전환, 2009.

석종현, 행정소송법 개정(안)의 처분개념 — 법무부개정안을 중심으로 — , 고시계 2007. 11, 24면 이하.

이국운, 분권사법과 자치사법 — 실천적 모색 — , 부산대학교 법학연구 제49권 제1호(통권 제59호), 2008. 8, 369면 이하.

이계수, 헌법재판과 행정법이론, 공법연구 제37집 제2호, 2008년 12월, 173면 이하.

이원우, 항고소송의 원고적격과 협의의 소의 이익 확대를 위한 행정소송법 개정방안, 행정법연구 제8호, 247면.

임지봉, 사법적극주의와 사법소극주의, 고시계 2001. 7, 4면 이하.

정하중, 독일공법학에 있어서 권리의 개념, 행정법연구 2000년 하반기, 25면 이하.

정하중, 행정소송법개정안의 문제점, 고시연구 2004. 12, 15면 이하.

정하중, 행정소송법의 개정방향, 공법연구 제31집 제3호(2003. 3). 11면 이하.

한견우, 행정소송법 개정의 기본방향, 한국행정법학회 제3회 학술대회 발제문, 2011. 7. 9, 48면 이하.

홍준형, 공공정책에 대한 사법적 결정의 법이론적 한계(Ⅰ) — 대법원의 새만금사건 판결을 중심으로 —, 법제 2006. 4, 46면 이하.

홍준형, 항고소송의 대상확대 — 행정소송법 개정시안에 대한 입법론적 고찰, 공법 연구 제33집 제5호(2005. 6), 479면 이하.

Epping/Hilgruber(Hrsg.), Beck'scher Online-Kommentar GG, 2011.

Gersdorf, Hubertus, Verwaltungsprozessrecht, 2. Aufl., Heidelberg, 2003.

Häfelin, Ulrich/Müller, Georg, Allgemeines Verwaltungsrecht, Zürich 2002.

Hoffmann-Riem/Schmidt-Assmann/Vosskuhle(Hrsg.), Grundlagen des Verwaltungs-rechts, Bd. Ⅰ, 2006.

Hufen, Friedhelm, Verwaltungsprozessrecht, 6. Aufl., München, 2005.

Schoch/Schmidt-Assmann/Pietzner, Verwaltungsgerichtsordnung, 21. Erg. 2011.

Tschannen, Pierre/Zimmerli, Ulrich, Allgemeines Verwaltungsrecht, Bern 2005.

Tschanneman/Ziemerli/Kiener, Allgemeines Verwaltungsrecht, Bern 2000.

Ulfig, Alexander, Lexikon der philosophischen Begriffe, Komet Verlag, 1997.

Wade, William, Administrative Law, Oxford, 2004.

Wuertenberger, Thomas, Verwaltungsprozessrecht, 2. Aufl., Muenchen, 2006.

찾아보기

저자소개

고려대학교 법학과 및 동대학원 졸업
2000년 독일 트리어 대학교(Uni. Trier) 수학
2005년 독일 튀빙엔 대학교(Uni. Tübingen) 법학박사(Dr. iur.)
2006년 한경대학교 교수
2008년부터 강원대학교 법학전문대학원 교수
2013~2014년 영국 케임브리지 대학교 객원교수
2019~2020년 영국 에딘버러 대학교 객원교수
한국공법학회 부회장, 한국행정법학회 이사, 한국지방자치법학회 부회장, 한국지방계약학회 회장, 한국재정법학회 총무이사 등과 전국 시도의회의장협의회 정책자문위원, 강원도 행정심판위원회 위원 등을 역임. 그 밖에 사법시험 및 변호사시험 출제위원 등으로 활동

행정법 방법론

초판발행	2020년 2월 25일
지은이	문병효
펴낸이	안종만·안상준
편 집	심성보
기획/마케팅	손준호
표지디자인	이미연
제 작	우인도·고철민
펴낸곳	(주) **박영사**
	서울특별시 종로구 새문안로3길 36, 1601
	등록 1959. 3. 11. 제300-1959-1호(倫)
전 화	02)733-6771
f a x	02)736-4818
e-mail	pys@pybook.co.kr
homepage	www.pybook.co.kr
ISBN	979-11-303-3606-0 93360

copyright©문병효, 2020, Printed in Korea

정 가   20,000원